JN255506

市民的自由のための市民的熟議と刑事法

増田豊先生古稀祝賀論文集

伊東研祐・小島秀夫・中空壽雅・松原芳博 編

勁草書房

増田　豊　先生

はしがき

増田豊先生は、2018年4月1日にめでたく古稀をお迎えになりました。

増田先生は、早稲田大学第一法学部に在学中、当時法学セミナーに連載されていた木村龜二先生の「刑法解釈学の論点」に感銘を受け、その門をたたかれました。明治大学大学院法学研究科公法学専攻修士課程に進学後は、同専攻博士課程も含めて駒澤貞志先生の下で研鑽を積まれ、明治大学法学部専任助手に就任されて以来、42年間にわたり明治大学法学部ならびに同大学院法学研究科において研究、教育に尽力されました。

先生のご研究を一言で表すとすれば、「刑事法学の法倫理学的考察」ということができましょう。それは、刑法の解釈論的諸問題にアプローチすべく、犯罪体系論、刑法教義学、真実発見論（事実認定方法論）、法発見論（法解釈方法論）、心身問題にまで研究対象を広げ、法哲学と法理論を融合する法倫理学の観点から深く洞察された、極めて重厚なものです。壮大なプロジェクトに基づいて得られた浩瀚なご業績は、時代を先取りするものであって、その後の議論の水準を格段に引き上げたものといえます。例えば、先生は、既に1977年に発表された3本のご論文において犯行論（行動規範論）と犯罪論（制裁規範論）を区別する規範論を確立され、規範論を基盤とした刑法理論を展開されましたが、こうした規範論的考察に基づいて刑法の基本的問題を解決する手法は、今日ようやくわが国にも浸透しつつある状況です。

また、ドイツ刑法学の趨勢に対する先見の明も、特筆に値します。先生の長期在外研究先は、当時マンハイム大学で教鞭を執られていたベルント・シューネマン教授の刑事法講座とボン大学で教鞭を執られていたアルミン・カウフマン教授の刑事法講座でした。シューネマン教授によれば、増田先生は客員研究員として受け入れた最初の日本人であるとのことですが、その後シューネマン教授がミュンヘン大学第一刑法講座に招聘され、ドイツ刑法学を牽引されたことは言うまでもありません。さらに、先生は近年、当時パッサウ大学の刑事法講座を率いていたアルミン・エングレンダー教授の下を、日本人研究者として初めて訪ねておりますが、その後、エングレンダー教授は、シューネマン教授の後任としてミュンヘン大学に招聘されております。この点からしても、先生のご研究は、わが国のみならず、ドイツ刑法学の行く末をも見通したものであると評することができましょう。

本書は、このような学際的研究を精力的に続けていらっしゃる先生の古稀をお祝いし、そのご功績に敬意を表するために、先生を敬愛してやまない多くの研究者のご協力により編まれた論文集です。その内容は、刑法のみならず、刑事訴訟法、法哲学と多岐にわたっておりますが、いずれも市民的熟議を発展させることが狙いとされています。市民的熟議（熟議的民主主義）とは、市民一人ひとりに利益が配分されるよう、他者の異なる意見にも真摯に耳を傾けながら議論することであり、自己中心的な正義論や単なる多数決で問題の解決を図ろうとするものでは決してありません。リベラルな機能を有する刑事法学の発展には、市民的熟議が必要不可欠です。先生の研究活動では、「市民的熟議」が重要なキーワードとして掲げられておりますが、本書を通じて、「自由で平等な対話・議論・コミュニケーションの徹底」が一層強固なものとなれば幸いです。

ここに、増田先生の今後ますますのご健勝とご活躍を祈念し、執筆者一同謹んで本書を先生に献呈致します。

なお、増田豊先生の主要著作目録を作成するにあたっては、植田俊太郎氏（大東文化大学非常勤講師）の協力を、全体の表記・体裁の統一・調整作業については、菊地一樹氏（早稲田大学法学学術院助教）、西元加那氏（東洋大学大学院博士後期課程）、君塚貴久氏（明治大学大学院博士後期課程）から多大な助力を得ました。ここに記して謝意を表します。また、本書の編集や構成など本書の刊行に向けてご尽力を賜った勁草書房編集部の鈴木クニエさんに、この場を借りて、心より御礼申し上げます。

編集委員
伊　東　研　祐
小　島　秀　夫
中　空　壽　雅
松　原　芳　博

目　次

ドイツ刑法学における法益論
――批判的一考察――

アルミン・エングレンダー
（訳　小島秀夫）

Ⅰ　緒言

法益論の発展(1) がドイツ刑法学における最も重要な功績の１つとされていることは(2)、ドイツ語圏において、今もなお広くコンセンサスを得ている見解であるように思われる。もっとも、近年は、法益思考の意義や説得力を相対化し、むしろ完全に否定するような批判的な見解が強まっている(3)。連邦憲法裁判所も、ドイツ刑法典173条（親族との性交）の合憲性をめぐる決定の中で、そうした懐疑的な立場に与した(4)。むろん、法益論を支持する論者は、これまでのところ、自身の見解を修正したり改めたりする契機を見せていない。それどころか、異議を唱える論者が増え続けている状況に対して、法益思考を擁護し

(1)　学説史については、*Amelung*, Rechtsgüterschutz und Schutz der Gesellschaft, 1972; *Sina*, Die Dogmengeschichte des strafrechtlichen Begriffs „Rechtsgut“, 1962; 簡潔に要約されたものとして、*Swoboda*, ZStW 122 (2010), S. 24, 25 ff.。

(2)　「重要な成果」を挙げている論者として、*Dubber*, ZStW 117 (2005), S. 485。

(3)　例えば、*Amelung* (Fn. 1); *Appel*, Verfassung und Strafe, 1998, S. 336 ff.; *Engländer*, ZStW 127 (2015), S. 616; *Jakobs*, Festschrift für Amelung, 2009, S. 37, 41 ff.; *Kubiciel*, Die Wissenschaft vom Besonderen Teil des Strafrechts, 2013, S. 51 ff.; *Lagodny*, Strafrecht vor den Schranken des Grundgesetzes, 1996, S. 145 ff.; *Pawlik*, Das Unrecht des Bürgers, 2012, S. 127 ff.; *Stuckenberg*, GA 2011, S. 653 を参照。

(4)　BVerfG 120, 224, 241 f.

続けている(5)。こうした状況は、果てなきインテンスィヴな議論を、再び呼び起こすことになった(6)。

法益論の中心的な理念は、一見すると極めて明快であるかのように思われる。その理念によれば、刑法の責務は法益の保護にあるとされているからである(7)。こうした主張は、法益保護テーゼと称されよう。しかし、詳細に検討すると、法益保護テーゼによって示される内容は、決して明快ではない。この点については、法益論を支持する論者の中でも、見解が分かれている。それどころか、基本的な点でも争いが見られる。その１つとして、法益という概念が挙げられよう。すなわち、法益概念をいかにして適切に定義することができるのか、法益とみなすためにどのような要素を満たさなければならないのか、議論されている。第２に、法益保護テーゼの地位についても争いが見られる。しばしば法益保護テーゼは、現行法の解釈や体系化において重要とされる、方法論的原理として捉えられている。他方で、法益保護テーゼには法倫理学的な規範的原理が内在し、テーゼの意義にとどまらず、既存の犯罪構成要件や提唱された犯罪構成要件を批判的に評価する際に持ち出されている。むろん、この２つの基本的論点―法益概念と法益保護テーゼの性質―は、以下で示されるように特徴ある見方をすると関連していると言えよう。

---

(5) *Hassemer*, Grundlinien einer personalen Rechtsgutslehre, in: Philipps/Schmoller (Hrsg.), Jenseits des Funktionalismus, 1989, S. 85; *ders.*, Festschrift für Androulakis, 2002, S. 207; *M. Heinrich*, Festschrift für Roxin II, 2011, S. 131; *Neumann*, »Alternativen: keine« – Zur neueren Kritik an der personalen Rechtsgutslehre, in: ders./Prittwitz (Hrsg.), „Personale Rechtsgutslehre" und „Opferorientierung im Strafrecht", 2007, S. 85 ff.; *Roxin*, Festschrift für Hassemer, 2010, S. 573; *ders.*, GA 2013, S. 433; *Schünemann*, Das Rechtsgüterschutzprinzip als Fluchtpunkt der verfassungsrechtlichen Grenzen der Straftatbestände und ihrer Interpretation, in: Hefendehl u. a. (Hrsg.), Die Rechtsgutstheorie, 2003, S. 133 を参照せよ。

(6) 文献については、*Engländer* (Fn. 3), S. 616 Fn. 3 で挙げられているものを参照せよ。

(7) *Jäger*, Examens-Repetitorium Strafrecht Allgemeiner Teil, 8. Aufl. 2017, Rn. 4; *Kasper*, Strafrecht Allgemeiner Teil, 2015, § 1 Rn. 6; *Krey/Esser*, Strafrecht Allgemeiner Teil, 6. Aufl. 2016, Rn. 5; *Rengier*, Strafrecht Allgemeiner Teil, 8. Aufl., 2016, § 3 Rn. 1; *Roxin*, Strafrecht Allgemeiner Teil I, 4. Aufl. 2006, § 2 Rn. 1; *Wessels/Beulke/Satzger*, Strafrecht Allgemeiner Teil, 47. Aufl. 2017, Rn. 9 のみ参照。

II　形式的法益概念と実質的法益概念

法益思考をめぐる議論は、単なる概念的レヴェルにとどまっている場合が少なくない(8)。いつしかドイツ語圏では、法益概念について、数えきれないほどの定義が見られるようになった(9)。その一部を紹介すると、「法的に保護される利益」(10)、「法が侵害から守ろうとする望ましい社会的状態」(11)、「犯罪構成要件の背後に置かれている理念的価値」(12)、「社会的秩序といった法的に保護される抽象的価値」(13)、「生活財、社会的価値、または社会において特別な意義を有するがゆえに権利の保護に値する法的に承認された利益」(14)、「価値を有する社会的な機能的統一体」(15)、「保護に値する自由領域」(16)、「法治国家的、社会国家的に構成される民主主義社会において個人の自由な発展に資する人、物、制度の属性」(17)、「個人の自由な発展、すなわち基本権を実現すべく国家システムを機能させるうえで必要不可欠な所与性ないし目的設定」(18) といった具合である。

しかし、本稿の目的に鑑みれば、2つの基本的な法益概念を区別すれば十分であろう。それは、**形式的法益概念**と**実質的法益概念**である。形式的法益概念によれば、保護に値すると立法者が評価し、制裁を具備する行動規範の対象になるもの全てが法益とされる(19)。これに対して実質的法益概念によれば、法

---

(8)　概念的レヴェルへ焦点を合わせることに批判的なのは、*Hörnle*, Grob anstößiges Verhalten, 2005, S. 16 ff. である。言語分析学的考察に基づいて概念の明晰化に努める論者については、*Amelung*, Der Begriff des Rechtsguts in der Lehre vom strafrechtlichen Rechtsgüterschutz, in: Hefendehl u. a. (Hrsg.), Die Rechtsgutstheorie, 2003, S. 155 ff.; *Koriath*, GA 1999, S. 561, 562 ff. を参照せよ。

(9)　まとめたものとして、*Roxin*, Allg. Teil I (Fn. 7), § 2 Rn. 3; *Stratenwerth*, Festschrift für Lenckner, 1998, S. 378。

(10)　*von Liszt*, ZStW 6 (1886), S. 672, 673.

(11)　*Welzel*, Das Deutsche Strafrecht, 11. Aufl. 1969, S. 4.

(12)　*Rengier*, Allg. Teil (Fn. 7), § 3 Rn. 1.

(13)　*Jescheck/Weigend*, Strafrecht Allgemeiner Teil, 5. Aufl. 1996, S. 257.

(14)　*Krey/Esser*, Allg. Teil (Fn. 7), § 1 Rn. 7; *Wessels/Beulke/Satzger*, Allg. Teil (Fn. 7), Rn. 7.

(15)　*Rudolphi*, Festschrift für Honig, 1970, S. 151, 164.

(16)　*Murmann*, Grundkurs Strafrecht, 3. Aufl. 2015, § 8 Rn. 8.

(17)　*Kindhäuser*, Strafrecht Allgemeiner Teil, 7. Aufl. 2015, § 2 Rn. 6.

(18)　*Roxin*, Allg. Teil I (Fn. 7), § 2 Rn. 7.

(19)　基本的には、*Binding*, Die Norm und ihre Übertretung, Bd. 1, 4. Aufl. 1922, S. 353 ff. が挙げら

益としての権能を有し、さらに少なくとも、例えば個人の自由な発展に資するといったような内容上の条件を満たすもののみが法益と称されよう[20]。

通説には反するが、この2つの概念のどちらが優れているかを概念的な考察によって決定づけることはできない。それゆえ、概念的レヴェルにとどまった議論は、甚だ不十分であり、不毛でさえあるように思われる。「真の」法益概念など存在しないのである。そのような議論は、耐え難い概念実在論ないし概念本質主義に至るだろう[21]。概念を形成することは、むしろ合目的性の問題である[22]。それゆえ、形式的法益概念、または実質的法益概念のいずれが適切かは、それぞれの概念が用いられる目的によって決定されよう。それはしかし、法益保護テーゼがいかに理解されるのかという問題へ向かうことになる。

Ⅲ　方法論的法益保護テーゼと立法批判的法益保護テーゼ

すでに述べたように、法益論の潮流は、法益保護テーゼをもっぱら方法論的意味において理解している。そのような理解によれば、保護法益をめぐる問題は、何よりも法を解釈する際に重要となる[23]。方法論的意味における法益保護テーゼは、さまざまに解釈されうるヴァリエーションの中から可能な限り、立法者によって設定された保護対象を最もうまく保障するものを採用するよう、法適用者に促す働きがある。また、成文法の形式で見られる犯罪構成要件の体

れよう。さらに、*Grünhut*, Festgabe für Frank, 1930, S. 1, 8; *Honig*, Die Einwilligung des Verletzten, Teil I, 1919, S. 94 を参照。

(20)　個人の自己実現を可能にする諸条件としての法益の理解については、例えば、*Hassemer/Neumann*, in: Kindhäuser u. a. (Hrsg.), Nomos Kommentar, Strafgesetzbuch, 4. Aufl. 2013, Vor § 1 Rn. 132 ff.; *Marx*, Zur Definition des Begriffs ›Rechtsgut‹, 1972, S. 62; *Roxin*, Allg. Teil I (Fn. 7), § 2 Rn. 7; *Sternberg-Lieben*, Rechtsgut, Verhältnismäßigkeit und die Freiheit des Strafgesetzgebers, in: Hefendehl u. a. (Hrsg.), Die Rechtsgutstheorie, 2003, S. 67 などが論究している。

(21)　この点については、*Keller*, Zeichentheorie, 1995, S. 71 ff. を参照。さらに、本質主義に対する批判については、*Popper*, Die offene Gesellschaft und ihre Feinde, Bd. II, 7. Aufl. 1992, S. 15 ff. を参照せよ。

(22)　適切に指摘する論者として、*Kuhlen*, Rechtsgüter und neuartige Deliktstypen, in: von Hirsch u. a. (Hrsg.) Mediating Principles, 2006, S. 148, 152。

(23)　この点では、法益論の異なる潮流とも一致している。論争は、法益保護テーゼの意味が方法論的レヴェルにとどまるのか、それとも超えるのか、という問題から始まるのである。法の解釈における法益思考の重要性については、*Kudlich*, ZStW 127 (2015), S. 635, 638 f.; *Rengier*, Allg. Teil (Fn. 7), § 3 Rn. 4; *Wessels/Beulke/Satzger*, Allg. Teil (Fn. 7), Rn. 7 を参照。

系化も可能とされよう[24]。さまざまな犯罪グループを（例えば生命の保護に対する犯罪、身体の完全性の保護に対する犯罪、所有権の保護に対する犯罪、財産の保護に対する犯罪などといったように）1つにまとめたり、侵害犯を具体的危険犯や抽象的危険犯に分類したりするのは、その好例である。このような、もっぱら方法論的な目的設定には、形式的法益概念が当てはまる[25]。形式的法益概念の下では、立法者が犯罪構成要件を設定することで人間の行為による侵害から保護しようとする、あらゆる客体、状態、能力、価値、観念が包摂される。それゆえ、こうしたアプローチは、「方法論的」[26] ないし「体系内在的」[27] 法益論とも称されよう。

これに対して、いわゆる「実質的」[28]・「立法批判的」[29]・「体系外在的」[30] 法益論を支持する論者は、異なる性質の目的設定を追求する。すなわち、法益保護テーゼを通じて、許容されうる刑事立法の限界を決定づけ、刑事立法者に法的ないし少なくとも刑事政策的な指針を与えようとしているのである[31]。それゆえ、そのような論者たちは、法益保護テーゼを法倫理的かつ規範的原理の意味において理解している。立法者は、法益を侵害や危険から保護しうる法律上の行動規範のみ処罰の対象とすることが許されよう。ここで明らかなのは、処罰の対象となる行動規範の保護客体全てが法益概念に属するとは限らない、ということである。そうでなければ、法益保護主義は、刑事立法に対する批判的基準として無用になってしまうだろう。これは、実質的法益概念のみが当てはまるものである。

今日、実質的法益論を支持する論者によれば、実質的意味における法益なく保護する結果、法益保護主義の要請を満たしていない刑事立法が実際多く存在

(24) この点については、*Kudlich* (Fn. 23), S. 637 f.; 懐疑的な論者として、*Kuhlen* (Fn. 22), S. 148 ff.。

(25) もっとも、形式的法益概念の潜在的能力に対する批判として、*Koriath* (Fn. 8), S. 575 f.; *Kubiciel* (Fn. 3), S. 53 ff.。これに対して、形式的法益概念における「卓越した発想」については、*Amelung* (Fn. 8), S. 158. を参照せよ。

(26) *Krüger*, Die Entmaterialisierungstendenz beim Rechtsgutsbegriff, 2000, S. 106; *Roxin*, Allg. Teil I (Fn. 7), § 2 Rn. 4; *Sina* (Fn. 1), S. 76; *Swoboda* (Fn. 1), S. 28.

(27) *Hassemer*, Theorie und Soziologie des Verbrechens, 1973, S. 19; *Kudlich* (Fn. 23), S. 642.

(28) *Kubiciel* (Fn. 3), S. 57; *Kuhlen* (Fn. 22), S. 152; *Marx* (Fn. 20), S. 3.

(29) *Roxin*, FS Hassemer (Fn. 5), S. 573.

(30) *Hassemer*, (Fn. 27), S. 19; *Krüger* (Fn. 26), S. 17; *Kudlich* (Fn. 23), S. 642.

(31) *Hassemer*, FS Androulakis (Fn. 5), S. 22; *Marx* (Fn. 20), S. 3; *Roxin*, Allg. Teil I (Fn. 7), § 2 Rn. 12.

しており、少なくともそのように考えられうると理解されている。例えば、兄弟姉妹間における近親相姦のような単なるタブー違反、姦通のような単なる道徳違反、公衆の面前における性的行為の遂行などによる純粋な感情侵害、ホロコーストの否定、故意による自己侵害、目下刑事政策的にインテンスィヴに議論されている自殺への寄与のような自己侵害への関与などに対して刑罰を科すならば、それらは法益保護主義の要請を満たしていないとされよう(32)。それゆえ、インパクトを与える立法批判的法益思考の素質は、肥大化傾向にある刑事立法を制限する点に見られよう。

もっとも、詳細に見ると、実質的法益論を支持する論者の間では、法益とみなされるために保護客体がどのような諸条件を充足していなければならないか、実際に議論されている。実質的法益論における法益保護をめぐる議論は、根底に据える法哲学的立場や国家論的、憲法論的、社会理論的立場の決定づけと関わっている。現在、立法批判的法益思考の論者たちでポピュラーな見解によれば、何らかの方法で個人の自由な発展に資するような物、能力、状態のみが法益として考慮されうる(33)。

Ⅳ　実質的法益論から要求される拘束力

懐疑的なのは、いかなる拘束力が実質的法益論から導出されるのか、という点である。というのも、実質的法益論が法益保護主義を通じて刑事立法者に設定しようとする限界は、**法的な**制限として捉えられている一方で、単なる**倫理的**ないし**刑事政策的**制限としても捉えられうるからである。残念ながら、実質的法益論の立場において立法批判的法益思考を唱える論者たちの見解は、全く明快ではない(34)。ある論者によれば、法益保護主義には単に刑事政策的な意味が付与されているに過ぎない。法益保護主義においては、合理的な刑事政策が求められているのである、と述べられている(35)。その一方で、刑罰法規の合

(32)　*Hassemer/Neumann*, in NK (Fn. 20), Vor § 1 Rn. 115; *Roxin*, FS Hassemer (Fn. 5), S. 579 f.; *ders.*, Allg. Teil I (Fn. 7), § 2 Rn. 14 ff.

(33)　この点については、注 20 で挙げられている論者を参照。

(34)　正当にも論拠の二面性については、*Appel* (Fn. 3), S. 351 ff.; *Stuckenberg* (Fn. 3), S. 657 が非難している。

(35)　*Hassemer/Neumann*, in NK (Fn. 20), Vor § 1 Rn. 119a. 刑事政策的な行為指令については

憲性をめぐる決定が法益論に「依存」していることも指摘されている(36)。すなわち法益は、「必然と」かつ「憲法に基礎を置く」科刑の根拠を構築する(37)。それゆえ、法益論は、単に刑事政策的な方針を定める機能を求めるものではなく、──連邦憲法裁判所に相反するが(38) ──法益保護主義という法律上の拘束力を要求するものである。

さらに激しいテーゼは、法的拘束力の要求を明確に主張している。そこで、差し当たりそのようなテーゼを論究したい。問題となるのは、法益保護主義における刑事立法者への法的拘束がどのような論拠に基づいているのか、という点である。第一に、前実定的に根拠づけるアプローチが挙げられよう(39)。もっとも、そのようなアプローチは、自然法的ないし理性法的な視点を含んでおり、存在論的観点のみならず、認識論的観点においても決定的な批判にさらされうる(40)。こうした哲学的な基本問題を回避する代替案としては、憲法によって根拠づける方略が考慮に値しよう。憲法によって根拠づける方略は、今日、実質的法益論を支持する論者の間で非常に好意的である。例えばハッセマーは、次のように述べている。法益保護主義は憲法における過剰禁止と「うまく」合致する(41)。過剰禁止に基づく刑法の再構築は、法益保護主義なくして全く不可能である(42)。

むろん、憲法に拠りどころを求める構想をどのように理解すべきかが問われよう。まず想定されうるのは、法益保護主義が憲法から導出されるとする見解である。法益保護主義の機能は、基本法の指針に基づき、処罰の対象となる行動規範を通じて保護されるべき保護客体が、概念によって示される点に存在する、と言われている。しかし、そのような理解に基づくならば、実質的法益論は、別の観点から根拠づけられている憲法上の考察に包括されてしまい、刑事立法の憲法的限界を示す固有の働きかけが失われてしまうだろう。それゆえ、法益保護主義は刑罰の限界について根拠づけることを放棄していると言っても

Hassemer, Grundlinien (Fn. 5), S. 92 でも述べられている。

(36) *Hassemer/Neumann*, in NK (Fn. 20), Vor § 1 Rn. 119d.

(37) *Hassemer*, FS Androulakis (Fn. 5), S. 223.

(38) BVerfG 120, 224, 241 f.

(39) そのような実質的法益概念の根拠づけについては、*Schünemann* (Fn. 5), S. 137 ff. を参照せよ。

(40) 詳細については、*Engländer*, ARSP 2004, S. 86。

(41) *Hassemer*, FS Androulakis (Fn. 5), S. 223.

(42) *Hassemer*, FS Androulakis (Fn. 5), S. 217.

過言ではない(43)。結局、法益保護主義は、背後に存在する憲法上の考察に向けた単なる「スローガン」に過ぎないのである(44)。こうした実質的法益論の「粗末な」理解は、もはや実質的法益論を支持する論者の思惑と合致していない。論者たちは、明らかにさらなる要求を実質的法益論と結びつけている。

憲法に拠りどころを求めるならば、法益保護主義それ自体は、書かれざる憲法上の原理であるとして、刑罰法規が合致しなければならない憲法からの要求の1つである、とも言えるだろう。この点、実質的法益論を支持する論者たちは、審査手法に基づく論拠や思想史に基づく論拠を提出している。

まずは、審査手法に基づく論拠を見てみよう。憲法上要求されている比例の原則による審査は、法益を評価の基準として前提に置く場合にのみ可能である。法益が存在しなければ、比例の原則による審査は、いわば宙に浮いたものになるだろうと主張されている(45)。しかし、このような考察によって法益保護主義を根拠づけることはできない。というのも、比例の原則による審査は、その都度任意に設定される立法趣旨の観点において行われるからである。それゆえ、立法者が規定を通じて何らかの目的を追求することが、もっぱら前提とされよう(46)。すなわち、それは次のようなことを意味している。確かに、比例の原則による審査は、形式的法益概念の意味における法益と同一であるが、実質的法益概念の意味においても同一であるわけでは決してないのである(47)。

そこで、思想史に基づく論拠を見てみよう。ハッセマーやロクシン、シューネマンは、実質的法益論が有する憲法上の重要性を根拠づけるに当たって、法

(43) この点については、*Engländer* (Fn. 3), S. 625 ff. を参照せよ。同様の結論として、*Hörnle* (Fn. 8), S. 19; *Kaspar*, Verhältnismäßigkeit und Grundrechtsschutz im Präventionsstrafrecht, 2014, S. 242。

(44) *Hörnle* (Fn. 8), S. 21.

(45) *Hassemer*, FS Androulakis (Fn. 5), S. 217; *Hassemer/Neumann*, in NK (Fn. 20), Vor § 1 Rn. 119d; *Hefendehl*, GA 2007, S. 1, 2; *Martins*, Die personale Rechtsgutslehre als demokratische Schranke, in: Asholt u. a. (Hrsg.), Grundlagen und Grenzen des Strafrechts, 2015, S. 79, 84; *Rudolphi/Jäger*, in: Systematischer Kommentar zum Strafgesetzbuch, 8. Aufl. Stand Dez. 2014, Vor § 1 Rn. 11.

(46) むろんこれは、憲法の他の規定が、目的を選び取るに当たって立法者に憲法上の限界を設定させないことを意味するものではない。それゆえ、比例の原則による審査それ自体は、一定の目的（すなわち、実質的法益概念の意味における法益）による制限に服するわけでは決してない、ということを主張したまでである。

(47) それゆえ、近親相姦決定において、連邦憲法裁判所が実質的法益論の憲法的重要性を否定しつつも、前提として刑法を「法益保護の最後の手段」と捉えている点については、何ら矛盾していないと言えよう。

益保護主義が思想史的に基本法の基礎をなす啓蒙哲学の国家論的観念から導かれるとまで述べている(48)。それゆえ、立法批判的法益論は、啓蒙思想が憲法に成文化された際、憲法に組み入れられた、とする考えが示唆されているのである(49)。しかし、このように根拠づける方略も、承服しがたい。そもそも、そのように主張する論者たちは、これまで、法益保護主義を根拠づけるに当たって啓蒙哲学を概括的に参照するにとどまり、論争を呼び起こす形で啓蒙哲学を引き合いに出しているわけではない(50)。いずれにせよ、派生関係を理解しうる説明は、いまだなされていないのが現状である。さらに、一部で認められているように、憲法の各分野に啓蒙思考がどのような影響を与えているのか、証明されるには至っていない。総じて、基本法を具体的に形成するに当たって啓蒙哲学が与えた影響は、むしろ間接的な性質に過ぎないのではないだろうか。それゆえ、実質的法益論が思想史の観点から深く根ざしているとする主張が一般的に裏付けられるものかどうかは、明らかに疑わしいと言わざるを得ない。そして最後に、著しく宗教的もしくは(その他の)形而上学的前提に依拠している国家哲学的観念への立ち返りは(51)、基本法の世界観的中立性と矛盾すると言えよう(52)。

結局、立法者が法益保護主義に拘束されるとの主張は、否定されるべきである。それゆえ、実質的法益論は、合理的な刑事立法政策の指導原理として理解されうるにとどまるだろう。むろん、そのためには、実質的法益論が受け入れられるよう構築するに当たって、基準を自由に設定できる、刑事政策的ないし法倫理学的構想が必要である。というのも、そのような基盤がなければ、法益保護主義はいわば宙に浮いたものになってしまうからである。実質的法益論は、必要とされる基準を**自身の側から**根拠づけることができないように思われる。

(48) *Hassemer*, (Fn. 27), S. 27 ff.; *Roxin*, FS Hassemer (Fn. 5), S. 578; *Schünemann* (Fn. 5), S. 143.

(49) 詳細については、*Engländer* (Fn. 3), S. 628 ff.。

(50) 実質的法益論が啓蒙哲学をあまりにも概括的に取り入れてしまっているとする適切な批判として、*Greco*, Lebendiges und Totes in Feuerbachs Straftheorie, 2009, S. 316 ff.。

(51) これは例えば、ジョン・ロックが神による創造の秩序の下で前国家的に捉えた個人権に基盤を置いたり、イマヌエル・カントが自己立法的な実践理性の形而上学的観念から法原理を導出したりする場合が挙げられよう。

(52) 詳細については、*Huster*, Die ethische Neutralität des Staates, 2002。

V　人格的法益論と規範的個人主義

実質的法益思考を現在の政治哲学や倫理と結びつける見解は、言うまでもなく人格的法益論から提出されている。人格的法益論は、人格的法益保護主義が規範的個人主義に依拠しており(53)、それゆえ強固な基盤を有するものである、と主張されている。人格的法益論によれば、「刑法による保護を必要とする人間の利益」(54) のみ法益として考慮される。ハッセマーやノイマンによると、こうした法益概念と個人的利益との結びつきは、正統な刑罰の限界に大きな影響を与えるものである。例えば、集団的法益を認める場合がこれに該当するだろう(55)。集団的法益は、間接的かつ派生的財としてのみ理解することが許されよう。それゆえ、集団的法益というものは、個人的利益に還元されうるか、あるいは集団的法益の保護が個人的法益の保護にも資する場合にのみ認められる(56)。こうして見ると、例えば、環境を「固有の価値」ゆえに集団的財として刑法上保護することは許されないだろう。集団的法益が「人間の生活条件との複合体」とされる場合のみ法益となりうる、と主張されているのは、そのためであろう(57)。

しかし、こうした人格的法益論から要求される根拠づけは、納得しがたいものである(58)。というのも、確かに、規範的個人主義の原理に基づいて全ての法益が個人的利益に還元されなければならないとするならば、保護に値する集団的財は、個人的な願望や目的、選好に左右されることなく固有の価値を有するがゆえに正当化される、ということにはならないだろう。そして、個人的利益と無関係な集団的主体の利益（国家、国民、市民、社会など）への立ち返りも、正統

(53)　規範的個人主義の要旨については、*von der Pfordten,* Normativer Individualismus und das Recht, JZ 2005, S. 1069 を参照せよ。

(54)　*Hassemer,* Grundlinien (Fn. 5), S. 91; *Hassemer/Neumann,* in NK (Fn. 20), Vor § 1 Rn. 144; *Neumann* (Fn. 5), S. 85.

(55)　集団的法益の概念を明らかにする論者として、*Greco,* Festschrift für Roxin II, 2011, S. 199, 203。さらに、*Hefendehl,* Das Rechtsgut als materialer Ausgangspunkt einer Strafnorm, in: ders. u. a. (Hrsg.), Die Rechtsgutstheorie, 2003, S. 119, 126 f.; *Koriath* (Fn. 8), S. 564 を参照せよ。

(56)　*Hassemer* (Fn. 27), S. 233; *ders.,* Grundlinien (Fn. 5), S. 90 ff.; *Hassemer/Neumann,* in NK (Fn. 20), Vor § 1 Rn. 132 ff.; *Neumann* (Fn. 5), S. 91.

(57)　*Hassemer,* Grundlinien (Fn. 5), S. 92; *Hassemer/Neumann,* in NK (Fn. 20), Vor § 1 Rn. 136.

(58)　詳細については、*Engländer,* Festschrift für Neumann, 2017, S. 547, 549 ff.。

化のコンセプトとしては排除されよう。しかし、集団的財が個人の目的を追求する手段となる場合に限って個人が集団的財に１つの利益を見いだしうる、とされるわけでは決してない。例を挙げるならば、強固な環境保護者が環境の清浄性を維持しようとする理由は、健康が生活の前提であるとしている点に尽きるものではなく、人間の実存に左右されない目的そのものとして環境の清浄性を捉えていることも挙げられよう。同様に、信仰深い者たちは、特定の宗教的価値の崇敬を有益かつ保護に値するものとして判断するかもしれない。さらに、特定の社会的タブーを維持するに当たっても、個人の目的を追求する手段としては捉えられない利益が存在しうる(59)。総じて、基本的には次のようなことが言えるだろう。すなわち、個人的利益は、原理的にそれぞれ恣意的な事情へと向けられうる(60)。それ自体人格的法益の対象となりえない客体や属性、状態、出来事など存在しないのである。その他、実質的法益論が法益保護主義違反の例として決まって引き合いに出す、感情の保護も同様のことが当てはまるだろう(61)。それゆえ、感情の保護に対する不当性は、人格的利益に当てはまらないからである、とする論拠によって根拠づけられるものではないと思われる。

以上から、詳細な考察に鑑みると、人格的法益保護主義は、特定の主観的利益をはじめから保護に値しないものとして排除していることがうかがえよう。それゆえ、**規範的基準**というものは、ひそかに個人的利益を評価し、取捨選択しているのである。これはもちろん、規範的個人主義の原理から自ずと生じるわけではなく、固有の根拠づけが必要とされよう。しかし、そのような根拠づけは、人格的法益論を支持する論者たちによっていまだ行われていない(62)。

Ⅵ　総括的結論

総括的結論は、懐疑的なものになる。なるほど確かに、保護法益をめぐる問題は、犯罪構成要件の解釈や体系化に重要な機能をもたらしている。それゆえ、基本的には、方法論的法益保護テーゼが適切であると言えよう。しかし、立法

(59)　適切に指摘する論者として、*Kubiciel* (Fn. 3), S. 70。

(60)　正当に指摘する論者として、*Hoerster*, Wie lässt sich Moral begründen?, 2014, S. 95; *Koriath* (Fn. 8), S. 564。

(61)　*Roxin*, Allg. Teil I (Fn. 7), § 2 Rn. 26 ff. のみ参照（強迫観念は例外とされている）。

(62)　詳細については、*Engländer*, FS Neumann (Fn. 58), S. 552 ff.。

批判的法益思考は承服しがたい。実質的法益保護主義は、憲法的にも重要ではない。さらに、刑事政策的指針としての役割といった観点から見ると、実質的法益保護主義は、必要とされる価値基準を自ら根拠づけることができない。しかし、いまだ実質的法益論を支持する論者は、進展が見られる政治哲学と刑法の結びつきを成し遂げていない。こうした状況に鑑みれば、法益思考は、正統な刑法の限界をどこに引くかという問題に即座に回答しうる能力を持ち合わせていないのが現状であると言えよう。

罪刑法定主義と法定された正当化事由

柏﨑早陽子

Ⅰ　はじめに

本稿のテーマの契機となったのは、アルミン・エングレンダーの次のような論述である。「基本法 103 条 2 項の射程範囲は、刑法上の法律効果に限定される。基本法 103 条 2 項は、許容命題をドイツ刑法典 32 条 2 項の文言に反して制限することを妨げない[(1)]。」この論述を一見するかぎりでは、エングレンダーは行動規範の段階で規定の文言に反する縮小を受け入れ、その後、制裁規範の段階において違法行為の処罰を阻却すると考えているように思われるのである。このように規定の法律効果のみに罪刑法定主義の適用が限定されることは考えられうるのだろうか。許容規範としての正当化事由について、この文言に反する制限を受け入れることは、正当化事由に該当する行為に対してその規定を適用しないことを意味することにはならないだろうか。言い換えるならば、行為者の処罰を拡大することにつながるのではないだろうか。これらの問題を解決するためには、罪刑法定主義と正当化事由（規定）の関係を明らかにする必要があるだろう。

そこで本稿では、この問題を考えるきっかけとして親族相盗例に関する判例を参考にしながら、罪刑法定主義が正当化事由に適用されるべきであるか、また適用されるとするならば、どの程度適用されることになるのかという点について考察する。

---

(1)　*Armin Engländer*, Grund und Grenzen der Nothilfe, 2008, S. 313.

Ⅱ　罪刑法定主義

1　罪刑法定主義とは

ドイツのドイツ連邦共和国基本法103条2項、我が国の憲法31条において罪刑法定主義（Gesetzlichkeitsprinzip）が要請されている。罪刑法定主義は「法律なければ犯罪なし、刑罰なし（nullum crimen, nulla poena sine lege）」という命題で表されている。簡単に表現するならば、「どんな行為が犯罪となるか、そしてそれにはどんな刑罰を、どの程度科すか、ということが法律によってあらかじめ定められていなければ(2)」、「いかなる行為も犯罪として処罰され(3)」ない、ということが罪刑法定主義の内容であると理解されている。とりわけ規範の名宛人の観点からすると、どのような行動が可罰的であるのかを予見することができなければならない。これを予見することができなければ、「国民の予測可能性したがって行動の自由が著しく侵害される」ことになるが、「これを避ける必要があるとされるのである(4)」。この限りで罪刑法定主義は、規範の名宛人すなわち国民の自由を保障するのに役立つのである(5)。このような自由主義思想は罪刑法定主義の基盤の1つとされ、この基盤にもとづいて罪刑法定主義は不測のあるいは恣意的な刑罰権の行使から市民を保護することに資するのである(6)。

罪刑法定主義からは4つの原則が派生すると考えられているが、本稿で論じるテーマと関わるのは類推禁止の原則である(7)。法律は次のように特徴づけられる。「解釈の余地のない一義的に明確な法律の制定は、立法技術的に不可

(2)　野阪滋男「時代の進展と刑罰法令の解釈・適用」茨城大学政経学会雑誌第65号（1996年）80頁。

(3)　赤池一将「罪刑法定主義をめぐる日本的思考形式について」村井敏邦先生古稀記念論文集『人権の刑事法学』（日本評論社、2011年）3頁。

(4)　小林憲太郎「刑法判例と実務—第三回罪刑法定主義—」判例時報2280号（2016年）4頁。

(5)　*Helmut Satzger*, Gesetzlichkeitsprinzip und Rechtfertigungsgründe, JURA 2016, S. 155. 松宮孝明「罪刑法定主義の原則と刑法の解釈」立命館法学332号（2010年）1289頁。

(6)　*Armin Engländer*, in: Strafgesetzbuch Kommentar, 2013, Vor §§ 32 ff Rn. 10.

(7)　類推禁止については、電気窃盗事件や文書コピー事件などを中心に数多くの判例研究がなされている。たとえば、川口浩一「刑法における類推禁止の原則（上）」関西大学法學論集57巻3号（2007年）36頁以下、および同「刑法における類推禁止の原則（下）」関西大学法學論集57巻6号（2008年）1038頁以下。

能」であることから、法律には「一定程度の不明確性(8)」が一般に認められている。これをより詳しく述べるならば、立法者は「事態の多様性を考慮に入れる必要があるため、一義的に記述することが不可能で、裁判官による解釈を必要とするような概念の使用を完全に放棄することはできない(9)」のである。このように法規の適用にあたっては裁判官の解釈が必要となる場面が存在する。その際、法規の文言を無視して不当に処罰を拡大する方向での解釈を避けるために、罪刑法定主義の保障が働くことになる。というのも、法規の文言に該当しない事例に法規の適用領域を拡大させる、法規の文言の可能な語義を超える類推は刑罰法規の適用範囲を不当に広げることになり許されないからである(10)。他方で、罪刑法定主義は被告人に利益をもたらす解釈までも禁止するものではない(11)。

2　目的論的縮小とは

目的論的縮小の定義を明らかにするならば、それは一般言語例からすれば、「法規の『意味の核心』領域に属する事件につき、法規の『立法趣旨』あるいは『規制目的』の観点からこれに当該法規（法律効果）を適用しないような推論(12)」であると説明することができる。なお、法規の意味の「周縁領域」に属する事案に法規（法律効果）を適用しない「縮小解釈／制限解釈」は、可能な語義の範囲内にあるため、ここでいう「目的論的縮小」とは区別される。したがって、行為者／被告人にとって有利な規定について、その趣旨／目的により制限解釈を行う場合には罪刑法定主義には違反しない(13)。

---

(8)　村井敏邦「判例変更と罪刑法定主義」一橋論叢第 71 巻第 1 号（1974 年）32 頁以下。

(9)　川添誠「刑法における類推と解釈―連邦憲法裁判所と連邦通常裁判所の判例に即して―」三原憲三先生古稀祝賀論文集（成文堂、2002 年）254 頁。

(10)　川添誠「刑法における法発見の限界」宮澤浩一先生古稀祝賀論文集 第 2 巻（成文堂、2000 年）92 頁。

(11)　大野真義『罪刑法定主義 新訂第 2 版』（世界思想社、2014 年）299 頁。もっとも、小林・前掲注（4）5 頁によれば、被告人に有利な類推解釈は許されるというしばしば援用される法諺は支持しえないという。というのも、「裁判所が勝手に『法が可罰的とする行為 A は不可罰の行為 B と当罰性において実質的な差がないから、B からの類推により A もまた不可罰と解釈される』などと判断することは」、「実質的には A に関する非犯罪化立法」を意味するからであるという。

(12)　増田豊『語用論的意味理論と法解釈方法論』（勁草書房、2008 年）131 頁。

(13)　増田・前掲注（12）177 頁以下。

ともあれ、日常言語の表現を用いて表現される法律は多義性や曖昧さを伴うため、法創造という意味における広義の解釈によりこれを補充する必要が生じる場合もある。補充手段の１つである目的論的縮小は、「刑法ではとりわけ不当に拡大してしまう可罰性（構成要件）を限定するための方法として重要な意義を有している[14]。」

では、目的論的縮小は実際の判例においてどのように問題となるのだろうか。次に親族相盗例をもとにこれを検討したい。

3　親族相盗例に関する判例およびこれに対する批判

目的論的縮小にかかわる問題を具体例を通じて確認する契機として、親族相盗例に関する判例を引き合いに出して、これを批判的に検討したい。

本稿では罪刑法定主義に関わる親族相盗例の判例として未成年後見人に関する次の事例をとりあげたい。本件は、家庭裁判所から選任された未成年後見人である被告人が、未成年被後見人の貯金を引き出して横領した業務上横領罪にあたる事案であった。本件被告人は未成年被後見人の祖母であり、被後見人の母親死亡後もこの者と同居をしていた[15]。本件において最高裁は被告人である祖母は親族にあたらないとして、親族相盗例の適用を否定した。最高裁が被告人と被後見人との間の親族関係を否定した理由は以下のとおりである。被告人と被後見人が親族関係にあったとしても、未成年後見人である被告人が家庭裁判所との間に委託信任関係を築いている以上、この関係に背いて行われた行為に対する親族相盗例の適用は認められないと説明するのである。つまり、最高裁は家庭裁判所によって選任された「後見人の事務」が「公的性格を有するもの[16]」であることを理由に刑法244条１項を準用しなかったのである。

果たして判例のこのような決定は適切であるのだろうか。本稿との関係において親族相盗例でポイントとなるのは、被告人を親族相盗例の適用を受ける「親族」と呼ぶことができるのかという点にあると思われる[17]。本件の場合、

---

(14)　増田・前掲注 (12) 227頁。構成要件を限定する意味での目的論的縮小に関する例については同228頁参照。

(15)　なお本件では、被告人は被後見人の伯父とその妻と共謀してこれを実行しているが、問題をよりシンプルに捉えるために本稿ではこの点を省略している。

(16)　最判平成20年２月18日刑集62巻２号37頁。

(17)　松原芳博「親族相盗例の適用範囲―近時の判例の動向をめぐって―」九州国際大学法学論集

被告人は未成年後見人の祖母であるから、刑法244条に定める「配偶者、直系血族又は同居の親族」という文言のうち、被後見人の直系血族あるいは本件事実にもとづけば同居の親族に被告人が該当することは明らかである。したがって、本件の被告人は親族という言葉の意味の核心領域に属する人物であるといえるだろう。しかしながら、親族相盗例の趣旨を考慮すると、最高裁の本件決定は適切であるとは言えないように思われる。親族相盗例の趣旨とは、「本来なしうる刑罰権の行使を、行為者と一定の親族関係があることを理由に、画一的に控えるもの(18)」、つまり、親族相盗例は「行為者と被害者との間の一定の親族関係の存在に着目して『法は家庭に入らず』という思想の下(19)」、適用・準用されるのである。そして、最高裁が親族関係を否定するために持ちだした「未成年後見人等の公的性格は、事務の業務性を基礎づけるものではあっても、行為者と被害者との間の親族関係を消失させる機能(20)」を有するものではない。したがって、「未成年後見人と未成年被後見人との間に依然として親族関係があるにも拘わらず、未成年後見人」としての「立場を重視し、後見事務が公的性格を有することを理由に、親族相盗例の適用領域から除外することは、罪刑法定主義との関係上問題(21)」があると指摘されている。

親族相盗例に関する本決定は、家庭裁判所という第三者を介入させることで、本来刑法244条が適用されるはずの事例にこれを適用しなかった。この判例では、被告人である祖母は明らかに被後見人の親族に属している。被告人が親族に属する以上、一律に親族相盗例が適用されるべきであったにもかかわらず、最高裁はこれを無視して刑法244条の親族相盗例の適用を拒否したのである。

第18巻第3号（2012年）29頁参照。

(18)　稲垣悠一「刑罰権の及ぶ範囲と罪刑法定主義」専修ロージャーナル第10号（2014年）135頁。親族概念につき、内縁関係をこれに含めるかも問題となる。論者は内縁関係を刑法244条の配偶者に含めることは「法適用の公平さを害」し、「刑罰権の及ぶ範囲を不明確にすることになる」としてこれを否定している。もっとも、松原・前掲注（17）40頁が指摘するように、内縁関係を親族相盗例における親族に含めることは、被告人に有利な方向での拡張解釈となる。したがって、これを含めるかどうかを検討する際には、「親族相盗例の類型化の趣旨ないし立法理由との整合性が問われる」必要があるだろう。

(19)　稲垣・前掲注（18）143頁。もっとも、「法は家庭に入らず」という思想それ自体が、その内容如何によっては現代の個人主義と相容れない等指摘されている。たとえば、松原・前掲注（17）29頁参照。いずれにせよ、（内容を明らかにしないまま）この思想のみを理由に親族相盗例の適用を考慮することは避ける必要があるように思われる。

(20)　日高義博「横領と親族相盗例」専修ロージャーナル第8号（2013年）129頁。

(21)　日高・前掲注（20）129頁。

したがって、上述の目的論的縮小の定義と照らし合わせると、本件においては「被告人に不利益な方向での『親族』の縮小解釈[22]」がなされたと捉えることができるのではないだろうか[23]。

以上の考察から、親族相盗例に関する最高裁決定は、親族相盗例の処罰を不当に拡大する意味での目的論的縮小[24]にあたるものであり、罪刑法定主義に違反したものであると思われる。なお学説の中には、本件に関して親族相盗例の適用を拒否するのではなく、むしろその旨を立法化する必要があったという見解も主張されている[25]。

Ⅲ　罪刑法定主義と法定の正当化事由

前章から、目的論的縮小は言葉の意味の核心領域に属する事例に対して法規を適用しないことであるが、その意義は、可罰性の不当な拡大を避けることにあるということが明らかとなった。それに対して、親族相盗例はまさにその縮

(22)　松原・前掲注（17）40頁。

(23)　なお、訴訟条件を定めた刑法244条2項については、厳密にいえば、刑法上の罪刑法定主義ではなく、罪刑法定主義の上位概念である公法上の法律の留保が妥当する。というのも、罪刑法定主義は、少なくともその核心部分においては訴訟条件ではなく可罰性に妥当するからである。もっとも、法律の留保は罪刑法定主義と同様に、明文に反して行為者に不利益効果を生じさせる際に作用する。したがって、刑法244条2項の場合には、告訴がないにもかかわらず検察官（あるいは裁判官）が告訴をしたときには、法律の留保の原則に対する違反という問題が生じることになるだろう。これに関しては *Volker Krey*, Studien zum Gesetzesvorbehalt im Strafrecht, 1977, S. 35 ff. 参照。要するに、「租税法定主義」や「強制処分法定主義」などとともに、いわゆる「罪刑法定主義」は、〈公権力に対して市民の自由を保障するための〉「公法上の法律の留保の原則」という上位原則から具体化される個別原則として捉えることができるだろう。したがって、訴訟条件を法定したことにより、刑事立法者が起訴を制限しているにもかかわらず、裁判官の越権的な解釈により目的論的縮小を行い、訴訟条件を無視するようなことは、公法上の法律の留保の原則に反することになる。もっとも、そこでは、真正の（狭義の）罪刑法定主義と全く同趣旨の原則が問題になっているのである。

(24)　処罰を拡大する目的論的縮小が許されないからといって、目的論的縮小のすべてが許されないわけではない。処罰を制限する目的論的縮小が、罪刑法定主義に違反しないのは自明である。これに関して、増田豊『法倫理学探究』（勁草書房、2017年）182頁で例が挙げられている。わが国の刑法190条に規定されている遺体の火葬は、物理的にみれば死体損壊行為である。しかし、刑法190条の立法趣旨に従うと、遺体の火葬は死体損壊の構成要件に該当しない。そこでは、行為者に有利な目的論的縮小がおこなわれていることになる。

(25)　浅田和茂「判例に見られる罪刑法定主義の危機」立命館法学345=346号（2012年）3083頁。日高・前掲注（20）130頁。

小が行われることで可罰性が不当に拡大された事例であると理解することができるだろう。では、正当化事由に対して目的論的縮小はどのように作用するのだろうか。本章ではまず正当化事由に対する目的論的縮小が認められるかどうかを検討する。その後、罪刑法定主義が正当化事由に対して適用されうるかを検討する。

1　目的論的縮小と法定の正当化事由

では、目的論的縮小と正当化事由はどのような関係にあるのだろうか。これを検討するにあたっては、正当化事由の法的性格が重要となる。そこで、本節ではまず正当化事由の性格について確認し、正当化事由の縮小が認められるかどうかを検討する。

(1) 正当化事由の性格

殺人罪に関する規定のように、人にある行為を禁止あるいは命令する規範は「可罰性を根拠づけ、処罰を加重する規定」である。これに対して、正当化事由は、ある人に対して、本来禁止される行為を許容しその違法性を阻却するものである。つまり、正当化事由は「可罰性を否定し処罰を減軽する規定」である。正当化事由はこのように可罰性を制限する性格を有する規定であるが、この性格は目的論的縮小の許可あるいは禁止のどちらを導くのだろうか。

(2) 正当化事由に対する目的論的縮小

ある行為を禁止あるいは命令する規範については、たとえば殺人罪の規定に対して目的論的縮小が行われる場合、「可罰性を否定したり刑を減軽[(26)]」するため、行為者にとって有利に働くことになる。それゆえ、可罰性を根拠づける規定に対する目的論的縮小は許されると考えられている。それに対して、正当化事由の法的性格を把握すると、正当化事由に目的論的縮小が行われるならば、行為者は正当化事由の適用を受けることなく、したがって可罰性の否定や減軽を受けられないという結論をもたらす。このように正当化事由を縮小すると、行為者は正当化事由が存在するにもかかわらず処罰されることになってしまう

(26)　増田・前掲注（12）175頁。

のである。

正当化事由に対する目的論的縮小は、正当防衛の制限を論じるにあたって、一部の学説によって方法論上しばしば用いられている(27)。しかしながら、犯罪構成要件の類推と同様(28)に、正当化事由の縮小は可罰性の拡大をもたらす。したがって、正当化事由の場合には、縮小によって言葉の可能な語義が無視されることで処罰範囲の拡大につながり、直接的に行為者の不利に作用するものである(29)と言えるだろう。これを別の言葉で言い換えるならば、「刑罰法規の適用に関する『客観的予測可能性・計算可能性』の原理に反し、国家刑罰権不発動に対する市民一般の『客観的信頼』を裏切ることにな(30)」り、禁止されると考えられるのである。もっとも、目的論的縮小も類推も行為者の不利となるだけの悪しき解釈は禁じられているが、行為者の利益となるような良き解釈は許されると考えられている(31)。

したがって、以上の考察により、正当化事由に対する目的論的縮小は禁止されると考えられる。

2　罪刑法定主義は法定の正当化事由に妥当するか

正当化事由に対する目的論的縮小禁止が確実と言えるためには、正当化事由に対して罪刑法定主義が妥当するか否かを明らかにする必要があるだろう。

罪刑法定主義が刑法総則に妥当するかどうかは、今なお議論されているところである。また、罪刑法定主義が刑法総則に妥当するからといって、そのことから直接正当化事由に妥当することまでもが導かれるわけではない。罪刑法定

(27)　*Burkhard Koch*, Prinzipientheorie der Notwehreinschränkungen, ZStW 1992, S. 787.

(28)　増田・前掲注（12）227頁によれば、類推とは、概念の「意味の周縁」を超えて法規を適用するという意味で「可能な語義」を無視する推論であると説明されている。十河太朗＝豊田兼彦＝松尾誠紀＝森永真綱『刑法総論判例50！』（有斐閣、2016年）3頁では、秘密漏示罪に関する例が示されている。また、増田・前掲注（12）176頁以下では、類推と目的論的縮小の構造比較がなされている。それによれば、類推は処罰を根拠づける法規をそれが適用されない事例にまで適用するという意味で可罰性を拡大する。他方で、処罰を限界づける規定の縮小もまた同様に可罰性の拡大を意味する。したがって、両者は「逆転された構造」を有しているが、可罰性の拡大という「同一の機能」を有することになると説明されている。

(29)　*Satzger*, a.a.O. (Anm. 5), S. 160.

(30)　増田・前掲注（12）176頁。

(31)　*Florian Alexander Kirsch*, Zur Geltung des Gesetzlichkeitsprinzips im Allgemeinen Teil des Strafgesetzbuchs, 2014, S. 23.

主義が総則に妥当するとしても、例外的に正当化事由には妥当しないと考える見解が存在するという[32]。では、正当化事由が罪刑法定主義の適用範囲から例外的に除外されるとする見解の背景には、どのような事情が存在するのだろうか。そこで、正当化事由の特徴を挙げて、正当化事由に罪刑法定主義が妥当するか否かを考察したい。

(1) 正当化事由と全法秩序

(i) 正当防衛の特徴

正当化事由の特徴として挙げることができるのは、第1に、正当化事由が刑法の領域のみならず民法や刑事訴訟法など、その他の法領域にも存在しているということである[33]。たとえば正当防衛は、わが国の刑法36条、民法720条に、またドイツでは、ドイツ刑法典32条、ドイツ民法典227条に規定されている。このように、正当化事由は刑法に規定されているだけではなく、他の法領域にもまたがって規定されていることがうかがえる。

さらに、刑法領域では真正の正当化事由、すなわち正当防衛や緊急避難などの法律上規定された正当化事由の他にも、超法規的違法性阻却事由が一般的には認められている。たとえば、被害者の同意や自救行為がその代表例であるとされている[34]。超法規的違法性阻却事由が存在し、また一般に認められていることからも明らかであるように、正当化事由は「あらゆる事情を勘案したうえで決定されるべきものであり、そもそも類型的な判断になじみにくいものであり、そのすべてを明文で規定することはおよそ不可能[35]」なものである。

以上2つの特徴、すなわち正当化事由が全法領域に及んでいること、そして法律に明記されていない正当化事由が存在することが、本稿との関係ではひとまず正当化事由の特徴としてあげることができるだろう。

(ii) 正当化事由と法秩序の統一性

先に述べた特徴のうち、とりわけ正当化事由があらゆる法領域に由来するも

---

(32)　*Kirsch*, a.a.O. (Anm. 31), S. 97.

(33)　*Krey*, a.a.O. (Anm. 23), S. 234. は、裁判官による法形成という方法でも許容命題は拡大されると述べている。

(34)　嘉門優＝中村悠人「超法規的違法性・責任阻却事由の要否」立命館法学335号（2011年）404頁以下。

(35)　嘉門＝中村・前掲注（34）402頁。

のであるということが、正当化事由に対する罪刑法定主義の妥当性を否定する見解の根拠となっている。たとえばクライは法秩序の統一性にもとづいて、正当化事由に対する罪刑法定主義の適用を否定している(36)。

違法性に関する法秩序の統一性とは何か。端的にこれを言い表すならば、「民法上あるいは行政法上、適法あるいは違法であるとした判断は、刑法においてもこれが維持される」ということである。すなわち、民法において適法（違法）とされた行為は刑法においても適法（違法）であり、反対に、刑法において違法（適法）とされた行為は民法においても違法（適法）とされるのである。つまり、「全法秩序のもとでは違法性が統一的に判断されなければならない(37)」というのが、違法性に関する法秩序の統一である。そして、正当化事由の特徴でみたように、正当化事由は刑法領域だけでなく民法等他の法領域にも属している。したがって、正当化事由もまた法秩序の統一性という観点から、全法秩序における違法性の統一的な評価を受けることになるため、刑法領域にのみ目的論的縮小が禁止されるとの考え方は、法秩序の統一性を重視する見解から否定されることになる。たとえばH.-L. ギュンターは次のように説明する。「許容命題は、規範論理的な根拠から強制的に、規範違反をあらゆる法秩序に対して統一的に許容しなければならない。というのも、法秩序が同一の規範違反、たとえば物の損害あるいは人の殺害をある部分領域では認めるが、他の領域では禁止するならば、規範矛盾に苦しめられることになるからである(38)。」

要するに、正当化事由が全法領域に由来するということから、刑法上の正当化事由に対する罪刑法定主義の適用可能性につき疑義が生じることになるだろう。そこで、刑法上規定された正当化事由と刑法外に規定された正当化事由とを区別することによって、刑法上規定された正当化事由に限り罪刑法定主義が適用可能になると想定する余地もある(39)。もっともこのような区別をする以前に、そもそも法秩序の統一性とは憲法との整合性を要求するものであるだろ

(36) *Volker Krey/Robert Esser*, Deutsches Strafrecht Allgemeiner Teil, 5. Aufl., 2012, § 3 Rn. 94. *Krey*, a.a.O. (Anm. 23), S. 234 ff.

(37) 半田祐司「違法の統一性論と違法多元論について」三原憲三先生古稀祝賀論文集（成文堂、2002年）267頁。

(38) *Hans-Ludwig Günther*, Warum Art. 103 Abs. 2 GG für Erlaubnissätze nicht gelten kann, in: Festschrift für Gerald Grünwald, 1999, S. 216. ギュンターは違法の統一性を主張しているが、彼の主張する法秩序の統一性は、わが国で言うところの「やわらかな違法一元論」に立脚するものであるとされる。半田・前掲注（37）273頁以下。

(39) *Engländer*, a.a.O. (Anm. 1), S. 300.

う。したがって、いかなる法分野であれ、そもそも法律に規定された正当化事由の縮小が可罰性の拡大をもたらし、刑罰権の適用可能性に対する国民の客観的信頼を害することによって、すでに憲法に違反している、ということになるだろう(40)。

次に、正当化事由を刑法内と刑法外とに区別したとしてもなお、領域包括的な作用の問題が残されているという。すなわち、正当化事由を刑法領域と刑法外領域に区別しても、正当化事由はなお法秩序の統一的な評価の影響を受けるのである。この統一的な評価を回避するために、罪刑法定主義の適用を刑法上の法律効果に制限することが提案されている。エルプによれば、民法上あるいは公法上の作用を考慮して、許容構成要件の文言に反して行動の正当化が拒まれるならば、次のことは妨げられないという。それは、「正当化事由に特殊な刑事不法阻却の作用（strafunrechtsausschließende Wirkung）を認める、あるいは罪刑法定主義による法律の文言に反する処罰の禁止から、直接憲法に根ざした刑罰阻却事由を導き出すこと」である(41)。エルプの説明によると、その際、全法秩序の影響を受けて、規範の文言が制限されることになる。つまり、行動規範のレベルでは正当化事由が制限されることになるが、しかし、法律効果のレベルで罪刑法定主義の保障機能が作動することで、当該行為の可罰性が否定されうると考えられているのである。

したがって、法秩序の統一性が肯定されるとしても(42)、刑法に規定された正当化事由と民法その他の法領域に規定された正当化事由を区別し、さらに罪刑法定主義の適用範囲を刑法上の法律効果とすることで、正当化事由に対する罪刑法定主義の不適用という結論を回避することができると考えられているのである。

(2) 正当化事由に対する罪刑法定主義の妥当性

法秩序の統一性の問題を回避した今、罪刑法定主義は正当化事由に妥当しうるのだろうか。

ある人の行為が構成要件に該当し、違法で有責な場合に犯罪が成立するとし

---

(40)　増田・前掲注（12）187頁以下。

(41)　*Engländer*, a.a.O.（Anm. 1）, S. 300 f. *Volker Erb*, Die Schutzfunktion von Art. 103 Abs. 2 GG bei Rechtfertigungsgründen, ZStW, 1996, S. 272.

(42)　ただし、違法性を法秩序において統一的に理解するかどうかはまた議論の対象となっている。半田・前掲注（37）263頁以下参照。

た三分説は、現在犯罪論の基本的な体系であると理解されている。しかし、正当化事由や責任阻却事由が存在する場合には、この流れにのることなく犯罪の成立は否定される。このように、正当化事由は可罰性の決定に重要な役割を果たすのである(43)。正当化事由が存在すれば可罰性は否定され、また反対に、正当化事由が存在しない場合には可罰性が肯定されることになる。ここで、罪刑法定主義の保障機能に立ち戻って、罪刑法定主義が正当化事由に妥当するかを検討する。罪刑法定主義は、犯行前に「可罰性」が法律上決定されていなければならないことを要求している(44)。つまり、罪刑法定主義が保障する国民の予測可能性の対象は「可罰性」であり、「禁止違反」ではない(45)。そうすると、正当化事由は可罰性の決定に関与することから、この可罰性との関係で国民の予測可能性、ひいては自由が保証される必要がある。したがって、正当化事由に対して罪刑法定主義は適用することができると考えられるのである。この点に関してザッツガーも次のように述べている。市民に対する刑罰適用の確実な予測可能性が保証されうるのは、罪刑法定主義が正当化事由に対しても適用される場合である(46)。

こうして、法秩序の統一性という観点が、罪刑法定主義の正当化事由に対する妥当性を妨げてしまうとの主張には十分に納得しうるような論拠は認められない。したがって、正当化事由に対しても罪刑法定主義の妥当性を認めることができるといえるだろう。

(3) 正当化事由と処罰阻却事由

これまでの検討から、全法秩序における違法評価の統一性を前提としつつ、刑法上それになじまない違法評価については、罪刑法定主義を刑法上の法律効果に適用することで、処罰を阻却することができるということが明らかになった。しかしながら、たとえば正当防衛や緊急避難などは、違法性の段階ですでに犯罪の成立が阻却されるのだから、処罰阻却事由を持ち出す必要がないのではないかと考えることもできるだろう。では、罪刑法定主義から導かれる処罰阻却事由は正当化事由となじむものであるのだろうか。そこで、(1)(ii)で言

(43) *Satzger*, a.a.O. (Anm. 5), S. 156. *Engländer*, a.a.O. (Anm. 1), S. 298.

(44) *Satzger*, a.a.O. (Anm. 5), S. 156. *Erb*, a.a.O. (Anm. 41), S. 271.

(45) 増田豊「罪刑法定主義の現在―特にボン基本法体制下における正統化の試みについて―」法律論叢57巻3号(1984年)118頁。

(46) *Satzger*, a.a.O. (Anm. 5), S. 156.

及した正当化事由の法的性格を再度確認することで、これに対する回答を得たいと思う。

正当防衛や緊急避難などの許容命題に代表される正当化事由は全法領域にわたって存在する。それ故にまた、違法性に関して統一的な評価を受けることも指摘された。このように、「『法秩序の統一性』の要請がある以上、法秩序がある法領域で禁じたことを他の法領域で許容することはできないため、正当化事由を例外なく許容命題と捉えるのであれば、同一の規範違反の適法／違法を、すべての法領域に亙って統一的に判断(47)」しなければならないことになる。しかし、「法秩序全体の統一的な見地から違法とされた行為に、どのような法的効果を結びつけるかは各法領域の問題」であって、「それぞれの法分野における独自の目的論的・政策的判断によって決められる(48)」ことになる。すなわち、「刑事立法者は（刑事裁判官も）行動が違法であっても刑事政策的・特殊刑法的観点から『刑罰必要性』」が欠如すると考えられる場合には、「これを不可罰として処理すること」ができるのである(49)。

このことは、行為者の処罰を限界づける方向に作用する正当化事由については、「適法化され、違法性が阻却される行為のみ」が「必ずしも不可罰なものとして規定」されているわけではないことからも説明される(50)。すなわち、正当化事由はそのすべてを明文に規定することができないという特徴を有している。言い換えれば、刑法に明文化されていなくとも、違法な行為に対する刑罰を阻却する必要性が存在しうるのである。たとえば、名誉毀損罪に関する特例である刑法230条の2において、処罰必要性の阻却が行われた事例をみることができるという(51)。刑法230条の2では、名誉毀損罪における真実性の証明につき、事実の真実性が事後に証明されることが不可罰の要件となっている。しか

(47) 生田勝義「ギュンター・シュペンデル　祝賀論文集の紹介（三）」立命館法学236号（1994年）802頁。

(48) H.-L. ギュンター著（日高義博＝山中敬一）『トピックドイツ刑法』（成文堂、1995年）45頁以下。

(49) 増田・前掲注（12）195頁以下。増田豊『規範論による責任刑法の再構築』（勁草書房、2009年）16頁以下。

(50) 増田・前掲注（12）195頁。

(51) 増田・前掲注（12）196頁。なお、いわゆる可罰的違法性の理論は、可罰性の観点により違法性そのものを否定してしまうものである点で、ここで展開されている見解とは異なっている。つまり、本稿が依拠する見解では、「行動規範論の観点から」違法・有責な行為であっても、さらに「制裁規範論の観点」から処罰の必要性（可罰性）が認められるか否かが問われることになるのである。

しながら、判例では(52)、行為者が真実であると誤信したことについて、「事実が真実であることの証明がない場合」であっても「確実な資料、根拠に照らし相当の理由があるときは」、「名誉毀損の罪は成立しない」と判示されている。当該事例は、刑法230条の2について、「『法規を超えた法発見（類推）』による超法規的な刑罰阻却事由（正当化事由）の存在が認められ」たことを意味するものであるとされている(53)。

さらに、Ⅱ章で検討した親族相盗例もこれに当てはまるだろう。親族相盗例は、実質的には犯罪が成立しているのである。つまり、「窃盗行為そのものは犯罪構成要件に該当するのみならず、違法にして有責なもの」である。それにもかかわらず刑罰が科されないのは、「親族という身分のために」、（その当否は別として）法は家庭に入らずという政策的な理由から単に「刑罰が阻却されるにすぎない」からである。「親族間の相盗行為については、原則として国家の刑罰権よりも各家庭内の自立権に委ねた方が妥当な結果を導き得るとの刑事政策的な配慮にもとづき『刑の免除』が刑罰阻却事由として規定されている(54)」。そして、罪刑法定主義が保障する国民の予測可能性の対象が可罰性であることから、親族相盗例に文理解釈上該当する事案につき被告人が処罰されないということは、確実に守られなければならない。それにもかかわらず、最高裁が親族相盗例を適用しなかったことが問題であったと考えられるのである。

このことは罪刑法定主義の要請とも合致するだろう。ここでは合致するというよりはむしろ、合致しなければならないと言った方が適切であるかもしれない。

この点について、正当防衛に当たるか否かが問われる殺人行為を例に挙げて説明を試みたい。このような事例において仮に法秩序の統一性の観点から殺人行為の違法性が肯定されてしまうと、法定された正当防衛規定が真正の許容命題としてのみ機能する限りでは、殺人行為の刑罰必要性の当否はもはや考慮されないだろう。つまり、行為者の行為が正当防衛規定に該当するならば、真正の許容命題（真正の違法阻却事由）が機能し、彼は処罰されないが、これに該当しない以上、殺人を理由に処罰されることになってしまう。しかし、このような場合にも、まさに罪刑法定主義が機能する余地が想定されうる(55)。という

(52)　最大判昭和44年6月25日刑集第23巻7号975頁。
(53)　増田・前掲注（12）196頁。
(54)　三枝有「親族相盗例における親族関係」中京法学 第30巻第3号（1995年）143頁。

のも、国家刑罰権の不行使に関する国民の客観的信頼は、罪刑法定主義によって保護されなければならず、市民を不測のあるいは恣意的な処罰から保護することが罪刑法定主義の重要な役割だからである。

要するに、真正の正当防衛に該当しないからといって直ちに行為者が処罰されるとなると、法律によって保障された法規の可罰性に関する市民の客観的な信頼が失われ、ひいては法の恣意的な運用を生み出すことにもつながりかねないのである。それ故に、この場合には正当防衛規定が処罰必要性阻却事由として機能することで、法律の文言から生じる可罰性の客観的信頼が保護されるとともに、行為者の自由が確保されることになるのである。

したがって、以上の検討から、処罰必要性阻却事由は真正の正当化事由を超えて市民の自由を保証する機能を持つことになる、と述べることができるだろう。

Ⅳ まとめ

本稿における考察をまとめると、以下の2点に集約される。

まず1つめは、正当化事由に対する目的論的縮小は罪刑法定主義の観点から禁止されるということである。法律は不明確性を必然的にともなうことから、裁判官による解釈が必要となる。そして、目的論的縮小は、意味の核心領域に属する事件に、法規の立法趣旨などの観点からこれに当該法規を適用しないような推論であると定義づけられる。このように定義づけられる目的論的縮小は、刑法領域では可罰性の不当な拡大を制限するための方法として重要な意義を有している。しかし、これは、可罰性を否定し処罰を減軽する規定としての正当化事由に適用される場合には、正反対の結論をもたらすことになる。つまり、処罰の拡大を招くのである。法典化された正当化事由を、その文言に反して行為者の不利となるように縮小することは、基本法103条2項、すなわち罪刑法定主義によって禁じられる(56)。エングレンダーは、「処罰を拡大する方向での解釈については、国会の制定した法律によらなければ、何人も処罰されることはないという罪刑法定主義の基本的要請は、厳格に維持されなければならな

(55) *Engländer*, a.a.O. (Anm. 1), S. 302.

(56) *Engländer*, a.a.O. (Anm. 6), Vor §§ 32 ff Rn. 10. 松宮・前掲注(5)1299頁以下。

い[57]」と述べている。したがって、目的論的縮小によるドイツ刑法典32条に対する法律上規定されていない制限は、憲法上不可能である[58]と結論づけることができるだろう。

2つめに明らかとなったのは、罪刑法定主義は法定された正当化事由に妥当するということである。一部の論者によって、罪刑法定主義の妥当性の障害となるのではないかと主張された法秩序の統一性（違法性概念の統一性）という観点は、真正の正当化事由（真正の違法性阻却事由、行動規範関係的な違法阻却事由）と制裁規範関係的な刑罰必要性阻却事由とを区別し、さらに罪刑法定主義を法律効果にも適用することで、つまり、制裁規範関係的な刑罰必要性の問題にも適用することで解決されうる。罪刑法定主義を制裁規範のレベルで適用することは、法律文言に反する処罰を禁止することを意味する。そして、この禁止によって得られる国民の利益を保障することができるのである。

これらの2点には、罪刑法定主義の機能に関する共通点が存在している。それは、罪刑法定主義が、可罰性に関する規範の名宛人の客観的予測可能性を保護するものだということである。これが守られなければ、不測のあるいは恣意的な処罰から規範の名宛人を保護することはできない。目的論的縮小禁止の場合にも、正当化事由への妥当性に関しても、この機能が重要となるのである。

なお、可罰性に関する国民の客観的信頼について注意する必要があると思われるのは、罪刑法定主義の保護の対象が、可罰性に関する行為者の主観的な信頼ではなく、国民一般の客観的な信頼であるという点にある。「刑法上違法だとされる行為を行った者が、仮に刑法三六条の規定を信頼して（つまり、誤って解釈して）罰せられないと信じていたとしても、その信頼は罪刑法定主義の観点からいっても保護に値しない[59]」のは当然のことであると考えられている。なぜなら、行為者の主観的な信頼が罪刑法定主義の保護の対象であると考えられるならば、可罰性の認識（可能性）が行為者に欠如している場合には、その者を処罰することができなくなるからである。したがって、罪刑法定主義の保護対象は、国民一般の客観的な信頼であることが要求される[60]。

---

(57) 村井・前掲注（8）46頁以下。

(58) *Engländer*, a.a.O. (Anm. 1), S. 298.

(59) 萩原滋「行政刑法解釈と罪刑法定主義」愛知大学法学部法経論集 第160号（2002年）76頁。

(60) 増田・前掲注（12）213頁によれば、行為者が正当防衛規定を誤って解釈したときは、その者はあてはめの錯誤に陥っているのであり、このような場合に主観的な信頼が罪刑法定主義によって保護されないのは自明のことであると説明されている。同・前掲注（45）118頁。

規範違反説における結果の体系的位置づけと規範

江藤隆之

Ⅰ　本稿の目的

刑法制定の目的は、各種法益侵害事態の回避を通じた個人の権利・自由保護、および権利が保護された状態で人々が自由に生活を営めるという意味の社会秩序の維持にある。この目的は、法が生活者に対して言語による規範を差し向けることによって、日々の暮らしの様々な局面において行為の選択を積み重ねている生活者が、自律的に法益侵害を回避し、あるいは義務づけられた法益保護行動をとることを通じて達成される(1)。そのため、人間のコントロールに服さない事柄への働きかけ、たとえば、生命保護のために自然災害を禁止するなどは刑法の行うところではない。法は、人間に対して法益侵害行為の否定的評価を示し、その評価提示の発語内行為（illocutionary acts）(2) として法益侵害行動の回避ないし法益保護行動を指図することによって法益保護をはかっているの

(1)　これによって行為者も刑罰を避けることができるようになる。つまり、刑法の法益保護は、行為者からの法益保護と行為者法益保護の2面性を有する。

(2)「僕はそうされるのが好きではない」という発言は、そう発語することを通じて、「僕にそうしないでくれ」といっている。「発語内行為」については、*J. L. Austin,* How to Do Things with Words, 1962. Ch8. 邦訳としてJ.L.オースティン［坂本百大訳］『言語と行為』（大修館書店、1978年）164頁以下参照。

なお、特別法においては、行為規範を文字通り明示する規定も多くみられる。このことは、──普通刑法と特別刑法とで総論体系が異なるという不当な前提をとらないかぎり──行為規範論の解釈論的妥当性を示すものといえるだろう。高橋則夫『規範論と刑法解釈論』（成文堂、2007年）9頁参照。

である。したがって、刑法は、制裁規範の体系である前に、法益保護を目的とした評価規範提示・行為規範指図の体系である。そのため、刑事不法の本質は、第一には行為の無価値であり、それは人的に把握されなければならない。

周知のとおり、増田豊は、徹底した規範違反説の主張者である(3)。規範違反説を徹底し、二元的行為無価値論すら論難するその主張は、理論的一貫性もあって説得力に富むものであるといえる。ところが、増田の見解への賛同者は決して多くはない。とりわけ、増田が不法内に結果を位置づけないことについて、鋭い批判が向けられている。その中でも特に松原芳博による詳細な批判(4) は、増田体系への批判にとどまらず、規範論を前提とする行為無価値論全体への強固な批判になっている(5)。

そこで本稿は、この論争に触発されるかたちで、規範違反説に立ちながらも侵害犯の既遂犯（侵害既遂犯）における結果を構成要件要素であると解する立場から、結果を規範論的に構成要件に位置づけることを試みたい。

Ⅱ　争点の確定と方法の策定

1　不法から結果を放逐する見解の概観と批判

論争の争点を明確にし、論じ方を決定するために、結果を体系内に位置づけない見解とそれに対する批判を概観しよう。

アルミン・カウフマンは、規範の定立過程には、法的状態に関する肯定的評価（社会秩序）、出来事についての評価（社会秩序を否定する法益侵害・法益維持）、

(3)　本稿では、増田の見解を参照する際は、増田豊『語用論的意味理論と法解釈方法論』（勁草書房、2008 年）［以下、参照するときは増田「語用論」と略す］、同『規範論による責任刑法の再構築』（勁草書房、2009 年）［以下、参照するときは増田「規範論」と略す］、同『法倫理学探究』（勁草書房、2017 年）［以下、参照するときは増田「法倫理」と略す］に依拠する。その他、増田の著作には増田豊『刑事手続における事実認定の推論構造と真実発見』（勁草書房、2004 年）がある。

(4)　本稿では特に松原芳博『犯罪概念と可罰性』（成文堂、1997 年）［以下、参照するときは松原「犯罪概念」と略す］および同「犯罪結果と刑法規範」『三原憲三先生古稀祝賀論文集』（成文堂、2002 年）319 頁以下［以下、参照するときは松原「犯罪結果」と略す］を参照する。

(5)　松原は、二元的行為無価値論を「前提と結論のあいだに不整合が見いだされる」と批判する。松原「犯罪概念」前掲注（4）210 頁。あわせて、曽根威彦『刑事違法論の研究』（成文堂、1998 年）29 頁以下参照。

人の仕業についての評価（行為無価値・行為価値）の３段階があり、法規範の対象となるのは人の仕業のみであるという[6]。そのため、カウフマンは、刑法規範を命令・禁止として人の実現意思に働きかけ、目的的な行為を禁止するものとして理解[7]し、「行為者が事実的故意においてかれの所為にあたえる意味だけが規範違反判断の評価基体を規定する」[8]とした[9]。規範的不法論の徹底をはかり、結果を不法から追放したツィーリンスキーは、偶然論拠をそのひとつの根拠とする。彼によれば、結果は常に偶然の産物にすぎないがゆえに、結果無価値は規範も義務も基礎づけることはないという[10]。増田は、責任主義の貫徹を不法から結果を放逐する理由に挙げる。増田は、結果を不法に位置づけることは結果に処罰根拠づけ機能を与えることになるとしつつ、「偶然的事情によって左右されるような結果発生に『処罰根拠づけ機能』を与える結果刑法（悪しき結果刑法）が、責任主義と真っ向から対立することになるのは明らかである」とした上で、結果無価値が処罰限界づけ機能のみを有する体系を構想し、そのような刑法を「よき結果刑法」と呼ぶ[11]。

---

(6)　*Armin Kaufmann*, Lebendiges und Totes in Bindings Normentheorie, 1954, S. 69 ff.

(7)　*Kaufmann*, a.a.O. (Anm. 6), S. 106 ff.

(8)　*Kaufmann*, Zum Stande der Lehre vom personalen Unrecht, Welzel-FS, 1974, S. 403. 引用部分は邦訳であるA. カウフマン＝G. ドルンザイファー著［川端博訳］『刑法の基本問題』（成文堂、1983年）42頁によった。

(9)　ここで、「行為無価値論」を徹底した見解が主観に偏りすぎてしまったことについて、批判を加えておきたい。一元的行為無価値論者は正しくも行為の客観的側面を承認する（*Diethart Zielinski*, Handlungs- und Erfolgsunwert im Unrechtsbegriff, 1973, S. 207.）。だが、彼らの規範理解は意思への働きかけをもっぱらとし、行為の客観面を意思に還元可能なものとして矮小化してしまっている。内心に思い浮かべただけの純粋な主観は意味を持って存在しない（重要ではないのでも把握できないのでもなく、存在しないのである）。何の妨害もないのに椅子から立ち上がらない者が「私は起立する意図を有している」といっても、彼には立ち上がる意図はない。行為を行為たらしめる意図は、我々観察者によって了解可能なかたちでのみ存在する。行為は主観と客観との分かちがたい統合体なのである。そうであるにもかかわらず、一元的行為無価値論が不法論においてあまりにも主観に偏りすぎた（その原因は客観面の本拠を主観に求めたからである）のは、「行為」無価値論として妥当であったといえるだろうか。行為の構造に注目するというのならばむしろ、主客両方の基盤を統合的に有する行為無価値論を展開すべきことになるのではないか。刑法は、自然事態のコントロールが不可能なのと同様に、純粋な意思に働きかけることもまたできないのである。刑法の指図は、意思ではなく人間の意図的行為にわずかばかりコミットできるにすぎないのである。

(10)　*Zielinski*, a.a.O. (Anm. 9), S. 142. なお、近年の英米における偶然論拠をめぐる議論を紹介したものとして、山田慧「未遂犯を基礎づける客観面と主観面に関する一考察」同志社法学69巻3号（2017年）249頁以下参照。

(11)　増田「規範論」前掲注（3）70頁。

このように、結果を不法から放逐する見解は、刑法規範が行為規範であることを前提に、仮に行為以降の偶然により発生・不発生が決定する結果に不法根拠づけ機能を認めるのだとしたら、それは行為者にとってコントロール不能な事情をもって処罰を根拠づけることになり不当であるというのである。

これに対して松原は、結果を不法から放逐することは「不法の現実性・外面性・社会性を奪う」が、それは「行為主義（Tatprinzip）との関係で問題をはらむ」と批判する(12)。社会性を喪失した不法概念は、行為主義に反するおそれがあるだけでなく、利益衝突が問題となる違法性阻却の場面において、各関係者の利害調整の機能を営むこともできなくなる。さらには、一元的人的不法論では、結果に与えられるべき重要な意義（媒介機能、証明機能、選別機能、刑罰の軽重に影響を与える機能）を果たすことができなくなるという(13)。このように、結果を不法から放逐する見解には、とりわけ不法から客観的契機を奪う点について批判が向けられている(14)。

それでは、このような批判に対して増田はどのような立ち位置にいるのだろうか。増田は、構成要件から結果を追放することにつき、シューネマンに対する批判の文脈において、次のように述べている。すなわち、「罪刑法定主義の観点より構成される『保障的構成要件』(Garantietatbestand)」については「結果発生もまたまさにこの意味における構成要件の要素と考えて」おり、「結果発生を構成要件から追放しようとする場合に問題としている構成要件概念は……犯罪構成の体系的出発点としての構成要件、つまり『指導形象構成要件』(Leitbild-tatbestand）ないし『体系構成要件』(Systemtatbestand）である」(15)と。つまり、増田は、保障構成要件においては結果を考慮するのだという。さらに増田は、結果のコミュニケーション機能と証明機能を認めており、決して結果を軽視しているわけではないともいう。増田の構想においては、結果は責任を負わせるためにあるのではなく、免責するためにある。増田はこれを「真の結果無価値

(12)　松原「犯罪概念」前掲注（4）191頁。松原「犯罪結果」前掲注（4）322頁。

(13)　松原「犯罪概念」前掲注（4）193頁以下。

(14)　なお、松原「犯罪概念」前掲注（4）201頁は「処罰限界づけ機能」と「処罰根拠づけ機能」との区別にも疑義を呈するが、私はこの機能の区別はありうる（あることをある観点から根拠づけられたとしても、別の観点からそれを限界づけることはありうる）と考えるので、この批判はヒットしているとは思われない（不法を処罰を根拠づけるもの、責任を処罰を単に限定するものとして、前者をエンジン、後者をブレーキと表現するものに、井田良『刑法総論の理論構造』（成文堂、2005年）1頁以下）。

(15)　増田「規範論」前掲注（3）122頁注15。

論（結果に処罰限定機能だけを付与する結果無価値論）」あるいは「〈最もラディカルな〉結果無価値論」と呼ぶ(16)。すなわち、増田は結果を保障構成要件においては考慮するし、結果の果たすべき機能も大いに認めるのだというのである。増田は、結果放逐の問題点に関する批判のクリティカルなヒットを――すくなくとも私の理解する限り理論的には――巧妙に回避しているように思われる。

2　争点と方法

さて、このような状況を踏まえた場合、どこに争点を設定して、これらの議論と組み合うべきであろうか。

不法から結果を放逐する見解と組み合う戦略としては、結果の概念と意義を争点として、①不法から結果を放逐することの問題点を指摘する、②結果が犯罪認定に重要な機能を営むことを指摘するのが正攻法である。松原は客観的評価規範論の立場からこの戦略を採り、一元的人的不法論に対して徹底的な批判を加えた。この点について増田は、①保障構成要件の意味では結果を放逐していないといい、②結果が犯罪認定に重要な機能を営むことは認めている、という。松原の批判は、正攻法であるものの、増田はこの批判のヒットを巧みに避けている。それは、増田が「犯罪を根拠づける犯行論の要素」と「犯罪を限界づける犯罪論の要素」とを区別し、犯行論から放逐したものを犯罪論に組み入れることによって、犯行論としては先鋭的に見えながら犯罪論を含めた全体としては結果的に穏当な体系に至っていることに起因するといえるだろう(17)。

それでは、ここからさらに結果を不法から放逐する見解と組み合うにはどうすれば良いか。そのためには、結果と規範の考慮順序を争点として設定するのが有効であろう。規範違反説によっても、侵害既遂犯の際は規範判断に先行して結果発生の有無が判断されるべきことを論証するのである。そうすることで、

(16)　増田「規範論」前掲注（3）212頁以下。

(17)　仮にひとつの体系内で行為規範の問題と制裁規範の問題とを取り扱うならば、高橋則夫のような規範論に基づく二元論体系に帰着しうるだろう（高橋体系については高橋則夫『刑法総論』第3版（成文堂、2016年）1頁以下参照）。増田体系は、――私の理解するところによれば――行為規範を中心に構築される犯行論のみに着目すると先鋭的にみえるが、制裁規範を考慮する犯罪論を視野に入れると、結論としては穏当な二元論体系に落ち着いているように思われるのである。なお、犯行論の段階のみに限ってみても不能犯において客観的危険説に賛同するなど、その結論は必ずしも印象ほどラディカルなものではない（増田「規範論」前掲注（3）173頁以下）。

規範判断の前に結果を位置づけなければならないこと、すなわち犯行論の不法から結果を放逐することができないことが明らかになるとともに、松原から加えられている規範違反説を徹底すると結果は不法要素とはなりえないという批判への応答にもなるだろう。

そこで、以下に侵害既遂犯において、規範判断の前に結果発生の有無を明らかにすべきことを論ずる。ただ、その前に、構成要件に罪刑法定主義機能（の一部）を担わせるべきであること、そのために保障構成要件に結果を位置づけるべきことを簡単に述べておこう。保障構成要件に結果を位置づけることは前述のとおり増田も認めているので、この部分の叙述は本稿においては論争的なものではなく、あくまで構成要件論に基づく体系構築のごく基本的かつ簡潔な叙述にとどまる(18)。

Ⅲ　構成要件の罰条包摂性判断機能

刑法の教科書類に目を向けてみると、ほとんどの場合、結果は構成要件要素であるというのみで「なぜ結果が構成要件要素なのか」の説明に頁を割いていない。では、なぜほとんど論証もないまま結果を構成要件に位置づける見解が圧倒的な支持を得ているのだろうか。

殺人罪において死の結果が構成要件要素であるとされるのは、おそらく複雑な理論の帰結ではなく、刑法199条が死を殺人罪の要件としているからであろう。「人を殺した者」に当てはまるか否かの判断をするにあたり、「人が死んだか否か」の判断を最初の類型的判断で行うことは自然かつ合理的である。実定刑法は、解釈される対象であるだけでなく、犯罪世界を認識するための規範的な基盤でもある。もし刑法に傷害致死罪の規定がなければ、我々は傷害致死事件を見ることはない。実際、我々は現行刑法下においてどれだけ目を凝らしても姦通罪を目撃することができないのである。

我々は、どこかの地面に立ち、疑えない蝶番を手がかりにして問いを立て

(18)　直接論争に関連しないにもかかわらず、あえて保障構成要件と結果との関係を叙述するのは、多くの論者が支持する一般的な体系（増田のように犯行論と犯罪論とを分離しない体系）を前提とすれば、構成要件に保障機能があり、そのため構成要件に結果が位置づけられると説明するだけで、結果を構成要件要素とすることに関する論証として（おそらく）十分だからである。

る[19]。無限後退するような懐疑や完全なる無信念では議論は始まらない。我々は最初に何かを前提として措定し（信じ）、そこから思考をスタートさせる。刑法解釈において、その役割を果たすのは刑法自身である。刑法は、ただの解釈対象にとどまらず、刑法的世界に入り込むための扉の蝶番なのである。蝶番があってはじめて木の板が扉となり、その開閉が可能になるように、刑法があってはじめて行為が犯罪となり、その認識が可能になるのであるから。

それゆえ、構成要件論を前提としたとき、その構成要件が果たすべき機能について、刑法がどのように指示しているのかを探ることはひとつの重要な試みとなる。もちろん、実定刑法に構成要件という語は使用されていない。したがって、刑法が構成要件について直接明示的に指示していることは何もない。ここでの検討は、構成要件論を採用する前提に立った場合、その要素として何を入れるべきかを刑法の在り方を手掛かりに探ろうとするものである。

構成要件の理論は、ベーリングによって実体法的に意義のあるものとして産声をあげたとき、罪刑法定主義をその思想的根拠としたのであった[20]。この意味において、ベーリングの構成要件は――ベーリング自身、構成要件の故意規制機能を重視するあまり処罰威嚇条件を構成要件要素から外そうと試みるなど混乱はあったものの[21]――保障構成要件を意味していた。その後、小野清一郎のように構成要件の理論を罪刑法定主義と切り離して理解する見解も主張された[22]が、仮に慣習法や判例法が認められるとしてもなお構成要件概念が必要になるという小野の主張は、罪刑法定主義が前提とされる場合に制定刑法から構成要件が導き出されることに異議をさしはさむものではない。かえって、罪刑法定主義を当然の前提とする場合には、「罪刑法定主義は、厳格にして明確な構成要件の確立を求める」[23]といえるのである。ベーリング以降、構成要件論はベーリングの当初の主張を離れ[24]、多くの論者による主観的構成要件要素や規範的構成要件要素の承認といった変化を遂げた。そのような変化をもっ

(19)　*Ludwig Wittgenstein*, Über Gewißheit, 1969, 341.

(20)　*Ernst von Beling*, Die Lehre vom Verbrechen, 1906, S. 22.

(21)　松原「犯罪概念」前掲注（4）50頁以下において詳細に検討・批判がなされている。

(22)　小野清一郎『犯罪構成要件の理論』（有斐閣、1953年）217頁。

(23)　大野真義『罪刑法定主義』新訂第2版（世界思想社、2014年）247頁。

(24)　ベーリング自身も後に当初の構成要件論を修正している。*Beling*, Die Lehre vom Tatbestand, 1930は、「犯罪類型（Deliktstypus）」として不法類型を含む事実的な行為の類型の概念を提唱した。しかし、この犯罪類型こそが本来的に構成要件だったのではないかとして、ベーリングによる修正を批判する声もある（小野・前掲注（22）408頁以下など）。

てしても、構成要件論を採用するのであれば、そこに罪刑法定主義の要請を読み込むべきこと自体は覆っていないというべきであろう(25)。

しかしまた、構成要件以外の犯罪成立要件も罪刑法定主義に服すること、たとえば明文で求められている客観的処罰条件のないケースや明文で認められている犯罪成立阻却事由があるケースを処罰するのは罪刑法定主義違反であることに鑑みれば、構成要件のみに罪刑法定主義機能をすべて担わせるべきではない。罪刑法定主義の機能を直接に担うのは、罰条そのものである。それゆえ、罰条に定められた諸要件および罰条に定められてはいないが論理的な解釈によって導出され許容される諸要件を各段階に位置づけた犯罪論体系全体をもって罪刑法定主義の要請を達成すべきである。では、それでもなお他の犯罪成立要件・処罰条件にではなく構成要件に担わせるべき保障機能（の一部）とはいかなるものか。それは「生じた事態が刑法各則の罰条の文言に包摂されるか」という犯罪成立検討のスタート地点における罰条包摂性判断であろう。明らかに罰条包摂性がない事態については犯罪成立の検討から外すという判断こそが、どのような構成要件論に依拠するかにかかわらず、構成要件であれば須らく担うべき最も基本的な機能であるといえるからである。

となれば、結果発生という単純かつ基本的な事態は、罰条が明文でその発生を求めているかぎり、罰条の文言に包摂される事態が発生したか否かという判断を営む構成要件の要素である。もし罰条が明文で結果発生を要求しているのに、結果発生を構成要件からあえて放逐するというのであれば、そのような理論は現行法と親和的であるとはいいがたいことになる(26)ばかりか、構成要件論を採用する意義を失うであろう。「人を殺した者」と定める刑法は、「人が行為者の故意行為によって死んだか否かを判断せよ」と我々に指図しているのであり、保障機能を有する構成要件論を採用するならば，その判断は構成要件段階で行われるべきなのである。

(25) 佐伯仁志『刑法総論の考え方・楽しみ方』（有斐閣、2013年）34頁以下参照。

(26) *Günter Stratenwerth*, Zur Relevanz des Erfolgsunwertes im Strafrecht, Schaffstein-FS, 1975, S. 186.

Ⅳ　規範の導出と結果

殺人罪は「人を殺した」ことをその成立要件としている。ここから「人を殺すな」という行為規範が導き出されること——あわせて「人を殺すような行為をするな」までは導き出せないこと——を論じたい。

規範の淵源として、古くは、ビンディングがそれを刑罰法規に先行する法命題に求めたことが知られている(27)。また、ベーリングは国家の規範的意思という全体としての法秩序(28)に、M. E. マイヤーは文化規範(29)にそれぞれ行為規範の淵源を求めた。しかし、このように行為規範の淵源を実定法以外のもの、あるいは実定法の暗黙裡の前提に求めることは不当である。行為規範の淵源は、直接実定法に求めることが妥当なのである。

私はすでに別の論稿で「人を殺した者は、死刑又は無期若しくは5年以上の懲役に処する」という実定法規から「人を殺すな」という規範を読みとることは、——増田がそう主張する(30)のと同様に——通常の日本語による言語行為であることを指摘した(31)。「いたずらをしたらおやつ抜きにする」という言明は「いたずらの当否には触れておらず、制裁を示しただけ」とは理解されない。「いたずらをするな」という意味に理解されるのである。本書の原稿依頼状には「お原稿と併せて、著者紹介用に『お名前（ふりがな）』と『ご所属・肩書き』をお知らせいただければ幸いです」と書いてあるが、これは編集担当者の幸福の条件を示したのではなく、「名前と所属・肩書きを教えてくれ」という意味を伝える丁寧な日本語表現である。もし「編集担当者を幸せにする義理はないから、肩書きも所属も教えない」と私がいえば、私は「ひねくれている」という前に「日本語が理解できていない」のである。刑罰法規に明確さが求められることを前提としても、刑法199条の条文を読んで「殺人は禁止されておらず、制裁が記されているだけだ」と理解するのは通常の日本語能力を備えた者にとってナンセンスである。通常の日本語能力で読み取れるものをあえて「書いて

(27)　*Karl Binding*, Normen und ihre Übertretung, Bd.1, 4. Aufl., 1922, S. 3 ff, 19 ff.

(28)　*Beling*, a.a.O. (Anm. 20), S. 127.

(29)　*Max Ernst Mayer*, Der allgemeine Teil des deutschen Strafrechts, 2. Aufl., 1923, S. 37 ff.

(30)　増田「法倫理」前掲注（3）84頁、同「語用論」前掲注（3）45頁、同「規範論」前掲注（3）346頁以下など。

(31)　江藤隆之「刑罰法規の意味としての行為規範」桃山法学17号（2011年）1頁以下。

いない」というのは、ためにする詭弁であろう。このように、刑法199条から「人を殺すな」、刑法235条から「他人の財物を窃取するな」と規範を読み取ることは、読み替えではなくストレートな条文理解であるといえる。

ところが、「人を殺すな」を「一般に人を殺すような行為をするな」にまで抽象化できるかといえば、――増田がそう主張しているのか否かは判然としないが(32) ――それは困難だろう(33)。199条から読み取れる規範は「(意図的な) 殺人結果惹起行為の禁止」までである。「人を殺すな」という規範への違反は、「人を殺すような行為をしたとき」にあるのではなく、「人を殺したとき」にあることは明らかだ。このような惹起禁止規範の違反を問うためには、その判断に先立って結果発生が確定しなければならないことは論理必然である(34)。となれば、侵害既遂犯の発生は、規範判断以前に確定されるべき要素でなければならない。結果と行為とその帰属関係が構成要件で認定されてはじめて、それが惹起禁止規範に違反する結果惹起行為であったか否かを論ずることが可能になるのだから(35)。

以上のように、条文によって求められている結果惹起の有無の判断は、結果惹起を要件とする犯罪の場合には、規範判断(惹起禁止規範違反判断)に論理的に先立たねばならない。条文から導き出される規範に違反するか否かの判断(価値判断)に、条文に該当する事実があるか否かを判断する構成要件的判断(事実判断)は論理的に先行する。かくして、惹起禁止規範の判断においては、結果が規範対象となるために、論理必然に結果発生の有無が規範判断に先行し

(32) 松宮孝明「『結果反(無)価値』について」『曽根威彦先生・田口守一先生古稀祝賀論文集』(成文堂、2014年)235頁注12は、増田がそのような読み替えを主張しているとする。なお、このような読み替えを正当化していると思われる者にヤッフェがいる(Gideon Yaffe, Attempts, 2010.)。ヤッフェの議論については山田慧「未遂犯の本質に関する一考察」同志社法学68巻5号(2016年)354頁以下参照。

(33) 結果犯の規定から「結果を起こすような意図をもつ振舞いをするな」までは読み取れないとする松宮・前掲注(32)235頁の指摘は正当である。

(34) *Stephan Ast,* Normentheorie und Strafrechtsdogmatik, 2010, S. 49.

(35) 危険行為禁止規範(狭義の行為規範)と惹起禁止規範とを行為規範理解の対立に還元する論者もいる(山中敬一『刑法総論』第3版(成文堂、2015年)21頁など)が、両者の違いは規範理解の対立によるものではなく、各犯罪における行為規範の違いによるものであろう。私見は、原則として、行為の規定方式が侵害既遂犯の場合は惹起禁止規範、未遂犯ないし危険犯の場合は危険行為禁止規範と解するが、焼損を客観的既遂要件として定める危険犯たる放火罪等については、危険犯だが焼損惹起禁止規範として読むことも考えられるため、なお各論的な検討が必要となろう。

て確定されるべきことが帰結される(36)。

V　予想される批判と応答

1　予想される批判

増田は、「不法を行為無価値のみによって構成する見解を採用するならば、違法性は『事前的』(ex ante) 判断によって確定されることになるであろう。これに対し、発生した結果の体系的地位を構成要件に指示するならば、これによって構成要件該当性は『事後的』(ex post) 判断によって確定されることになるであろう。だが、違法性が『事前的』判断によって確定されるのに、それに論理的に先行する（体系）構成要件該当性が『事後的』判断に服するとするならば、これによって構成要件該当性と違法性の論理的な前後関係は逆転されることになる」(37) という。この批判に、不法判断の２フェイズを区別してこたえよう。

2　裁判時のフェイズにおける行為規範

犯罪行為の不法判断が現実に行われる場面として最も重要なのは裁判時である。裁判時に行われる「違法性の行為時判断」は、裁判時から振り返っての行

(36)　高橋・前掲注 (2) 51 頁は、法益侵害結果の発生を制裁規範の問題とするが、惹起禁止規範違反の場合は行為規範の問題に位置づけられると解すべきだろう。

なお、未遂犯の規範は既遂犯のそれと同一ではない。未遂犯の規範は、各則の罰条と 43 条との組み合わせによって読み取られるため、既遂犯のそれよりも前倒しされている。殺人未遂であれば「人を殺す実行に着手するな」である。したがって、未遂犯の規範は惹起禁止規範ではなく、狭義の行為規範（危険行為禁止規範）であり、結果は不法要素ではない。未遂犯は行為規範違反を理由に処罰されるのである。なお、行為規範の判断対象になるのは主観的な内心ではなく、主客の統合体である行為であるから、行為規範違反のみで未遂犯の処罰を根拠づけるとしても主観的未遂論に堕することにはならない。未遂行為は一般人が外部から観察して危険であると評価しうる程度の実体がなければならないからである。未遂犯の危険については、江藤隆之「不能犯における危険の概念 (1)・(2)・(3・完)」宮崎産業経営大学法学論集 16 巻 1・2 号、17 巻 1・2 号、18 巻 1 号（2007 年、2008 年、2008 年）33 頁以下、33 頁以下、109 頁以下および同「実行の着手における主観的なるものと客観的なるもの ── 刑法教義学の超越論的検討 ──」桃山法学 20・21 号（2013 年）163 頁以下参照。

(37)　増田「規範論」前掲注 (3) 126 頁。

為時判断である。行為時判断の目的は、行為者の行為が規範違反であったか否かについて、当時入手可能であった資料をもとに判断し、事後的に判明した事実や事後的に向けられた規範の不意打ちから行為者を守り、その行動の自由を確保することにある(38)。そのために、裁判官が事後的に得られた各証拠から、行為時に行為者が認識していたか一般人に認識可能であった事実に絞って事実を認定し、それに基づいて行為者の行為の規範違反性を判断するのが裁判時における事前判断である。事後的に判明した構成要件的諸事実から、当時の行為の適否を判断する基礎となる事実を絞り込むために違法性の事前判断が採用されるのであるから、ここで、判断の前提的事実として結果の発生があったか否かが事後的に判明していることは不可能でもなければ不自然でもない。裁判時に使用されるべき違法性の事前判断は、「証拠により事後的な事情を知っている裁判官が、規範的にそれを知らないことにすべきか否か」という問題にすぎないのである。

3　行為時のフェイズにおける行為規範

しかしもちろん、規範論に基づく事前判断の真骨頂は裁判時にあるのではなく生の行為時にある(39)。裁判時に採用される事前判断が犯罪成立を限定するために擬制された事前判断であるとしたら、行為時の事前判断はまさに関係者に直接行為規範を提示する生の事前判断である。この生の事前判断の際、一元的人的不法論者がいうとおり、結果は考慮の外に置かれる。たとえば、行為者が殺意をもって被害者に向けてピストルの引き金を引いたとき、被害者が死亡するか否かは誰にもわからない。生の事前判断においては、事後的に判明する事態は「判断基底から放逐すべきか否か」ではなく、存在しないのでどうしても判断対象になりえないのである。このとき、着目される（着目できる）のは行為および行為状況だけであるから、生の行為時判断において構成要件該当性判

(38)　江藤隆之「行為規範と事前判断」『川端博先生古稀記念論文集［上巻］』（成文堂、2014 年）25 頁以下参照。

(39)　回避不能な正当化事情の錯誤の場合、違法阻却を認める見解が徹底した事前判断の立場であろう。それぞれ詳細な理由づけは異なるが、たとえば、*Armin Kaufmann*, a.a.O.（Anm. 8), S. 396 ff（邦訳として川端・前掲注（8）39 頁)、藤木英雄『刑法講義総論』（弘文堂、1975 年）172 頁、川端博『正当化事情の錯誤』（成文堂、1988 年）24 頁以下、野村稔『刑法総論補訂版』（成文堂、1998 年）308 頁、増田「規範論」前掲注（3）82 頁など。

断は結果発生を度外視したもの、すなわち理論的に未遂程度のものになる。殺人罪を例にとれば、行為時に一般人が認識しえた事情および行為者が特に認識していた事情を基礎に一般人の観点から殺人未遂行為にみえる行為はひとまず禁圧し、殺人未遂にみえない行為は許容することになるが、行為時の規範提示としてはこれで十分である。あとは裁判時に事後的構成要件的事実判断（「行為時には人が死ぬような行為にみえたが現実に人が死んでいないので殺人既遂ではない」や「行為時には結果発生の有無は不明であったが事後に因果的に被害者が死亡したので殺人既遂である」など）を証拠に基づいて行い、その後、行為時判断を尊重して違法性判断をすれば足りるのである。生の行為時判断が、裁判時の擬制された行為時判断において行為者に有利な方向で尊重されるかぎり、事後的な不意打ちによる不当な科刑を回避するという行為規範論の目的は十分に達成されるからである。

すなわち、行為時のフェイズにおいては、結果の有無は関係なく事前判断により「当該行為が許されるか否か」が判断され行為時の規範となり、裁判時のフェイズにおいては、結果の有無が構成要件該当性の問題として事後的に確定した後、行為時フェイズの判断と同じ基準の判断が違法性阻却事由判断として用いられるのである。したがって、理論的には構成要件該当性が先に確定するが、事実的には先に行為の規範的評価が提示されているとしても、裁判時に行為時の事情を基礎とした適切な違法性阻却事由判断が行え、かつ行為時に行為規範を示すことができるのだから、問題ないといえるだろう。

4　危険行為者による結果発生のコスト負担

ただし、以上の構想によっても、事後的な結果を行為者に帰責すること、たとえば「行為時には結果発生の有無は不明であったが事後に因果的に被害者が死亡したので殺人既遂として扱う」ことが責任主義ないし規範違反説の本義に反しないかとの疑問がなお向けられそうだ。

たしかに、行為とはまったく無関係な偶然的事情が犯罪成立を根拠づけるならば、それは行為者に対する不意打ちであり不当である。ところが、行為者が自らの行為選択に関連してあらかじめ引き受けている可能的結果が実現した場合にそれを構成要件段階で考慮することは不当な不意打ちであるとはいえない。行為者は、行為以前に結果発生を既遂要件とする罰条を知ることができ、結果発生の危険のある規範違反行為を行っている。行為者は、外界変更のある未来もない未来も行為すると同時に引き受けたのである。そのコストは、行為者に負担させても責任主義に反せず、規範違反説の本質にも悖らないだろう(40)。

Ⅵ 結語

以上のように、規範違反説を徹底しても侵害既遂犯においては結果を構成要件要素とすべきことを示した。本稿は、増田体系をめぐる議論に触発されながら、侵害既遂犯の規範は惹起禁止規範であり、結果が規範判断対象となるため、規範判断に先立って結果発生の有無が確定されなければならないことを示したものである。これは、規範違反説に客観的契機を与えてこれまで主客二元論の名の下に主張されてきた諸見解を中立一元的論から導く基盤を整備しようと試みたものでもあるが、そのことまでも表現しきれた自信はない。さらに、この構想が各論点においていかなる結論を導くかはなお慎重に検討する必要がある。その意味で、本稿は決定版ではなく試行錯誤のひとつとして位置づけられるべきだろう。

検討根拠づけ機能を有する私の能力不足と検討量限界づけ機能を有する紙幅の関係もあって十分な論述ができず、悪い意味で dogmatisch な論稿になってしまった感も否めないが、敬愛する増田豊先生の古稀を心からお祝いして本稿を捧げたい。

(40) そうでなければ、結果的加重犯の存在など到底認めることができなくなろう。

正当化事由規定における「許容」の意味
── 正当化事情の錯誤に関連して ──

小島秀夫

Ⅰ　はじめに

誤想防衛を典型例とする正当化事情の錯誤をめぐっては、違法性阻却事由を消極的構成要件要素と捉えて故意を否定する見解や(1)、責任要素としての故意を否定して過失犯成立の余地を認める見解が主張されている(2)。確かに、当該錯誤に陥った行為者が法益保全の意思を有していることに鑑みれば、そのような結論に多くの支持が集まる状況は、決して不思議ではない(3)。しかし、故意を否定する結論のみならず、その論拠に目を向けると、熟慮を要する問題が内在している。しかも、正当化事情の錯誤を議論する際に共犯事例が引き合いに出されており(4)、そうした共犯事例を検討するためにも、まずは問題の所在を徹底的に探究することが必要不可欠であるように思われる。

ところで、正当化事由規定は一定の行為を許容するものであるが、その意味は、規範の本質や構造に立ち返ることで明らかにされよう。今日、刑法を含め

(1)　井田良『講義刑法学・総論』（有斐閣、2008 年）350 頁。

(2)　山口厚『刑法総論 第 3 版』（有斐閣、2016 年）211 頁以下、高橋則夫『刑法総論 第 3 版』（成文堂、2016 年）303 頁、松原芳博『刑法総論 第 2 版』（日本評論社、2017 年）252 頁以下、松宮孝明『刑法総論講義 第 5 版』（成文堂、2017 年）150 頁等。

(3)　判例でも、誤想防衛の事例において故意が否定されている。広島高判昭和 35 年 6 月 9 日高刑集 13 巻 5 号 399 頁、大阪高判平成 14 年 9 月 4 日判タ 1114 号 293 頁、東京地判平成 14 年 11 月 21 日判時 1823 号 156 頁、大阪地判平成 23 年 7 月 22 日判タ 1359 号 251 頁等。

(4)　例えば、鈴木彰雄「正当化事情の錯誤と共犯の成否」日本法学 82 巻 2 号（2016 年）189 頁以下。

た「法」全般が総じて規範体系から成り立っている点については、大方の賛同が得られている。しかし、そもそも規範とは、一体どのようなものなのであろうか。規範論者の多くは、言語によるコミュニケーション行為、すなわち言語行為と関連づける形で規範を捉えている。「正当化」、すなわち「許容」の意味を言語行為の観点から検討することで、正当化事由規定と禁止規範や命令規範との関係が浮き彫りになるだろう。そのうえで、多義的なTatbestand概念を整理するならば、正当化事情の錯誤をめぐる通説的見解の理論構造が明確になり、問題の核心に迫ることができるのではないかと考えている。

Ⅱ　命令や禁止と区別された言語行為としての「許容」

規範の性質ないし本質については、これまで多くの論者によって詳細な検討が加えられてきたが、依然として活発に議論されている。いかなる規範概念が適切であるかを本稿で示すことは困難を極めるが、規範の性質や本質を検討するに当たって、2つのアプローチを引き合いに出したい。

1つは、意志行為の観点から規範を検討するアプローチである。ケルゼンは、規範を意志行為の意味として捉えている。われわれ人間は、しばしば他者にある一定の態様で行動することを欲しており、その目的を実現するためには、意志を表明しなければならない。こうした意志を表明する行為を、ケルゼンは「意志行為」と称している。ある者が何らかの意志を持ち、その意志を表明することは、1つの事実である。そうであるならば、意志行為それ自体は「存在」(Sein)として理解されよう。もっとも、意志行為を通じて他者に主張される内容は、他者がある一定の方法で行動する「だろう」というものではない。意志行為によって、他者にある一定の方法で行動をとる「べきだ」と伝達される。したがって、意志行為の意味(内容)は、存在でも事実でもなく「当為」(Sollen)であり、それこそが規範である(5)。

ケルゼンによれば、意志行為の意味には、ある行動を他者に命ずる「命令」(Gebot)、他者のある行動を容認する「許容」(Erlaubnis)、ある権限を他者に与える「授権」(Ermächtigung)の3つがある。もっとも、許容や授権は、強制行

(5)　Vgl. *Hans Kelsen*, Reine Rechtslehre, 2. Aufl., 1960, S. 4f.; ハンス・ケルゼン(長尾龍一訳)『純粋法学 第2版』(岩波書店、2014年)6頁以下。

為を命ずる規範と結びついて効力を持つ非独立規範であるに過ぎない。というのも、ケルゼンは、記述的性格を有する「法命題」（Rechtssatz）と区別された「法規範」（Rechtsnorm）を命令的に理解し、命令を前提に許容が機能するとして、命令法規と許容法規の区別を部分的に否定しているからである(6)。

このようなケルゼンの規範概念は、命令説を髣髴とさせるものであろう(7)。ジョン・オースティンやビアリンクらによって展開された命令説によれば、法秩序は命令（Befehl）、すなわち市民や国家機関に対する命令（Gebot）や禁止（Verbot）から成り立ち、許容は命令や禁止の複合体ないし不完全な法規範とされる。さらに、そのような命令は、制裁規範を前提に初めて機能すると理解される(8)。しかし、こうした規範概念は、制裁規範を一次規範とする規範の制裁モデルを基盤としている点で適切ではない(9)。

そこで、意志行為ではなく、言語行為の観点から規範を検討するアプローチに注目したい。イオリオは、規則（Regel）を規範の上位概念として採用し、規範的規則（präskriptive Regel）と記述的規則（deskriptive Regel）に大別した上で、前者をさらに狭義の概念と広義の概念に区別している。狭義の規範的規則とは、当為（Sollen）命題の下で理解される命令（Gebot）や禁止（Verbot）であり、広義の規範的規則には、許容（Dürfen）命題の下で理解される許容（Erlaubnis）も含まれる(10)。

「〜してもよい」(dürfen）という用語は、さまざまな場面で使用されよう。例えば、自動車を所有する母親が娘に「今日の夜は車を使っていいよ」と発する

---

(6)　*Hans Kelsen*, a.a.O.（Anm. 5), S. 4f., S. 73 ff.

(7)　フンケは、ケルゼンが「妥当」を法規範の拘束性と理解する点から命令説への近接性を指摘している。Vgl. *Andreas Funke*, Rechtstheorie, in: Julian Krüper（Hrsg.), Grundlagen des Rechts, 3. Aufl., 2017, S. 52. もっとも、「命令説」の内容については慎重な検討を要する。エンギッシュによれば、命令説は法規範の妥当ではなく、法規範の論理構造に関する理論であり、法は命令だけから成り立っている、と主張する学説である。*Karl Engisch*, Literaturbericht, ZStW 87, 1975, S. 311; *ders*, Einführung in das juristische Denken, 11. Aufl., 2010, S. 55. 本稿では、ケルゼンにおける法規範の論理構造とエンギッシュの意味における命令説との近接性を指摘したい。

(8)　*John Austin*, The Province of Jurisprudence Determined, 1954, pp. 9ff.; *Ernst Rudolf Bierling*, Juristische Prinzipienlehre, 1894, S. 71 ff.

(9)　*Armin Engländer*, Norm und Sanktion - Kritische Anmerkungen zum Sanktionsmodell der Norm, 2013, S. 194 f.; アルミン・エングレンダー（拙訳）「規範と制裁―規範の制裁モデルに対する批判的考察」大東法学25巻2号（2016年）219頁以下。また、拙稿「法益論の根本的問題―法益と道徳は対置されうるか―」大東法学26巻2号（2017年）16頁以下も参照。

(10)　*Marco Iorio*, Regel und Grund, 2011, S. 14 ff.

場合（第１事例）、「私が車を使わないときはいつでも使っていいよ」と発する場合（第２事例）、最初から母親が娘に車の使用を禁止していない場合（第３事例）が考えられる(11)。とりわけ、刑法における正当化事由規定との関連では、第２事例に着目するのが有益であろう。第２事例では、第１事例のように車の使用が今夜限り許可されるのではなく、母親が車を使用しない度に許可される。刑法における正当化事由規定は、一定の要件が満たされた場合に、その都度禁止規範ないし命令規範に違反する行為を正当化するものである。そうであれば、当該規定は、先の第２事例と同種であると言えるだろう。

イオリオによれば、第２事例を通じて表明される意味には、２つの内容が含まれている。１つは、母親が許容規則を定立することで、娘が一定の要件下で車を使用する場合に母親は干渉しない、という一般的な意向を表す意味である。もう１つは、娘が一定の要件下で車を使用する場合に娘を妨害する第三者の行為は禁止される、という意味である。いずれにしても、一定の要件を満たした場合、規則の名宛人である娘は車を使用する「権限」(Befugnis) を有することになる(12)。

このように、当為命題と許容命題の区別に基づいて、「命令」や「禁止」と異なって捉えられる「許容」の意味は、義務論理からも明らかにされよう(13)。義務論理によれば、「〜しなければならない」という命題は Op（O＝obligatory, p＝proposition)、「〜してはならない」という命題は Fp (F＝forbidden)、「〜してもよい」という命題は Pp（P＝permitted）として記号化される(14)。この３つの義務演算子については、それぞれ論理関係を有している点が極めて重要である。

例えば、「レストランで煙草を吸うことは禁じられている」という規定は、「レストランで煙草を吸わないよう命じられている」という規定と同義である。これは、ある行為が禁止されている場合、当該行為の否定が命令されているこ

(11) Vgl. *Iorio*, a.a.O. (Anm. 10), S. 94, S. 233.

(12) *Iorio*, a.a.O. (Anm. 10), S. 234 ff.

(13) 義務論理または義務様相については、中山康雄『規範とゲーム』(勁草書房、2011 年) 76 頁以下、三本卓也「ホーフェルドの義務と特権・自由 (1) ―義務論理と行動論理による再定義―」立命館法学 335 号 (2011 年) 66 頁以下、*Stephan Kirste*, Einführung in die Rechtsphilosophie, 2010, S. 89 ff. 等を参照。

(14) もっとも、義務演算子の内容をめぐっては、命題ではなく行為名 (a name of an act) とする見解もあるが、この点については本稿で立ち入らない。詳細については、*Georg Henrik von Wright*, Ought to be - Ought to do, in: Normative systems in legal and moral theory, 1997, pp. 427–428 を参照。

とを意味するものであると言えよう。さらに、当該行為を禁止する規定は、当該行為を命令する規定と論理的に矛盾した関係にあり、2つの規定を同時に遵守することは不可能である。事例で示すならば、「レストランで煙草を吸うことは禁じられている」という規定と「レストランで煙草を吸うことが命じられている」という規定を同時に遵守することはできない。

また、「レストランで煙草を吸うことは禁じられている」という規定は、「レストランで煙草を吸うことは許されていない」という規定と同義でもある。これは、ある行為が禁止されている場合、当該行為が許容されていないことを意味するものである。さらに、当該行為を禁止する規定は、当該行為を許容する規定と論理的に矛盾した関係にあり、2つの規定を同時に遵守することは不可能である。事例で示すならば、「レストランで煙草を吸うことは禁じられている」という規定と「レストランで煙草を吸うことは許されている」という規定を同時に遵守することはできない。

他に例を挙げると、「家で煙草を吸うことは許されている」という規定は、「家で煙草を吸うことは禁じられていない」という規定と同義である。これは、ある行為が許容されている場合、当該行為が禁止されていないことを意味するものである。むろん、これらの規定は、「家で煙草を吸わないよう命じられていない」という規定と同義でもある。

さらに、「レストランで煙草を吸わないよう命じられている」という規定は、「レストランで煙草を吸わないことは許されている」という規定をも含意する。これは、ある行為が命令されている場合、当該行為が許容されていることを意味するものである。もっとも、「レストランで煙草を吸わないことは許されている」という規定は、「レストランで煙草を吸わないよう命じられている」という規定を含意するものではない。というのも、許容を行使するかどうかは、規定の名宛人に委ねられているからである。

このように義務演算子は相互に定義づけられ、否定を表す論理的記号を ¬ で示すならば、Op＝F¬p＝¬P¬p、Fp＝O¬p＝¬Pp、Pp＝¬O¬p＝¬Fp という公式が成り立つだろう。加えて、3つの義務演算子における論理関係は、以下のように図式化されうる(15)。

(15)　Vgl. *Jan C. Joerden*, Logik im Recht, 2. Aufl., 2010, S. 216 f.; ヤン・C・ヨェルデン（足立英彦訳）「義務を超える（功徳的）行為［Supererogation］の論理について」金沢法学56巻1号（2013年）79頁以下; *Joachim Hruschka*, Das deontologische Sechseck in der Jurisprudenz, in: Recht der

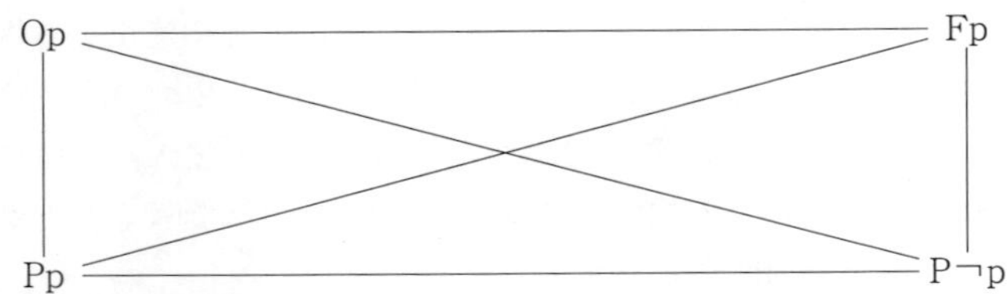

この図式（義務論理的四角形）が意味する内容は、次のようなものである。まず、Op と Fp は論理的に矛盾した関係にあり、一方の否定から他方を導出することはできない。というのも、ある行為が禁止されていないという規定は、当該行為が許容されていることを論理的に導出しうるが、当該行為が命じられていることを意味するものではないからである。また、Op と P¬p ならびに Fp と Pp は論理的に矛盾した関係にあるが、一方の否定から他方を導出することができる。さらに、Op と Pp ならびに Fp と P¬p は下位的関係にあり、Op や Fp を前提として Pp や P¬p が導出されうる。最後に、Pp と P¬p は下位的に矛盾した関係ではあるが、論理的には両立しうる。

以上の検討を踏まえれば、「許容」という言語行為は、「命令」や「禁止」と意味的にも階層的にも区別されなければならない。刑法における正当化事由規定も、ある一定の行為を許容する言語行為であることに鑑みれば、同様に理解されるべきではないだろうか(16)。正当化事由規定の意味は、命令や禁止を制限するものであるが、その名宛人に、正当化される行為の遂行を義務づけるものではない(17)。それゆえ、許容命題の下で理解される正当化事由規定は、当為命題の下で理解される禁止規範や命令規範とは異なる階層に位置づけられ、異なる意味をもつ規定であると言えよう。

Ⅲ 「Tatbestand」の多義性と正当化事由の位置づけ

正当化事情の錯誤をめぐる議論は、Tatbestand 概念と密接に関係している。もっとも、Tatbestand 概念は多義的で、論者によって捉え方が異なるように見

Wirtschaft und der Arbeit in Europa: Gedächtnisschrift für Wolfgang Blomeyer, 2004, S. 776 ff.

（16） 松生光正も、刑法上の許容命題としての正当化事由の構造によれば、行為を不法なものとする行為規範の定立が常に前提として存在し、許容規範がそれをいわば解除する関係にあると指摘している。松生光正「国家と緊急救助」竹下賢ほか編『法の理論 35』（成文堂、2017 年）67 頁。

（17） *Thomas Grosse-Wilde*, Handlungsgründe und Rechtfertigungsgründe, ZIS 2011, S. 85.

受けられる。そこで、Tatbestand 概念を整理しながら、従来の見解に立ち入った考察を加えることにしたい。

法律学一般において「Tatbestand」という言葉は、法律効果を発生させる要件の総体として用いられる(18)。例えば民法では「法律要件」を意味し、刑法では「犯罪」それ自体を意味するものである。後者に着目すると、その概念には、法律によって規定された処罰のあらゆる要件が含まれ、行為者に不利益な慣習刑法や類推解釈などが行われないよう、行為者を含めた市民の自由や人権を保障する機能が見られる。それゆえ、こうした意味での Tatbestand は、保障構成要件（Garantietatbestand）とも称されている(19)。

こうした広義の Tatbestand 概念から刑法学に固有の構成要件論を展開させたのが、ベーリンクである。ベーリンクは、広義の Tatbestand 概念から「他人の財物の窃取」や「人の殺害」といった客観的要素を取り出し(20)、Tatbestand を犯罪類型の指導形象として(21)、すなわち指導形象構成要件（Leitbildtatbestand）として捉えた。その後、エンギッシュ(22) が故意などの主観的要素を指導形象構成要件にまとめたが(23)、いずれにしても指導形象構成要件が犯罪の体系的出発点として機能されることから、このような狭義の Tatbestand は、体系構成要件（Systemtatbestand）と称されている(24)。また、狭義の Tatbestand が正当化事由の存否に関係なく認定され、違法性の徴憑機能を有する限りで、不法構成要件（Unrechtstatbestand）であるとも言えよう。

もっとも、狭義の Tatbestand を犯罪の体系的出発点と捉えるならば、その概念に正当化事由の不存在も取り込むことは、理論的に可能であろう。このように理解する Tatbestand 概念が、総合的不法構成要件（Gesamtunrechtstatbestand）である。総合的不法構成要件の理論によれば、客観的処罰条件や責任要素を除いて、不法を根拠づける要素と不法を阻却する要素が１つの不法構成要件にまとめられ、前者は積極的要素として、後者は消極的要素として理解され

(18) 小野清一郎『犯罪構成要件の理論』（有斐閣、1953 年）4 頁参照。

(19) Vgl. *Thomas Hillenkamp*, Tatbestandlichkeit, in: Leitgedanken des Rechts: Paul Kirchhof zum 70. Geburtstag, Band II, 2013, S. 1359 f.

(20) *Ernst Beling*, Die Lehre vom Verbrechen, 1906, S. 3.

(21) *Ernst Beling*, Die Lehre vom Tatbestand, 1930, S. 3ff.

(22) *Karl Engisch*, Die normativen Tatbestandsmerkmale im Strafrecht, in: Festschrift für Edmund Mezger zum 70. Geburtstag, 1954, S. 132.

(23) Vgl. *Günther Jakobs*, Strafrecht, Allgemeiner Teil, 2. Aufl., 1991, S. 156.

(24) *Claus Roxin*, Offene Tatbestände und Rechtspflichtmerkmale, 2. Aufl., 1970, S. 108 ff.

る。それゆえ、総合的不法構成要件の理論は、消極的構成要件要素の理論（die Lehre von den negativen Tatbestandsmerkmalen）とも称されている(25)。

消極的構成要件要素の理論を支持するフロイントによれば、「構成要件該当性」と「正当化事由の欠如」は、処罰根拠づけ機能という法律効果の観点から同じ評価を受ける。それゆえ両者は、行動規範違反の要素として同価値である(26)。また、シューネマン／グレコも、錯誤論においては消極的構成要件要素の理論が適切であることを表明している。（狭義の）構成要件的事実の錯誤では、違法に行動する認識を行為者が有している一方、許容構成要件の錯誤では、真正の正当化事由が問題となる限り、そのような認識を有していない。許容構成要件の錯誤において、法定構成要件に属する事情を認識していない者に故意犯の成立を否定して過失犯成立の余地を残すドイツ刑法典 16 条を直接適用するためには、総合的不法構成要件の下で故意を理解しなければならないだろう、と主張している(27)。

ともあれ、総合的不法構成要件を犯罪の体系的出発点とするならば、犯罪論体系は２段階となり、禁止規範や命令規範と正当化事由は同じ階層で検討されることになろう(28)。しかし、こうした捉え方は、消極的構成要件要素の理論を支持するヴァルターも認めざるをえないように(29)、規範論的問題を抱えている。先に示した義務論理的四角形に基づくならば、正当化事由規定を通じた言語行為としての「許容」は、「命令」や「禁止」と意味的にも階層的にも区別されなければならない。それらを同じ階層で論じるならば、正当化事由規定は命

(25)　もっとも、消極的構成要件要素の理論と総合的不法構成要件の理論を同義に捉える点については、異論がないわけではない。ヴァルターによれば、構成要件が阻却される場合は刑法の限界づけが問題となるのに対して、正当化事由については法秩序全体に関わるため、消極的構成要件要素と正当化事由は必ずしも交換可能な用語ではない、と述べている。*Tonio Walter*, in: Strafgesetzbuch, Leipziger Kommentar, 12. Aufl., 2007, S. 789.

(26)　*Georg Freund*, in: Münchener Kommentar zum Strafgesetzbuch, 3. Aufl., 2016, S. 492.

(27)　*Bernd Schünemann ／ Luís Greco*, Der Erlaubnistatbestandsirrtum und das Strafrechtssystem, Oder: Das Peter-Prinzip in der Strafrechtdogmatik?, GA 2006, S. 788 ff. 同調する論者として、*Heinz Koriath*, Die Schuldtheorie und der Erlaubnistatbestandsirrtum, in: Festschrift für Egon Müller, 2008, S. 374。

(28)　*Klaus Rinck*, Der zweistufige Deliktsaufbau, 2000, S. 309 ff. パヴリークも、構成要件不該当と正当化事由との間に法的な構造的相違を認めず、構成要件該当行為と構成要件不該当で適法な行為は程度の差で区別されうるに過ぎない、と主張している。*Michael Pawlik*, Das Unrecht des Bürgers, 2012, S. 205 ff.; 飯島暢／川口浩一監訳「ミヒャエル・パヴリック『市民の不法』(8)」関西大学法学論集 65 巻 2 号（2015 年）179 頁以下。

(29)　*Walter*, a.a.O. (Anm. 25), S. 789.

令規範や禁止規範の下に包摂され、ひいては法秩序が命令規範や禁止規範のみから成り立っているとする、かつての命令説に逆戻りしてしまうことになるだろう[30]。

それゆえ、犯罪の体系的出発点としての Tatbestand は、指導形象構成要件として理解されるのが妥当であり、その内容は、ペフゲン／ツァーベルが示しているように、禁止ないし命令に反する行動を記述したものに限定されるべきである[31]。今一つ問題なのは、指導形象構成要件に主観的要素を含める場合、故意の認識対象をどのように解すべきか、という点であろう。

この点、ロクシンは、体系構成要件とは別に錯誤構成要件（Irrtumstatbestand）を設定している[32]。ロクシンによれば、故意行為者とは、法秩序によって禁止された行為を決意した者であり、正当化事情を誤認した者に対しては、誤認者の主観的見解からも立法者の客観的判断からも法的に非難の余地がなく、故意を否定すべきである。もっとも、体系構成要件における構成要件的故意の認識対象が客観的構成要件の全ての要素の認識と意欲であることに鑑みれば、正当化事情を誤認した者の故意を否定するためには、正当化事情の不認識も故意の認識対象に含める必要がある[33]。故意の認識対象をそのように解するならば、体系構成要件と錯誤構成要件は区別されなければならず、錯誤構成要件には体系構成要件よりも広く客観的要素が含まれることになろう[34]。

また、キントホイザーのように、Tatbestand 概念に犯罪構成要件の消極的要素のみ取り入れるならば、正当化構成要件（Rechtfertigungstatbestand）または

(30) それゆえヴェルツェルも、消去的構成要件要素の理論を命令説の遅れ咲きであると評している。*Hans Welzel*, Das Deutsche Strafrecht, 11. Aufl., 1969, S. 82.

(31) *Hans-Ullrich Paeffgen* ／ *Benno Zabel*, in: Nomos-Kommentar zum Strafgesetzbuch, Band 1, 5. Aufl., 2017, S. 1359 f. ゲッセルも、規範違反性と正当化事由を厳格に区別している。それゆえ、正当化事由を通じて適法であると評価される場合、確かに不法は阻却されるものの、法益侵害や規範違反性は依然として存在することになる。Reinhart Maurach ／ *Karl Heinz Gössel* ／ Heinz Zipf, Strafrecht Allgemeiner Teil, Teilband 2, 8. Aufl., 2014, S. 5f. さらに、規範の定立を立法者によって遂行される言語行為、より正確には発語内行為と解するマニャリチュも、許容規範の定立による発語内効力は、禁止規範ないし命令規範に対して二次的なものであると指摘して、正当化事由規定を命令規範や禁止規範と階層的に区別して捉えている。*Juan Pablo Mañalich*, Nötigung und Verantwortung, 2009, S. 37 f.

(32) *Claus Roxin*, Strafrecht Allgemeiner Teil, Band I, 4. Aufl., 2006, S. 281.

(33) *Roxin*, a.a.O. (Anm. 32), S. 626 f.

(34) *Roxin*, a.a.O. (Anm. 32), S. 281. こうしてロクシンは、構成要件の錯誤規制機能を主張している。*Ders.*, a.a.O. (Anm. 24), S. 107 f.

許容構成要件（Erlaubnistatbestand）と称されうる(35)。キントホイザーによれば、許容構成要件の錯誤については故意が否定され、場合によっては過失犯が成立しうる。というのも、正当化事情を誤認した者は、犯罪構成要件の実現を誤認した者と同様に、違法な行為の事実的前提の認識が欠如しており、故意なく行動していると言えるからである(36)。

Ⅳ　正当化事情の錯誤における規範論的帰結

キントホイザーの帰結を規範論的に考察すると、当為命題と許容命題の区別を前提としつつ、義務規範と正当化事由を同一の規範レヴェルで捉えていることが推察されよう。もっとも、キントホイザーは、義務規範と正当化事由の衝突を回避するためにメタ規則を採用して後者を優先させることで(37)、義務論理的四角形の維持を図っている。

いずれにしても、ロクシンやキントホイザーのように、正当化事情の錯誤に陥った行為者に対して故意を否定する見解は、わが国でも広く支持を集めている。その論拠として、例えば、鈴木彰雄は次のように述べている。故意犯の不法は、法秩序の立場から不法と評価される事態を目的として行為する場合に認められるものであり、正当化事情を誤認した行為者は、その者の表象によれば許される行為を行っているため、故意犯の不法は認められない。当該行為者に与えられる「自己の認識の前提となった事実を確認すべき契機」は、「認識ある過失」の行為者が持つべき注意義務と質的に異ならず、過失犯の不法しか認められないはずである(38)。

(35)　*Urs Kindhäuser*, Strafrecht Allgemeiner Teil, 7. Aufl., 2015, S. 66.

(36)　*Kindhäuser*, a.a.O. (Anm. 35), S. 243.

(37)　*Urs Kindhäuser*, Gefährdung als Straftat, 1989, S. 107 ff. また、体系内的正当化事由と体系外的正当化事由の区別を提唱するルシュカも、規範論的にはキントホイザーと同様の理解を示している。ルシュカによれば、体系内的正当化事由は、命令や禁止と同じレヴェルに位置づけられ、ある一定の要件を満たした場合には行動規範違反、すなわち命令規範違反ないし禁止規範違反の存在自体が否定される。一方、体系外的正当化事由は、命令や禁止のメタレヴェルに位置づけられ、規則遵守義務の例外として捉えられる。ルシュカは、体系外的正当化事由の一例として、正当防衛を挙げている。*Joachim Hruschka*, Extrasystematische Rechtfertigungsgründe, in: Festschrift für Eduard Dreher zum 70. Geburtstag, 1977, S. 189 f. 杉本一敏「規範論から見たドイツ刑事帰属論の二つの潮流（上）」比較法学37巻2号（2004年）184頁参照。

(38)　鈴木彰雄「誤想防衛について」比較法雑誌46巻3号（2012年）34頁以下。もっとも、その際

また、松澤伸によれば、正当化事情の錯誤は違法性を基礎づける事実の認識がない場合であるから、規範論的に禁止規範は機能しない。したがって、責任故意が阻却される。その後、故意犯の検討対象事実（犯罪事実）とは異なる過失犯の検討対象事実（正当化事由の不存在）について、改めて構成要件該当性から判断する必要がある(39)。

曽根威彦も同様の帰結を支持している。もっとも、曽根によれば、責任故意が否定された後に改めて過失構成要件の成否を問題にする必要はない。責任要素としての故意・過失こそが本来の故意・過失概念であって、構成要件的過失のみを過失と解するわけではないからである(40)。

しかし、正当化事情の錯誤が回避不可能な場合はともかく、回避可能な場合まで行為者の故意が完全に阻却されるとする帰結は、疑わしいように思われる。わが国で今なお根強く主張されているように、責任要素としての故意を認める見解に依拠するならば、確かに故意の認識対象には正当化事情も含まれるため、正当化事情の錯誤事例では責任要素としての故意が否定され、当該行為者には過失犯が成立しうるだろう(41)。むろん、そのような理解は、故意不法と過失不法の同等性が前提となっている。しかし、体系的出発点としての構成要件に行動規範（禁止規範・命令規範）が内在し、全ての行為に行為内在的意思が及んでいることに鑑みれば(42)、指導形象構成要件ないし体系構成要件は犯罪個別化機能を有していると言えよう。それにもかかわらず、故意不法と過失不法を同程度に捉えるならば、故意構成要件と過失構成要件は統合され、その限りで犯罪個別化機能は失われる。故意の本質を責任要素に位置づける見解は、故意行動規範と過失行動規範の区別を軽視することになるため、行動規範論の観点から適切ではない。

に構成要件的故意は認められると解されている。同・前掲注（4）211頁。

(39)　松澤伸「いわゆる『ブーメラン現象』と犯罪論体系」井田良ほか編『川端博先生古稀記念論文集 上巻』（成文堂、2014年）288頁以下。同様に佐久間修も、責任段階で故意が阻却されたならば、犯罪論上は再度、構成要件該当性の段階に立ち戻って、順次、過失犯の成否を検討していくことになると主張している。佐久間修『刑法総論』（成文堂、2009年）303頁以下。松原芳博は、こうした見解を「出直し論」と称している。松原・前掲注（2）251頁参照。

(40)　曽根威彦『刑法原論』（成文堂、2016年）420頁以下。同様に理解する論者として、高橋・前掲注（2）302頁以下参照。高橋は、このような論拠を「横滑り」と称している。

(41)　山口・前掲注（2）209頁、松原・前掲注（2）252頁以下参照。

(42)　*John R. Searle*, Intentionality, 1983, p. 84; ジョン・R・サール（坂本百大監訳）『志向性』（誠信書房、1997年）118頁以下。

それゆえ、故意は責任要素ではなく、指導形象構成要件ないし体系構成要件に位置づけられる主観的要素として理解すべきである。とはいえ、指導形象構成要件ないし体系構成要件と区別する形で錯誤構成要件を設定するロクシンや許容構成要件の存在を認めるキントホイザーの見解も支持しがたい。錯誤構成要件や許容構成要件は、禁止規範や命令規範と正当化事由規定を１つにまとめる点で、総合的不法構成要件と軌を一にする。そうであれば、錯誤構成要件や許容構成要件を認める限りで、義務論理的四角形の維持を放棄することにつながりかねない。

そもそも、指導形象構成要件ないし体系構成要件における故意の認識対象として正当化事情の認識を含める場合でも、回避可能な正当化事情の錯誤においては、故意が否定されないように思われる。刑法規範の保護目的を法益保護に求めるならば(43)、行為無価値の程度は、法益保全を志向する行為価値と法益侵害を志向する行為無価値の衡量によって判断されうる(44)。こうした判断基準に従うならば、回避可能な正当化事情の錯誤に行為者が陥っている場合、法益保全を志向する行為価値に欠陥があるため、法益侵害を志向する行為無価値は行為価値によって相殺されず、故意不法を完全に阻却することができないのではないだろうか(45)。義務規範と正当化事由の規範論的関係をキントホイザーと同様に理解するイギリスの法哲学者ガードナーも(46)、誤想防衛の場合には行為の理由が欠如しているため正当化されず、行為者には免責の余地が与えられるに過ぎない、と述べている(47)。

それでは、回避可能な正当化事情の錯誤については、従来の厳格責任説が主張するように、刑の任意的減軽にとどまると解すべきであろうか。私見によれば、そのような帰結も、規範論的考察に基づくと妥当ではない。正当化事情の錯誤が回避可能である場合、確かに行為者の故意は阻却されないものの、法益保全を志向している限りで故意不法の減少が認められ、その点を量刑に反映し

(43) 拙稿・前掲注（9）12頁以下。

(44) 増田豊『規範論による責任刑法の再構築』（勁草書房、2009年）83頁以下。

(45) 増田・前掲注（44）80頁以下。ペフゲンも、正当化事情の錯誤が回避可能である限り、故意をもって客観的かつ違法に他者の権利領域を侵害しているため、故意不法は存在すると主張している。*Hans-Ullrich Paeffgen*, Zur Unbilligkeit des vorgeblich „Billigen"– oder: Höllen-Engel und das Gott-sei-bei-uns-Dogma, in: Grundlagen und Dogmatik des gesamten Strafrechtssystems: Festschrift für Wolfgang Frisch, 2013, S. 408 f.

(46) *John Gardner*, Offences and Defences, 2007, pp. 148–149.

(47) *Ibid.*, at 258.

なければならないからである。すなわち、行動規範論のレヴェルで故意不法の減少が認められるため、制裁規範論のレヴェルで故意不法の減少に見合った量刑判断、いわば刑の必要的減免がなされなければならない(48)。

思うに、従来の学説は、正当化事情の錯誤事例を解決するに当たって、量刑も含めて行動規範論での完結を目指してきた。それゆえ、ロクシンのように体系構成要件とは異なる錯誤構成要件を新たに設定したり、構成要件要素としての故意とは異なる責任要素としての故意を認めたりすることで、結論の妥当性を図ってきたのではないだろうか。しかし、そのような解決方法は、先に述べたように、規範論的に耐え難い欠陥を抱えることになる。正当化事情の錯誤事例における問題の所在を行動規範論と制裁規範論に分けて整理するならば、次のようにまとめられよう。まず、行動規範論のレヴェルにおいて、体系的出発点としての構成要件概念をどのように理解するかが問題となる。そのうえで、当該錯誤が回避可能な場合、制裁規範論のレヴェルにおいて、故意不法の減少が認められる行為者をいかなる量刑で処罰すべきか、すなわち制裁規範論における刑罰必要性が問題となる。こうした問題の捉え方を従来の学説に当てはめるならば、まさにドイツで主張されている、法律効果を指示する責任説（rechtsfolgenverweisende Schuldtheorie）または法律効果を制限する責任説（rechtsfolgenbeschränkte Schuldtheorie）に位置づけることができよう(49)。

(48)　基本的には、過失犯の刑に準じた必要的減軽にすべきであるが、例えば、他人の飼い犬が襲ってきたと誤認して、その犬を殺傷した場合、しかも当該錯誤が回避可能である場合には、器物損壊罪（動物傷害罪）の過失構成要件が存在しないため、当該行為者は刑の必要的免除を受けるべきであると考えられる。

(49)　法律効果を指示する責任説は、ときおり制限責任説の派生として理解されている。実際にわが国でも、中村邦義は、自身の支持する見解を「法的効果を指示する制限責任説」と称している。中村邦義「誤想防衛論」川端博ほか編『立石二六先生古稀祝賀論文集』（成文堂、2010 年）337 頁以下。しかし、ハインリヒが適切に指摘しているように、法律効果を指示する責任説は、回避可能な正当化事情の錯誤の場合、制限責任説のように故意責任の阻却を通じて有責性のレヴェルで問題を完結させる見解ではない。法律効果を指示する責任説は、そのような場合に故意を阻却するのではなく、故意不法の減少にとどめ、法律効果のレヴェルで、すなわち制裁規範論における刑罰必要性のレヴェルで、故意不法が減少された責任に見合う法律効果（刑罰）を指示する点に、その意義を有する見解である。Vgl. *Bernd Heinrich*, Strafrecht, Allgemeiner Teil, 5. Aufl., 2016, S. 486.

V　おわりに

最後に、正当化事情の錯誤が絡む共犯事例を挙げることで、本稿の立場を際立たせたい。Yは、Zを不審者と勘違いし、Zに対して防衛行為をすべく、Xに助けを求めた。Xは、Zが不審者でないことを知っていたものの、Zが被害を受ければいいと思い、Yに護身用品を手渡した。Yは、その護身用品を用いてZに傷害を負わせた。なお、Zが不審者でないことは、Yも少し注意を払えば容易に認識可能であった。

このような事例において、本稿で示した構想によれば、Yの故意不法は阻却されず、減少されるにとどまる。それゆえ、Yの傷害罪としての行為無価値はもちろん、結果無価値も認められよう。一方、Xについては、正犯性を有しない限り、幇助犯としての行為無価値が認められる。さらに、共犯の結果無価値が正犯の結果無価値と同時に成立することに鑑みれば(50)、幇助犯としての結果無価値も認められる。それゆえ、制限従属性説に依拠する場合でも、Xは傷害罪の幇助犯としての罪責を負うことになるだろう。

---

(50)　正犯と共犯の結果無価値の関係については、拙著『幇助犯の規範構造と処罰根拠』（成文堂、2015年）156頁以下参照。

医療における患者の自律と承諾能力

只木　誠

Ⅰ　はじめに

医療行為・治療行為とは、手術や投薬など、患者の心身の機能回復の目的で医学上一般に承認された方法により行われる医療上の措置をいう。これを規制するものとしてはまずは、刑法上、民法上の法規範が挙げられる。すなわち、刑法では、身体に対する侵襲性をもつ治療行為が違法性を有しない、すなわち刑法上の傷害罪として処罰されない正当な行為として認められるためには、当該行為が、①医学的適応性、および、②医術的正当性を有し、かつ、以下のような条件を満たした③患者の承諾（同意：インフォームド・コンセント）に基づいて行われること、という３要件があげられるのが通常である。ここに、「承諾（同意）」とは、一般的には、傷害にあたる自身の身体に対して向けられた侵襲について、その意味内容を認識・理解し受け入れることをいう(1)。この患者の承諾を可能ならしめるものが承諾能力であるが、この能力を明確にした規定は存在せず、その内容がいかなるものかが問題となっており、承諾をなした者へ

(1)　古く RGSt.25.3758（3758）は、治療行為は傷害罪に該当するところ、これを正当化するものとして患者の承諾、患者の自律性をあげている。

Martin Böse, Zwischen Selbstbestimmung und Fürsorge, 比較法雑誌 50 巻 1 号（2017 年）71 頁、Martin Böse（冨川雅満訳）「自己決定と配慮とのバランス」『法化社会におけるグローバル化と理論的実務的対応』（中央大学出版部、2017 年）225 頁以下。

の行為は犯罪を構成しないとの法理に基づく医療行為の正当化の論理に関わって、また、医療事故・医療過誤への対応をめぐって、同様にまた、民法上では、例えば、体外受精、人工授精等の生殖補助医療の契約の場面において等、諸分野で議論が展開されている。

このように刑法上、民法上の要件に照らして医療行為は規制されているが、承諾の有効性の判断や推定的承諾、代諾のあり方については、根本規範たる憲法原則上の自律、自己決定権といった権利との関係性を捉え直し、翻って、それらに基づく承諾論の検討が必要であると思われる。

本稿は、このような問題意識のもと、比較法的視点に立って、具体的にはドイツの近時の議論の動向を伝えることで、彼の地において、医療行為における憲法原則である自律・自己決定がどのように論じられ、それとの関係において承諾論がどのような理解にあるかを紹介し、我が国の今後の議論や法制化に向けての、同時に臨床実務の現場における指針策定の一助とするべく資料を提供しようとするものである。

Ⅱ　医療行為の性質

ドイツにおいても、医療行為については、我が国と同様に、民事法的には医療契約という法律行為が、刑事法的には、患者の身体的完全性（Integrität）への侵襲が問題となり、後者については、医学的適応と承諾、そして医学準則（lege artis）[(2)] が考慮されなくてはならないとされている[(3)]。医療契約に基づくとはいえ、それによってすべての権限が医師に付与されるわけではなく、治療の枠内における個々の医学的措置も、そのつど、その医学的適応と説明に基づく患者の承諾を通じてのみ正当化され、医師の専門的管轄（fachliche Kompetenz）から、医師と患者の答責範囲の法律上の限界づけが導かれるのである[(4)]。すなわち、医師は、専門的な検診、診断および個々の措置のための適応性またはそれに反対する適応性判断にとって答責的となり、これらについて患者にそのつど

---

(2)　*Volker Lipp/ Katharina Knoche*, Das Recht auf den eigenen Tod, GreifRecht, Heft 22 2016, S. 73. なお、同論文の翻訳は比較法雑誌に掲載予定である。

(3)　*Volker Lipp*, Patientenvertreter und Patientenvorsorge, in: Patientenautonomie, 2013, S. 107 f.

(4)　ここから、治療中止の正当化が導かれる。*Lipp*, a.a.O. (Fn. 3), S. 109.

説明しなければならない。医学的適応性は治療を行うための根拠であり、利益とリスクの衡量によって判断されることになる。それによって医師は治療を提案し、また治療を拒むことができ、また、措置が禁忌である場合には治療を拒まなければならない。一方、医師が治療を提案しても、医的措置についてこれを承諾するか拒否するかについては、患者自らがこれを決するのであり(5)、これは患者の自己決定権の実現の１つである。この医療行為の正当性要件を背景とした、医的措置の放棄または既に開始されている措置の終了は、次の２つの根拠から法律上許され、そして要求され得る。すなわち、医的措置を開始ないしさらに遂行するための医学的適応性が欠ける、あるいは、患者が自律と自己決定に基づいて承諾を拒み、あるいは既に与えていた承諾を取り消す、のいずれかである。

Ⅲ　自律と自己決定

自律と自己決定については、例えば、Duttge によれば、医師と患者の関係は、構造的には力関係に著しい非対称性がみられるが、その中で弱い立場にあり「医療行為の客体」として扱われる患者の信頼は、医療関係者すべてに向けられている、という。Duttge は、現在の自由主義社会における医事法・医学倫理においては、かつてのパターナリズムを基礎とした医師と患者の関係の１つであるヒポクラテスモデルから転換して、医師の干渉の有無と程度に相関する患者の「自己支配」および共同決定に基づいた患者個人の権限が強調されている(6)、という。また、Lipp によれば、医療行為の第１の原則は、患者の健康に資することである（»salus aegroti suprema lex）とされてきたが、今日確認されている第２の原則は、患者の自律が尊重されていることであり、したがって、従来のパターナリズムから患者と医師の協力関係へと医療行為をめぐるパラダイムの転換が生じているのである、とされる(7)。連邦通常裁判所（BGH）も、「ある者がなす、その思慮分別に従って、再び健康になるためにどのような条件のもとで自身の身体の無傷性を犠牲にすべきであるかという問いに関して、何人

(5)　Vgl. BT-Drucks. 16/8442, 7; BGHZ 154. 205 (225).

(6)　*Duttge*, Patientenautonomie und Einwilligungsfähigkeit, in: Patientenautonomie, 2013, S. 77.

(7)　*Lipp*, a.a.O. (Fn. 3), S. 106.

も審判者を僭称してはならない。この指針は医師をも拘束する。たしかに、病人を可能な限り治療するのは医師の重要な権利であり本質的な義務であるが、この医師の権利と義務は、……（患者の）自己の身体に対する自由な自己決定権という点で制約を受けるものである」としている(8)。

ところで、自己決定の主体たる患者の承諾能力が減退した場合の自律の実現について、Lipp は、以下のように捉えている(9)。すなわち、基本法の自由主義的な法秩序は、自己決定の実現を目標とする個人として人を想定しているが、その個人は原則として、その生活環境を自由かつ答責的に自ら形成し、目標を設定し、そして、自ら限定を付す能力を有している。成人に達することで、すべての人は、法律上全面的に自己決定する人として扱われ、それにより、あらゆる法律行為を行うことができ、また、その行為に対しては答責的となる。しかしながら、例えば病気あるいは障害の影響で、自己決定的に判断したり行動したりする能力が欠けることがある。そのような人は、彼の権利を実際には有効に行使することができず、彼がそれを行使した場合にも、それが彼の自由な判断の表明と認められないこともある。しかしながら、そのような状態は憲法のもとでは受け入れられない。人間の尊厳の中核は、人間の自律である(10)。人間の尊厳と自律は、あらゆる人に、それも身体的能力、精神的（geistig）能力あるいは心的（seelisch）能力とは無関係に、当然に帰属するものである(11)。したがって、自律の権利と自律のための能力とは区別されなくてはならない。自律を実現するための能力は身体的、精神的あるいは心情的欠損によって失われてしまうことがあり得るが、自律の権利はすべての人に、その身体的、精神的あるいは心的能力とは無関係に存続する。それゆえ、自律する権利は、行為無能力者および承諾無能力者にも認められ、基本法１条１項２文に基づき、国家により保障されなくてはならない。したがって、自己決定する能力を完全にまたは一部失っている人においても自律する権利が実現されることを、立法者は憲法に従って保障しなくてはならない。自律を実現するための能力の欠如を、当該能力が成年と比較して減弱している限度で回復させることによって、この

(8) BGHSt, 11, 111, 114. 臨死介助の領域で自己決定権の尊重がどのような現状であるかについては、*Henning Rosenau*, Der Streit um die Sterbehilfe und die Suizidbeihilfe in Deutschland, 比較法雑誌 52 巻 3 号（近刊）参照。

(9) *Lipp*, a.a.O. (Fn. 3), S. 106.

(10) Vgl. BVerfGE 5.85 (204 ff.).

(11) Vgl. BVerfGE 39, 1 (41) usw.

保護義務を立法者は果たすのである。そのためにドイツでは、事前配慮代理権（Vorsorgevollmacht）、法律上の世話（Betreuung）、患者の事前指示（Patientenverfügung）、委任によらない事務処理（Geschäftsführung ohne Auftrag）および推定的承諾という法制度を有しているのである、と。

また、同じくDuttgeによれば[12]、自己決定権は、すべての人間（人格）の尊厳を基礎づけている主体としての地位（Subjektstellung）の中核をなすものであり、いわゆる尊重要求もこの中核に含まれる。この尊重要求は、したがって、上述のように、患者自らが自己決定権を行使できない場合でも、失われるものではない。というのも、連邦憲法裁判所（BVerfG）によれば、「（基本法２条２項１文は、）人の身体の無傷性を、個々の具体的健康状態や病状に応じてのみ保護しているのではない。基本法は、人の身体的・精神的統合性の領域で、まずもって自由の保護を保障している。患者または身体障害者であっても、その身体的・精神的統合性に対する完全な自己決定権を有している」のであり、すべての治療的、診断的、予防的な医的侵襲には、それゆえ有効な承諾が必要である。自己の身体の無傷性に対する処分権は、（意思）決定が自由意思に基づいていること（外在的強制がないこと）と、いかなる選択肢があり、それぞれどのような帰結を伴うかを包括的に理解した上での「管轄」（承諾能力）を前提としている。決定をなすに必要な情報が欠如していたり、限定的制御能力のために決定の際に重大な選択肢を認識し、ないし事実に即して「まさに自分自身の価値基準」[13]に見合った判断を行うことができなければ、法的な、行為の管轄はなく、この場合には、代理人（健康に関する全権受託者）または後見人（Betreuer）が代諾をなし、あるいは、緊急の場合には補助的に患者の「推定的承諾」の法理が用いられることになる。

Ⅳ　承諾無能力者と自律性

患者において承諾能力がないと判断されると代諾を行う者が必要となる。しかし、その場合でも承諾無能力者の自律が否定されるわけではない。というのも、Böseによれば[14]、承諾能力は存否だけではなく程度も問題となるのであ

(12) *Duttge*, a.a.O. (Fn. 6), S. 77 f.

(13) BVerfGE 52, 171 (173 f., 178).

って、侵襲の内容に応じて、承諾無能力者もまたそれへの許諾の判断に共働し得ることから、その者の能力に応じて侵襲に関して自己の意思を実現させる権利が存する限り、その範囲において当事者本人の意思は尊重されなければならないからであり(15)、また、Lipp によれば、当該患者は、その限りで自己決定する能力が欠けているが、しかし自己決定権が欠けているわけではないからである(16)。

Böse は、承諾無能力の患者の自己決定権を法的に軽視することは承諾無能力者の支援を謳っている障害者権利条約 12 条にも違反するが、ここにいう支援とは、当該患者に対してパターナリスティックに介入することではなく、その者の自己決定をできる限り後押しすることである。したがって、承諾無能力の患者も、行われる侵襲についてインフォームド・コンセントを受ける権利（ドイツ民法 630 条 e 第 5 項）を有している。それゆえに、患者の自律性は基本的に、その者の自己決定の可能性には関わりなく認められるべきなのであり、ただ、処分権の範囲がその能力に依存するにすぎないのである、としている。

また、Böse は(17)、承諾無能力者の自律を尊重すべきことは、被世話人である患者の自律性を可能な限り広く認めている世話法（Betreuungsrecht）の枠組みをも規定している、という。すなわち、世話人は被世話人の福祉（Wohl）に反しない限り、その希望を尊重しなければならない（「自然的意思の基本的優先」）が、福祉は、生命や健康といった客観的な基準によってのみ決定され得るものではない。被世話人が自らの能力の範囲内で、その生活を自己の希望やイメージに応じて形作ることも、被世話人の福祉に含まれている。すなわち、その者の人格の発展についての主観的利益も尊重されるのである。世話とは平等権を実現するためのものであるから(18)、被世話人には、通常人に認められるのと同等の自由も認められるべきである、と。

したがって、被世話人である承諾無能力者も、それだけの理由で治療を拒否

(14) *Böse*, a.a.O.（Fn. 1), S. 74, Böse（冨川訳）・前掲注（1）227 頁。詳細は、拙稿「医療行為に関する、とりわけ高齢患者の承諾能力」高橋則夫ほか編『刑事法学の未来―長井圓先生古稀記念』（信山社、2017 年）233 頁、243 頁以下参照。

(15) *Amelung*, Vetorechte beschränkt Einwilligungsfähiger in Grenzbereichen medizinischer Intervention, 2007, S. 24 f.

(16) *Lipp*, a.a.O.（Fn. 3), S. 110 ff.

(17) *Böse*, a.a.O.（Fn. 1), S. 77, Böse（冨川訳）・前掲注（1）229 頁。

(18) Vgl. *Volker Lipp*, Freiheit und Fürsorge: Der Mensch als Rechtsperson, 2000, S. 154 f.

郵便はがき

恐縮ですが切手をお貼りください

112-0005

東京都文京区水道二丁目一番一号

勁草書房

愛読者カード係行

(弊社へのご意見・ご要望などお知らせください)

・本カードをお送りいただいた方に「総合図書目録」をお送りいたします。
・HP を開いております。ご利用ください。http://www.keisoshobo.co.jp
・裏面の「書籍注文書」を弊社刊行図書のご注文にご利用ください。ご指定の書店様に至急お送り致します。書店様から入荷のご連絡を差し上げますので、連絡先(ご住所・お電話番号)を明記してください。
・代金引換えの宅配便でお届けする方法もございます。代金は現品と引換えにお支払いください。送料は全国一律100円(ただし書籍代金の合計額(税込)が1,000円以上で無料)になります。別途手数料が一回のご注文につき一律200円かかります(2013年7月改訂)。

愛読者カード

40353-0　C3032

本書名　市民的自由のための市民的熟議と刑事法

お名前（ふりがな）　（　　歳）

ご職業

ご住所　〒　　お電話（　　）　－

本書を何でお知りになりましたか

書店店頭（　　書店）／新聞広告（　　新聞）

目録、書評、チラシ、HP、その他（　　）

本書についてご意見・ご感想をお聞かせください。なお、一部をHPをはじめ広告媒体に掲載させていただくことがございます。ご了承ください。

◇書籍注文書◇

最寄りご指定書店	(書名)	¥	（　　）部
市　町（区）	(書名)	¥	（　　）部
書店	(書名)	¥	（　　）部
	(書名)	¥	（　　）部

※ご記入いただいた個人情報につきましては、弊社からお客様へのご案内以外には使用いたしません。詳しくは弊社HPのプライバシーポリシーをご覧ください。

Book review

FEBRUARY 2018

２月の新刊

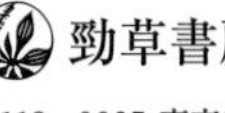

勁草書房

〒112－0005 東京都文京区水道 2－1－1
営業部 03－3814－6861　FAX 03－3814－6854
ホームページでも情報発信中。ぜひご覧ください。
http://www.keisoshobo.co.jp

表示価格には消費税は含まれておりません。

ヒューマニティーズの復興をめざして
人間学への招待

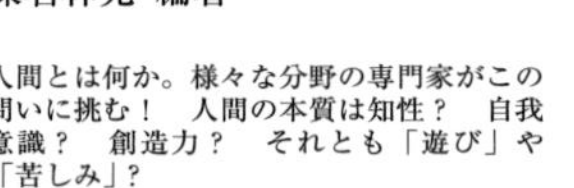

山岡政紀・伊藤貴雄・蝶名林亮 編著

人間とは何か。様々な分野の専門家がこの問いに挑む！　人間の本質は知性？　自我意識？　創造力？　それとも「遊び」や「苦しみ」？

Ａ５判並製 280 頁　本体 1800 円
ISBN978－4－326－10266－2

イスラームは特殊か
西アジアの宗教と政治の系譜

柴田大輔・中町信孝 編著

西アジア／中東諸国に巻き起こる宗教問題は「イスラーム独自の政教一致」が原因か？　この問題の根源をイスラーム以前までさかのぼり、解き明かす。

Ａ５判上製 400 頁　本体 5000 円
ISBN978－4－326－20058－0

教師の「専門家共同体」の形成と展開
アメリカ学校改革研究の系譜

鈴木悠太

美術教育の可能性
作品制作と芸術的省察

小松佳代子 編著

Book review　　　　勁草書房

FEBRUARY
2018

http://www.keisoshobo.co.jp

表示価格には消費税は含まれておりません。

2月の新刊

勁草法律実務シリーズ

職務発明の実務Q＆A

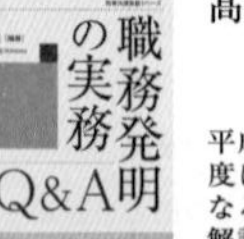

髙橋 淳・松田誠司 編著

平成 27 年改正特許法において職務発明制度はどのように運用され、実務上問題となる点はどこか、Q&A、裁判例、書式で解説する。

A 5 判並製 336 頁　本体 4500 円
ISBN978-4-326-40348-6

KDDI 総合研究所叢書 7

災害復興法学の体系

リーガル・ニーズと復興政策の軌跡

岡本 正

被災地での無料法律相談で明らかになったリーガル・ニーズとそれに基づく政策提言は、どのようにして既存の制度を打ち破ったのか。

A 5 判上製 432 頁　本体 4500 円
ISBN978-4-326-40351-6

民法　第 10 版

我妻 榮・良永和隆 著
遠藤 浩 補訂

日本地方財政学会研究叢書第 25 号

地方財政の四半世紀を問い直す

日本地方財政学会 編

する自由が否定されるものではない[19]。連邦憲法裁判所は、「病気のままでいる権利」を承諾無能力者にも明示的に認めている[20]。ここでも、当該決定が客観的には「理性的」であるとされても、それが法益主体の意思に反する場合には正当化されないことが示されているのである[21]。被世話人が、治療を望まないとの真摯な意思表示をする、あるいは治療に抵抗する場合には、その治療行為は、客観的にはいかに患者のためになるものであっても、承諾無能力者の福祉を論拠としては正当化されないのである（拒否権としての承諾無能力者の希望）、と Böse は説明している。

V　承諾能力の基準

ドイツにおける承諾能力の実質的な基準について、Duttge は以下のように論じている[22]。

医的侵襲への患者の承諾は法律行為にいう意思表示ではなく、したがって民事法的な「行為能力」に適用されるドイツ民法 BGB104 条以下の年齢制限とは関わらない[23]（この点は我が国と同様である）。その代わり、具体的事例において、患者が十分に弁識・判断・自己制御能力を有しているかが確認されなければならない。患者は自らの状況について十分に理解し、具体的に差し迫った侵襲の「本質、意義および射程」、そしてその「方法、意義及び帰結」を把握し、併せて自己の決定のプラス面とマイナス面とを、可能な代替案と比較して考量できることが要求される[24]。対象は具体的な医的侵襲なので、求められる承諾能力の程度は一定したものではなく、状況の複雑さと起こり得る帰結の射程に応じて変化するものである。一般的には、重大かつ著しい侵襲を伴う干渉の場合には、軽微な措置の場合よりも要求はより厳格なものとなる。

---

(19)　*Lipp*, a.a.O. (Fn. 18), S. 156.

(20)　BVerfGE 58, 208 (226); 128, 282 (304).

(21)　*Roxin*, Strafrecht Allgemeiner Teil Bd. I, 4. Aufl. 2006, § 18 Rn. 5.

(22)　*Duttge*, a.a.O. (Fn. 6), S. 78 ff.

(23)　デュトゲ（拙訳）「医事法における年齢区別の機能」比較法雑誌 46 巻 1 号（2012 年）69 頁以下参照。なお、ドイツでは成年年齢は 18 歳である。

(24)　BGHSt 12, 379, 382 f. usw. 2012 年に改正された患者の権利法（Patientenrechtegesetz）である BGB630 条 e（説明義務）1 項 2 文では、説明の対象として、「措置の方法、範囲、実施、期待される結果とリスク並びに措置の必要性、緊急性、適性および結果の展望」が挙げられている。

患者の意思表示と「医師の常識」とが相違するとしても、このことから患者の承諾能力が疑われてはならない。というのも、連邦通常裁判所の指摘するように、「手術しなければ病気を取り除くことができない場合であったとしても、生命の危機に瀕した患者のなす、手術を拒否する意思表示には、人道的にも道徳的にも尊重すべき、かつ説得的な根拠があり得る」からである(25)。このように、患者の個人的な価値基準のみが決定的に重要なのであって、関係者において適切であるか否かを判断することは適当ではなく、医師の観点からは「ひどく無分別な」決定がなされたような場合でも、患者の意思決定能力に不足があると結論づけるためには、種々の要因の十分な調査が必要である。このことは「エホバの証人」の輸血拒否に関して周知の通りである(26)。

このように、臨床実務においては「完全な自律性」は望めないのであり、しかし、そうではあっても、患者の決定が現状の下で「可能な限り自律的に」なされたものであり、弁識・判断・制御能力の「明白な欠缺が一切」認識できないという場合には、それだけで患者の決定は尊重されなければならない(27)。成年の患者にあっては、例えば高齢、薬剤の影響、認知症や抑うつなどの具体的な疑いの要因がなければ、「成年である（＝適格性がある）」とみなしてよいとされている。

他方、未成年の患者にあっては(28)、個別事例において入念な検査が必要となる。その際に標準となるのはその未成年者の「精神的成熟」の度合い、すなわち「自由答責的な」決定を行うための「知的・感情的基盤」の内実(29)であるが、

---

(25)　BGHSt 11, 111 (114).

(26)　Vgl. OLG München MedR 2003, 174 ff. usw. その一方で連邦通常裁判所刑事部は「抜歯事例」においては、この患者の自律性の固有の価値を軽視したとされている。BGH NJW 1978, 1206.

(27)　Paeffgen/Zabel も、一般通常人の判断枠組みからの逸脱が、明らかに承諾無能力に起因しているとされない限り、承諾能力がある者による承諾としてよいという。なお、健康被害が深刻で長期にわたるものであればあるほど、拒絶の決定は重要視される（拒否能力）、としている。*Paeffgen/Zabel*, in: Nomoskommentar, Bd. 2, 2017, §228 StGB Rn. 16 f. さらに、気まぐれな16歳の少年がなす、顔面への刺青に対する承諾には違法性阻却の効果を認めてはならないが、腕への小さな刺青に対する承諾には認められるとしている。

(28)　我が国における治療中止・医療ネグレクトに関しては、近時法改正等による手当がめざましい。例えば、2012年にはそれまでの親権喪失宣言に加えて民法等の一部を改正する法律によって親権の停止制度が新設された。その他、宗教的な理由による輸血拒否を含め児童の生命・身体に重大な影響を及ぼす場合の対応については、児童相談所や家庭裁判所の判断・介入の手続きが整備されつつある。

(29)　*Paeffgen/Zabel*, a.a.O. (Fn. 27), Rn. 19.

そうした決定に関しては未成年者の成熟度、精神的発展には段階と幅があるために固定的、一般的な年齢基準は一切存在しない。それでも、実務では、最初の方向付けという意味で、年齢に合わせた段階づけがなされてきた。それによれば14歳未満の者は通常、必要な承諾能力が欠けていることになるが(30)、それに対して満16歳以上であれば、大抵は完全な承諾能力があるとしてよいとされるのである(31)(32)。一方で、14歳と16歳の年齢の間隙にあっては基準となる推測は一切ないので、判断はまず侵襲の複雑さと危険性、そしてその切迫性に依存している(33)。日常的な治療であれば、また、切迫した生命救助のための侵襲であれば、さらに、少年の年齢が成年に近づけば近づくほど、承諾能力が認められ得る(34)。もっとも、裁判実務ではむしろ承諾能力を認めるにつき制限的であり、承諾能力は特別な注意を払って確認されなければならないとされている(35)。

争いがあるのは、承諾能力が認められた未成年患者において、基本法6条2項1文、民法1626条以下の身上監護権者（通常は両親）の養育権を顧慮した場合の法的効果である。首尾一貫しているのは、自己決定権の行使に必要な権能を与えられている未成年者にのみ決定権を認めるという点であろう。何故ならば、両親の権利は、「子どもが成人に達すれば不要かつ根拠のないものとなるからである」(36)。しかし、未成年者に判断力を認め、一方で例えば両親に拒否権を与えるというのは、評価の矛盾というべき状況である。さらに、今日でも有力な見解は、養育権とは成年に達して初めて完全に消滅するものなのであり、このことから、未成年者と身上監護権者には重畳的な決定権限が付与されているというものであるが、これでは未成年者の決定は十分に評価されておらず、この見解に従うと、両者の等価値性は形式的なものになってしまうであろう。

(30)　もっとも、軽微な侵襲の場合については例外が認められる。しかし9歳については通常は承諾能力が否定されるとされている。LG Frankenthal MedR (2005, 243, 244 f.).

(31)　AG Schlüchtern NJW 1998, 832 f.

(32)　この点に関する我が国の事情については、拙稿・前掲注（14）230頁以下参照。

(33)　BayObLG NJW（1999, 372）usw.

(34)　BGHZ, 12, 379.

(35)　我が国の小児医療の現場では、学齢期以上（6歳以上）の子どもについては口答でのアセント（本人の了解）を得て、中学生以上の子どもについては文書でアセントを得る、高校生以上になると親の代諾に代えて本人から文書でコンセント（承諾）を得る、とされている。小児医療の現場での意思決定の在り方には大きな変化が見られるという。掛江直子・加部一彦・横野恵「小児医療における意思決定」『年報医事法学32』（日本評論社、2017年）49頁以下。

(36)　BVerfGE 59, 360（387）.

これに対して、未成年者に必要最小限の「精神的成熟」も見られない場合には、監護権者の合意を得なければならない。確証を得るために医師のすべきことは、連邦通常裁判所民事部の展開した「三段階モデル」によれば、行われる干渉・侵襲の重大さと考えられるリスクに左右される(37)。一般的な「日常事例」(例えば単純な検査や血液検査)では、医師は、特段の事情がない限り、片親の意見が両親の意見であると信用してよい。しかし、少なからぬリスクを伴った重大な方法での侵襲の場合には、医師はその片親に、他の親の権能をも与えられているのかを再度問い合わせなければならない。さらに、「重大で広範な決定と高度のリスクを伴った大手術」を行う場合には、両親の明文の承諾が必要となる。両監護権者の間に決定的な意見の対立がある場合、あるいは緊急を要する適応性が認められるにもかかわらず承諾が拒否された場合(例えば、両親が「エホバの証人」のあることを理由とした生命救助のための輸血を拒否する場合)には、家庭裁判所が子どもの福祉の基準に従って決定を下すことができる(38)。従来の解釈に従えば、未成年者が承諾無能力者であれば、医師の説明を受けるのは原則的には監護権者に限られるとされていたが、より未成年者本人に寄り添った解釈においては、侵襲の内容等に関する具体的な説明が未成年者の患者の場合にも必要であるとしている(39)。承諾能力が低くてもある程度の基本的理解がある場合には、「自然的意思」に基づいたいわゆる(承諾能力とは要求される判断力のレベルを異にする)「拒否能力」が認められ得るか否かは、今後の課題である(40)、と Duttge はいうのである。

最後に、高齢者の承諾能力については、ドイツでは、一般に、以下のようにいわれている(41)。すなわち、年齢とともに知識や一定の能力が高まることも

---

(37) BGH NJW 1988, 2946 ff.

(38) § 1666 BGB, §§ 151 ff.

(39) Vgl. *Rothärmel*, Einwilligung, Veto, Mitbestimmung, 2004. ロートエルメル著(拙監訳)『承諾、拒否権、共同決定』(2014 年)参照。

(40) なお、ドイツでは、法律においても、「承諾能力」と「拒否能力」は区別され、例えば、青少年が臓器摘出に承諾できるのは満 16 歳以上であるとされているが、拒否は満 14 歳以上であれば行い得るのである(臓器移植法(TPG)2 条 2 項 3 文)。この点、拒否能力は承諾能力と同じ程度での理解力や判断力を前提としておらず(認知症患者が患者の指示書において生命維持措置を拒否していた場合がそうである。)、民法 1901 条 3 項 1 文によれば、希望として表現された「自然的意思」で足りるとされていることが参照されるべきである。拙稿・前掲注(14)235 頁以下参照。治療行為についてこれを承諾する場合とこれを拒否する場合に分け、拒否する場合により高い能力を要求することも考えられるが、我が国においても、この点については議論の存するところである。拙稿・前掲注(14)245 頁以下参照。

あるから、一定の年齢から承諾能力が否定されるというようなことはない。したがって重要なのは高齢者にあっては若者よりも承諾能力を詳細かつ慎重に検討すべきであるという点であるにすぎず、それ以上ではない。また、高齢患者に承諾能力が認められる条件についても、高齢者以外の患者のそれと異なるところがない。もっとも、世話人が選任されている場合には、医師にとっては、患者が承諾無能力・限定的承諾能力である可能性があることのヒントとなるが、しかし、やはり、その可能性があるというに過ぎない。認知症やうつ病といった高齢者に特徴的である精神病があっても、だからといって承諾無能力であると早急に結論づけてはならない。その病気の進行の度合い、また、判断の対象との関係で限定的に承諾能力が存することもあるからである。

なお、患者に承諾能力があるか否かの判断は、担当医の責務と答責性の領域に属するとされている(42)。担当医は、患者の生活状況に関わる全体事情、とりわけ患者の年齢、その肉体的・精神的状態、薬剤の影響、患者の社会史的(soziobiographische) 文化的特性（教育の程度、予備知識、慣習）等々を自己の判断に取り入れなければならない。不明な点が残るならば、精神科医等の診断による専門知識的な援助が必要となる。当該個人に関する専門的評価（鑑定）を医師の判断をもって置き換えることは許されない(43)。

Ⅵ　個別事例

すでに触れているように、承諾能力は医療行為に一律に妥当するものではなく、ドイツにおいても、種々の医療行為・治療行為ごとに、その特殊性に鑑みて、個々に区別して論じられるものである(44)。以上のような承諾能力についての一般的な基準に基づき、個別の事例における承諾能力の状況を見ていこう。Duttge によれば、以下の通りである(45)。

まず、避妊薬の処方は、連邦医師会（BÄK）の 1975 年の指針によれば、16 歳

(41)　*Jens-M. Kuhlmann*, Einwilligung in die Heilbehandlung alter Menschen, in: Handbuchgeriatrie, 2005, S. 1477 ff. 拙稿・前掲注（14）237 頁以下。

(42)　*Duttge*, a,a.O. (Fn. 6), S. 86 f.

(43)　Vgl. *Rothärmel*, a,a.O. (Fn. 39), S. 155 ff. ロートエルメル・前掲注（39）211 頁。

(44)　我が国の現状については、拙稿・前掲注（14）230 頁以下参照。

(45)　*Duttge*, a,a.O. (Fn. 6), S. 82 ff.

未満の少女の場合には不可、16 歳から 18 歳までの少女の場合には両親の承諾がある場合にのみ許されるとされていた(46)。その後 1984 年の改正では、16 歳の場合には通例は必要な承諾能力があるとしてよいとされた(47)。2011 年のドイツ産科婦人科学会（DGGG）の立場はさらに前進し、周到な検査を前提に、14 歳から 16 歳であっても事情によっては十分に弁識能力があるものとみなし、例外的には 14 歳未満の少女にさえこれを認めてよいとしている(48)。もっとも、場合によっては、親の監視から逃れようとする未成年者を医師をして助けさせることにもなることから、そのような効力の強いホルモン剤の処方を合法と認めることはできないが、（刑）法的リスクは、子どもに対する性的虐待の幇助（§§176, 176a, 27 StGB）、あるいは未成年者の性行為の援助（§180 Abs. 1 StGB.）の非難に鑑みれば、事実上小さいのかもしれないという指摘も存する(49)。しかしながら、避妊薬の投与から生じる（副）作用についての十分な把握が、そして、他の選択肢のプラス面とマイナス面について考量する能力が医師において確認されていない場合には、（刑）法的なリスクは明白である。とはいえ、少女が承諾無能力の場合でも、避妊薬の摂取を拒否することができるし、また、監護権者が摂取を強制することもできない。なぜなら少女は「拒否に関する成年」には十分達しているからである。

断種は、その侵襲の強烈さと修復不可能性の高い蓋然性を理由に、未成年者の場合には法律で禁止されているが(50)、その一方で美容整形手術に関しては激しい論争がある。多くの者は、法政策として、このような「理性を欠いた流行の愚行」については患者の自律性を法律で制限するか、両親の承諾を条件とすべきであるとする(51)。ただ、憲法的には、このような禁止規定によって、本来承諾能力が認められるべき者の能力が否定されるかもしれないことになる点が問題となる。なお、未成年者の意思に反する美容的侵襲は常に許されない(52)。

(46) DÄBl. 1975, A-2521 ff.

(47) DÄBl. 1984, A-3170 ff.

(48) Stellungnahme der DGGG zu Rechtsfragen bei der Behandlung Minderjäriger, Nov. 2011, Ziff. 2. 2.

(49) もっとも、Duttge は、その理由を法律的に根拠づけることは難しい。許された危険、医学的適応のある限り、あるいは、幇助の故意がない限り、あるいは正当化する義務衝突のある限りでの「許された危険」で考えるのであろうか、と問題提起をしている。

(50) §1631c BGB.

(51) 前掲注（27）参照。

妊娠中絶の実施に関しても――たとえそれが最初の12週以内の義務的な助言に従った、または医学的・社会的適応の範囲内である(53)としても――常に監護権者の承諾が要求されるとする見解がある。しかし、近時では、このような制限的な見解は、胎児を臨月まで宿すことに重大な健康上のリスクがある場合にのみ、親の「配慮の留保」が認められるというように相対化されている。しかし、ここでも首尾一貫しているのは、妊婦の承諾能力だけを標準とすることであろう(54)。もっとも、その承諾能力の確認にあっては、胎児の生存権(55)と決定のもたらす重大な効果の相互関係に照らして、最大限の注意と妊婦の高度な人格的「成熟」が必要とされる(56)。妊婦が承諾無能力であるならば、身上監護権者の決定は養育権の濫用の疑いがある場合（すなわち、子どもの福祉への明白な危殆化がある場合）にのみ、家庭裁判所によって修正され得る(57)。こうした事態は、とりわけ、未成年者の「自然の」意思に反して執拗に中絶が求められる事例において想起されるが――それは決して許されないことであるが――、そのほか、医学的適応に重大な問題がない場合にもそうであり、また、妊婦が不確かな運命をたどるとして承諾が拒否される場合も同様である。

自殺（未遂）の事例については、法倫理的見地からは、そもそも生命とは個人が自由に処分できるものであるか否かについて、見解の相違がある。それを肯定することが自由主義的な社会秩序においてはもはや決して疑われることがなく(58)、それゆえ患者の自己決定権は「死の自己決定」をも含んでいるということが受け入れられるならば(59)、「自殺の意図は『自由意思』によって支えられていたか、否か」が明らかにされなければならない。この問題については、法は、大まかな否定的要因（少年の未成熟の不存在、明らかな精神病・障害の不存在、または重大な緊急状況の不存在(60)）が認められることでは不十分であるとして、

(52)　承諾能力のない子どもに対する、医学的適応のない割礼については、*Duttge*, a.a.O.（Fn. 6）, 83 f.; *Paeffgen/Zabel*, a.a.O.（Fn. 27）, Rn. 18.

(53)　Vgl. § 218a Abs.1 und Abs. 2 StGB. 1項では、妊婦の「要求」とあり、2項では、妊婦の「承諾」となっている。

(54)　LG München I NJW（1980, 646）.

(55)　BVerfGE 39, 1 ff.; 88, 203 ff.

(56)　Stellungnahme der DGGG zu Rechtsfragen bei der Behandlung Minderjäriger（Nov. 2011, Ziff. 2.5）.

(57)　§ 1666 BGB, §§ 151 ff.; 157 FamFG.

(58)　BGHSt 6, 147, 153 は「道徳律」を挙げ、BGHSt 46, 279, 285 は「基本法の価値序列」と述べている。

(59)　Vgl. OLG München NJW（1987, 2940, 2943）.

所為遂行の不可逆性に関する十分な「真摯性」の証明を積極的に要求している。これは、いわゆる刑法上の免責規定（犯罪成立阻却事由）に則る解決（Exkulpationslösung）によるのではなく、承諾理論に則る解決（Einwilligungslösung）によるものである。ある専門的な自殺に関する研究によれば、確かに心理社会的に激しい傷を負った自殺者の割合は高いが(61)、少なくとも事例の5%の範囲内では、病的ではなく「熟慮された」（いわゆる人生の総決算としての）自殺である可能性が、とりわけ「不治の身体的疾患、あらゆる手段の不存在、そして世の中における完全な孤立が重なった場合」には、十分に認められる。しかし、信頼できる詳細な根拠がなければ、「自由答責性」が欠けているという統計的に通常とされる事例が前提とされ、同時に「疑わしきは生命の利益に」（in dubio pro vita）の原則のもとで措置がなされなければならないであろう。

老人の「成年性（＝適格性）」については、老衰、退行性病変、抑うつそして薬剤の影響によって必ずしも自明のものではないとしても、老人の患者は、臨床実務ではそれを否定する事情がない限り、明らかに、また一般的に、承諾能力があるものとして見なされている。このようにして老人の患者は、差別からは規範的に保護されている一方(62)、彼らを道具とするような介入に対してはもはや有効に対抗することができない危険に陥る傾向にある。重要なのは、例えば極度の混乱状況において得られた承諾は法的には無効であり、したがってリスクを伴った侵襲は原則的には差し控えられるべきであるとすることによって、承諾能力というカテゴリーには制限的な効果のみならず保護的な効果も同時に存在することになる、ということである。したがって、承諾能力の誠実な検査と、ときにはその不存在の確認は、「配慮の手続」の一つなのである。

以上のようなDuttgeの見解は、ドイツでの生命倫理学においては、一般的な見解といい得るであろう。

---

(60)　Vgl. §§ 19, 20, 35 StGB, § 3 JGG.

(61)　拙稿「臨死介助・治療中止・自殺幇助と『自己決定』をめぐる近時の理論状況」井田良ほか編・椎橋隆幸先生古稀記念『新時代の刑事法学』（信山社、2016年）167頁参照。

(62)　欧州連合基本権憲章21条および25条、基本法1項1号と併せ同3条1項、一般均等待遇法（Allgemeines Gleichstellungsgesetz）1条を参照。

Ⅶ　自律性と配慮

自律性と配慮は相対するものであろうか。この点についてもDuttgeの整理は学術的な議論の成果を示している(63)。

承諾能力のある患者の意思表明のみが「自律的」であると見なされ、承諾能力のある患者に対してのみ尊重要求が働く一方で、「自律的でない」患者に対してはパターナリズム的な姿勢が求められているといわれている。しかし、このような単純化した図式、明確な限界づけの設定の根底には――それが社会の現実には当てはまらないということは措くとしても――二重の誤解がある。それは、「自律に関する誤解」と「パターナリズムに関する誤解」である。誤解に陥らないためには、以下のような正しい認識が必要となる。すなわち、前者については、人間の能力には限界があるので、承諾無能力者のみならずすべての患者に対して配慮が義務づけられており、医師の説明義務はそのこと、すなわち自律性は配慮を必要とするものであることの表現であること、そして、それにもかかわらず患者が医師の説明を受けることなく承諾を独自に行う場合には、患者の尊重要求は大きく損なわれてしまうことを正しく理解すべきである。また、後者については、患者という人間存在に対する、そしてまさに承諾無能力の患者に対する尊重は義務づけられており、患者自身の意思はその「福祉」を目的とした第三者の解釈によって安易に歪められてはならないということを正しく理解すべきである。いわゆる「拒否権」(64)を承認することは、その基礎づけについては議論があるが、明らかに以上の趣旨を示している。

もっとも、「自律性」と「配慮」は、相互に包含的であり相対して閉ざされているわけではない。この視点は、連邦憲法裁判所の2つの最近の決定によって、確認されている(65)。これらの決定は、措置入院者が弁識無能力であっても、その「自然の意思」に反して行われる強制治療は、その身体の無傷性のみならず、同時に基本法2条2項1文の保護領域（身体に関する自己決定権）をも侵害しているとしているのである。したがって、このような強制治療が正当化され得る

(63)　*Duttge*, a.a.O. (Fn. 6), S. 86 f.

(64)　*Rothärmel*, a.a.O. (Fn. 39), 165 ff. ロートエルメル・前掲注（39）225頁以下。

(65)　BVerfG v. 23.3.2011-2 BvR 882/09 NJW 2011, 2113 ff.; v. 12.10.2011 - BvR 633/11 NJW 2011, 3571 ff.

のは、弁識無能力の患者に治療の機会を提供する場合でなければならず、その意思表明を無視することが許されるのは、とりわけ「治療を受ける者が対話能力を有している限り、強制治療よりも先に、真摯かつ必要な時間をかけた、許されざる圧迫のない、信頼に基づいた承諾を得ようとする試みが先行し」ている場合であり、それによって侵襲の比例性が保たれていなければならない。いうなれば「強制より先にコミュニケーションを！」ということである。つまり、弁識無能力のため医療措置に関する有効な承諾が一切得られないとしても、患者に治療の「有無」と「程度」について知らせないままにしてはならない。差し迫った緊急性のある場合は別として、原則的には計画された措置を告知することが必要であり、そのためこれに対する法的保護を要請する可能性が患者には残されているのである。

連邦憲法裁判所の示すこの準則は、直接的には、確かに精神病で入院している者だけに該当する。だが、この準則はその人権的基礎を根拠として、その意味内容に応じて、承諾無能力の未成年の患者に対する医療措置へと転用することができる。なぜなら未成年者も、特別な依存性と易損性という生活状況の中にいるからである。したがって、未成年者の、情報および参加への請求というものは注目に値する。未成年者の身上監護権者の承諾は、未成年者の「自然の意思」に反して行われる強制治療から侵襲という性格を取り除くものではない。未成年者が、「拒否」の意思をどの程度貫き得るかについては、このような観点のもとで早急に明確化される必要がある。このようなDuttgeの見解は先のBöseの主張に重なるものであり、今日では一般に支持される見方であるといえよう。

Ⅷ　おわりに

以上、本稿では、医療における患者の自律と承諾についてドイツにおける議論の現状を見てきたが、そこでは、医師と患者との間に存する構造的な非対称性の確認と、伝統的なヒポクラテスモデルから共同決定モデルへのパラダイムの転換が見られた。その基礎には、主体としての地位に基づく自己決定権といわゆる尊重要求が認められるところ、その実現のためには、患者の自己決定権を自己実現のための自由の行使として理解し、自律の能力とは区別された——障害者にあってはなお一層の徹底した——自律の権利や、「病気でいる権利」、

「死ぬ権利」に示される主観的利益・自己の価値基準に基づく決定（拒否権）が保障されることが重要であるとされている。このような議論内容に加えて、自律と配慮の関係、未成年者の承諾に関する連邦通常裁判所民事部判決の示した「三段階モデル」や避妊薬の処方、断種、妊娠中絶、自殺に関する承諾の要件などは、細部については法制度を異にするものの我が国にとっても有益であろうと思われる(66)。

医療行為の法的規制についても、下位法のみならず、根本の憲法原則にまで遡って原理・原則が論じられている点に、ドイツにおける議論の在り方の特徴をみることができる。たしかに、その法原則の重要性は理解されるとしても、内容の抽象性が高く、個別の事例の判断や処理のためには指針となり得ないという批判はあろう。とはいえ、事案の解決にあたり、準拠する原理を明らかにしておくことは実務上も法解釈上も望ましいことはいうまでもない。

以下、我が国の今後の議論にとって裨益するであろういくつかの確認点を、あらためて取り上げておきたい。

まず、医師には専断的治療行為をする権利は存在せず、医師のあらゆる措置は患者の表明した承諾を前提とするが、それは、どのような医療的措置であれ、患者の身体と精神の統合性への侵襲を意味し、自律性に関わるからである（§§ 630d Abs. 2, 630e Abs. 1 bis 3 BGB）として、「医療行為は自己決定に基づいてなされる」ということが確認されている点である。したがって、患者は治療措置をいつでも拒否することができ、その承諾をいつでも撤回することができる（§ 630d Abs. 3 BGB）(67) とされている。このように、医師は患者の健康のみならず、患者の意思を尊重しなければならないのであって、したがって、インフォームド・コンセントが欠けていれば、例えば、医的侵襲が医療上必要とされ、医学準則（lege artis）に則っていたとしても、原則として治療は違法であり、生じた傷害結果について医師は全責任を負わなければならない。そして、承諾の必要性に対する規範的な根拠を問えば、それは、人間の尊厳・自由ならびに生命および身体の無傷性の権利を尊重し保護を義務づける憲法原則に求められるのである。承諾の必要性は、他者との法的な関係は、原則として、力や強制ではなく合意と意思決定の自由の尊重に基づくという考え方の表れであり、この原則

(66) 経口避妊薬の提供やパイプカット施術、あるいは尊厳死との関係で承諾の有効性を論じる意義は少なくない。

(67) *Lipp/Knoche*, a.a.O. (Fn. 2), S. 73.

は、患者に「病気への権利」をも認めるものであり、したがって患者はすべての措置を拒否できるのである(68)。

これを医師の側からみるならば、説明義務の一番の目的は、患者が有する自己決定権の実現の援助にあるということになる。自己決定は自由の行使の一場面であるとされ、連邦憲法裁判所の判断も、「患者あるいは障害者に対し、自己決定権について通常人とは異なる基準を与えること、それゆえ診断、予防、緩和、増進、あるいは苦痛の除去を目的とする侵襲には承諾を必要としない、あるいは、完全な承諾を得なくてもよい……とすることは誤りである」、ということを強調している(69)。

一方で、ドイツにおいても、患者の自律は、強制や欺罔がなければすでに十分に保たれており、したがって、患者は独自に決定できると往々にして誤解されているが（「自律に関する誤解」）、現実には、患者は易損性を有し保護的な支援・配慮を必要としており、また、配慮は自律を排除するものではなくそれを支えるものである、と理解されている。また、承諾能力がなければ自律性を欠いており、その結果、他人による配慮の「客体」とならざるを得ないとの誤解も少なくないが（「パターナリズムに関する誤解」）、承諾無能力者も彼の人格に対して尊敬と敬意を求めることができ、その結果、承諾無能力状態にある客体に堕するのではなく、その意思の表明は十分に尊重されるべきで、配慮や代諾は、あくまで本人の自己決定を支援するもの、とされているのである(70)。

このような患者の自律を尊重する基本姿勢は、終末期医療においても同様である。消極的臨死介助は、従来、連邦憲法裁判所も用いてきた「治療中止」ではなく、患者の意思に基づく「治療制限」といいあらわされるようになってきている。治療を中止するのではなく、治療目的を変更することにより、延命や生命維持に代わって、痛みを和らげる緩和医療的な措置や水分の補給等のケアが中心としてなされることになる(71)、というのである(72)。これを患者の側か

---

(68) *Katzenmeier*, Ärztliche Aufklärung, in: Patientenautonomie, 2013, S. 92 f.

(69) BVerfG, NJW 1979, 1925 (1931).

(70) 同様の主張として、佐藤彰一「『意思決定支援』は可能か」『ケアの法　ケアからの法　法哲学年報（2016）』（有斐閣、2017年）57頁以下。

(71) 緩和医療に関しては、拙稿「積極的安楽死と緩和医療」『山中敬一先生古稀祝賀論文集［下巻］』（成文堂、2017年）39頁以下参照。

(72) *Lipp/Knoche*, a.a.O. (Fn. 2), S. 75 f. そこでは――すでに患者が死の淵にあるときには、医学的適応性がないとして患者の意思にかかわらず治療が制限されるが――医学的適応性がある場合には患者の意思に従い、患者が治療を拒否し、あるいは承諾を撤回した場合には、治療を行うこ

ら見るならば、それは自律性の貫徹の要求である。Neumann の適切な表現によれば、「臨死介助の措置を正当化する有力な論拠は、人間の尊厳原則から導かれるところの人の自律的な自己決定原則に由来するものであり、この論拠によって、とりわけ、死を望む者が自らの生命を自らの手で絶つことができないような場合には、他者の助けを借りてこれを実現することに法的な可能性を開くべしとの要求が裏づけられる」(73) のである。

医療行為の領域における、インフォームド・コンセント法理の浸透には目を見張るものがある。この流れを医療の発展をいささかも阻害しない形で進展させ、患者と医師の対話、医療と生命倫理学の対話の充実を一層図るべきである。

とはできない。これを「死への介助」という。同旨、*Rosenau*, a.a.O. (Fn. 8), Duttge も同様の主張を行っている。拙稿・前掲注 (61) 158 頁以下参照、拙稿「終末期医療における患者の承諾と自律」『法化社会におけるグローバル化と理論的実務的対応』(中央大学出版部、2017 年) 162 頁参照。

(73) *Neumann*, Standards valider Argumentation in der Diskussion zur strafrechtlichen Bewertung von Maßnahmen der "Sterbehilfe", Festschrift für Hans-Ullrich Paeffgen, 2015, S. 324 ff. 拙稿・前掲注 (61) 156 頁。

HIV 感染の刑罰化における主体と責任について

西迫大祐

Ⅰ　はじめに

世界的に感染症の刑罰化が進んでいる。数十年前まで、感染させることが犯罪だったことなど忘れ去られていたことを考えると驚くべき変化である。この変化の原因は言うまでもなく、HIV の発見とその劇的な流行にある。アメリカ合衆国では 1981 年に最初の症例が報告され、1986 年には HIV の感染に対する特別刑事法が三つの州で制定された(1)。それから 2011 年までのあいだに、33 の州で 67 の HIV 特別刑事法が制定された(2)。ヨーロッパでも 40 以上の国が HIV の感染に関する刑罰規定をもっている(3)。その方法は国によって異なり、アメリカ合衆国のように HIV 特別刑事法を制定した国もあれば、すでに刑法典に組み込まれていた感染症拡散に対する刑罰規定を再活用した国もあり、また傷害等に関する規定を拡大解釈する国もある。

多くの国において、HIV 感染への刑罰規定を設ける目的は、HIV の拡散を抑

(1)　Leslie E. Wolf, "Criminal HIV Exposure Statutes and Public Health in United States," in Catherine Stanton and Hannah Qurik (eds.), *Criminalising Contagion*, Cambridge University Press, 2016, p. 124.

(2)　J. Stan Lehman *et al.*, "Prevalence and Public Health Implications of State Laws that Criminalize Potential HIV Exposure in the United States," in *AIDS and Behavior*, Vol. 18, 2014, p. 1000; CDC, "HIV and the Laws." Available at https://www.cdc.gov/hiv/policies/law/states/index.html.

(3)　Matthew Weait, "Punitive Economics: The Criminalisation of HIV Transmission and Exposure in Europe," Paper Presented at *The Future of European Prevention Among MSM* (FEMP2011). Available at https://www.academia.edu/1087609/Punitive_Economies_the_Criminalization_of_HIV_Transmission_and_Exposure_in_Europe

止することにある。しかしながら、刑罰の抑止機能が感染症予防として上手く機能しているかについては、疑問の声も多い(4)。また従来の法体系のなかで、傷害や詐欺を解釈して、HIV の感染を刑罰として捉えることには多くの理論的な困難や飛躍が伴っている。逆に言えば、HIV を感染させるという新しい現象が、刑法のなかに位置づけられるときに、それまでの危害、行為、責任、有責性、同意といった概念が揺さぶりをかけられることになったと言えるだろう。病をうつすことは危害なのだろうか、性的な関係をもつということは危害に同意していることなのか、その同意は被告人の責任を阻却するのだろうか、などである。

本稿では、刑法ではなく法哲学および法社会学の立場から、次のような問題を立ててみたい。HIV を感染させることが刑罰として規定され、訴追されるという法の作用が、社会に生きる人間の認識や行動をどのように変化させるのだろうか。より簡潔に言うならば、感染の刑罰化はどのような主体をつくりだすのか。そしてそれは望ましいことなのかなどである。このことを考察するために、次章でカナダにおける判例のいくつかを確認する。第３章でその問題点を検討し、第４章で新たな視点を開く理論を検討していく。

Ⅱ　カナダにおける HIV 感染訴訟とその理論

本章ではカナダで行われたいくつかの訴訟を検討していきたい。というのもカナダは HIV 感染訴訟において先駆的な判例を残しており、その判例について多くの研究がなされているからである。

まずはカナダ最高裁判所が 1998 年に下したキュエリエ判決から見ていこう(5)。被告人は 1992 年に HIV 陽性であることが判明し、そのとき看護師から誰かと性的関係をもつときには避妊具をつけること、相手に自分が HIV 陽性であることを告げるよう勧告された。しかし彼は陽性であることを告げれば性交渉ができないだろうとして、その勧告を拒否した(6)。その後、被告人は二人

(4)　例えば次を参照。Scott Burris *et al.*, “Do Criminal Laws Influence HIV Risk Behavior,” in *Arizona State Law Review*, Vol. 39, 2007, pp. 467–520.

(5)　*R v. Cuerrier*, [1998] 2 R. C. S. 371.

(6)　Isabel Grant, “The Boundaries of the Criminal Law: The Criminalisation of the Non-Disclosure of HIV,” in *Dalhousie Law Journal*, Vol. 31, 2008, p. 136.

の女性と付き合ったが、彼女たちには陽性であることを告げず、避妊具をつけずに性交渉を行っていた。彼女たちは HIV に感染していなかった。しかしながら、カナダ最高裁判所の多数意見は、陽性であると告げないことが詐欺を構成し、性行為への同意が無効になる、ゆえに強姦罪に該当すると判決を下した。

この裁判において賭けられていたのは、HIV 保持者が、相手に HIV が感染しなかったときにも、事前に陽性であることを告げなかったことが、何らかの罪を構成するのだろうか、罪を構成するとすれば、その理由は何だろうかということだった。相手をリスクに晒すという行為が有責だからだろうか。それとも感染するかもしれなかったという危険から、公衆を守るべきだからだろうか。

カナダの最高裁判所は、性行為への同意を無効にするために、詐欺の概念を援用するという大きな解釈変更をしてまで、処罰するべき行為であると考えた。というのもその「不誠実な行為」が「同意した人間を深刻な身体的危害という重大なリスクに晒すという効果をもつから」だった(7)。そしてその必要性について、多数意見は次のように述べている。刑法は「抑止というかたちで必要な保護の手段を提供し、被告人や、被告人と同じように振る舞う人々の行為にある、自己中心的な無思慮や、冷酷な無感覚に対する社会の嫌悪感を反映している」(8)。したがって、多数意見によれば刑罰の役割は、病気の移行という行為の結果から判断されるのではない。法は危険な行為を繰り返すその無頓着さに対して嫌悪する社会の感情を反映し、その危険性から保護する手段を各人に提供するというわけである。

しかしながら判事のマクラクランは反対意見において次のように述べている。「この新しい理論は、なぜすべてではなく、ある種類の詐欺行為だけが、同意された性行為を強姦へと変えるのか説明しなければならないはずである。しかしその答えは何も用意されていない」(9)。さらにマクラクランは、根拠が明らかでないのみならず、この理論が不確実性をもちこむことになると述べている。というのも「深刻な身体的危害」や「重大なリスク」がどのような尺度によって、誰によって測定されるのか、何も示していないからだった。さらに言えば、「本来、刑罰の有責性は、他者への侵害を引き起こす行為、もしくは侵害のリスクへ他者を置く行為のみに課せられるはずである。しかし……この理論によれ

(7) *Cuerrier, supra* note 5, at para 14.
(8) *Ibid.*, at para 142.
(9) *Ibid.*, at para 48.

ば、打ち明けのない性交渉の有責性は、権利侵害や権利侵害のリスクと因果関係のない行為に課せられることになる」(10)。詐欺という有責性が侵害しているのは身体の健康であることになるということである。マクラクランは述べている。このような処罰は刑法の役割を越えているのではないだろうか。

この判決には二つの問題がある。一つは打ち明けないという行為がそれだけで有責性をもつのかという問題。もう一つはHIVがもたらす「深刻な身体的損害」の「重大なリスク」はどのようなもので、誰が決定するのかという問題である。このような曖昧さがあるとしてもそれは処罰すべき行為なのだろうか。

このような曖昧さにも関わらず、この種類の訴訟はしだいにその数を増やしていった(11)。あるときは強姦罪として、あるときは公的ニューサンスとして、また過失として刑罰が下された。この曖昧な規定がHIVと共に生きる人々に与えたのは、混乱、不安、怒りだった(12)。何が犯罪を構成するのか、そのリスクはどれほどで、誰がそれを決定するのか、不透明なまま訴訟が行われていったからだ。

2012年のマビオ判決はこの不透明さを取り上げて次のように述べている。「キュエリエ判決がつくりだした規準にたいして主な批判は2つ存在していた。一つは、その不確実な性格に対してであり、犯罪行為とそれ以外のあいだに明確な線を引くことに失敗したことである。もう一つは、刑法の範囲を拡張しすぎた、もしくは狭い範囲に閉じ込めてしまったということ、すなわち範囲の問題である。……しかしキュエリエ判決のアプローチは正しかった。それは刑法にとって適切な範囲を切り出したからだ。すなわち、「深刻な身体的損傷の重大なリスク」に限られるということである」(13)。

マビオ判決を下した判事たちも、「重大なリスク」や「深刻な身体的損傷」が不確実な定義だということを自覚している。「重大なリスク」とは何%のことを言うのだろうか。1%なのか、10%なのか、51%なのか、それとも0.1%なのか(14)。あるいは何らかの身体的損傷のリスクを含むものはすべて重大なの

(10) *Ibid.*, at para 50.

(11) Alana Klein, "Feminism and the Criminalisation of HIV Non-Disclosure," in *Criminalising Contagion*, pp. 176–177.

(12) Eric Makhalovskiy, "Making Science Count," in *Criminalising Contagion*, p. 158.

(13) *R v. Mabior*, [2012] 2 S. C. R.584, pp. 585–586.

(14) *Ibid.*, at para 16.

か。同じく、「深刻な身体的損傷」という言葉にも不確実性が含まれている。性感染症には治療によって回復できるものもある。だが治療中に味わう不快が、ある者にとっては「深刻」だと受け止められうる。その逆に、性感染症の中には、HIV を含めて恒常的で、人生を変えてしまうような、最悪の場合死にいたる感染症もある。他の性感染症は、この二つの極のあいだに含まれるが、キュエリエ判決はどの性感染症が刑罰の対象となるのか、明確な答えを出さなかった。

マビオ判決はこの二つは相関したものとして考えなければならないと述べている。すなわち、身体的損傷の深刻度合いと、それが引き起こされるリスクの重大さは相関している。もし身体的損傷の深刻さが大きければ、感染のリスクが低くても罪になると言わねばならない。「したがって、単なるリスクのパーセンテージの問題でもなければ、潜在的な病の深刻さだけの問題でもない。問題は互いに関連しているそれら二つの事柄なのである」(15)。そしてマビオ判決は HIV に関する「深刻な身体的損傷の重大なリスク」を「HIV の感染の現実的な可能性」と読みかえたうえで、感染の現実的な可能性がないと判断されるには、「被告人が性的関係をもった時点のウイルス量が少なく、かつ避妊具を使用する」必要があると結論を出した。

またマビオ判決は、もう一つの問題点についても検討している。すなわち HIV 陽性の申告をしないことが、詐欺を構成するという解釈の妥当性についてである。マビオ判決は述べている。有罪宣告や刑務施設へ送ることは、それが被告人に付与するであろうスティグマの効果を考慮に入れても、法が個人に与える最も深刻な罰であろう。したがって、高い有責性をもつ行為、つまり社会からみて有害で、非難すべき、受け入れがたい行為にのみ科されるべきである。そのことから、有責な行為（actus reus）と有責な意識（mens rea）が法のなかに明確に記されていなければならない(16)。

マビオ判決は、性的関係に詐欺が応用された判例を整理したうえで、1888 年のクラレンス判決の前後で大きな変更があったと述べている。クラレンス判決の前までは、性的関係に詐欺が使われることは一般化していた。しかしクラレンス判決はこれに変更をもたらした。その事件は、淋病を患っていた夫が、そのことを知りながら妻と性的関係をもち、妻に淋病を感染させたという事件で

(15)　*Ibid.*, at para 18.
(16)　*Ibid.*, at para 19.

ある。判例の多数意見は、このような事例にも詐欺を適用することは拡大解釈に過ぎると判断した。スティーヴン判事によれば、詐欺になりうるのは、性的行為の性質に関わるものか、関係する相手のアイデンティティーに関わるものに限られる。ゆえに淋病を感染することは、詐欺や同意の問題ではないと解釈した。同じく多数意見のポロックによれば、夫が妻に対して行う性的行為は不法となりえないと付け加えている。

クラレンス・テストはコモンロー体系のなかで広く受け入れられるようになった。しかし、マビオ判決の表現によれば、この「ヴィクトリア朝の道徳」に支配されたテストは、今日にはそぐわない。したがって「カナダのコモンローは、性的関係の同意に関する詐欺の第三期、すなわちポスト・クラレンス期に入った。憲章は、平等、自律、自由、プライバシーと個人の尊重に価値を与えており、性的関係に対する同意または不同意への権利を完全に承認することが要求されている」(17)。

したがって、マビオ判決はキュエリエ判決にあった二つの不確実性を明らかにしたことになる。打ち明けないことが有責性をもつのかという点について、個人は性的な関係の同意または不同意への完全な権利をもつということから、有責性があると認めたことになる。一方深刻な身体的損傷の重大なリスクという表現については、損傷の度合いと感染のリスクを比較して検討するとし、HIV に関しては、ウィルス量と避妊具の使用という 2 つの点で判断するとした。

Ⅲ　HIV 感染訴訟の問題――リスク、抑止、責任

ここまでカナダの裁判例を見てきた。もちろんこの二つの事例は世界の感染に関する訴訟のほんの一部に過ぎない。しかしながら、これらの訴訟は本質的な問題を提起しているように思われる。ここではその問題点のいくつかを見ていくことにしたい。

---

(17)　*Mabior, supra* note 13, at para 43.

1　感染のリスク

前章で確認したように、キュエリエ判決は何が深刻な身体的損傷で、何が重大なリスクであるか明確にしなかった。マビオ判決ではその内容についてより具体的な基準を提出しているが、身体的損傷やリスクについて本質的な答えを出したわけではない。ミハロフスキーは、キュエリエ判決とマビオ判決が科学知を法的用語に書き換えていると非難している。「彼らは科学的なリスク知識に抵抗し無視する。そして決定を下すときには、法的な知識の獲得方法と、「物語」と、他の形態のリスク知識を結合してしまう」(18)。キュエリエ判決以降、さまざまな団体によって法廷に科学をもちこむ運動が行われていたが、マビオ判決は最小限の科学知しか用いなかった。したがって他の低リスクな性行為が「HIV 感染の現実的な可能性」に含まれてしまうのかという点についてまったく何も分からず、HIV とともに生きる人々は相変わらず不確実性のなかで行動しなければならなくなった(19)。

HIV 感染の科学的調査によれば、男女間の性交渉の場合、男性側が感染しているとき、女性が感染する確率はおよそ 1000 分の 1 であり、逆の場合、2000 分の 1 であるとされている(20)。また HAART 療法を継続して行う場合、感染率は 96% 減少する。避妊具と HAART 療法を合わせると、99.2% 感染率が減少する(21)。このようなリスクも重大だと言うべきなのだろうか。申告の義務を課すほどのリスクがあると言うべきだろうか。

立法や司法が科学の見地を正確に反映しないと批判されることがある(22)。HIV 感染の刑罰化に対する批判に関しても、最も多い批判の一つである。ウルフは、アメリカ合衆国の HIV 特別刑事法が科学的見地をまったく反映していないと批判している。「11 の州では、嚙み付くこと、つばを吐くこと、体液を投げつけることを刑罰としているが、CDC はこれらについて、感染のリスクはほとんどないと述べている」(23)。なぜこのようなことが起きるのか、ウルフは次

(18)　Makhalovskiy, *supra* note 12, p. 158.
(19)　*Ibid*., pp. 170–171.
(20)　Grant, *supra* note 6, p. 128.
(21)　Wolf, *supra* note 1, p. 122.
(22)　法対科学ではなく、法と科学の相互的な関係を論じた研究書として次を参照。シーラ・ジャサノフ『法廷に立つ科学』渡辺千原・吉良貴之監訳（勁草書房、2015 年）。
(23)　Wolf, *supra* note 1, p. 129.

のように述べている。公衆の恐怖や無理解を法が反映するために、「感染のリスクを正確に反映せず、感染予防のための効果的な方法とならないということが起こりえる」[(24)]。ウルフはその例としてニック・ローズの訴訟を紹介している[(25)]。ニック・ローズは2008年に一度だけある男性と関係をもった。ローズはHAART療法をしており、また性行為は極めて感染のリスクが低い方法で行われたが、裁判所は25年の刑期と性犯罪者登録を命じた。このように科学知を無視した立法や判決が数多くなされるので、2010年にはアメリカ政府が各州に警告を送っている。科学的証明のないこの種の刑罰を存続させておくことは、公衆衛生の目的を台無しにしかねない。HIVに関する最新の知識に合わせた立法をすべきである[(26)]。

科学的には感染の危険がほとんどないと言われている行為も法的には感染の危険があると判断される。しかしそのような刑罰が本当に必要なのだろうか。このことを考えるために、HIV感染刑罰化の抑止機能について考えてみよう。

2　刑罰化の抑止機能

キュエリエ判決は刑罰を課す理由をこう述べていたのだった。社会が嫌悪感を抱くような、自己中心的で冷酷に振る舞う人々から、抑止というかたちで必要な保護の手段を提供するためであると。では刑罰を課すことは抑止になるのだろうか。

HIV感染を刑罰化することがもつ抑止効果は三つのことが考えられる。それは隔離すること、危険な態度を阻止すること、公衆への周知である。メルシエ判決では刑罰の必要性を隔離という視点から述べている。判決によれば、他者をHIV感染から守る医学的治療を受け入れない者たちは「社会にとって大きな危険をもつ。彼らは無罪となることで、そのことを知らない他のパートナーたちに、故意に感染を続ける恐れがあり、自由に活動することを許すべきではない」[(27)]。しかしイサベル・グラントは次のように批判している[(28)]。刑務所内におけるHIVの高い感染率を考えると、裁判所の決定は危険を抑止して

(24)　*Ibid.*, p. 126.
(25)　*Rhoades v. State of IOWA*, No. 15-1169, 2016.
(26)　Wolf, *supra* note 1, p. 344.
(27)　*R v Mercier* [1993] 84 C. C. C. (3d) 41.
(28)　Grant, *supra* note 6, p. 151.

いるのではなく、単に危険を市内から刑務所内に移動させているだけである。さらに少数を刑務所に送ることが、他の多数の健康を守ることにつながるのかははっきりしない。

一方で、キュエリエ判決は、危険な態度を阻止する必要性について述べていた。すなわち訴追されることの恐怖が、性交渉の前に HIV の状態を申告することにつながり、そのことによってパートナーはより安全な方法を選ぶか、あるいは同意しないかという選択が得られるということである。ノルウェーで感染症の刑罰化に関する委員会に携わったサイスも同じく次のように述べている。「感染のリスクと伝染病をうつすことは、実際に感染したかどうかは別として、同じ種類の行動から起きる。すなわち、刑罰規定は不用意に他者を感染の危険に晒すことまでもカバーしなければならず、そうすることでのみ法は人々の態度の変化を促進し、伝染病のコントロールに貢献することができる」(29)。しかしこれは正しい想定なのだろうか。

ウルフによれば、刑罰化が始まったばかりの段階で、研究者たちの関心は刑罰規定が、逆に HIV テストを受ける人数を低下させるのではないかということだった。というのも陽性かどうか知らなければ刑罰を科されることはないからである。実際、HAART が登場するまえはテストを受けるメリットは少なかった。しかし、HAART の登場で状況が変わる、なぜならば HAART 治療によって AIDS になることなく生活を送れるというメリットがあるため、早期に状態を把握することが重要になったからである。現在では刑罰規定の有無が、HIV テストの低下を招くことはなくなった(30)。しかし一方で法が危険な性交渉を減少させるという効果もないという調査もある(31)。すなわち刑罰の有無が人々の態度を変化させることは少ないということである。

これは申告することの難しさに起因している。誰かと性的関係を持とうとするときに、HIV 陽性であることを申告することには困難が伴う。ロスアンゼルスおよびシアトルで行われた社会学調査によれば、55 人のうち毎回申告すると答えたのは、16% にすぎなかった。申告しない理由は、他人に関係ない問題である、自分を陽性であると認めたくない、感染率が低い、拒否されることが怖いなど、いくつもの理由があった。また HIV 陽性の女性の方が男性よりも申

(29) Aslak Syse, "Criminal Law and Contagious Diseases," in *Criminalizing Contagion*, p. 112
(30) Wolf, *supra* note 1, p. 134.
(31) Burris, *supra* note 4, p. 505.

告が難しいという報告もある(32)。というのも申告が暴力、放棄、不貞の非難などにつながるからである(33)。グラントは述べている。「女性が陽性であると知られることは、ふたりの関係のなかで、彼女の虐待者にさらなる主導権を与えることになりかねない。例えば、虐待者が陽性であると他の人に教えると脅すことが考えられる」(34)。

2012年に下されたDC判決では、まさにこの点が問題になった(35)。ある女性が離婚を決意し夫に家から出ていくよう要求したところ、逆上した夫が暴力を振るい逮捕された。夫は彼女がHIV陽性であると打ち明けるまえに、数回の性的な関係をもったことを理由として彼女を訴えた。すなわち訴訟がいわば腹いせや脅しとして使われることがありうるということである。クラインによれば、ブリティッシュコロンビアに住む3人の女性は性的暴行を受けたにも関わらず、警察に届け出ることを止めた。その理由は加害者が打ち明けなかったことを理由に起訴する可能性があるからだった(36)。

したがって、HIV感染の刑罰化には抑止機能があるどころか、マイナスの面があるということである。さらに言えば、HIVの感染が起こりやすいのは、まだ自分が陽性かどうかはっきりと分かっていない段階であるという研究もある。すなわち申告することを刑罰化することがHIV感染の予防に大きな貢献をするとは言えないのである(37)。

しかし、それでもなお刑法には存続理由がありうるとグラントは述べている。というのも刑法には社会的価値を反映するという象徴的な役割があり、その点では打ち明けないことを刑罰化するのは、社会の適切な性的行動についての価値観を反映しているからである。すなわち責任ある行動の類型化という側面である。

(32) S. C. Kalichman *et al.*, "Self-Efficiency and Disclosure of HIV-Possitive Serostatus to Sex Partners," in *Health Psychology*, Vol. 18, 2009, pp. 281–287.
(33) Klein, *supra* note 11, p. 189
(34) Grant, *supra* note 6, p. 160.
(35) *R v DC* [2012] 2 S. C. R. 626.
(36) Klein, *supra* note 11, p. 194.
(37) Mykhalovskiy, *supra* note 12, p. 156.

3　責任

キュエリエ判決は刑罰の必要性について次のように述べている。「高リスクな行動の抑止を目的とする公衆衛生秩序に従うことを拒否する無責任な人間から」[(38)] 公衆を守らなければならない。HIV とともに生きる人々には安全な性的関係を築くという大きな責任があり、「その責任は、性的な関係をもちたいと感染した人々からせがまれる社会の他の成員たちに、軽々しく転嫁されるものではない」[(39)]。

おそらく、ヌショーン・ウィリアムスやアジガ・ジョンソンのように、HIV 陽性でありながら、複数の女性と関係をもち感染させたり、また感染の危険に晒す行為をする人々のことを念頭においているのだろう。そのような人々には関係をもつ前に打ち明ける特別の義務があるのだろうか。サイスは次のように述べている。感染を知った人間はそれ以上の感染が起きないように適切な防護策をするべきだ。「それこそが他の市民に危害を加えることを防ぐ責任のある正しい方法である。同時にすべての人間には、感染していない人間にも、感染しているかどうか知らない人間にも、伝染病の感染を防ぐ共有責任があることは否定できない」[(40)]。ブレイジャーも同じ意見をもっている。感染症に苦しむ人間には、「他者の健康を危険にさらさない義務、危害を加えない義務に従わなければならない。健康は純粋に個人的な関心事ではない。健康や不健康は、私が……生命を共有する他者に影響を及ぼすからである」[(41)]。

しかしマシュー・ウエイトは次のように反論している。「性行為によって HIV が感染することを、身体的損傷として概念化することは不適切である。もしわれわれがそれを危害だと言うならば、われわれは認めるべきであろう。危害の本質にあるものをより正確に取り出すならば、それは背信という現在の経験であり、うつされた人間の将来への不安や恐れのことであると」[(42)]。

おそらくその通りであろう。キュエリエ判決からマビオ判決まで、カナダの

(38)　*Cuerrier*, *supra* note 5, at para 141.

(39)　*Ibid*., at para 144.

(40)　Syse, *supra* note 29, p. 110.

(41)　Margaret Brazier, "Do No Harm—Do Patients Have Responsibilities Too?" in *Cambridge Law Journal*, Vol. 65, 2006, pp. 397–422.

(42)　Matthew Weait, "Criminal Law and the Sexual Transmission of HIV: R v Dica," in *The Modern Law Review*, Vol. 68, 2005, p. 449.

最高裁判所がつくりあげてきた理論は、性行為への同意が詐欺という不誠実な行為によって取り消されるという点にあった。レアードが指摘しているように、性感染症の刑事事件において背信はひとつの重要な要素になっている。例えばコンザニ事件において、被害者のひとりRWの聞き取り調査は次のようなものだった。「フェストンが避妊具をつけなかったとき、何らかのリスクについて心配しましたか」「いいえ」「なぜですか」「彼を信頼していたからです」[(43)]。

では信頼とは何だろうか。哲学者アネット・ベイアーによれば「他者が加えるかもしれない危害に対して傷つきやすさを受け入れること、一方で彼らが実際にそのようなことはしないと判断すること」[(44)]である。傷ついてもかまわないが、傷つけられることはないと考えること。このような信頼の関係が社会であるとして、それを裏切る行為が刑罰に値するとすれば[(45)]、感染の刑罰化はこの理論に当てはまるであろう。レアードが言うように、「感染は関係のなかで起こるのであり、そこには信頼の期待が存在する」[(46)]からである。

だがもし感染が関係のなかで信頼の問題として起こり、背信が刑罰として科されると考えるならば、問題なのはその関係というのは何を指しているのかということである。HIV の感染の場合、当然ながら恋愛関係にあるふたりを指している。ではその関係性によって有責性が変わるのだろうか。ディカ判決は、「カジュアル」な関係と、「長期間で愛のある」関係のあいだに違いを認めている[(47)]。しかしながら、このような画一的な区別は、クラレンス・テストのように、夫婦関係はすべて刑罰に問わないという結論にもなりかねない[(48)]。

マシュー・ウエイトは次のように述べている。「私は両方の人間がいることを強調しておきたい。HIV の危険を有する性行為に加わることを承認した人間……が、実際に感染したならば、われわれはこう問わなければならない。もうひとりの人間がリスクを受け入れなければ起きなかった場合にも、ひとりきりに責任を押しつけるのは正しいのか、ウィルスをうつした人間だけを罰する

(43) *R v. Konzani* [2006] Part4 Case9 [CAEW]

(44) Annette C. Baier, "Trust," delivered at *Princeton University, The Tanner Lectures on Human Values March 6–8* 1991. Available at https://tannerlectures.utah.edu/_documents/a-to-z/b/baier92.pdf

(45) David A. Hoekema, "Trust and Obey: Toward A New Theory of Punishment," in *Israel Law Review*, Vol. 25, 1991, pp. 332–350.

(46) Karl Laird, "Criminalising Contagion," in *Criminalising Contagion*, p. 223.

(47) *R v. Dica*, [2004] EWCA Crim 1103, at para 42.

(48) Weait, *supra* note 42, p. 133.

のは正しいのかと」(49)。

法はある事件において、あるひとりの人間の責任の有無を決定する。だが感染のように多くの人間が関係することのうちにある現象を、そのような枠組みのなかで扱うことは正しいのだろうか。次章では、感染が人間の関係のうちにおきるということを考慮し、ウエイトによる主体と責任を再構成する試みについて検討したい。

Ⅳ　主体と責任の再構成

アラン・クラインが述べているように、法とは構造的なものである。それは不法な振るまいを分類し体系化する(50)。それは二項対立において作られる構造であり、行為者／被害者という区分によって物事を理解しようとする。しかしながら、現実の恋愛関係は多様であり、打ち明けるかどうか、リスクを受け入れるかどうか、無数の選択肢があり、それは二者間のゲームのなかで選択され、それぞれの関係がつくられていく。

感染の問題も恋愛関係と同じく、多様性のなかでつくられる関係から考えられなければならない。グラントは述べている。「この 20 年間、HIV/AIDS からわれわれが学んだことがあるとすれば、そこには「われわれ」と「彼ら」の区別がないということである。われわれは、ウイルスをうつす者とうつされる者に区別することはできない。なぜならば、われわれはみな潜在的な伝達者であり受取人だからである」(51)。

しかしながら、法はこの感染の関係を再び二項対立的な図式に戻してしまう。「刑罰化は不当にも、HIV/AIDS と生きるすべての人々に潜在的な犯罪者かのようなスティグマを付与してしまう。彼らは無責任で危険な病の媒介者たちであるかのように描かれ、その集団は特定されて社会から追放されなければならないかのように描かれるのである」(52)。また別の論者たちも同じように述べている。「ある HIV 陽性の人々に刑罰を科すことは、われわれとすべての HIV

(49)　Matthew Weait, “Taking the Blame: Criminal Law, Social Responsibility and the Sexual Transmission of HIV,” in *Journal of Social Welfare and Family Law*, Vol. 23, No. 4, 2001, p. 451.

(50)　Klein, *supra* note 11, p. 187.

(51)　Grant, *supra* note 6, p. 156

(52)　*Ibid*., p. 163.

陽性の人々との関係を変化させる。というのも彼らは、ただ単にHIVに感染している状態にあるというだけで、犯罪予備軍であると見られるからである」[53]。

先ほどから見てきたように、刑法には社会の適切な振るまいについての価値観を反映するという象徴的な役割があった。だがHIVの刑罰化との関係ではいくつかの問題をはらんでいる。一つは社会の共有された価値観の表象を規範化するという機能である。それは社会における適切な性的な関係を規範化し、判断の基準をつくりあげることになる。しかし、繰り返しになるが、社会における性的な関係は複雑で多様である。法のもつ規範化という機能は、多様な関係を反映しているわけではないように思われる。ウエイトは述べている。恋愛関係のような親密で複雑な関係を扱うには、刑法の伝統的な道具、危害、因果関係、同意などは適していない[54]。

もう一つの問題は、フーコーやフランソワ・エヴァルドが示していたように、法は規範を示すと同時に正常も規定しているということである[55]。その社会において正しいことは何かという問いは、正常であること、逸脱していないことも同時に意味している。HIVの刑罰化において、正常は健康、感染は逸脱として解釈されてしまう。すると感染させることは危害となる。しかし健康を損なうという点だけで危害というべきなのだろうか。感染させることは刑罰を科すべきことなのだろうか。HIVの刑罰化が正常／異常という二分法をつくりだし、それが社会に偏見をもたらしているのならば、別の仕方で危害を考えるべきなのではないだろうか。

この法の二項対立を越えるために、ウエイトはアクターネットワーク理論によって、人／ウイルス、または感染者／それ以外という二項対立による区分を作りなおす提唱をしている。最後にアクターネットワーク理論による主体と責任の再構築について検討しよう。

アクターネットワーク理論は、フランスの社会学者ブルーノ・ラトゥールとミシェル・カロンを中心に提唱されている理論である[56]。この理論の特徴は、

(53) Heather Worth *et al.*, "Introduction to Special Issue Reckless Vectors: The Infecting "Other" in HIV/AIDS law" in *Sexuality Research & Social Policy*, Vol. 2, 2005, p. 9.

(54) Matthew Weait, "Harm, Consent and the Limits of Privacy," in *Feminist Legal Studies*, Vol. 13, 2005, p. 118.

(55) 拙著を参照。西迫大祐「フランソワ・エワルドにおける法とノルム」『法哲学年報』(2011年) 147-157頁。

人間／非人間、主体／客体という二分法を排除し、世界を、人間も非人間物も含む要素の相互影響関係として捉えるところにある。このネットワークのなかで、作用を及ぼす者をアクター、その能力をエージェンシーと呼ぶ。非人間物もネットワークに影響を与えるならばアクターとなりうる。例えばドアについているドアクローザもアクターである。ドアクローザはドアを閉めるという作用を及ぼしており、その作用はドアクローザが壊れて手動で閉めなければならなくなったときに実感されるだろう。

カロンはこのように人と物がアクターとしてつながる関係を「ハイブリットな集合体」と定義している。カロンは「私が車を運転する」という行為を例に出して説明している。車の運転は何千の人や非人間物の参加ではじめて達成することができる行為である。というのも「車をデザインしたエンジニア、材料の抵抗を調べた研究者、中東の砂漠を探索し石油のために採掘を行った会社、ガソリンを生産する精製所、高速道路を建設しメンテナンスする土木建設会社、私に運転を教えたドライビング・スクールとその先生、交通法規を創案し発行した政府、法規を強いる警察官、私に責任を向き合うことを援助する保険会社」[(57)] などのネットワークを動員するからである。

ジェーン・ベネットはこの理論をさらに押し進めている。彼女によれば、アクターネットワーク理論も人間を中心とした見方に支配されている。アクターがネットワークに何らかの影響を与えるものと定義されるならば、人間や非人間物を越えた要素やエージェンシーも考慮すべきである。すなわち世界は「ひとつの自然であり、振動し漂う、物質的で活動的な自然がすべてを作りだしている」[(58)] ものとして捉えるべきである。彼女によれば伝線網は集合体のよい例である。伝線網に関わるアクターをいくつか挙げれば、「石炭、汗、電磁場、コンピュータプログラム、電子の流れ、利益を得たいという動機、熱、ライフスタイル、核燃料、プラスチック、支配の幻想、統計、立法、水、経済学理論、ワイヤー、木」[(59)] であり、これらが不安定に混合している。

---

(56) アクターネットワーク理論の概説的な説明として次を参照。Mike Michael, *Actor-Network Theory: Trials, Trails and Translations*, London: SAGE, 2017.

(57) ミシェル・カロン「参加型デザインにおけるハイブリッドな共同体と社会・技術的アレンジメントの役割」川床靖子訳、上野直樹・土橋臣吾編『科学技術実践のフィールドワーク』（せりか書房、2006年）38–54頁、45頁。

(58) Jane Benette, “The Agency of Assemblages and the North American Blackout,” in *Public Culture*, Vol. 17, No. 3, 2005, p. 448.

2003年に北アメリカで起きた大停電は、彼女の言う「振動する要素」が相互的な影響関係にあることをよく示している。大停電がなぜ起きたのか。事故後の調査によればその原因は複合的であった。発電所や送電線の問題、オハイオで起きた送電線の火災、インフラ設備のメンテナンスを怠った電力供給会社、過剰な電力を求めた消費者などによって、その事故は起きたとされている。しかしベネットによれば、電気や電力自由化を進めた連邦電力規制委員会などもこの原因をつくったアクターに含まれなければならない。

電気がアクターに数えられるのは、その運動の気まぐれさにある。大停電では、ミシンガン州からオンタリオ州へ流れていた電気は突如として逆転し、エリー湖を反時計回りに回る巨大な潮流が形成された。このことが停電を長引かせ規模を大きくした原因のひとつになった。また連邦電力規制委員会もアクターのひとつに含まれる。というのも彼らが電力自由化を進めたおかげで無効電力が不足したからである。電力自由化は、発電事業者と電気供給会社のあいだに市場の関係をつくりだした。無効電力は有効電力の送電に必要であったが、発電事業者にとって儲けの少ない電力であった。無効電力の生産は有効電力の生産を削ることになる。結果として自由化が無効電力の不足をつくりだし、それが大停電の原因のひとつになった。すなわち大停電の原因は、「くせのある電子の流れから、市場の自主規制に関する経済学者のうぬぼれた想定」(60) まで含むアクターの混合物であった。

このような洞察からベネットが引き出す結論は、誰に責任があるかということである。ベネットは人間中心主義の、自律性を前提とした責任感を否定する。「自律性と強い責任は私にとって経験的に誤りであるように思われるし、責任者たちへの訴追は不正義のように見える。人間と事物のあいだにある行動の集合的な性質とその相互的な連結を強調しながら、この……理論が提示しているのは、個人がその結果について完全な責任を負うことが単純に不可能だということである」(61)。

ウエイトはこのベネットの理論を使いながら、HIVの刑罰化について思考している。HIV感染のアクターは何か。それは「人間の故意だけではなく、RNAウイルス、人間のDNA、浸透膜、樹状細胞」も含まれるし、「研究機関、抗ウ

(59) *Ibid.*, p. 448.
(60) *Ibid.*, p. 451.
(61) *Ibid.*, p. 463.

イルス薬、治療機関、ヘルスケア制度、大手製薬会社、HIV に関するスティグマや偏見」などのように、「社会的経済的な現象や過程」が含まれている。そのようなアクターまたはエージェンシーがどのような配置にあるかで、ある人間が他の人間に感染させやすくなるかどうかが決定されることになる[62]。

ウエイトは、ベネットの観点から人間と HIV の関係を再定置し、次のように説明している。人間は複合的な要素である。その存在は環境に依存しその影響を受けている。環境にはさまざまな要素や制度が含まれており、それらは予期できない仕方で結合し影響を与えるため、彼らはアクターであると記述される。人間も影響を与える能力があるという点でアクターである。しかし、影響を与えるという能力から見れば、他のアクターと同じである。したがって人間は単に複合的なだけではなく、それ自体配分的なエージェンシーの結果である。HIV もまたアクターである。HIV 感染が起きるということは、人間のエージェンシーや相互作用だけではなく、予防や治療テクノロジーの存在やアクセス可能性などの効果でもある。したがって HIV 感染も配分的なエージェンシーの結果である。

ところで人間は何らかの複合的な要素からできており、HIV もその要素であるとすれば、感染している者は感染していない者と要素が異なっているにすぎない。そして HIV をコントロールできる者が感染力が低いのは、そうでない者とくらべて、その複合的要素のなかに薬学的な援助が含まれているからにすぎない。このような視点からは「HIV とともに生きる人間は正常であり、同じように、HIV をもたない人々も正常である」[63] と言うことができる。

このようにウエイトが主張することで、主体と責任はどのように変わるだろうか。ウエイトによれば、感染症がある人間から他の人間に移動することは、人間の要素の一つが変化するに過ぎない。すなわち感染そのものが危害ではない。だからといってすべてが許されるわけではない。「HIV を危害にするのは、HIV それ自体ではなく、感染がおきた道徳的な文脈である」[64]。というのも刑法は道徳的なエージェンシーを産出するアクターとして考えられるからである。

しかしこのような結論は行為ではなく行為の意図に重点をおくことによって、それを誰がどのように評価するかという問題を残しているように思われる。む

(62)　Matthew Weait, "HIV and the Meaning of Harm," in *Criminalising Contagion*, p. 29.
(63)　*Ibid.*, p. 32.
(64)　*Ibid.*, p. 33.

しろ、アクターネットワーク理論を通じて社会の視点を再構成することの意味は、人間の身体を複合的なものとみなし、それがネットワークを通じて相互的な影響関係にあることを示すことのように思われる。そこでの人間の行動は、他のアクターとの関係から影響を受ける。その人間が感染を起こしやすいかどうかは、政治的経済的な要素との兼ね合いが影響している。したがって、ある人間が完全な責任を負うということはないであろう。われわれは責任を少しずつ分有している。ある行為の要因と有責性は、それに関わるアクターすべてを考慮に入れて考えるべきであろう。さらにまた、感染症の刑罰化が望ましいかどうかは、刑罰化がネットワークにもたらす影響を考慮して考えることもできる。

たしかに、これは一つの見方にすぎない。だが同様に、法における責任、主体、危害という概念もまた歴史的な積み重ねのなかでつくられてきたひとつの見方にすぎないということも忘れるべきではない。HIV の刑罰化は、HIV 感染という新たな現象が、法の構築してきた概念にゆさぶりをかけ、主体や責任という本質的な問いを突きつけることで、法を再構築するようなプロセスとしても見ることができるように思われる。

刑法における違法性と責任

松原芳博

Ⅰ　はじめに

犯罪論における違法性と責任の区別(1)は、ドイツにおいて、「ドイツ刑法学が過去100年間に獲得した最も重要な知見である」(2)と評され、日本でも犯罪論体系の根幹をなすものとして広く支持されている。

かつては、違法性と責任の区別を否定する主観的違法論（違法・責任一元論）も有力であった。たとえば、宮本英脩博士は、刑法を意思決定規範（命令規範）とみることを前提に、規範遵守能力のない者の行為には意思決定規範違反とし

(1)　本テーマに関する邦語文献として、日沖憲郎「違法と責任」日本刑法学会編『刑法講座第2巻』（有斐閣、1963年）100頁以下、木村亀二「刑法における違法性と責任――両者の区別と関係――」駒澤大学法学論集5巻（1968年）5頁以下、内田文昭「違法性と責任」中山研一ほか編『現代刑法講座第2巻』（成文堂、1979年）1頁以下、「近代ドイツ刑法における『違法』と『責任』――その立法と素描（一）（二・完）」警察研究64巻4号（1993年）3頁以下、64巻5号（1993年）10頁以下、ハンス・ヨアヒム・ヒルシュ〔丹羽正夫訳〕「犯罪論体系における違法阻却と責任阻却」北大法学論集42号（1991年）299頁以下、ハンス・ヨアヒム・ヒルシュ〔吉田敏雄監訳、丹羽正夫訳〕「犯罪論体系における違法阻却と責任阻却」北海学園大学法学論集28巻1号（1992年）153頁以下、木村静子「違法と責任」阿部純二ほか編『刑法基本講座第3巻』（法学書院、1994年）3頁以下、アルビン・エーザー（高橋則夫=仲道祐樹訳）「正当化と免責」比較法学（早稲田大学）42巻3号（2009年）141頁以下、髙山佳奈子「違法性と責任の区別について」『川端博先生古稀記念論文集［上巻］』（成文堂、2014年）47頁以下、山口邦夫「不法と責任との分離的思考の源流――イェーリングのヘーゲル解釈を端緒に――」駒澤法学14巻2号（2015年）140頁以下等。

(2)　*Claus Roxin*, Schuld und Verantwortlichkeit als strafrechtliche Systemkategorien, in: Festschrift für Heinrich Henkel, 1974, S. 171〔邦訳として、高橋則夫「刑法上のカテゴリーとしての『責任』と『答責性』」宮澤浩一監訳『刑法における責任と予防』（成文堂、1984年）〕。

ての違法性は認められないと説いた(3)。これに対して、佐伯千仭博士は、刑法規範からその機能に応じて評価規範と意思決定規範を抽出したうえで、評価規範との矛盾が違法性であり、意思決定規範に対する違反が責任であるとし（客観的評価現範論）、責任無能力者の行為や自然現象も、客観的生活秩序に脅威を与える限り違法と評価されるとした(4)。こうして、違法性と責任を区別する客観的違法論（違法・責任二元論）は、いわゆる法益侵害説ないし結果無価値論と結びついた客観的評価規範論によって基礎づけられた。もっとも、違法性と責任の区別は、いわゆる規範違反説ないし行為無価値論からも、一般人に向けられた決定規範に対する違反が違法性であり、行為者個人に向けられた決定規範に対する違反が責任である、といった形で広く受容されていった。

増田豊教授も、違法判断の前提となる行動規範を意思決定規範とみる決定規範論に立ちつつ、宮本博士とは異なり、違法性と責任を区別する立場をとった。教授によれば、「不法（違法性）と責任（有責性）は、行動規範の『義務づける機能』と『動機づける機能』との区別に対応」し、「この区別はさらに義務（規範）の『充足』（Erfüllung）と『遵守』（Befolgung）との区別を前提とする」(5)。そして、「義務者（義務充足能力を有する者）が義務を充足しなかった場合」に「義務不充足としての不法」が存在し、「義務遵守能力者（義務によって動機づけられる者）が義務を充足しなかった場合」に「義務不遵守としての責任」が存在する(6)。このような「不法（違法性）と責任（非難可能性）とは、決して対象の相違に基づく区別ではなく、異なる観点（義務づける機能と動機づける機能、あるいは義務充足と義務遵守）に基づく区別である。つまり、〈行動規範が個人に行為へと動機づけることを義務づけ得るか〉ということが不法の問題であり、〈当該規範（義務）そのものが合義務的行為の動機として作用し得るか〉ということが責任の問題である。したがって、心理的事実としての動機づけ（意思形成）過程は、すでに不法論の対象でもある。」(7) とされる。

---

(3)　宮本英脩『刑法大綱』（弘文堂、1935年）69頁。主観的違法論をとるものとして、このほか、竹田直平『法規範とその違反』（有斐閣、1961年）242頁以下、西台満『主観的違法性の理論』（世界書院、1993年）5頁以下。

(4)　佐伯千仭『刑法における違法性の理論』（有斐閣、1974年）55頁以下。

(5)　増田豊『規範論による責任刑法の再構築――認識論的意志自由論と批判的責任論――』（勁草書房、2009年）62頁。

(6)　増田・前掲注（5）66頁。

(7)　増田・前掲注（5）108頁。

こうして、違法性の実質に関する立場の相違を超えて、違法性と責任を区別すること自体はドイツおよび日本の刑法学における共通理解となっていた。ところが、近年、ドイツでは、犯罪と刑罰に関するコミュニケーション的理解を前提として刑法の意義・目的を規範の妥当性の確証・回復に求める立場から、違法性と責任の理論的な区別を撤廃し、責任なき不法の存在を否定する見解(8)が台頭してきた(9)。この見解は、犯罪は規範を否認する意味の表明であり、刑罰は規範を否認する意味の表明を再度否認する意味の表明であって、この意味の表明によって規範の効力を回復することに刑罰の目的があるとする規範確証論の見地から、有責な態度のみが法規範を否認しようとするメッセージとして作用しうるのであって、責任無能力者の行為は、単なる自然現象であり規範を動揺させることはできないので、責任を欠くだけでなく、そもそも規範違反とはいえず、違法性を欠くとするのである。

本稿では、このような新たな違法・責任一元論の検討を通じて、改めて違法性と責任の区別の意義と可能性について検討することにしたい。

(8) その端緒として、*Günther Jakobs*, Der strafrechtliche Handlungsbegriff, 1992, S. 44 f.〔邦訳として、松宮孝明「刑法の行為概念」松宮孝明編訳『ギュンター・ヤコブス著作集［第 1 巻］犯罪論の基礎』（成文堂、2014 年）27 頁以下〕。その後の展開として、*Günther Jakobs*, Das Strafrecht zwischen Funktionalismus und alteuropäischem Prinzipiendenken, ZStW107（1995）, S. 843 ff.; *ders*., Die sogenannte actio libera in causa, in: Festschrift für Haruo Nishihara zum 70. Geburtstag, 1998, S. 110 f.; *Heiko Lesch*, Der Verbrechensbegriff. Grundlinien einer funktionalen Revision, 1999, S, 205 ff.; *ders*., Unrecht und Schuld im Strafrecht, JA 2002, S. 602 ff.; *Michael Pawlik*, Der wichtigste dogmatische Fortschritt der letzen Menschenalter? —Anmerkung zur Unterscheidung zwischen Unrecht und Schuld im Strafrecht, in: Festschrift für Harro Otto zum 70. Geburtstag, 2007, S. 133 ff.〔紹介として、振津隆行「紹介・ミヒャエル・パヴリク『最近一世代（三〇年）の最も重要なドクマーティッシュな前進？　刑法における不法と責任との間の区別についての論評』」金沢法学 52 巻 2 号（2010 年）159 頁以下［同『過失犯における主観的正当化要素の理論』（成文堂、2012 年）151 頁以下に再録］〕等。

(9) 近時の議論状況について、*Luís Greco*, Wider die jüngere Relativierung der Unterscheidung von Unrecht und Schuld, GA 2009, S. 636 ff.〔紹介として、松原芳博「外国文献紹介・グレコ『不法と責任の区別を相対化する近時の見解に対する批判』」早稲田法学 86 巻 2 号（2011 年）419 頁以下〕参照。

Ⅱ　新たな違法・責任一元論

1　レッシュの見解

レッシュは、違法性と責任の区別に関する学説史を検討した(10)結果、リスト–ベーリング–ラートブルフ流の自然主義的犯罪論体系は異質なものの混合物にすぎないとして、自然主義から機能主義への移行の必要性を説いたうえで(11)、ヘーゲルを基礎としたヤコブスの機能主義の見地から次のようにいう(12)。

不法と責任の区別は、もともと所為（Tat）と行為者（Täter）の区別、すなわち、それ自体として法的に否認されるべき出来事とそれに対して答責的な主体との区別に対応するものであった。この否認されるべき出来事は、行為者の人格から独立に認定できる外界の因果的な法益侵害ないし法益客体侵害と定義されていた。しかし、機能主義的な見地からは、刑事不法（Strafunrecht）は、経験的–現実的な外界の変更としてではなく、コミュニケーション、すなわち理性的な人格による意味の表明（Sinnausdruck）として定義される。そして、いかなる意味が表明されたかは、この人格を顧慮することなしには認定することができない。それゆえ、所為と行為者とを切り離すことはできない。刑法上の帰属は、所為と行為者との結合関係を意味するものというよりも、そもそも何が所為であるのかを確定するものである。一方、刑法上の責任も、所為責任の原則（Tatschuldprizip）に則り、刑法によって清算されるべき社会的攪乱として定義される限り、刑事不法そのものと異なるものではない。社会的機能を欠いた責任清算は正当化されえないから、それ以外の定義を認める余地はない。刑罰を機能的な責任清算と解する限り、行為者の非難ではなく所為の否認が問題となるのであるから、行為者の責任は所為責任であって行為者責任ではない。したがって、機能主義的な刑法体系においては、刑法上の責任、刑事不法、犯罪はすべて同義語である(13)。

---

(10)　*Lesch*, JA 2002 , a.a.O.（Anm. 8）, S. 602 ff.

(11)　*Lesch*, JA 2002, a.a.O.（Anm. 8）, S. 605–6.

(12)　*Lesch*, JA 2002, a.a.O.（Anm. 8）, S. 609.

(13)　レッシュは、自然主義的な犯罪概念における不法–責任に代えて、機能主義的な犯罪概念の構成要素として、①行為者の帰責能力、②特殊意思の表明、③この表明の刑法上の重要性を挙げて

2　パヴリークの見解

パヴリークは、違法性と責任に関する自然主義的な区別、一般的当為と個別的可能による区別、被害者と行為者という視点の違いによる区別を批判的に検討したうえで(14)、ヘーゲルを援用して次のように述べる。

民法においては、他人に損害を生じさせた者は損害を賠償する義務がある。これに対して、刑罰の場合は、害悪の賦科によって被害者に直接の利益がもたらされるわけではない。刑罰は、行為者と被害者との間の紛争を非私事化する。したがって、犯罪は、被害者に対する侵害ではなく、法的に構成された自由の存在秩序、すなわち法そのもの（Recht als Recht）に対する侵害である。犯罪の特殊な社会的有害性は、他人の法益に対する攻撃である点ではなく、法共同体の信頼の基礎を動揺させる点にある(15)。このような一般意思に対する違背――当為そのものに対する攻撃――を中心に据える犯罪概念のもとでは、責任に依存しない不法の存在する余地はない。そのコミュニケーション的な内容からみて法の否定の意味をもたない態度は、社会の信頼の基礎を損なうものではなく、人々の怒りを呼び起こさない。そのような行為は、責任がないだけでなく違法でもない。そのような行為は、構成要件に該当しない行為や正当化される行為と同じく刑法上はまったく重要ではない。このことは、責任無能力者の行為のみならず、回避しえない違法性の錯誤に陥っている者や適法行為の期待可能性を欠く者の行為にも妥当する。これらの行為は、現存する期待構造を動揺させるには適さないのである。それゆえ、体系的に違法判断が責任判断に先行する必然性はない。不法と責任を区別している法規定や不法のみに法効果を結び付けている法規定は、不法概念の適用例として理解されるのではなく、各制度の趣旨に従って解釈されるべきである(16)。

3　新たな違法・責任一元論の前提

以上のような新たな違法・責任一元論は、かつての主観的違法論が行為規範

いる（*Lesch*, JA 2002, a.a.O.（Anm. 8）, S. 610）。

（14）　*Pawlik*, a.a.O.（Anm. 8）, S. 134 ff.

（15）　*Pawlik*, a.a.O.（Anm. 8）, S. 141-2.

（16）　*Pawlik*, a.a.O.（Anm. 8）, S. 147-8.

の行為者への事実的・心理的な作用を問題としていたのに対して、社会の視点からみた規範の妥当性を問題としている点が特徴的である。かつての主観的違法論が行為者と規範の二者関係を念頭に置いていたのに対して、新たな違法・責任一元論は、行為者と規範と社会の三者関係を念頭に置いたものともいえる。

また、新たな違法・責任一元論は、刑法における法益概念の意義を否定し、刑法の目的を法益の保護ではなく、規範の効力の確証ないし回復に求める立場（規範確証論）を出発点とするものである(17)。ドイツでも日本でも、社会倫理主義との対決を通じて、刑法の目的を法益の保護に求めることが刑法学の共有する前提となって久しい。違法性の実質を行為規範違反に求める規範違反説の論者も、刑法の目的については法益保護主義に立脚しつつ、規範による行動統制を通じた法益の保護を刑法の目的とするのが一般的となっていた(18)。これに対して、規範確証論は、刑法の保護の対象自体をシステム論的に理解された社会の規範的アイデンティティに求める点で、規範違反説の中でも異質なものといえよう。また、規範確証論のいう「確証」ないし「回復」とは、現実の社会心理的な効果ではなく観念的な規範の妥当性の次元における効果をいうものであって、経験的な考察とは無縁であるとされる(19)点で、規範意識の維持・覚醒を目的とする（一般に理解されている意味での）積極的一般予防論とは一線を画している。

さらに、新たな違法・責任一元論は、犯罪概念から法益の侵害・危殆化という事実的作用を排除した結果、もっぱら規範を否認する意味の表明というコミュニケーション的意義のみを犯罪に見出した点も特徴的である。

しかし、システム論的に理解された規範的アイデンティティの確証を刑法の目的とすることに対しては、規範のひとり歩きを招き、個人不在の刑罰制度に至らないかという疑問がある。また、この規範的アイデンティティの内容およ

(17)　ギュンター・ヤコブス（川口浩一＝飯島暢訳）『法益保護によって刑法が正当化できるか』（関西大学出版部、2015年）26頁以下、ヤコブス（川口訳）「どのようにして何を刑法は保護するのか？」ギュンター・ヤコブス（川口浩一=飯島暢訳）『国家刑罰――その意義と目的――』（関西大学出版部、2013年）87頁以下参照。

(18)　増田・前掲注（5）68頁以下、野村稔『刑法総論〔補訂版〕』（成文堂、1998年）153頁以下、井田良『講義刑法学・総論』（有斐閣、2008年）15頁以下、川端博『刑法総論講義〔第3版〕』（成文堂、2013年）38-9頁・301-2頁、日髙義博『刑法総論』（成文堂、2015年）12頁・188-9頁、橋本正博『刑法総論』（新世社、2015年）6頁、高橋則夫『刑法総論〔第3版〕』（成文堂、2016年）11頁・250頁等参照。

(19)　*Jakobs*, ZStW107, a.a.O. (Anm. 8), S. 843 ff.

び発見方法も問われよう。もし、これが現実の国民の意識に基づくものであるとすれば、国民の求める処罰を無批判に追認するものにもなりかねない。一方、規範確証論は、規範の観念的な回復ないし確証を刑罰目的とする点で、犯罪と刑罰における事実的な側面の意義を看過するもののように思われる(20)。このような「経験的知識に制約されない規範主義」(21)は、刑罰の経験的な効果に関する検証可能性・批判可能性を原理的に奪うものといわねばならない(22)。また、犯罪をもっぱらコミュニケーション的に規範否認の意味の表明と捉える点に対しては、すべての犯罪を規範の否認として平板化し、未遂犯と既遂犯の区別や危険犯と侵害犯の区別を失わせるのではないか(23)、犯罪意思を有すると公言することも規範ないし一般意思に対する不服従の表明として刑罰の対象とされるのではないか(24)、といった疑問がある。規範確証論の立場からは、犯罪の共謀や反社会的団体への参加の犯罪化は、それが法益侵害の危険を含んでいるかどうかの検証を要することなく、規範への不服従の表明と認められるとい

(20) クラウス・ロクシン（佐藤拓磨訳）「ドイツの理論刑法学の最近の状況について」刑法雑誌49巻2=3号（2010年）211-2頁は、「刑法的に重要な害は、市民の不安感にあるのではなく、具体的な被害者を侵害すること、および構成要件的に保護された法益を侵害すること……つまり、人の生命を失わせること、身体の完全性を侵害すること……である」とする見地から、ヤコブスらの規範確証論に対して、「犯罪行為を社会的な現実から切り離し、単なる意味の帰属に気化させてしまう場合、犯罪行為の現実の次元は次第に意味が薄れていく」との批判を加えている。

(21) *Bernd Schünemann*, Strafrechtsdogmatik als Wissenschaft, in: Festschrift für Claus Roxin zum 70. Geburtstag, 2001, S. 14 参照。

(22) もっとも、ヤコブスは、近時、刑罰の害悪性を規範妥当の認知的保障によって説明するに至っている（ヤコブス（飯島=川口訳）前掲注（17）『国家刑罰』38頁参照）。従来の刑罰の正当化根拠をめぐる議論が苦痛の賦科の正当化をめぐるものであったことからすれば、この認知的保障がヤコブスの刑罰正当化根拠論の中核となるように思われる。しかし、この認知的保障の内実は、結局、ヤコブスの批判する消極的一般予防（の社会心理的反映）にほかならないように思われる。また、この認知的保障との関係では、「責任なき違法」も意味をもつのではないだろうか。

(23) ヤコブスのように、規範の不承認こそが特殊刑法的な意味での結果であり、この規範の不承認は行為客体の侵害としての結果の発生を待たずに完結している（*Jakobs*, Der strafrechtliche Handlungsbegriff, a. a. O (Anm. 8), S. 34 f.）とするならば、行為客体の侵害としての結果を不法から排除する一元的行為無価値論に至るのが一貫しているのではないだろうか（*Claus Roxin*, Das strafrechtliche Unrecht im Spannungsfeld von Rechtsgüterschutz und individueller Freiheit, ZStW116, 2004, S. 940 f.〔紹介として、松原芳博「外国文献紹介・クラウス・ロクシン『法益保護と個人の自由の狭間における刑事不法』」早稲田法学80巻4号（2004年）259頁以下〕参照）。

(24) *Greco*, a.a.O. (Anm. 9), S. 642 は、犯罪をもっぱらコミュニケーションとみるならば、現実の犯罪遂行と、犯罪遂行のように見せかける演出との間に原理的な違いはなく、後者も処罰されるべきことになる一方、秘密裏の犯罪遂行は犯罪行為の不存在と等置され、秘密裏の犯罪行為を暴いて規範の動揺を招いた捜査官が処罰されることになると指摘している。

う理由で容易に是認されることになろう。

また、新たな違法・責任一元論は、各法領域において違法の内実が異なるとする違法相対論（違法多元論）を前提とするものである。違法性と責任の区別は、イェーリングが他人の物の善意の占有者に対する所有権者の返還請求権から「責任なき不法（Schuldlosen Unrecht）」を発見したことを起源とするものであって、民法の領域においては不法と責任の区別が意味をもつことについては、新たな違法・責任一元論の論者間でも認識の一致がある(25)。それゆえ、違法・責任一元論は、違法概念の全法領域における統一性を前提にその発現形態の種差のみを認める、わが国において有力な可罰的違法性論(26)とは調和しにくいように思われる。

4　新たな違法・責任一元論と刑法の規定・解釈

ドイツ刑法は、正当化的緊急避難（同法34条）と免責的緊急避難（同法35条）を区別するなど、主要な犯罪阻却事由につき違法性の阻却か責任の阻却かを明示している（同法17条、20条、32条1項）。また、日独を通じて、違法性と責任の区別に対応して以下のような法効果の違いが認められている。①違法性を欠く行為に対しては正当防衛による対抗をなしえないが、責任を欠く行為に対しては正当防衛で対抗しうる（ドイツ刑法32条1項は「違法な攻撃」を要件とする）。②違法性を欠く行為に対しては（狭義の）共犯は成立しえないが、責任を欠く行為に対しては共犯が成立しうる（ドイツ刑法26条、27条1項。また、同法29条は責任判断の個別性を規定している）。③違法性を基礎づける事実は故意の認識対象となるが、責任を基礎づける事実は必ずしも故意の認識対象とはならない（期待可能性に関する事実の錯誤は、その錯誤が回避不可能であった場合に限り責任を阻却するという見解が有力である。ドイツ刑法35条2項は免責的緊急避難を基礎づける事実の錯誤が回避可能であった場合には処罰が認められる旨を規定している）。④違法でない行為は改善・保安処分（ドイツ）や心神喪失者等医療観察法による入院・通院措置（日本）の対象とならないが、責任のない行為はこれらの対象と

(25)　全法領域における違法概念の統一性を前提としつつ違法・責任一元論を説いたメルケルの見解（*Adolf Merkel*, Zur Lehre von den Grundeintheilungen des Unrechts und seiner Rechtsfolgen, 1867, S. 32 ff.）が一貫しえず、その後継者たちが違法・責任の一元性か違法概念の統一性のいずれかを放棄せざるをえなかったことにつき、*Pawlik*, a.a.O.（Anm. 8）, S. 143 参照。

(26)　佐伯・前掲注（4）16頁参照。

なる（ドイツ刑法63条、心神喪失者等医療観察法2条2項）。

①に対しては、新たな違法・責任一元論から、かつての主観的違法論と同様に[27]、責任を欠く者への正当防衛による対抗を否定するという対応が示されている[28]が、この結論はわが国ではほとんど支持されていない[29][30][31]。

②については、新たな違法・責任一元論から、法規範を動揺させる他人の行為に対して肯定的な意思を表明する意味をもった関与行為のみが共犯としての不法を帯びるとして、共犯の加功の対象を「有責な不法」とする理解が示されている[32]。しかし、このような極端従属性説は、ドイツ刑法の立法者が明白に退けたものであるのみならず、日本でもその結論が妥当性を欠くことにつき広く見解の一致をみている。

③については、違法・責任一元論によるなら、責任を欠く行為は違法性を欠く行為と同視される結果、自己の責任無能力を基礎づける事実の存在を誤想した者（たとえば自己を14歳未満と誤想した者、重度の精神病と診断された者など）は、刑法が禁止の対象とする事実の認識を欠くため故意が否定されることになる[33]が、そのような帰結は妥当でないであろう。また、「有責な不法」が故意の認識対象になるとするならば、故意の存在を前提とする違法性の意識の可能性が再び故意の対象となって、無限遡及を生じさせることになりはしないだろうか。「違法性」の意識の可能性の判断は、行為者の責任に依存しない「違法

(27)　宮本・前掲注（3）94頁参照。

(28)　*Günther Jakobs*, Strafrecht Allgemeiner Teil, 2. Aufl., 1991, S. 385 ff. 参照。

(29)　なお、正当防衛の「不正の侵害」に侵害者の「帰責性」を要求するものとして、井田・前掲注（18）273頁、三上正隆「正当防衛」曽根威彦＝松原芳博編『重点課題刑法総論』（成文堂、2008年）83頁参照。

(30)　もっとも、正当防衛の正当化根拠を法確証の利益に求める見地から、正当防衛の社会倫理的制限として責任無能力者に対する正当防衛の要件を大幅に厳格化するならば、実質的には責任無能力者に対する正当防衛を否定するのに等しいことになる。しかし、責任無能力者に対する正当防衛の要件を一律に緊急避難と同等にまで厳格化することには疑問がある。また、正当防衛に関する法確証説に対しては、正当防衛と刑罰を同質のものとみる点で疑義のありうるところである。

(31)　なお、違法・責任一元論の立場からも、保安処分や民法の妨害排除請求権と同様に、正当防衛を規範回復とは無関係な危険防止のための制度であるとみるならば、正当防衛の対象となる「違法な攻撃」は「責任なき違法」によって基礎づけられると考えることも可能であろう。

(32)　*Pawlik*, a. a. O. (Anm. 8), S. 152, *Günther Jakobs*, Akzessorietät. Zu Voraussetzungen gemeinsamer Organisation, GA 1996, S. 253 ff〔邦訳として、豊田兼彦訳「従属性——共同組織管轄の前提について——」ギュンター・ヤコブス（松宮孝明編訳）『ギュンター・ヤコブス著作集［第1巻］犯罪論の基礎』（成文堂、2014年）145頁以下〕参照。

(33)　*Greco*, a.a.O. (Anm. 9), S. 641 参照。

性」の存在を前提にはじめて可能となるように思われる(34)。

④については、新たな違法・責任一元論から、改善・保安処分は、刑罰と異なり、危険防止を目的とする措置であるから、刑罰の前提としての刑事不法とは別個の不法が問題となっているという回答がなされている(35)。しかし、ドイツ刑法の規定は、改善・保安処分を科する要件として犯罪成立要件と同じ意味での違法性を要求しているとみるべきであろう。また、犯罪の不法と改善・保安処分の対象としての不法を別異に解することになると、改善・保安処分に関する判断に際して刑法上の違法性阻却事由の規定を参照することができなくなってしまう。

Ⅲ　違法性と責任の区別の可能性

以上のように、新たな違法・責任一元論の意欲的な試みには、刑罰の意義・目的に関する理解および刑法の規定との整合性の点で疑問があるものの、違法性と責任の間に有意義な区別を設けることは可能であるのかという新たな違法・責任一元論の問題提起については真摯に対応することが求められよう。

違法性と責任の最も単純な区別は、その評価対象に注目し、行為の客観的・外部的側面に対する評価が違法性であり、行為者の主観面・心理的側面に対する評価が責任であるとするものであろう。犯罪の要素を客観的要素と主観的要素に分ける体系は、犯罪要素を犯罪の客体、犯罪の客観面、犯罪の主体、犯罪の主観面に分けるロシア(36)や中国(37)のほか、犯罪要素の積極面をアクトゥス・レウス（actus reus）とメンズ・レア（mens rea）に分類する英米(38)(39)など(40)においてみられるところである。しかし、このような体系は、各犯罪要

(34)　ヤコブスも、責任を探知するための「補助概念（Hilfsbegriff）」として、責任に依存しない不法を認めている（*Jakobs*, Der strafrechtliche Handlungsbegriff, a.a.O.（Anm. 8), S. 43〔松宮訳・前掲注（8）29頁〕; *ders.*, Die sogenannte actio libera in causa, a.a.O.（Anm. 8), S. 111 参照）。

(35)　*Pawlik*, a.a.O.（Anm. 8), S. 149 参照。

(36)　上田寛「ロシア刑法における犯罪体系について」法律時報84巻1号（2012年）38頁以下参照。

(37)　張明楷（金光旭訳）「中国における犯罪論体系をめぐる論争」法律時報84巻1号（2012年）44頁以下参照。

(38)　もっとも、英米においても、犯罪阻却事由に関する正当化（justification）と免責（excuse）の区別は価値関係的なものである。

(39)　星周一郎「英米における犯罪体系論」法律時報84巻1号（2012年）49頁以下参照。

素の事実的属性による「分類」にすぎず[41]、学問的発見や刑法の解釈・適用に対する給付能力を有さない。ドイツおよび日本において、主観的違法要素および客観的責任要素の発見によって、評価対象が客観的事実か主観的事実かによる違法性と責任の区別が克服されたことは、犯罪論体系の給付能力という面からみて望ましいことであったといえよう[42]。

同じく評価対象による違法性と責任の区別としては、また、所為（Tat）に対する否定的評価が違法性であり、行為者（Täter）に対する否定的評価が責任であるとするものがありうる。しかし、所為＝犯罪事実の中には、時間的・空間的に見れば、当然、行為者が登場する。所為と行為者を物理的に分離することができないとすれば、両者を区別するための評価的視点が不可欠となる。このような視点が存在しない限り、違法判断は、所為の中からさしあたり行為者人格を除外した事情に基づく、後に行為者人格の要素によって補充されるべき暫定的な規範違反性の判断を意味するにすぎない。このような同一の価値判断を2回に分けただけの体系は、理論的・実践的な給付能力の乏しいものとならざるをえない。

そこで、違法性と責任の区別を被害者の視点と行為者の視点という評価の視点の相違に求めたのがメツガーの客観的評価規範論である。メツガーは、「不法を被る者」の視点から不法を構成することで不法と責任の明確で矛盾のない区別が可能になる[43]として、不法の実質を法的に保護された被害者の利益との矛盾に求めたのであった[44]。メツガーは、刑法の目的を利益侵害行為の防

---

(40)　広義の犯罪を狭義の犯罪と犯罪者に分け、前者を法定要素、物質的・外部的要素、心理的・内部的要素に分けるフランスの体系（井上宜裕「フランスの犯罪体系論」法律時報84巻1号（2012年）34頁以下参照）も、部分的に、要素の事実的属性に基づく「分類」の体系となっているといえよう。

(41)　中国の通説的体系が「分類」にとどまることは、この体系が「犯罪論体系」ではなく「犯罪構成」と呼ばれていること（于改之（張小寧訳）「中国の犯罪論体系」立命館法学347号（2013年）613頁参照）や、日独型の犯罪論が「段階的」と評されるのに対して中国の通説的体系が「平面的」と評されていること（張光雲『中国刑法における犯罪概念と犯罪の構成』（専修大学出版局、2013年）146頁参照）にも示されている。

(42)　わが国における主観的違法要素否定論（中山研一『刑法総論』（成文堂、1982年）239頁、内藤謙『刑法講義総論（上）』（有斐閣、1983年）215頁以下等）が違法要素の属性としての客観性・外部性の保持を主目標としているのだとすれば、それは犯罪要素の「分類」の体系という性格を残すものといえよう。

(43)　*Edmund Mezger*, Die subjektiven Unrechtselemente, GS 89 (1924), S. 247.

(44)　*Mezger*, a.a.O. (Anm. 43), S. 248.

止による人の利益の保護に求めることによって、被害者の視点に犯罪論的な根拠づけを与えている(45)。この立場においては、違法評価と責任評価の対象の相違は、評価の視点の相違の反映にほかならない。すなわち、所為のなかで被害者（法益主体）の法益の侵害・危殆化に関わる面が違法評価の対象となり、行為者の非難可能性に関わる面が責任評価の対象となる。客観的評価規範と意思決定規範の対置も、被害者（ないし法益）と行為者という視点の相違を取り込むための論理形式であるといえる。

このようなメツガーの見解に対して、パヴリークは、法益の保護の必要性は侵害の有責性に依存しないので、刑法の目的を法益の保護に求めるならば、法益の侵害・危殆化は処罰の必要条件であるにとどまらず、十分条件になってしまうと批判する(46)。しかし、刑法は、責任主義の枠内で法益の保護を図るものであって、刑罰による法益の保護は責任主義の制約に服さなければならない。パヴリークは、法益保護主義が前提とする予防モデルと責任主義の背後にある応報モデルとは両立しえないと指摘する(47)が、刑法は国家制度の１つとして国民の現実的な利益の保護を目的としなければならない一方で、特定の個人に対して刑罰という特別な不利益の受忍を強いるためには非難されるべき理由が当該個人に存することが必要となるのであって(48)、法益保護目的と責任とによる相互限定には刑罰論の見地からも十分な根拠があると考えられる。

ところで、ドイツでは、ヴェルツェル以降、人的不法論が圧倒的通説となり、わが国でも、違法性の実質を行為規範違反としての行為無価値に求める見解が有力となっている。このような人的不法論ないし行為無価値論からは、非人格的な法益侵害作用を評価対象とするメツガー流の客観的評価規範は観念し難い。そこで、行為無価値論に対しては、意思決定機能を含んだ行為規範に対する違反に違法性の実質を求めつつ、違法性と責任を区別しうるのかが問われることになる(49)。

---

(45) *Mezger*, a.a.O.（Anm. 43）, S. 249.

(46) *Pawlik*, a.a.O.（Anm. 8）, S. 138 f.

(47) *Pawlik*, a.a.O.（Anm. 8）, S. 139.

(48) 松原芳博「刑罰の正当化根拠としての応報」『法哲学年報 2015』（有斐閣、2016 年）72 頁以下参照。

(49) *Santiago Mir Puig*, Wertungen, Normen und Strafrechtswidrigkeit, GA 2003, S. 863 ff.〔紹介として、松原芳博「外国文献紹介・サンティアゴ・ミル・プーチ『評価、規範および刑法違反』」早稲田法学 80 巻 4 号（2005 年）271 頁以下〕は、（決定）規範は、発信者、内容、媒体、受容者を必要とするコミュニケーション的伝達の手段であるから、不法を決定規範違反と解する限り、規範

わが国の行為無価値論者においては、違法性は一般人を名宛人とする決定規範に対する違反であり、責任は行為者個人を名宛人とする決定規範に対する違反であるとすることで、違法性と責任の区別を根拠づけようとする立場[(50)]（修正された客観的違法論）が有力である。西原春夫教授によれば、「規範は人間すべてに向けられたものであるから、一般の人間というものを予定し、一方において一般人の能力の範囲内で義務を課すとともに、他方において個々人の特殊な能力の程度を顧慮しない。したがって、当為に反したかどうかを判断する違法の段階では、つねに一般人というものが前提とされ、責任能力を欠いたかどうか、期待可能性が存在したかどうかというような、個々人の能力に関係のある事情は考慮されない。……これに反し、一般人には規範の遵守が可能であったが、行為者には不可能であったと判断される事情は、すべて『可能』の問題として違法判断から排除され、有責判断に譲られる。責任能力、期待可能性、違法性の意識の可能性などは、いずれも、有責性を決定する要素と考えられる」[(51)]。

しかし、対象も視点も変えずに、判断基準のみを変えて、規範違反に関する判断を２段階に分けることに体系的な意味があるかは疑わしい。決定規範違反性を判断するためには、はじめから行為者を基準として判断すれば足りるのではないだろうか。一般人基準か行為者基準かによって違法性と責任を区別することは、両者の同質化を招き、その体系的給付能力を低下させる。このような判断基準によって違法と責任を区別する立場に対しては、つとに、「主観的違法論とのちがいは紙一重にすぎない」[(52)]との批判が加えられているところである。また、違法性に関する判断であっても、不作為犯における作為可能性や緊急避難における補充性は行為者個人の身体能力を基準とすべきであるし、責任に関する判断であっても、期待可能性における法益尊重意識に関しては一般人（あるいは法の予定する標準人）を基準とすべきであって、一般人か行為者かによ

の受容可能性を不法の前提とせざるをえず、責任なき不法を認めるには不法を決定規範違反と解する前提を放棄するほかないと指摘する。

(50)　日沖・前掲注（1）100頁以下、西原春夫『刑法総論〔改訂版〕上巻・第２分冊』（成文堂、1991年）130頁、大塚仁『刑法概説総論〔第４版〕』（有斐閣、2008年）359頁以下、佐久間修『刑法総論』（成文堂、2009年）162頁以下、福田平『全訂刑法総論〔第５版〕』（有斐閣、2011年）139頁以下、大谷實『新版刑法講義総論〔第４版〕』（成文堂、2012年）232-3頁等。

(51)　西原・前掲注（50）130頁。

(52)　平野龍一『刑法総論Ⅰ』（有斐閣、1972年）51頁。

る違法性と責任の区別は貫徹しえないであろう(53)。さらに、この区別基準によると、証拠隠滅等罪（刑法104条）における証拠の他人性や親族による盗品関与（同法257条）のような法定された責任要素は、法が一般人にとっても期待不可能なものとみなしていることから、すべて違法要素に転化し、責任身分も、法律で一般化されている以上、すべて違法身分になるのでないだろうか。しかし、このような犯罪要素の平準化は、犯罪論の給付能力を低下させるであろう。いずれにせよ、一般人基準か行為者基準かによる違法性と責任の区別は、正当防衛による対抗の可否、共犯の要素従属性、錯誤の処理等において違法性と責任の区別に付与されている諸効果に対応するものではないように思われる。

これに対して、本稿の冒頭で引用した増田教授の規範の義務づけ機能と動機づけ機能に対応させた違法性と責任の区別(54)は、決定規範の作用の論理過程を立体的に分析したものであって、決定規範論の内部における観点の違いに依拠することで同一判断の重複という弊を免れている。もっとも、教授のいわれる「義務不充足としての不法」は、決定規範違反の部分的判断であり、「義務不遵守としての責任」の暫定的判断であることから、その独立の給付能力は限定的であるといわなければならない。また、この「義務不充足としての不法」は、あくまで意思決定規範違反の一部であることから、規範命令の及ぶ狭義の行為のみを対象とし、犯罪結果を含めた行為の外界への作用をその対象に含まない点で、違法評価の対象を過度に限定し、不法概念から社会的・現実的基盤性を失わせるのではないかという疑問もある(55)。

(53) 修正された客観的違法論の論者は故意を違法要素に位置づけているが、一般人の義務遂行可能性と行為者の義務遂行可能性を対置するのであれば、故意は行為者の個人的な義務遂行可能性を基礎づける事情として責任に位置づけられることになるのではないだろうか。

(54) 井田・前掲注（18）239頁は、規範違反説を前提としつつ、違法性の判断は意思的行為および結果を評価対象とするのに対して、責任の判断は規範意識による動機づけ制御の過程を評価対象とするとして、増田教授とは異なり、評価の対象により違法性と責任を区別する。

(55) 増田教授は、行為の外界への作用としての犯罪結果を、行為の危険性に関する証明機能・徴憑機能、ならびに行為者・被害者・社会の間におけるコミュニケーション機能を担った処罰条件として、犯行（Delikt）と対置された意味での犯罪（Verbrechen）の要素に位置づけている（増田・前掲注（5）84頁以下・199頁以下・212頁以下）。しかし、結果の証明機能については、結果発生の偶然性の強調や未遂犯処罰規定の存在、未遂犯における刑の減軽という効果と整合しうるのかが問題となる（松原芳博「犯罪結果と刑法規範」『三原憲三先生古稀祝賀論文集』（成文堂、2002年）319頁以下、同『犯罪概念と可罰性 ―― 客観的処罰条件と一身的処罰阻却事由について ――』（成文堂、1997年）191頁以下参照。これに対する増田教授の反論として、増田・前掲注（5）214頁以下参照）。また、結果のコミュニケーション機能については、犯罪結果を犯罪の無価値内容としての不法に含めることによってこそ果たしうる機能ではないかという疑問がある。

Ⅳ　違法性と責任の区別の意義

客観的違法論のルーツであるメツガーの客観的評価規範論は、違法性と責任を区別することによって、被害者の視点と行為者の視点を犯罪論において併存させようとするものであった。

被害者の視点とは、法益保護（したがって、法益の侵害・危殆化）の観点である。客観的評価規範論における評価規範は、法益の侵害・危殆化を否定的に評価することによって、法益保護という刑法の目的（法益保護主義）を犯罪論に取り込むとともに、法益の侵害またはその危険がまったく存在しない場合を処罰の対象から除外することで市民の自由な領域を確保しようとする（侵害原理）ものといえよう。法は、人の行動を規制する行為規範（増田教授のいう「行動規範」[(56)]）としてのみならず、各人に生活利益としての法益ないし財を分配し、その財の各人への帰属を保障する保障規範（増田教授のいう「分配命題」[(57)]）を含んでいる[(58)]。その典型が民法の物権法である。所有権に関する民法規範は、特定の者に特定の物の独占的な利用・処分の自由を認めるとともに、その侵害に対しては、侵害者の責任の有無にかかわらず、所有権者に妨害排除請求権や返還請求権を付与している。各刑罰法規の背後にもそれぞれの保護法益に対応した保障規範が存在しており、各刑罰法規はこれらの保障規範による財の分配・保障を刑罰によって担保していると考えられる。客観的評価規範論における評価規範の実体は、このような保障規範にほかならない。客観的評価規範論は、行為者の主観的な意思決定規範違反を問題とする責任の判断に先立って、保障規範と矛盾するような客観的事実の存在を要求することで、意思決定規範のひとり歩きによる不必要な自由の制限を防止しようとするものといえる。

一方、行為者の視点とは非難可能性であり、その背後には責任主義の要請がある。客観的評価規範論は、被害者の視点に服する違法論から相対的に独立した責任論において、行為者が非難可能な形で意思決定規範に違反したかを判断することで、責任主義を担保しようとするものといえる。

（56）　増田・前掲注（5）7頁以下参照。

（57）　増田・前掲注（5）55頁参照。

（58）　正当防衛の不正の侵害をめぐる文脈における指摘として、照沼亮介「正当防衛の構造」岡山大学法学会誌56巻2号（2007年）152頁以下参照。

かくして、違法性と責任の区別を評価規範と意思決定規範に対応させる客観的評価規範論は、侵害原理の支配する領域と責任主義の支配する領域を明確に分けることで、侵害原理と責任主義の相互の侵食を避け、両者の保障を全うするための体系的装置として、今日においても支持されるべきであろう(59)。

これに対して、新たな違法・責任一元論は、違法性と責任を融合させることによって、被害者（法益主体）の視点を犯罪論から排除し、法益の侵害・危殆化の刑法上の重要性を否定するものであった。しかし、法益の侵害・危殆化の観点を欠いた違法観は、犯罪の事実的側面を看過するものであり、侵害原理とも調和し難いであろう(60)。他方で、新たな違法・責任一元論は、違法性と責任を融合させることによって、責任論における行為者の視点を後退させ、社会の視点から責任を基礎づけようとするものでもあった。規範確証論においては、行為者の現実の心理状態は決定的な意味をもたず、責任の阻却は法秩序の動揺を招かない場合にのみ認められることになるのである(61)。しかし、このような責任の理解は、責任主義の空洞化を招くのではないだろうか。規範確証論においては、現実の法益主体（被害者）も現実の行為者も社会システムのなかに埋没してしまうため、社会システムの維持が自己目的化し、個人不在の刑法システムになることが懸念される。規範違反説を前提とした違法・責任二元論（修正された客観的違法論）も、また、違法性と責任の区別を相対化することで、侵害原理の体系的保障を弱体化させている面があるように思われる。

解釈論上、違法論独自の思考が前面に出る場面としては、まず、法益主体（被害者）の同意をあげることができよう。法益主体が法益侵害に同意している場合には、法益は放棄されており、パターナリズムの要請が働く特殊な場合を除けば、違法性は存在しない。法益主体の同意の不処罰根拠の説明および同意権

(59) 客観的評価規範論を支持するものとして、浅田和茂『刑法総論〔補正版〕』（成文堂、2007 年）171-2 頁、西田典之『刑法総論〔第 2 版〕』（弘文堂、2010 年）127-8 頁、林幹人『刑法総論〔第 2 版〕』（東京大学出版会、2008 年）29-31 頁、曽根威彦『刑法原論』（成文堂、2016 年）157-8 頁、山口厚『刑法総論〔第 3 版〕』（有斐閣、2016 年）103-4 頁、松原芳博『刑法総論〔第 2 版〕』（日本評論社、2017 年）106-7 頁等。

(60) 振津隆行『過失犯における主観的正当化要素の理論』（2012 年、成文堂）36-7 頁は、新たな違法・責任一元論を「ヤコプス・シューレによる『システム論的刑法構想』に基づく現代版『主観的不法論』」と名付けたうえで、これを「不法論を空洞化し責任にのみ重点を置くもの」として批判している。

(61) *Günther Jakobs*, Norm, Person, Gesellschaft, 2008, S. 107; *Jakobs*, a.a.O. (Anm. 28), S. 480 ff. 参照。

者の特定は、もっぱら責任論から切り離された違法論の領域において、しかも法益概念を援用することによってはじめて可能となる。これに対して、新たな違法・責任一元論においては、違法論独自の視点が失われ、法益主体の同意の不処罰根拠の説明も同意権者の特定も不可能になるのではないだろうか。そもそも、新たな違法・責任一元論は、法益概念の刑法上の意義自体に否定的であることから、「法益主体」というものを観念することはできない。新たな違法・責任一元論からは、関係者の誰かが同意していた場合において行為が社会に衝撃を与えない限りで犯罪性を阻却すると考えるほかないが、そのような判断は法的安定性を欠くのみならず、人々の処罰感情を無批判に取り込むものになるおそれがある。

規範違反説を前提とした違法・責任二元論（修正された客観的違法論）も、違法性と責任の区別を相対化することによって、法益主体の同意の意義を矮小化している。規範違反説の論者の多くは、「被害者が身体傷害を承諾したばあいに傷害罪が成立するか否かは、単に承諾が存在するという事実だけでなく、右承諾を得た動機、目的、身体傷害の手段、方法、損傷した部位、程度など諸般の事情に照らし合わせて決すべきである」、「保険金を騙取する目的をもって、被害者の承諾を得てその者に故意に自己の運転する自動車を衝突させたばあいには、右承諾は、保険金を騙取するという違法な目的のために得られた違法なものであって、これによって当該傷害行為の違法性を阻却するものではない」（最決昭和55年11月13日刑集34巻6号396頁）とした判例を支持し、被害者の同意は社会的に相当な限りで違法性を阻却すると解している(62)からである。このような同意の効果の相対化は、違法論で問題とされるべき法益侵害性の問題と責任論で問題とされるべき非難の問題とを混同したことの結果といえるが、法益侵害なき処罰を肯定する点で侵害原理に反する疑いがある。

違法性と責任の混同は、正当防衛における防衛意思必要説にもみられるところである(63)。規範違反説を前提とした違法・責任二元論に立脚する論者の多くは、正当防衛の成立に防衛の意思を必要とする（防衛意思必要説）(64)が、同説

(62)　福田・前掲注（50）181頁、大塚・前掲注（50）417頁等参照。

(63)　髙山・前掲注（1）47頁以下参照。

(64)　これに対して、増田・前掲注（5）178-9頁・181頁注（10）は、違法性の実質を行動規範に対する違反に求めつつ、比例原則による行動規範の目的論的縮小という観点から、偶然防衛においては法益侵害の客観的適性が法益保全の客観的適性により相殺されるため行為者に対して行動義務は発動されないとして、防衛意思不要説を採用している。

の論者が防衛の意思を必要とするのは、正当防衛を急迫不正の侵害の認識によって生じた切迫した心理状態下の行為として責任阻却的に捉えているからであるように思われる。このことは、防衛意思必要説が前提とする防衛意思の内容にも示されている。

大阪地判平成 24 年 3 月 16 日（判タ 1404 号 352 頁）は、クラクションを鳴らされたことに怒って攻撃を加えてきた通行人 A から逃れるために、自動車（以下、被告人車両という。）を走行させる過程で A を轢過して死亡させたという事案において、「証拠上、被告人が、被告人車両と並走する A を現実に認識していたとは認められないし、被告人車両によって A に傷害を負わせうるような近い位置に A がいるかもしれないと思っていたことも認められないから、被告人に暴行の故意があったとは認められず、傷害致死罪は成立しない」としつつ、当時の自動車運転過失致死罪について正当防衛の成否を検討し、「被告人は、A がいる具体的な位置については分からなかったものの、A が近い位置にいるかもしれず、A は被告人車両を追いかけ、このままでは再度被告人車両に追いつくかもしれないと考えていたのである。その上で、被告人は、追いかける A から遠ざかるために、被告人車両を走行させる進路を確保しようとしてクラクションを鳴らし続け、……被告人車両を発進、進行させたのである。〔原文改行〕そうすると、被告人には生命や身体などに対する差し迫った危険があることを認識し、それを避けようとする心理状態、すなわち、刑法上の防衛の意思があったと認められる。」として、正当防衛の成立を認めた。

本判決は、防衛意思必要説を前提としたうえで、被告人車両によって傷害を負わせうるような近い位置に A がいる可能性の認識を否定しつつ、危険を避けようとする単純な心理状態によって防衛の意思を肯定したものであり、防衛意思必要説に立つ学説も本判決が防衛の意思を認めたことを支持している(65)。しかし、本件における「防衛の意思」は、単に逃げようとする意思であって、防衛行為の結果はもとより防衛行為自体の認識も欠いており、いかなる意味においても行為の違法性を左右するとは考え難いものである。この「防衛の意思」は、行為者の切迫した心理状態を示す事情として期待可能性の観点からの

(65) 照沼亮介「判批」『判例セレクト 2012［Ⅰ］』（有斐閣、2012 年）31 頁、古川原明子「判批」龍谷法学 45 巻 3 号（2012 年）288 頁以下、清水晴生「判批」白鷗法学 20 巻 2 号（2012 年）339 頁、坂下陽輔「判批」立命館法学 359 号（2015 年）321-2 頁、佐藤陽子「判批」刑事法ジャーナル 44 号（2015 年）78 頁、樋笠尭士「判批」法学新報 123 巻 1＝2 号（2016 年）247 頁以下参照。

み説明しうるものといえよう。正当防衛の典型的な事例については、それが違法かどうかをひとまず措いたとしても、行為者が心理的に切迫した状況にあるため行為者を非難することはできないものと感じられる(66)ことから、人々の意識のなかに責任阻却事由としての正当防衛のイメージが形成され(67)、このイメージに合致しない偶然防衛は正当防衛の範疇から排除されてきたのではないだろうか(68)。

正当防衛を責任阻却事由ではなく違法性阻却事由とみる限り、単に逃げようとする意思を防衛の意思と認めるのは困難(69)であって、大阪地判の事案においては防衛意思不要説に立ってはじめて正当防衛の成立を肯定しうるように思われる(70)。

V　おわりに

違法性と責任の区別は、ドイツで正当化的緊急避難と免責的緊急避難の区別を導いた。わが国でも、違法性と責任の区別は、既に述べた点のほか、可罰的違法性や超法規的違法性阻却事由、適法行為の期待可能性の欠如による超法規的責任阻却事由に基礎を与える点でも給付能力を有するものであった。これに

---

(66)　正当防衛の事案では、人々は防衛行為者の側に感情移入する傾向があるように思われる。

(67)　このような非難可能性の観点によるバイアスを免れるためには、自己防衛ではなく、第三者防衛を違法性阻却事由としての正当防衛のプロトタイプとみるべきであろう。

(68)　また、判例・通説が正当防衛における防衛の意思と過剰防衛における防衛の意思の内容を区別せずに論じていることからして、(主として) 責任減少事由である過剰防衛において防衛の意思が必要であることが違法性阻却事由である正当防衛に波及したという面があるのかもしれない。

(69)　髙山・前掲注 (1) 49 頁参照。

(70)　防犯用の忍び返しによって窃盗犯人が負傷したという場合には、その設置者には急迫不正の侵害の認識による切迫した心理状態は認められないので、防衛の意思の責任阻却的理解は困難である。防衛意思必要説は、この場合の防衛の意思の内容をどのようなものと考えているのであろうか。設置時における将来の窃盗犯人の侵入に関する抽象的な予見を防衛の意思とみて、その有無によって行為の違法性を決することに合理性があるとは思えない。また、忍び返しの設置されている家屋を買受けた者が、家屋に侵入しようとした窃盗犯人の負傷について過失傷害罪で起訴された場合、防犯目的の忍び返しの存在を知っていれば防衛の意思を認めて正当防衛による違法阻却を肯定し、忍び返しの存在を知らなければ (あるいは、忍び返しの存在を知っていたが、それが防犯用であると知らなければ) 防衛の意思を欠くとして過失傷害罪で罰するというのも合理的な区別とはいえないであろう。忍び返し等の予防措置による正当防衛の事例は、防衛の意思が行為の正当化にとって意味をもたないことを示すものといえよう。

対して、新たな違法・責任一元論は、違法性と責任を一体化させることによって、侵害原理と責任主義の双方の保障を弱体化させるとともに、多くの解釈問題において解釈の指針を失わせ、全体的考察に基づく直観的な判断を許すものであるように思われる。規範違反説を前提としつつ違法性と責任を区別する修正された客観的違法論も、違法性と責任の判断を同質化させることで犯罪論体系の給付能力を低下させるものといわねばならない。

違法性と責任を体系論的・解釈論的に有意義に区別するためには、両者における視点の違いが重要となる。客観的評価規範論は、法益の侵害・危殆化の視点と非難可能性の視点に独立の体系的地位を与えることで、違法性と責任の異質性を確保しつつ、侵害原理と責任主義をともに確保しようとするものであった。今日、法益概念や法益保護主義の意義については、刑事立法の場面を中心に懐疑的な見方が強まっている。しかし、財と人間との関係に注目する法益論は、同意権者の決定や侵害犯と危険犯の区別などのさまざまな場面で実際に機能してきた。われわれは、性急な法益論の放棄ではなく、まずは法益論の深化・改良を目指すべきではないだろうか。

責任主義の思想と現代社会

伊東研祐

Ⅰ　はじめに――「自由の剝奪」と「意思」

生まれたときには既に存在していたという意味においてのみならず、それとの関わり合いを意識する（あるいは、意識させられる）ように成ったときにも、また、生業等として積極的に関わり合うように成って以降も、我が国現在の殆どの法曹また刑法学者にとって、「刑法」という社会事象・制度は謂わば所与のものであり、そして、そのようなものとしてふと（場合によっては、驚きと共に）認識される。例えば、「罪」ないし「犯罪」に対する効果としての「刑」ないし「刑罰」ということを一般的に論ずるとき、生命の剝奪ということに焦点が当てられることは勿論少なくないが、それは例外的且つ特殊な場合に留保されている歴史的な現象として事実化され、通常は、自由の剝奪か金銭の剝奪（又はその両者）ということが無意識的に前提的な選択肢とされて、身体ないし身体機能の剝奪・削除や肉体的苦痛の賦課ということが語られることは最早ない。身体刑は野蛮で残酷な非人道的「刑」種として（遠く啓蒙思想等の影響により）排除される一方、他の「刑」種、特に自由刑と金銭刑の「刑」の内実としての正統性・適性は我々の脳裡に深く擦り込まれていて、その事実の認識は一種の発見として驚きともいい得る。自由と金銭との剝奪は、他に現実的な代替肢が思い当たらないからに止まるにせよ、「刑」ないし「刑罰」あるいは刑事責任の形態として疑われることはない。………それは何故であろうか。答えは定かではないが、人間の意思の客観化ないし外部化として捉えられた行為としての「罪」ないし「犯罪」という観念の中に、（法定刑あるいは責任相当刑という形で）当該意思の社会的有効性を否定すると共に将来に向かって（当該並びに一般）行為者の意思形成を方向づける・制御する手段としての「刑」ないし「刑罰」という観念が、既に含まれていることと無関係ではないであろう。そこでは、人間は基本的あるいは原初的には理性的な存在として措定され、合理的で（完全にではないにせよ）自由な意思決定に基づいて行動し得ることが前提とされることになり、自由であるが故に誤った行為である「罪」を犯した者に対しては、自由の剝奪（金銭の剝奪ができない場合の担保としてのいわゆる換刑処分等を含む）を以て上記のような趣旨の「刑」ないし「刑罰」を科すことが最も正統且つ妥当な対応であることになるからである。即ち、長らく我々の刑法学の中で生き抜いてきた「責任主義の思想」の産物の一つであろう。基本的に理性的で、自律的意思決定の可能な構成員に満ちた時空としての近代国家社会像を前提とする近代刑法（学）の産物の一つであろう。そして、そのような視座は、それ故にまた、加速度的に変遷し続ける現代の社会にあって改めて妥当性を検証されるべき対象の一つである。

図書館に収蔵されていなかった明治大学大学院紀要12集（1974年）に登載の「現代ドイツ刑法学における人格的不法論の展開Ⅰ―特に犯罪構成における結果の体系的地位と機能について―」の抜刷を手ずから研究室に届けて下さった40年前から、増田豊教授には、浩瀚な「三批判書」の第Ⅲ巻『規範論による責任刑法の再構築：認識論的自由意志論と批判的責任論』（2009年）や『法倫理学探究：道徳的実在論／個別主義／汎心論／自由意志論のトポス』（2017年）に後に纏められたものを始めとする本当に数多くの御論稿を通じて、同時代における基礎法理論的あるいは法哲学的な思索の状況・動向を御教示戴いてきた。受け手側の能力不足の故に、多くの場合は何となく分かったような気分になることで精一杯であったが、遥か後に彷徨の挙げ句辿り着いた地点で見回してみると、それなりの方向に歩んでいることを確認させて戴けて、安堵することも度々であった。これまでのお付き合いに深く感謝すると共に、古稀を御祝いして本小稿を捧げたい。

Ⅱ　現代社会における刑事責任と「刑」の負科（あるいは刑罰）[(1)]

「刑法」という社会事象・制度を謂わば所与のものとして受け止めている（あるいは、受け止める他ない）殆どの社会構成員にとって、国家による「刑」の負科とその為のシステムとは、先ずは、自己又は第三者により「罪」が犯されたことに対応して発生する一個の歴史的な事実とその為の大規模で赤裸々な権力機構ということであり、それらの正統性及び正当性という問題は、犯された「罪」と科される「刑」との不均衡やシステムの機能不全等々を偶然の契機として、ふと驚きと共に見出されるに止まる。国家は、罪刑法定主義や消極的責任主義等の制約の下にせよ、刑罰を独占的に行使しているが、その権能は何処に由来するものなのであろうか。国家は何故に社会構成員を罰することができるのであろうか。国家は何の為に、何を目的に社会構成員を罰するのであろうか。現代社会における国家刑法（国家刑罰権）の正統性及び正当性は、如何に理論構成されるべきであろうか。

一般的・抽象的な意味における国家刑罰権の根拠付けについては、改めて考えてみると、（近代）社会契約説を前提とする構成が（当然ながら、あるいは、無意識的に）採られていることが多いように思われる。即ち、様々なヴァリエイションは存し得るものの、定型的な最大公約数的なところを取れば、“刑法を制定する権能を唯一認められた国会（議会）を通じて主権者たる国民がその合意に基づき国家に付与したもの”と捉えられているように思われる。主権者たる国民が合意し付与したことの動機や目的については、私人相互の実力行使（報復・復讐・名誉回復・自力救済等々を含む）による社会秩序の混乱の回避というにせよ、別の表現を用いるにせよ、最終的には、“社会構成員の平穏な共同生活の実現”ということに帰着するであろう。

---

(1)　「罪」と「犯罪」、そして「刑」と「刑罰」という観念は、本稿においても、慣例に従いほぼ同義に用いられている。敢えてニュアンス的な相違があるとすれば、「罪」という語が法令各本条に規定される不法な類型の実体そのものを指すのに対し、「犯罪」は「罪」を犯すこと・「罪」が犯されていることという社会的事象を指しており、「刑」という語が刑法９条以下又法令各本条に規定される（罪に対する）法的効果そのものを指すのに対し、「刑罰」は「罪」ないし「犯罪」に対して「刑」を負わせて／科して「罰する」という性質まで含めて用いている。「負科」という語は、相当前の造語であるが、比較的ニュートラルではあるものの、「刑」等に固有なものとして使っている。

しかしながら、この捉え方は、国家が社会を謂わば包摂するかほぼ一致する場合やそれらの構成員が基本的に同じである場合には妥当であり得るにせよ、現代の（[世界の中の] 日本という）国家また社会においては、根本的な問題性を抱えているように思われる。それは、日本という国家（その諸制度）の在り方を決する権限を有する主権者、敢えて換言すれば、日本国籍を有する自然人は、日本という社会の構成員とは一致せず、後者が前者を相当数上回っているにも拘わらず(2)、それらの者は（国家刑罰権の付与・行使につき）合意していないからである。国家刑罰権の付与の動機や目的が“社会構成員の平穏な共同生活の実現”であるとすれば、その正統性は主権者（日本国籍を有する者）のみの合意に由来するものではなく、（納税等でそのコストを負担している）正に社会を構成する者全体の合意に基づくものでなければならないであろう。

勿論、「刑法」という社会事象・制度は謂わば所与のものとして主権者であっても事実上反対し（得）ない以上、事後的な全体の合意があるものと看做し得るということは可能であろう。但し、その場合には実質的な理論構成が大きく変更されていることに留意すべきである。外形的には国家刑罰権の存在という同一の事態を捕捉するものであるが、“社会構成員が実力を行使しない・争わないことを全体として相互に約す一方において紛争が生じた場合にその解決を国家に委ねる旨の合意を行うということ”から、“社会構成員間における紛争の予防・再発防止等の為の諸制度を国家が提供すること／提供していることを前提条件とした既存の制度・組織への事後的な参加／事実的な追認ということ”への変更がそれである。前者においては、社会構成員ないし国民が自らの合意に基づく負担・義務を負う。刑罰は、その負担・義務の不履行の責任を問うべく負科されるものとして捉えられ得る。後者においては、社会構成員はまず国家に対して紛争・犯罪の防止の為に有効な諸（社会）制度の展開・提供を要求する立場・権利を有し、国家がそれに応える義務を負う。国家がその義務を充足すれば、社会構成員は実力行使に出る必要がなく、したがって国家がその義務を充足する限りにおいて、社会構成員は実力行使を差し控えて有効な諸制度を利用する義務を負い（あるいは、権能・資格を付与され）、実力行使に出る場合は処

(2) 例えば、前回の平成 27 年（2015 年）国勢調査に拠れば、平成 27 年 10 月 1 日現在の我が国の人口は 1 億 2709 万 4745 人で、その内、日本人人口は 1 億 2428 万 3901 人（総人口の 98.6%）で減少傾向にあり、外国人人口は 175 万 2368 人（総人口の 1.4%）で増加傾向にある、とのことである（http://www.stat.go.jp/data/kokusei/2015/kekka/kihon1/pdf/gaiyou1.pdf [as of Oct. 26, 2017] 参照）。

罰され得ることになる。………この後者の視座において、実力行使に出る社会構成員に対する刑罰の負科の根拠となる責任の実体とは一体如何なるものであろうか。それは、社会構成員間における紛争の予防・再発防止等の為に必要な諸制度を提供する義務を国家が十分には果たさなかったこと／果たせなかったことの責任を、実力行使に出た社会構成員に代わりに負わせているもののように思われる。少なくとも、近代的な（合意・契約に基づく）意思責任とは異質なものがその実体であるといわねばならないであろう。

Ⅲ　非難の契機の過程的増加と行為時における減少

責任主義の思想が、決定され（尽くされ）ていない意思の自由に基づく他行為可能性の存在という非難の契機を、事実としてにせよ、人格に係る規範的要請としてにせよ、行為の時点において認め得ることを要求するのに対して、国家による社会構成員間における紛争の予防・再発防止等の為の諸制度の十分な提供は、最終的な行為の時点に至るまでの他行為の可能性を拡げるものであって、そのような契機を認め易くするようにも思われる。そのことは、国家による紛争の予防・再発防止等の為の諸制度の十分な提供ということの中に、社会構成員に対して直接・間接にそれらの制度の利用を積極的に呼び掛け・働き掛ける為の制度の確立・運用も含まれることに鑑みれば(3)、一層のことであるように思われる。現代社会においては、国家は社会構成員において上述の意味での非難の契機を増加させようとし、それに基づいてその（刑事）責任を問おうとすることになる。しかし、改めて強調するまでもなく、その正統性はなお検証されるべきものである。同時に、それらの制度が巧く機能し、紛争の予防・再発防止等の為の有効な制度を利用し得たのであれば、社会構成員は実力行使に出ない／出る必要がないはずであって、逆に社会構成員が実力行使に出た／出ざるを得なかったという事実は、国家の義務の履行が不十分であったことを推認させることになる。社会構成員の責任を問うことの正当性もまたなお検証される

(3)　積極的な呼び掛け・働き掛けの制度には、自救行為ないし自力救済の禁止（刑法242条・251条の場合を含む）あるいはより広く緊急行為状況ないし正当防衛状況論（退避義務論）等、有効な制度の利用等を原則的に「強制」する為に刑ないし刑罰の負科を用いるものが含まれることにも留意されたい。

べきものである。

ところで、上においては、国家による社会構成員間における紛争の予防・再発防止等の為の諸制度の十分な提供は最終的な行為の時点に至るまでの他行為可能性の存在という非難の契機を認め易くするようにも思われる、と述べたが、最終的な行為の時点までに適切な制度の利用等を選ばなかった／選べなかった者にとっては後戻りは不可能であり、行為時における選択の余地は逆に事実上相当に狭いものとなっているといわざるを得ないのではないであろうか。国家が様々なレヴェルにおいて様々な形態・態様で事前に制度化して社会構成員に謂わば系統的に提供している選択肢・他行為可能性は、社会構成員一般の行動規範として内面化されて従われていることが少なくないものであり、社会構成員を状況関連的に決定しているものといい得るからである。その意味においても、現代社会における社会構成員に対する責任非難の正統性また正当性は検証されるべきものに止まっている。

Ⅳ 「刑」の負科の目的の変容──「罪」に対する「罰」から“平穏な共同生活の実現の手段”へ

国家への刑罰権の付与の目的ないし動機が“社会構成員の平穏な共同生活の実現”ということにあると措定することは、その含意するところはなお多様たり得るとしても、現代社会においても基本的に肯定し得る構成であろう。もっとも、「刑」ないし「刑罰」という観念には、人間の意思の客観化ないし外部化として捉えられた行為としての「罪」ないし「犯罪」に対する、当該意思の社会的有効性を否定すると共に将来に向かって（当該並びに一般）行為者の意思形成を指導・制御する手段としての属性等、いわゆる応報や予防に連なるもののみならず、より原初的な意識等も擦り込まれていることから、「刑」の実体ないし機能の説明・構成は、古典的な対立状態を現在も留めている。そこに（前）近代的な責任主義の思想の影響があることは否定できないであろう。

例えば、「刑」は、何より「罪」に対する「罰」であり、「罪」を「贖（あがな）い」「償（つぐな）う」ものである、という一種倫理的また宗教的視座が知らず議論の根底に混入してきているように思われるが(4)、それは行為者の自由な意思決定に（倫理的ないし道義的な）「非難」を見出す立場と表裏一体を為すものであろう。しかし、現代社会における「刑」の負科の正統性及び正当性をそこに直接見出すべきか否かは定かでない。また、犯された「罪」に対する被害者やその遺族また一般公衆の憤怒・峻烈な処罰感情等に起因する社会的動揺・混乱を（未然に）抑えて秩序を保つことを“社会構成員の平穏な共同生活の実現”と同義的に捉える立場は、正にかつての社会契約説的な社会状況の理解を転用しているものとも解し得るが、既述のように、国家が社会構成員全体に対してまず有する義務の履行を十分に果たし得なかったことに対する一部社会構成員の不満に（被害者保護等の名目で事後的に）対応することにおいて、その義務不履行の責任を事実上正当化しようとするものに過ぎない。国家の活動の実質的な対象（者）を把握し損ねている。“社会構成員の平穏な共同生活の実現”とは、一方の「罪」ないし実力行使によって（事実的にも）破られてしまった社会構成員間の対等な相互関係を将来に向かって回復し、その様な者同士の構成する共生社会として維持していこうとする国家の活動を意味する。「刑」の負科はその手段であって「罰」ではないが、活動の内容との関連において、その属性・機能の説明において留意すべき点が幾つか生じてくる。

「刑」の負科は、社会構成員間の対等な相互関係を破壊する行為を選んだ／選ばざるを得なかった意思の社会的有効性・意義を謂わば公的に否定・無効化する機能を有するものとして理解される必要がある。それは、従来恐らく応報（Vergeltung）として理解されているものの範疇に含まれるものとして整理し得ると思われるが、具体的に惹起された不法への反作用（リアクション）としてではなく、社会構成員の対等性を破壊したことに対する謂わば象徴的な反応として要求されることに注意すべきであろう。従って、「刑」の量的な重さが具体的に侵害された行為客体や法益（保護客体）の経済的な重要性等と対応しないとしても、矛盾ではない。また、公的な否定・無効化の宣言・表示は、以下に述べる意味の予防の前提を成すものである。

「刑」の負科が、「罪」を犯した行為者並びに一般社会構成員に将来に向かって（回復された、あるいは、従前からの）対等な相互関係を維持し続けるよう、具体的な行為に係る意思形成を制御する機能を有すべきことも、これまた、いわゆる積極的予防（に収斂する積極的特別予防と積極的一般予防）として必要である。

(4)　なお、現行の刑法典における用語法としては、「罰する／罰しない」は必ずしも倫理的また宗教的意味合いを有するものではないし、犯罪成立阻却や処罰阻却の場合等を示していて、統一的な意味に用いられてもいない。

即ち、自由（場合によっては生命）の剝奪による行為者の社会からの隔離・排除を主体とする消極的特別予防は、行為者の不存在化・無能力化であって対等関係の回復・維持の正反対の機能を担うものであり、また、一般社会構成員に対する消極的一般予防も、「刑」による威嚇や「刑」を負科されることによる不利益ないし費用と「罪」から得られる利益ないし便益との較量を通じた機会提示等の反面において行為者の対等性を否定する／被処罰者の地位に在ることを強調する機能を果たすものであり、いずれも不当な「刑」の性格付け・構成であるといわねばならない。消極的一般予防が予定する機会形成過程は、一般社会構成員が「罪」を犯す際に合理的な判断をすることを前提としているのみならず、判断の際に考慮するであろう情報の範囲・質・量において恣意的／限定的であって、現実に適合しないものでもある。これらに対して、いわゆる積極的特別予防及び積極的一般予防は、社会構成員間の対等な相互関係を破壊する行為を選んだ／選ばざるを得なかった行為者に対し、またそれを観察する一般社会構成員に対しても同時に、実力行使による相互関係の決定は「刑」によって（極く例外的な場合を除いて）禁止されており、それに代えて国家が提供・促進している社会構成員間における紛争の予防・再発防止等の為の諸々の制度・組織等を利用すれば足りる／利用すべきであるという社会規範・合意の存在を教示ないし確認することを通じて、実力行使を相互に回避する／差し控える社会構成員の選好を形成する機能として、端的に捉えられる。積極的予防が、社会構成員の内面に働き掛ける側面を有することから、非難を契機とする教育・教え諭しという色彩があって、それ自体が社会構成員の相互的な対等性の回復・維持ということと矛盾する虞があるとする批判もあるいは可能であろうが、実力行使に出ないという事実そのものが相互の対等性を（最低限）実現しているといい得る以上、国家による特定の価値観の押し付けには該らないといい得よう。

V　現代社会における構成員の対等性の喪失
——格差社会における共生

現代社会における「刑」の負科は、以上に述べてきたように、近代的な責任主義の思想の再確認・修正を必要としながらも、敢えていえば、積極的（特別及び一般）予防論を取り込んだ相対的応報刑論によりなお正統化し得る(5)。しかし、その内実が、人間の自由な意思と非難・(刑事) 責任という前提から展開されてきたところからは相当に離れていることも否定できないように思われる。そのような正統性評価を維持するのが妥当か否か、問題とし得る状況に達しているといい得よう。例えば、一方で、いわゆる脳科学等の展開に伴って根本的な疑念が投げ掛けられた意思の非決定性に関して(主として経験(論)ないし規範(論)的に対応した)我が国刑法学の議論の行方はなお見極められる必要があるが、他方で、構成員年齢分布や富の所在の著しい偏り等の生物学的・物理学的諸属性をも含めた広義におけるいわゆる(超)格差社会への移行は、「刑」の負科に関する現在の議論(刑罰論)の内実をその対象において実質的に変更するものであって、正統性を認められることになるものの実体は異様な社会状況である可能性が極めて高いように思われるからである。………それぞれの社会構成員の立場を対等なものとして相互に尊重し、実力行使するな、実力により相互の関係を決定するな、という規範が妥当していると評価され得る状態・事実は謂わば理念的で幅のあるものであって、社会構成員の立場が事実として既に対等でない場合あるいは対等性が著しく欠ける場合には、破られた相互関係の「刑」の負科による回復・維持は単なる原状回復に止まり、国家による社会構成員の対等ではない位置付け、不平等な関係の固定化が行われることになる。それは、差別であり、共生社会の否定である。そのような矛盾から解放される為には、「刑」という手段・「刑法」という制度を所与として利用せざるを得ない限度において、責任主義の思想を織り込んだ新たな視座を見出すことが必要である(6)。

Ⅵ おわりに

人的不法論あるいは(主観的)目的的行為論に基づく行為無価値論を前提にして、規範的責任論の徹底と標榜される、その「責任」論を実定刑法との関係で詰め始めてみると、責任能力における行為制御能力の構成や故意の意思的要

(5) 但し、既に明らかな通り、「死刑」の正統化ないし例外としての正当化には別異の議論が必要である。筆者はそれが成功するとは思わないし、それを試みようとも思わない。

(6) なお、高齢化社会や貧困社会化等との関連においては、責任能力の捉え方の変化、有責行為能力から刑罰適応能力への(再)移行ということも指摘されているが、社会的弱者たる行為者に適合的な対等な立場の回復手法を考える上では妥当であろう。

素と行為意思・目的実現意思の関連付け等の行為者主観に関わる諸問題を経て、ある意味で想定通りに、「非難」の根拠、意思の自由の問題に辿り着いた。ただ、その過程は、近代及び近代後における国家刑罰権の在り方を含む社会状況の劇的な変化の観察・経験に伴って生じた新たな知見の影響を受けてか、刑法的な議論の枠を超えて解決しようとする傾向を内在するものであるように感じられた。そんな矛盾感が現代において正統化されるべきものであるか否かを確認したいということが、本稿の真の目的であるような気もする。

ロボットの刑事責任
――ロボット刑法（Roboterstrafrecht）序説――

川口浩一

「今われらは鏡をもて見るごとく、見るところ朧なり。然れど、かの時には顔を對せて相見ん。」

『コリント前書』13章11-12

Ⅰ　プロローグ

「ものですって。ぼくたちロボットはものじゃないですよ。ぼくたち生きてるんですよっ」

手塚治虫『鉄腕アトム』10巻「ロボットランドの巻」177頁

「私のものというセリフはやめたほうがいい。アトムはもう奴隷や品物ではない。人間と同様なんだよ。」

同『アトム今昔物語』3巻95頁

増田豊先生（以下敬称略）は、近著『法倫理学探求』において自由意志論と汎心論の関係を検討される文脈において「ロボットや人造人間も、鉄腕アトムや、フランケンシュタインが造った怪物のように、この『現実世界』において本当に何かを感じることができる」(1) 心を持つことが可能かという問題に言及され

(1)　増田豊「洗練された汎心論は、心身問題解決の最後の切り札となりうるか」同『法倫理学探求―道徳的実在論／個別主義／汎心論／自由意志のトポス』（勁草書房、2017年）所収331頁。

ている。今まさにこの「現実世界」において「ロボティクス」[2]は、驚異的なAI（人工知能）の進化と結合して、このような問いにリアリティを持たせつつある。この関連で興味深いエピソードとして、ボストン・ダイナミック社の（犬型？）ロボットSpotのyoutube動画[3]に関する反応がある。この動画では、「人間がSpotを横から強く蹴り飛ばし、Spotが倒れないように踏ん張る場面がある。動画の最後には『この動画の撮影中に傷つけられたロボットはいません』というテロップが現れる。……しかし、この動画を見た人々の中には実際に『ロボットでも蹴り飛ばすのは非倫理的ではないか？』といった感想を持つ人々がいた、と報じられた。」[4] さらにその後に公開された人型ロボットAtlasの動画[5]についても同様の反応があった。このような反応は（特に人型ロボットの場合）、ロボットを「人格」として捉え、「人間」と同様に暴行罪（刑法208条）の被害者と見ることにつながり得るものである。Christopher Stoneは、有名な「樹木の当事者適格－自然物の法的権利について」[6]と題する論文において、権利の主体は、富裕層のみ・男性のみ・白人のみ、といった限定を次々にはずされ、さらには人の形をしていない法人などにも拡張されてきたのであり、この流れは、河川や樹木などの自然にも向けられるべきだとしたが、このような権利主体は、今や「人工物」であるロボットにも拡張されるのであろうか。同様に後述の「キラー・ロボットPro」の例のようにロボットが犯罪の主体になり得るかどうかもすでに現実の問題となりつつある。特に自動運転の分野でも目覚ましい技術的な進歩が見られ、AIによるいわゆる「レベル5」の完全自動運転も実現に近づいている[7]が、そのような完全自動運転車でAIの判断ミ

(2)　稲邑哲也・浅田稔「ロボティクス・総論」人工知能学会編『人工知能大辞典』（共立出版、2017年）1010頁によれば、ロボティクス（Robotics）とは「すべての種類のロボットに関連する科学・技術の学問分野である。」

(3)　https://www.youtube.com/watch?v=M8YjvHYbZ9w この動画は2017年11月現在で1600万回以上の視聴回数を記録している。

(4)　久木田水生「ロボット倫理学」『人工知能大辞典』（前掲注2）104頁。

(5)　https://www.youtube.com/watch?time_continue=16&v=rVlhMGQgDkY

(6)　*Stone*, Christopher D., “Should Trees Have Standing-Toward Legal Rights for Natural Objects”, 45 Southern California Law Review S. 450-487 (1972) ＝クリストファー・ストーン［岡嵜修・山田敏雄・抄訳／畠山武道・解説］「樹木の当事者適格―自然物の法的権利について」現代思想18巻11号（1990年）58-98頁参照。

(7)　ドイツの自動車メーカーAudiは、2017年10月に開催された東京モーターショーに、量産車としては初めて「レベル3」（条件付き自動運転）と呼ばれる高度な自動運転を可能にしたAudi A8の新モデルを出品し大きな注目を集めた。同社は、日本では2018年の販売を目指している

スによる事故が生じた場合、誰が責任を負うのかという問題が生じる。その試験段階である現時点でもすでにGoogle-Carが自動運転時にバスとの衝突事故[8]を起こし、Tesla社の部分自動運転車で（ドライバーの過失によるものであったが）初の死亡事故[9]も生じている。ドイツではすでにこのような動きに対応して自動運転に対応した道路交通法の改正を行なった[10]。日本の刑法学においてもこの分野に関してはすでに議論が開始されている[11]。しかし石井徹哉が指摘するように「自動走行システムは、これからの社会構造の変化の一つの例にすぎず、すでに実用化されつつIoT（Internet of Things）の状況を見るならば、物流、家電、その他あらゆるところに自律型の自動システム（いわゆる「ロボット」）が導入される社会が目前に迫っていることが十分に予測されうる。このような「ロボット」が社会構造の一部を形成した場合、法システムがどのように変容するのかについてはいまだ十分に議論されているとはいえない。」[12] これに対してドイツの刑法学においては、2009年のSusanne Beckの問題提起[13]を始めとして、すでにロボットの刑法的主体性（行為者性）やその刑事責任をめぐる論点についての考察が、2012年のHilgendorf論文[14]、2013

（安藤健二「『人間は退屈な作業から解放される』アウディが量産車初の自動運転レベル3（東京モーターショー2017）：ハンドルから手を離すことが可能な新型A8とは？」http://www.huffingtonpost.jp/2017/10/26/audi_a_23256573/）。さらに同社は、2020年までに完全自動運転車を実現すると宣言している。

(8)「『AIの判断ミス』による初の衝突事故：グーグルの自動走行車」https://wired.jp/2016/03/01/googles-self-driving-car-first-crash/

(9)「テスラ車の『自動運転による米国初の死亡事故』、その詳細が判明」https://wired.jp/2017/07/04/tesla-fatal-crash/

(10)「2017年6月16日の第8次道路交通法改正法（das Achte Gesetz zur Änderung des Straßenverkehrsgesetzes vom 16.06.2017）」（BGBl. I S. 1648）、2017年6月21日施行。

(11) 最近のものとして中川由賀「自動運転に関するドライバー及びメーカーの刑事責任：自動運転の導入に伴って生じる問題点と今後のあるべき方向性」中京ロイヤー27号（2017）15-29頁；松尾剛行「自動運転車と刑事責任に関する考察：ロボット法を見据えて」Law and practice 11号（2017）73-114頁；川本哲郎「自動運転車と刑事法」同志社法学69巻2号（2017年）363-377頁；岡部雅人「自動運転車による事故と刑事責任：日本の刑法学の視点から」愛媛法学会雑誌43巻3/4号（2017年）1-20頁など。

(12) 石井徹哉「論文紹介にあたって」「ロボットと刑法」研究会・石井徹哉編「『ロボットと法』シリーズの論文紹介(1)」千葉大学法学論集31巻2号（2016）150-149頁。

(13) *Beck*, Susanne, Grundlegende Fragen zum rechtlichen Umgang mit der Robotik, JR 2009, 225-230. なお彼女の最新の論文として *dies.*, Selbstfahrende Kraftfahrzeuge - aktuelle Probleme der (strafrechtliche) Fahrlässigkeitshaftung, in: Oppermann, Bernd H. / Stender-Vorwachs, Jutta (Hrsg.): Autonomes Fahren - Rechtsfolgen, Rechtsprobleme, technische Grundlagen, C. H. Beck, München 2017, S. 33-57.

年の Joerden 論文[15]、2014 年の Gleß/ Weigend 論文[16]、2015 年の Beck の「知的エージェント」論文[17]、2016 年の Gless/ Seelmann 編著『知的エージェントと法』[18]、同年公刊の Jan-Philipp Günther の博士論文『ロボットと法的責任：使用者・製造者責任の研究』[19]、2017 年の Gless「e-パーソン」論文[20] などでなされている。またスイスにおいても、2017 年に St. Gallen 大学助教授（Assistenzprofessorin）の Nora Markwalder と同大学の助手でドクトラントの Monika Simmler が①「ロボット刑法：ロボットと人工知能の刑法的答責性について」[21] と②「答責性を持つロボット？　―機能的責任概念をめぐる論争のニュー・ヴァージョン」[22] においてロボットの刑法的答責性について詳細な検討を加えている。以下ではまずこの Simmler ／ Markwalder の見解を特に②論文を中心に紹介し（Ⅱ）、関連する論点の中から、とりわけロボットの自由意志（Ⅲ）とロボットの人格同一性（Ⅳ）の問題に検討を加え、ロボットの刑事責

（14） *Hilgendorf*, Eric, Können Roboter schuldhaft handeln? In: Beck (Hrsg.), Jenseits von Mensch und Maschine: Ethische und rechtliche Fragen zum Umgang mit Robotern, Künstlicher Intelligenz und Cyborgs, 2012, S. 119 ff.（エリック・ヒルゲンドルフ「ロボットは有責に行為することができるか？：規範的な基本語彙の機械への転用可能性について」伊藤嘉亮、千葉大学法学論集 31 巻 2 号（2016）148 - 136 頁）

（15） *Joerden*, Jan C., Strafrechtliche Perspektiven der Robotik. in: Hilgendorf / Günther, Robotik und Gesetzgebung: Beiträge der Tagung vom 7. bis 9. Mai 2012 in Bielefeld, 2013, 195 ff.（ヤン・C.・イェルデン「ロボット工学の刑法的諸観点」今井康介、千葉大学法学論集 31 巻 2 号（2016）111 - 97 頁）

（16） *Gleß*, Sabine / *Weigend*, Thomas, Intelligente Agenten und das Strafrecht, ZStW 2014; 126 (3): 561–591（ザビーネ・グレス＝トーマス・ヴァイゲント「インテリジェント・エージェントと刑法」伊藤嘉亮、千葉大学法学論集 31 巻 3・4 号（2017）134 - 118 頁）

（17） *Beck*, Intelligente Agenten und Strafrecht. Fahrlässigkeit, Verantwortungsverteilung, elektronische Personalität, Studien zum deutschen und türkischen Strafrecht - Delikte gegen Persönlichkeitsrechte im türkischen-deutschen Rechtsvergleich (Band 4), Ankara 2015, S. 179–195.（スザンネ・ベック「インテリジェント・エージェントと刑法―過失、答責分配、電子的人格」根津洸希、千葉大学法学論集 31 巻 3・4 号（2017）117 - 105 頁）

（18） *Gless*, Sabine / *Seelmann*, Kurt (Hrsg.), Intelligente Agenten und das Recht, Baden-Baden: Nomos 2016.

（19） *Günther*, Jan-Philipp, Roboter und rechtliche Verantwortung: Eine Untersuchung der Benutzer- und Herstellerhaftung, München, 2016. なお本書では民事責任の問題も取り扱われており、刑事責任については同書 S. 207 ff. で論じられている。

（20） *Gless*, Sabine, Von der Verantwortung einer E-Person, GA 2017, 324–329.

（21） *Markwalder*, Nora/*Simmler*, Monika, Roboterstrafrecht: Zur strafrechtlichen Verantwortlichkeit von Robotern und künstlicher Intelligenz, AJP/PJA 2/2017, 171–182.

（22） *Simmler*, Monika/*Markwalder*, Nora, Roboter in der Verantwortung? - Zur Neuauflage der Debatte um den funktionalen Schuldbegriff. ZStW 129 (2017), 20–47.

任問題について一定の方向を示したい。

Ⅱ　Simmler ／ Markwalder の見解

> 「今や脳研究の新たな認識によって Nao や Pepper のようなロボットがこの問題［責任の機能の問題］の解明にとっての一つのきっかけとなるならば、それはいずれにせよ刑法理論にとっての一つのチャンスである。」
>
> Monika Simmler ／ Nora Markwalder(23)

Simmler ／ Markwalder は、まず「I. 導入」「1. 刑法教義に対するチャレンジとしてのロボット」において、Nao や Pepper(24) などの感情を持つロボットの登場を取り上げ、このような進歩の社会的インプリケーションに興奮と同時に憂慮も示されているとし、法分野においては民事不法行為責任法ではいち早く問題提起がなされたのに、刑法は遅れをとったとする。そしてロボット法という新しい法分野が生成されつつあり、前述の Google-Car とバスとの衝突事故やテスラ社部分自動運転車で初の死亡事故など刑事責任とも関係しうる事件が発生しつつある。そのような中で、「ロボットが刑法上の主体（行為者／場合によっては被害者）になれるか？」という原則的な問題も提起されつつあり、伝統的責任概念、すなわち自己の行為の道徳的に答責的なエージェント・応報的刑罰の名宛人であることを要件とする責任概念の擁護者（例えば Gless/Silverman/Weigned 論文(25)）からは、そのような主体となれないロボットの答責については否定的な答えが導かれており、またそのような答責的ロボットが出現するのは、まだ遠い未来のこと、今論じる必要はないというような意見も見られるが、問題が顕在化するまで待つということは、Beck が適切にも指摘している(26) ように

---

(23)　*Simmler ／ Markwalder* (o. Fn. 22), 47. [ ] 内は引用者による。

(24)　これらは共に日本のソフトバンク社の開発によるものである。特に Pepper 開発の背後にある同社の孫正義社長の「人間のような」（感情を持つ）人工知能・ロボットを作りたいというビジョンについては羽生善治・NHK スペシャル取材班『人工知能の核心』（NHK 出版・2017 年）113 頁以下参照。

(25)　*Gless*, Sabine/*Silverman*, Emily/*Weigend*, Thomas, If Robots Cause Harm, Who is to Blame? Self-Driving Cars and Criminal Liability, 19 New Crim. L. Rev. 412-436 (2016).

(26)　*Beck* 前掲注（12）230.

法律学にとってもリスクを伴うものであり、早すぎるということは決してなく、またこの問題の検討は、刑法的責任を新たな観点から見直すことにも繋がるとする。

次に「2. ロボット、知的エージェント、サイボーグ：概念的明確化」においてはロボット・自律的システム・知的エージェントなどの関連する概念の明確化が図られる。まずロボットの概念であるが、（例えばVDI［ドイツ・エンジニア協会］などの）技術的定義はあまり役立たず、一般的にも明確な定義はない(27)（なおAIにも同様の定義上の困難性がある）が、刑事責任の文脈においては「人間の行為能力の拡張のための知的な、学習能力を持つ機械」(28)と理解しておけば足りるとされる。次に人間を部分的に機械化したサイボーグ(29)については、それをめぐる刑法的な問題もあるが、ここでは検討の対象から外されている。さらにロボットの類型化として産業（工業）ロボットとサービスロボットの区別があるが、ここでの考察の対象とされるのは両者の間の、物理的身体を持ち、人間と感情的レベルで相互作用するロボット、いわゆる「社会的ロボット」、あるいは感情的な相互行為能力なヒューマノイドであるとされる。

そして「3. ロボット学の枠組みにおける刑法的答責性の様々なシナリオ」では次のような想定される4つのシナリオが提示される。

①ロボットが犯罪を実行するように故意的にプログラミングされている場合
例えば、ドローンによる殺害／キラー・ロボット（Killer-Roboter）(30)などがこの場合であるが、ここでは、背後者による間接正犯と同様に考えればよく問題は比較的少ないとされる。

②プログラムに瑕疵があるためにロボットが犯罪を犯してしまう場合
ここでは刑法的問題として過失犯・因果関係・帰属・行為概念などの問題が生じるが、すべてを許された危険として甘受することも、（研究の放棄に

(27) なお日本においてもロボットの明確な定義はないとされている（稲邑哲也・浅田稔［前掲注(2)］1010頁）。

(28) *Günther* (o. Fn. 19), S. 19.

(29) 小名木明宏「科学技術時代と刑法のあり方：サイボーグ刑法の提唱」北大法学論集63巻5号（2013年）524［1］-512［13］頁参照。

(30) 自律的兵器の問題については、特に小林雅一『AIが人を殺す日』（集英社新書、2017年）171頁以下参照。さらに次のTEDも参照：https://www.ted.com/talks/daniel_suarez_the_kill_decision_shouldn_t_belong_to_a_robot/

繋がるような）ゼロ・リスク・アプローチを採ることもできないので、どこに線引きをするかという問題が生じるとされる。

③いわゆるモラル・ジレンマ［トロリー問題(31)など］における問題

例えば、自動運転などにおいて二人の子供を救うために一人の子供を死なせる（ようにプログラミングする）ことが許されるかということが問題となるが、これは刑法上の正当化的／免責的緊急避難のルールによって解決されるべきものであるとされる。

④ AI を備えたロボットが自らの判断で犯罪を「犯す」場合

人を殺すように①の場合とは異なり AI が自らの判断で人を殺す、いわば「キラー・ロボット・プロ（Killer-Roboter Pro）」が例えば軍事用に投入された場合などには、ロボット自身の責任・ロボットへの責任非難というものが考えられ、これが本論文の中心テーマであるとされる(32)。

そして「II. ロボットの意志自由と他行為可能性」では、まず「1. ポスト脳研究としてのロボティックス」において、責任（Schuld）が「刑法にとっての宿命的問題（Schicksalfrage）」(33) というスイスの刑法学者 Hafter の言葉を引用し、2 つの関連した問題領域、すなわち①伝統的責任概念の基礎としての意志自由の想定と②刑法的主体概念の検討に移る。まず①について、伝統的責任概念によれば、責任とは他行為可能性を前提とした人的な非難であり、連邦裁判所の古典的判例（BGHSt. 2, 194）自己決定的な、自由意志を備えた人間が法ではなく不法を選ぶことを決定したということから責任が生じるとする(34)。このような定義によれば「有責な」ロボットは、絶対的に不可能である。なぜならば、伝統的教義の非決定論的立場は、個人の持つ主観的な自由感情に支えられているとされるからである（Geisler(35)）。しかし、最近の脳科学の認識をめぐる議論によって、このような前提が疑われるようになってきた。特にロボティクス

(31) トロリー問題については拙稿「例外状態に関する思考実験としての『トロリー問題』」『法の理論〈35〉特集 例外状況と法』（成文堂、2017 年）3-33 頁。

(32) これに対して *Markwalder/Simmler* (o. Fn. 21), 171 ff. ではむしろ①②の場合に考察の重点が置かれている。

(33) *Hafter*, Ernst, Lehrbuch des Schweizerischen Strafrechts AT, 2. Aufl. Bern 1946, S. 101.

(34) BGHSt. 2, 200.

(35) *Geisler*, Claudius, Zur Vereinbarkeit objektiver Bedingungen der Strafbarkeit mit dem Schuldprinzip. Zugleich ein Beitrag zum Freiheitsbegriff des modernen Schuldstrafrechts, Berlin 1998, S. 84 f.

と人工知能の進歩は、従来の人間についての自由意志論への疑念をさらに強化した。それとともにロボットのような知的システムと人間の差異は何か、ロボットにも自己決定能力はあるのではないかという疑問も生じてきた。特に「他行為可能性をめぐる議論の渦巻き」(Bleckmann)(36) に、刑法における伝統的責任論も巻き込まれ、個人的自由の一般的証明不可能性から、もはや自由意志を「生物・物理的事実」として前提することはできなくなったのである。そこで自由意志論も伝統的な責任論ではなく、「現実の社会的再構成」としての自由意志(Schünemann(37)) へと移行していったとされる。

そして、そのような社会レベルにおける自由が、次の「2. 社会システムにおけるロボットの自由」において検討される。すなわち、そこでは自然科学的自由概念ではなくルーマン的社会システムにおける自由概念が問題となるのであり、それは決定論／非決定論という存在論的問題ではなく、社会的現実性、社会、法システムの問題である帰属問題だとされる。すなわちそこではJakobsがいうような自己管理の自由・組織化能力・自由な組織化に対する管轄が問題となるのである(38)。しかしこれら能力も客観的には認定不可能ではなく、むしろ社会システムにおける帰属（Zuschreibung）の問題であり、刑法も（Luhmann的意味における）コミュニケーションの1つであり、法は社会的方向づけを与える場合にのみ社会的に現実のものとなる（Jakobs(39)）のである。そしてSimmler ／ Markwalder は、Jakobs が自由意志は刑法と無関係だとしている(40) ことを、この場合の自由意志は自然科学的なものを指しているものと解釈し、社会システムにおける自由は、社会科学的ないし構成主義的観点からも重要でないものではなく、純粋なフィクションでもないと強調する(41)。今日の責任非難もやはり自由意志に担われているが、それは以前のような形而上学

(36) *Bleckmann*, Frank, Strafrechtsdogmatik - wissenschaftstheoretisch, soziologisch, historisch: das Beispiel des strafrechtlichen Vorsatzes, Freiburg i. Br., 2002, S. 75 f.

(37) *Schünemann*, Bernd, Die Funktion des Schuldprinzips im Präventionsstrafrecht, in: Schünemann (Hrsg.), Grundfragen des modernen Strafrechtssystems, Berlin-New York 1984, S. 153 ff. =ベルント・シューネマン（葛原力三・川口浩一訳）「予防刑法における責任原理の機能」同編（中山研一・浅田和茂監訳）『現代刑法体系の基本問題』（1990 年）所収 179 頁以下。

(38) *Jakobs*, Günther, Das Schuldprinzip, Opladen 1993, S, 34 =松宮孝明訳「責任原理」同編訳『ギュンター・ヤコブス著作集・第1巻』（成文堂、2014 年）65 頁。

(39) *Jakobs*, Günther, 2009, S. 246, S. 248 f.

(40) *Jakobs*, Günther, Strafrechtliche Schuld ohne Willensfreiheit? In: Dieter Henrich (Hrsg.), Aspekte der Freiheit, Regensburg 1982, S. 69, 71.

(41) *Simmler ／ Markwalder* (o. Fn. 22), 31.

的な問題ではなく社会学的ないしは社会心理学的な問題なのである。つまりそれは社会的な事実としての自由の帰属、すなわち前述の1952年の連邦裁判所判例（BGHSt. 2, 194）のように自由な人間の意志ではなく、社会的インタラクションの枠内における自由の帰属であり、社会的ロボットにも帰属されうるものなのである。

続いて、先程の②の刑法的主体概念については「III. 行為者としてのロボット：刑法的人格概念」において検討がなされる。まず「1. 刑法における人格性」では、他行為可能性の問題と現実に密接に結びついているのは、この可能性が誰に帰属するかという問題であるとして、ロボットが刑法上答責的でありうるかどうかは、刑法における主体概念の帰結であるとする。ここで比較の対象とされているのは、法人ないしは企業処罰の問題であり、そこでは刑法における主体は人間的主体に限定されるかという問いが立てられている。この主体の問題と関連して人格の概念が問題となるが、観念哲学的意味における人格概念においては、意識と反省能力が重視され、過去と未来の実在として理解され、権利と義務の観念との結びつきが議論されている。Gleß/ Weigendは、そのような観念哲学的人格概念からは、ロボットに対する人的な答責性は否定されるとする[(42)]。しかしこの見解は、刑法的主体ないし人格概念が社会的現実においてのみ構成され、自然科学的カテゴリーに必然的に結びつくわけではないことを看過している。ここで問題となるのは、観念論哲学における意識・反省能力などの存在論的な所与ではなくその帰属だとされるのである。ここから人格／人間、人格／個人の区別などの問題が検討され、人格を「権利と義務の構成された名宛人」（Jakobs[(43)]）ないしは「観察者の人工概念」（Luhmann[(44)]）と捉える見解からは、ロボットの潜在的可罰性へと道は開かれるとされるのである。

そこから次節の「2. 刑法的主体としてのロボット」においては、人格は社会的現実であって、現象界内の個人的な実在ではなく、「人格は、社会システムなしには成立も存立もしない」（Luhmann[(45)]）という立場に立った上で、Simmler／Markwalderは、再び法人の刑事責任の問題を取り上げ、ドイツ法は一貫して、それを否定しているが、これに対して［スイスを含めて］他の多くの国で

(42) *Gleß/ Weigend* (o. Fn. 16), 568.

(43) *Jakobs*, Günther, Individuum und Person: Strafrechtliche Zurechnung und die Ergebnisse moderner Hirnforschung, ZStW 117 (2005), 247, 266.

(44) *Luhmann*, Niklas, Soziale Systeme, Frankfurt am Main 1984, S. 159.

(45) *Luhmann* (o. Fn. 44), S. 92.

は刑法的主体として認められていることを指摘する(46)。「人間以外の構成物（außermenschliche Gebilde）」も一定の条件下では規範の不安定化・期待の違背を生じさせうる。権利義務のアドレス（Jakobs(47)）である人格は、自らを方向づけることを事実上可能にしなければならない。法人の場合すでにそのことは可能であり、社会における行為者として認められているのに対し、ロボットに関しては現在の技術水準の下ではまだそこまでは到達していないが、この方向に向かっていると十分に考えられうるとされる。さらに民事不法行為法の法的技術概念としてのe-パーソン・コンセプト(48)に言及し、それは支払能力と損害の補償に焦点が当てられており、刑法上の能力・人格・責任概念、さらには刑罰論との関係は議論されておらず、刑法に導入してもほとんど役立たないとされる。いずれにせよ、現状ではまだロボットの責任は認められないが、上述のように将来的には十分可能であり、刑事責任の文脈においては、特に刑罰目的論との関係が議論されるべきだと指摘する。

そこで次の「IV. ロボットの答責性：社会的構成としての責任」の「1. 刑罰目的論の観点から見た責任」では、ロボットの潜在的な刑法的答責性を検討するために、刑罰目的論との関係が議論されるが、Simmler ／ Markwalder は、刑罰目的を、規範的期待の安定化（Luhmann(49)）と捉え、「社会的アイデンティティの維持」（Jakobs(50)）、「動機形成」（Kargl(51)）、「規範忠誠」・「規範承認」の習得（Jakobs(52)）に焦点を当てた積極的一般予防論を擁護する(53)。その基礎には前述の社会的帰属論があり、伝統的責任・応報刑論とは異なり、刑事責任は絶対的・定言的なものではない（責任の「非神聖性・可変性」）とされるのである。

そして「2. 刑法体系の枠組みにおける帰責としての責任」では、ロボットの

(46) *Simmler ／ Markwalder* (o. Fn. 22), 35.

(47) *Jakobs*, Günther, Staatliche Strafe: Bedeutung und Zweck, Paderborn/München/Wien/Zürich 2004, S. 40 f.=飯島暢・川口浩一訳『国家刑罰：その意義と目的』（関西大学出版部、2012年）63頁以下。

(48) *Müller*, Melinda Florina, Roboter und Recht: Eine Einführung, AJP/PJA 2014, 595, 604.

(49) *Luhmann*, Niklas, Das Recht der Gesellschaft, Frankfurt am Main 1995, S. 135.

(50) *Jakobs* (o. Fn. 43), 844.

(51) *Kargl*, Walter, Die Funktion des Strafrechts in Rechtstheoretischer Sicht Schlussfolgerungen aus dem Milgram-Experiment, Heidelberg 1995, S. 23.

(52) *Jakobs*, Günther, Strafrecht, Allgemeiner Teil - Die Grundlagen und die Zurechnungslehre, 2. Aufl., Berlin/New York 1991, S. 13 f; *ders.* Schuld und Prävention, Tübingen 1976, S. 10 f. u. S. 32 f.

(53) *Simmler ／ Markwalder* (o. Fn. 22), 39.

人格化の問題が、規範を不安定化させるポテンシャルという刑罰目的論的観点から検討され、そこでは（認知的に）次回に学びなおすのではなく、規範的対応がされるかどうかが重要であるとされる。すなわちSimmler／Markwalderによれば、ロボット答責性の核心問題は「ロボットがその帰属された権能と人格性に基づいて規範を不安定化させ、それなしには、さしあたり規範が不安定化され、長期的に見れば、規範が消滅してしまうようなコンフリクト、それゆえ刑法的なリアクションがそれに対して必要となるコンフリクトを生み出すかどうか」(54) ということなのである。伝統的な責任能力は、個人的能力であるのに対し、「システムにおける役割の違反」（Jakobs(55)）は、個人的基準ではなく客観的基準によって判断されるのである。またロボットに搭載された人工知能がモラル・エージェントたりうるかという問題についても、否定説（Gleß/Weigend(56)）もあるが、これについても法的人格の問題と同様に肯定しうるとされる。但し、これは英米法の厳格責任とは異なるものであることに注意すべきであるとする。次にロボットの受刑能力の問題については、被処罰者には苦痛を感じる能力が必要であるとしてそれを否定する見解（Wohlers(57)）もあるが、財産刑の賦課について言えば前述のe-パーソン構想が参考になるし、さらなる自由刑類似の刑罰や処分、さらには「再プログラミング」または自己学習に作用する「害悪賦課」などのロボットに対する特有の刑罰も考えられるとされる。

最後の「V．ジンテーゼ：刑法的責任論の試金石としてのロボティクス」においてはロボットの刑事責任問題に対応する３つの選択肢として、①伝統的責任概念・自己決定的人間の理念による場合、②機能的責任概念・刑罰目的による場合、そして③伝統的責任概念の完全放棄（Hörnle(58) など）による対応が考

(54) *Simmler ／ Markwalder* (o. Fn. 22), 42.

(55) *Jakobs* (o. Fn. 43), 861.

(56) *Gleß/ Weigend* (o. Fn. 16), 589.

(57) *Wohlers*, Wolfgang, Individualverkehr im 21. Jahrhundert: das Strafrecht vor neuen Herausforderungen, BJM (Basler Juristische Mitteilungen) 3/2016, 113-137. なお痛みを感じるロボットの研究は、ドイツ・ハノーファー大学（Institut für Regelungstechnik /Leibniz Universität Hannover）の Haddadin 教授らによってすでに行われている（Johannes Kuehn /Sami Haddadin, An Artificial Robot Nervous System To Teach Robots How To Feel Pain And Reflexively React To Potentially Damaging Contacts, IEEE Robotics and Automation Letters, 2 (Jan. 2017), 72-79 参照)。

(58) *Hörnle*, Tatjana, Kriminalstrafe ohne Schuldvorwurf: Ein Plädoyer für Änderungen in der strafrechtlichen Verbrechenslehre, Baden-Baden 2013, S. 10.

えられるが、①によればロボットの答責性の完全否定へと導くものであり、また逆に③の立場は、刑罰と処分の区別の解消など最も重大な帰結をもたらすものなので、②による対応が最も現実的であるとしてこの論文を締め括っている。

全体的なコメント：個別的な論点については次章以降で検討することにするが、Simmler／Markwalder説の全体的な特徴として注目すべき点は、責任論や刑罰目的論のほとんどをJakobs説に依拠している点である。ドイツや増田説も含めて日本においては、Jakobs説に対する批判(59)が強いが、スイスにおいてはバーゼル大学のSeelmannやその後継者のWohlersなどJakobs説と親和的な立場が有力なこともあり、若手の学者においてもJakobs説に対する反感がそれほど強くないことが推測される。刑罰論や責任論に関する私見もJakobsやその弟子のPawlikの示した方向性を支持するものであり、そのような「機能的」責任・刑罰理解からは、ロボットの責任ないし答責性が排除されないことはSimmler／Markwalderの指摘のとおりだと思う。但しSimmler／MarkwalderのJakobs理解にはLuhmann説的色合いがより強いように思われる。この点については、特に刑罰論との関連で問題となるが、理由づけの側面でよりHegel的説明にシフトしているように見える現在のヤコブス説やその方向をさらに推し進めて応報刑論の新たな基礎づけを行なっているPawlik説(60)においても規範の妥当の確証の観点が重視されている点は共通しており、この後者のいわば「機能的応報刑論」からもロボットの刑事責任は排斥されないように思える。より大きな問題点は、ロボットの潜在的な人格性・責任を肯定することは良いとしても、それが実際に認められるようになるのはいつかという点であろう。この問題については「ロボットが……規範を不安定化させ、それなしには、さしあたり規範が不安定化され、長期的に見れば、規範が消滅してしまうようなコンフリクト、それゆえ刑法的なリアクションがそれに対して必要となるコンフリクトを生み出すかどうか」という基準が示されているが、そのような規範的コンフリクトが生み出されるためのロボットの側および社会

(59) 増田豊『規範論による責任刑法の再構成』(勁草書房、2009年) 593頁注53は「ドイツ刑法学では……あたかも『ヤコブス包囲網』が出来上がってしまっているようだ」とする。

(60) *Pawlik*, Michael, Person, Subjekt, Bürger: Zur Legitimation von Strafe, Berlin 2004, S.; 75 ff.; *ders.*, Das Unrecht des Bürgers: Grundlinien der Allgemeinen Verbrechenslehre“, Tübingen 2012, S. 82 ff.; *ders.*, Normbestätigung und Identitätsbalance: Über die Legitimation staatlichen Strafens, Baden- Baden 2017, S. 47 ff. und passim.

の側での条件についてのさらなる検討が必要であろう。また法人・団体の刑事責任との対比も論拠の一つとされているが、この点についてJakobsが人格の同一性に関するジョン・ロック的記憶説から法人の刑事責任を否定している点(61)についてはSimmler／Markwalderは言及していない。しかし記憶の消去・コピー問題などロボットの同一性に関する多くの問題があり、より詳細な検討が不可欠であろう。本稿では、紙面の関係上、これらの問題について詳細に検討することはできないが、以下では増田説との関連から自由意志論（Ⅲ）とJakobs説との関連から人格同一性の問題（Ⅳ）について若干の考察を加えてみたい。

Ⅲ　ロボットの自由意志

> 「…とりわけわれわれのような法学（刑法学）の研究者が、デモクリトス（決定論）やエピクロス（非決定論）の議論以来およそ2500年に及んで論争されてきた問題、つまり〈存在論レベルで決定論をとるか、それとも非決定論を採用するか〉という問題について自己の能力を顧みずに具体的な態度表明を行うとすれば、それは、まさに科学的根拠のない単なる信仰告白の域を出るものでなく、自己の無知蒙昧を無用に露呈することになるだけだろう。」　増田豊(62)

前述のようにJakobsは、刑法にとって自由意志の問題は無関係であり責任を認めるためには自律すなわち「自己管理の自由」が認められれば良いとし、Simmler／Markwalderはそのような自由を社会的意味における自由意志と解して、それがロボットに認められるようになる可能性は排除されないとした。これに対して増田豊は「認識論的自由意志論」(63)を主張している。このような

(61)　*Jakobs*, Günther, Strafbarkeit juristischer Personen, FS für Lüderssen, 2002, S. 559 ff.

(62)　増田・前掲注（59）577頁。

(63)　増田・前掲注（59）397頁以下および同書以後の自由意志論に関する業績として、同「認識論的自由意志と批判的責任の言語ゲーム」前掲注（1）197-262頁、同「洗練された非決定論的自由意志論の可能性」同書263-304頁、同「洗練された汎心論は心身問題解決の最後の切札となり得るか」同書305-342頁、同「自由意志は『かのようにの存在』か」同書343-383頁。この両書に未収録の論文として同「自由意志と刑事責任」明治大学社会科学研究所紀要46巻1号（2007年）201-211頁および同「脳科学の研究成果と責任概念」明治大学社会科学研究所紀要48巻1号（2009年）75-85頁がある。

自由意志論からロボットの自由意志はどのように考えられるのであろうか。まず方法論的に「超自然的な心的実体を認める存在論的二元論（デカルト主義）」も心的要素を消去する「消去主義」も物理的「還元主義」も斥け、「一つの実体（包括的な自然）について異なる説明パースペクティヴ、異なる言語ゲームを想定する認識論的二元論という方法論的戦略」を採用し、遂行的意味にもかかわる自由意志の「意味理論的性質」に着目する。そして、脳科学との関係においては、言語ゲームの多元性を認めるが、そこから還元主義的言語ゲームの優位性を否定するPawlik(64)とは異なり、「自由意志に関して『神経科学の言語ゲーム』と『刑事法学の言語ゲーム』（刑事責任の言語ゲーム）とは異なる言語ゲームであるとしても、後者は前者と両立し得るような仕方で組み立てられることが必要であろう」とする。そして前期Wittgensteinの『論理哲学論考』(65)の中の「意志自由というものは、未来の行為を今の時点では知ることができないという点に認められるのである」という部分を引用して、これは認識論的非決定論を表明したものであるとし(66)、そこから「『人間の認識の能力の不完全性』を前提とした『非認識論的決定論』の立場が、われわれの「認識論的自由意志論」の基礎におかれるべきである」(67)とする。そこから①「われわれ（市民社会）が行為者個人に帰属し得る責任は」、「究極の責任」ではなく「一応の責任」または「人間のもとにある責任」に過ぎず、②それゆえ「積極的応報」ではなく「消極的応報」のみが要請され、また④「市民一人ひとり」も「市民社会の構成員として、犯罪を防ぐことができなかったことに対するメタ責任」を負っていることから事件の解決・将来の犯罪予防のための「熟議」が要請されることになり（「批判的責任論」）、⑤市民刑法／敵対（敵に対する）刑法を区別し、「敵」の人格性を否定するような（ヤコブスのような）敵対刑法論は断固拒絶されるべきであるとする(68)。さらに最近の論考では、Patrick Spät(69)などの「洗練された

(64) *Pawlik*, Unrecht (o. Fn. 60), S. 284 ff. 言語ゲーム論にもとづく論証に対する批判としてArmin *Engländer*, Buchbesprechung, JZ 2014, S. 38; Ulrich *Pothast*, Freiheit und Verantwortung: Eine Debatte, die nicht sterben will -und auch nicht sterben kann, Frankfurt am Main 2011, S. 165 ff., 179 ff.

(65) *Wittgenstein*, Ludwig, Werkausgabe, Band 1: Tractatus logico-philosophicus / Tagebücher 1914-1916 / Philosophische Untersuchungen, Frankfurt am Main 1984, S. 48 (5.1362).

(66) 増田・前掲注（59）469頁。

(67) 増田・前掲注（59）578頁。

(68) 増田・前掲注（59）578-585頁。

(69) *Spät*, Patrick, Der Mensch lebt nicht vom Hirn allein: Wie der Geist in den Körper kommt,

（＝段階的・成層的）汎心論」を「理論的に最も矛盾の少ないモデル」であり「心身問題解決の最も有望な選択肢の一つ」であるとし(70)、それを「洗練された弱い創発論のモデル」と「成層理論のモデル」と結びつけることによって「自由意志」も汎心論を基盤として展開される創発現象であり、「心のディスポジション」が階層的・成層的に展開・増幅した「人格的心身現象」として自由意志をとらえなおす可能性も開けてくるとする(71)。増田説の問題点については不十分ながら別稿で考察した(72)ので、ここでは繰り返さないが、増田のような責任論からしても、特に最近の段階的・成層的汎心論的立場からは、ロボット（AI）にも心（意識）が（弱い意味で）創発する段階に達すればロボットにも人格的心身現象が生じ、その意味での自由意志がロボットにも認められる可能性は排除されないであろう。

Ⅳ　ロボット人格の同一性

「それを云うなら、あなた達のDNAもまた自己保存の為のプログラムに過ぎない。生命とは情報の流れの中に生まれた結節点のようなものだ。種としての生命は遺伝子としての記憶システムを持ち、人はただ記憶によって個人たりうる。たとえ記憶が幻の同義語であったとしても、人は記憶によって生きるものだ。コンピュータの普及が記憶の外部化を可能にした時、あなた達はその意味をもっと真剣に考えるべきだった。」

押井守『GHOST IN THE SHELL／攻殻機動隊』より

「バックアップを使うしかないのはわかる…けど…今私が私だと思っているものはここで消えてしまう…そう感じるの」

山田胡瓜『AIの遺電子』01「バックアップ」27-8頁

Jakobsは、法人の刑事責任に関する論文の中で、規範的責任概念により犯罪を人格の表明だとしても、その人格に帰属される意識の同一性がそのような責

Berlin 2012, S. 114 ff.

(70)　増田・前掲注（1）336頁。

(71)　増田・前掲注（1）336頁。

(72)　拙稿「責任能力と自由意志論」『浅田和茂先生古稀祝賀論文集』（成文堂、2016年）259頁以下、273-274頁。

任の前提となるとして、John Locke のいわゆる記憶説を援用している[73]。すなわち「この人格は、ただ意識によってだけ現在の存在を越えて過去のものへ自分自身を拡張する。これによって人格は、現在の行動の場合とまさに同じ根拠で、同じ理由をもって、過去の行動を気にかけ、これに責任を持つようになり、これを自分のものとし、自分自身のせいにする。」[74] そこから Jakobs は、意識による自然人の同一性と、定款（Verfassung）による法人の同一性を刑事責任の観点からは少なくとも同列に扱うことはできないとするのである[75]。なお増田もこの同一性の問題について「三次元的な空間的持続体を認める存在論によれば、行為者・作用主体、とりわけ行為する人物は、変化しつつも通時的な同一性を有し、また……〈心的ないし指標詞的〉属性をも有する個別的存在者として理解され」うるとする[76]。この点で AI を搭載したロボットにおいては、そもそも意識（または「〈心的ないし指標詞的〉属性」）を持つことができるかどうか問題となるが、少なくともそれを持つ可能性は否定できず、自己の行為に関する記憶による同一性は（法人とは異なり）肯定しうるように思える。しかしロボットにおいては、自然人における場合と（将来的には自然人においても可能になるかもしれないが、少なくとも現状においては）異なり、記憶の書き換え、消去や、手塚治虫の『火の鳥・復活編』のロビタのように同一の記憶をコピーしたり、記憶やプログラムのバックアップも可能である。自然人においても SF 的な設定で記憶による同一性の問題が議論されてきたが、ロボットの場合は現実の事例においてもそのような問題が生じるのである。したがって刑事責任の前提としての人格の同一性の問題は、本稿でこれ以上議論する余裕はないが、ロボットの場合にも非常に重要な問題であると考えられるのである。

V　エピローグ

「いかにしてわれわれはシンギュラリティ後の世界の中に統合できるの

(73)　*Jakobs* (o. Fn. 61), S. 568 f.

(74)　ジョン・ロック［大槻春彦訳］『人間知性論（二）』（岩波文庫、1974 年）532 頁。なおこの点については一ノ瀬正樹『人格知識論の生成：ジョン・ロックの瞬間』（東京大学出版会、1997 年）、特にその第 6 章「法廷用語としての人格」同書 155 頁以下を参照。

(75)　*Jakobs* (o. Fn. 61), S. 569.

(76)　増田・前掲注（1）374 頁。

か？　われわれがすでにそこまでいっているならば、エンハンスメントを伴う段階的アップローディングによって、そこまではいっていないならば、エンハンスメントを伴う再構成的アップローディングによって。(How can we integrate into a post-singularity world? By gradual uploading followed by enhancement if we are still around then, and by reconstructive uploading followed by enhancement if we are not.)」

David J. Chalmers(77)

以上の議論は、答責性の要件を備えるようになったロボットがやがて社会の中で人間と「同等の」地位を持った「人格」あるいは「市民」として平和的に共存することになるという、ある意味、楽観的なシナリオに基づくものである。しかしいわゆるシンギュラリティ（singularity）(78)が到来し、AIロボットの方が人間と対等の存在ではなく、超人間的な、人間よりも知的な存在になった場合には、逆に人間の地位や役割はどうなるのかいう問題もChalmersらによって議論されている。Chalmersは、これには①絶滅、②孤立、③劣位、④統合があり、④の選択肢、すなわちアップロードによって人間が知的機械の中に統合されることが望ましいとして、その場合に機械の中にアップロードされた人間（元人間？）の人格の同一性などが論じられている(79)。しかし戸田山和久は、Chalmersの依拠しているシンギュラリティのシナリオは「非現実的で単純すぎる」と批判し、むしろ「より信憑的なシナリオ」としてはシンギュラリティに至る過程で「中途半端に知的な」機械が次々と開発され、われわれはそれらを「道具として利用して、知覚し思考し意思決定する」ある種のサイボーグ(80)になっていき、アップロードが実現する前に、意識の連続性も人格の同一性も重要性を失うかもしれないとする(81)。そのような社会における刑法は、どのようなものになっていくのであろうか？　今はまだ（昔の）鏡で見るように、ま

(77)　David J. *Chalmers*, The Singularity: A philosophical Analysis, 17 Journal of Consciousness Studies, 7-65 (2010) at 63.

(78)　シンギュラリティの意義に関しては戸田山和久「シンギュラリティ」『人工知能大辞典』前掲注（2）108頁以下参照。

(79)　*Chalmers, supra* note 77.

(80)　Andy Clarkは、われわれはもうすでにサイボーグになっているのかもしれないという（アンディ・クラーク［呉羽真・久木田水生・西尾香苗訳］『生まれながらのサイボーグ：心・テクノロジー・知能の未来』［春秋社、2015年］）3頁。

(81)　戸田山・前掲注（78）110頁。

だ幻のようなぼんやりとしたものであるが、その時がくれば顔を合わせてそれを見ることになろう。「その時」はもう間近に迫っているのである。

権利主体性の根拠をAI・ロボットから問い直す

小林史明

Ⅰ　はじめに

昨今、人工知能（以下、AIという）とロボット技術の進展にともない、かかる技術が社会実装されるにあたって生じるであろう社会問題を扱う論攷が日増しに多くなっている(1)。とりわけ法学においては、産業界や保険業界も巻き込んで、自動運転車(2)やロボットが事故や事件を引き起こした際の民事および刑事責任問題が取り上げられている。

本稿は、まずAIやAIが実装されたロボット等が「損害」を発生させたときの実定法上の責任帰属の議論を前提に、責任概念の整理をおこない、そのうえで、AIやロボットに権利・責任主体性、すなわち法人格を付与しようとする試みについて考察を行うことを目指す。多義的で混乱のもととなっている責任概念の整理を必要な範囲でおこない、続いて法人格として法的な権利主体とされるために必要な条件について責任負担と擬制の観点から捉え直し、権利主体性の根拠や内実に関する一つの構想を提示したいと思う。

---

(1)　筆者も日本法哲学会においてAIやロボットと法に関するワークショップを開催した。本稿は、そこでの各報告と質疑応答から多大な寄与を受けている。なおこれについては下記を参照されたい。小林史明「ワークショップ概要 人工知能（AI）／ロボットと法」『法哲学年報2016 ケアの法 ケアからの法』（有斐閣、2017年）163-164頁所収。

(2)　自動走行という呼称もなされているが本稿においては自動運転という。「自動（auto）車」という名辞は200年間我慢して今日のために取っておくべきだったのかもしれない。

Ⅱ　責任の概念を整理する

AIやロボットの責任を問う、と述べるときそもそも責任とは何かという難題が立ちはだかる。これ自体が法哲学上の難問であるが、ここではさしあたりH. L. A. ハートによる分析を参照しよう。ハートは「責任 responsibility」という表現で示される観念を、(a) 役割責任 Role-Responsibility、(b) 因果責任 Causal-Responsibility、(c) 負担責任 Liability-Responsibility、(d) 能力責任 Capacity-Responsibility に分類し(3)、分析を試みている。とりわけ負担責任は法との関係、つまり刑罰や損害賠償と深く関わるものとされている(4)。本稿ではとくにこの負担責任について、民事・刑事双方について検討していくことになる。

まず、民事責任から検討しよう。一定程度自律的判断・行動をおこなうAIやロボットによる事故に関しては、「責任の空白」が生じると指摘されている。つまり、現行法を前提にするかぎり、自動運転車やAI搭載ロボットによる事故が発生した場合、過失、因果関係、欠陥等の立証の事実上の困難によって、損害を賠償すべき主体が存在せず、被害者が救済を受けられない事態が想定される(5)。損害の公平（公正）な分担が不法行為法の重要な目的だとすると、新しい技術の実装によって事故自体は減少するかもしれないが、それでも不可避的に生ずる損害が多くの場合被害者によって分担されがちになることが問題となる。つまり、被害者の「泣き寝入り」が増加する可能性があり、この予測は看過できるものではないだろう。不法行為の構成要素のうち非難可能性に関連する部分について、分担の公平性や被害者の迅速かつ十分な救済という社会的な目的実現のため、担補償力を有する主体への無過失責任化が推し進められてきたことは、自動車損害賠償保障法、原子力損害賠償法、製造物責任法その他公害対策立法などに明らかである(6)。そこでは社会的目的にとっての有用性

(3)　H. L. A. Hart, *Punishment and Responsibility: Essays in the Philosophy of Law* (2nd impression), Routledge, 1970, pp. 212 ff. なおこれに対する批判的言及と責任実践の制度化については瀧川裕英『責任の意味と制度』（勁草書房、2003年）を参照されたい。

(4)　*Ibid.*, p. 215.

(5)　たとえばこれに触れるものとして、浦川道太郎「自動走行と民事責任」NBL 1099号30-36頁所収、平野晋「AIネットワーク時代の製造物責任法」福田雅樹・林秀弥・成原慧編著『AIがつなげる社会――AIネットワーク時代の法・政策』（弘文堂、2017年）274-277頁。

のために、報償責任や最安価損害回避者といった理論的正当化によって原則の修正をおこなっている。現在、自動運転車、AI、ロボット等の事故についてもこれらを参考にした方策が検討されている。

たとえば今井猛嘉は、AIを設計した自然人を超えてAIそれ自体に責任を負わせる可能性に言及しながらも、その一歩手前ともいえるシステムの答責性について検討している。今井は、「システムを責任主体とする発想は、民事責任との関係では、一定程度、妥当するであろう。自動運転による被害者救済のために、自動運転の市場投入に関連したさまざまなものを一括してシステムと称し、当該システムの設置・運営主体に過失責任を問うという発想は、現行の民事ないし行政法上の責任追及システムとも親和的だからである」(7) と述べる。ここで想定されているのはAI自体の責任ではなく、AIシステムに関与した自然人・法人の責任であるから、法的主体という観点からみればあくまで現行法の枠内にとどまっている。では、システム責任を超えて、AI自体を責任主体とすることは可能であろうか。現在、権利や義務を有することができる権利能力の主体たりえるのは自然人と法人のみであるが、これをAIやロボット等にまで拡大することが構想されている。しかし、そもそもの前提として自然人に権利能力の存することが自明のごとく語られているが、歴史上、奴隷や女性といった例外がある以上これはごく最近の前提に過ぎない。また法人の権利能力については、古くは*ultra vires*をめぐる議論に明らかなように、法人そのものの性質、法人の種類や目的によっていかなる範囲劃定をすべきかがいまだ議論のさなかであることに注意する必要がある。

たとえば法人に権利能力を認め責任を負わせるといっても、それはあくまでも「法人の場合には、その行動の意思決定を下しているのは結局のところ取締役や最高執行役員といった自然人である」(8) というように、究極的には自然人に還元されるべきものと想定されていることが多い。法人は、擬制的な存在であるとされ、本来の主体ではないことが前提されているのだ。しかし、ケルゼンがいうように「自然人」も「法人」も、「義務や権利の複合体・統一体が、人

(6) 厳密に言えば、自動車損害賠償保障法3条は、ドイツの自動車交通法を模したもので、運行供用者に無過失責任を正面から認めたものではなく、証明責任の転換によって事実上の無過失責任を実現したものである。浦川・前掲注(5) 30-31頁。

(7) 今井猛嘉「自動走行に関与する者の刑事責任――現行法下の処理と今後の課題」NBL1099号28頁。

(8) 平野晋『ロボット法――AIとヒトの共生にむけて』(弘文堂、2017年) 231頁。

格という概念で比喩的に表現されている」もので質的に異なるものではない。さらに「いわゆる自然人とは、人間ではなく、同一の人間に義務と権利を与える法規範の統一体であり、それを人格化したものである。自然人は自然的現実ではなく、法学が創造した構成物であり（中略）この意味において、いわゆる自然人もまた法人である」(9) とつづく(10)。規範の内容にしたがって、団体たる法人自体が責任を負うことは何の問題もなく、自然人の場合と本質的な違いはないことになる(11)。

さて問題はAIやロボットをここでいう法人と看做してよいかである。社団法人と物のあいだにあるものとして財団（法人）が考えられるかもしれない。たとえば民事法においては、およそ財産でしかない物の集合がそれ自体として法人格を認められる場合が存在する。一般社団・財団法人法により設立される財団法人が典型であるが、民法951条は「相続人のあることが明らかでないときは、相続財産は、法人とする」と定める。この相続財産法人は、とくに設立手続きを踏まずに物である財産に法人格が付与されるもので、財団法人として目的遂行のために主体として行動しうる(12)。また、破産宣告がなされると破産者の財産は財団となるが、かつてはこの財団に法人格を認める説も主張されていた(13)。すなわち「破産財団に法主体性を認める」説(14) がそれであり、「権利義務の帰属点としての主体性を承認」し、明文の規定を欠くがいわば「暗星的法人」として法人格を認めようとする兼子仁の学説が著名である(15)。兼子は、破産法学の目的論を根拠にケルゼンを引きつつ、かかる法人格肯定説がも

(9) Hans Kelsen, *Reine Rechtslehre*, 2 Auflage, Franz Deuticke, 1960, S. 176 ff（ハンス・ケルゼン（長尾龍一訳）『純粋法学 第二版』（岩波書店、2014年）168-9頁).

(10) さらに、方法論的個人主義を批判し、団体の実在に個人をも解消する「団体主義」を唱えるものとして、安藤馨「団体が、そして団体のみが（提題）」、安藤馨・大屋雄裕『法哲学と法哲学の対話』（有斐閣、2017年）47-67頁所収がある。

(11) たとえば日本の民事訴訟法29条は「法人でない社団又は財団で代表者又は管理人の定めがあるものは、その名において訴え、又は訴えられることができる」と定め、法人格のない権利能力なき社団・財団が訴訟追行することを認めている。なお、ケルゼンは刑事責任についても団体たる法人が負うべきことにさしたる問題を認めていない。Kelsen, a.a.O., S. 190-1（ケルゼン・前掲注（9）179-180頁).

(12) 近江幸治『民法講義Ⅳ 親族法・相続法』（成文堂、2010年）299頁。

(13) これを認める判例もあったが上訴審で覆されている。福井地判平19・9・12および名古屋高金沢支判平20・6・16。

(14) 山本和彦・中西正・笠井正俊・沖野眞已・水元宏典『倒産法概説（第2版）』（弘文堂、2010年）364頁。

(15) 兼子仁『民事法研究 一巻』（酒井書店、1971年）450-473頁。

っとも適切であると論じている。このように社会的有用性が高い場合に財産に法人格を与えること自体はめずらしいことではない。実際に、有用性の観点から自動運転車やAIやロボットに法人格を付与する可能性についても検討されている(16)。

次に刑事責任について概観しよう。AIやロボットの刑事責任については、現行法解釈上は、特別の規定を要する法人処罰（それ自体の根拠に論争があるが）という例外があるものの原則として個人責任主義が通用しているためにあまり問題とはならない。すなわち、故意・過失、規範違反、意思決定への非難可能性といった概念自体が想定し得ないと前提されているからである。したがってこれを論じようとすると、刑事責任の内実に分け入って責任主体性そのものに向き合わねばならない(17)。これについては次章で権利主体性を論じるなかで不十分ながら検討するが、ここではAIやロボットの刑事責任主体を模索する動機として、民事と同様に責任の空白ないし過少責任が指摘されていることを言及するにとどめよう(18)。

Ⅲ　権利主体性の諸相

権利や義務をもつとはいったいいかなる意味なのかを遡って検討する必要が

(16)　中山幸二「自動運転をめぐる法的課題」自動車技術69巻12号（2015年）45頁。肥塚肇雄「保険会社のICTを使った危険測定と自動車保険契約等への影響――人工知能及び自動運転を対象として」保険学雑誌636号（2017年）198頁。新保史生「ロボット法をめぐる法領域別課題の鳥瞰」情報法制研究1号（2017年）69-70頁。青木人志「『権利主体性』概念を考える」法学教室443号（2017年）54-60頁。成原慧「AIネットワーク化をめぐる法的問題と規範形成」自由と正義68巻9号（2017年）39頁、など。

(17)　夏井高人は「ロボットは、人間ではないので、責任能力を有しないし、規範による管理策が成立しない以上、ロボットそれ自体について刑事責任を論じてみても不毛であり、学術上の生産性・有用性は全くない」とするが、法哲学的考察については検討される余地があろう。夏井高人「アシモフ原則の終焉」法律論叢89巻4・5号（2017年）205頁。法人処罰の理論的根拠と歴史については、樋口亮介『法人処罰と刑法理論』（東京大学出版会、2009年）に詳しい。

(18)　たとえば松尾剛行は、責任主体の不在による被害者の不満という観点から「電子的人（デジタルパーソン）」の処罰可能性に触れている。松尾剛行「自動運転車・ロボットと法的責任」自由と正義68巻9号（2017年）63頁。また、ほかに刑法学者のスザンネ・ベックの論攷があり、これを紹介するものとして、根津洸希「（論文紹介）スザンネ・ベック「インテリジェント・エージェントと刑法――過失、答責分配、電子的人格」」千葉大学法学論集31巻3・4号（2017年）162-174頁がある。

ある。これについては伝統的に権利の本性論と呼ばれる一群の議論がなされてきたのでこれを参照しよう(19)。権利とは何かという問いへの回答は大きく三説に岐れている。他者の義務を強行・免除する支配力として捉える意思説と、その一つの発展形である、他者の義務を強行するか免除するかを選択できることが不可欠な要素であるとするH. L. A. ハートによる選択説(20)（便宜上この二説を一説として扱う）、そして法によって保護されるべく意図された何らかの利益こそがその要素であるとする利益説(21)とが主張されてきた。これに対し、意思説ないし選択説では不可譲権（inalienable rights）を説明できず、利益説では第三者のためにする契約や他者の義務付けによって本人が不利益を被る場合を説明できないなどの欠点が指摘されてきた。しかし、ここで注目しなければならないのは、両説がともに含意する主体の要件である。意思説・選択説が、文字通り相手方に何かをなさしめ、またはなさしめない意思や選択をする能力を前提にしていることから、それらの能力を欠く嬰児や重度精神障害者、脳死者などを権利主体として位置づけることができないという難点はつとに指摘されてきた。他方で利益説はその点を克服し、上記のような能力を欠く人間のみならず受動的に利益を受けることができる動物等にも権利主体の枠を広げることができるとされてきた。たしかに利益説のいう利益は法が保護しようと意図した利益であるから、目的外の単なる反射的利益の受益者は権利主体とはならない(22)が、たとい単なる反射的な受益者も権利主体になると考えたとしても、森村進が指摘するように、利益説は「効用、快苦（pleasure/pain）、安楽といったものを重視」(23)するから、少なくとも効用や快苦等を感じる能力が要求されるのではないか。そのような快苦享受ができない人間が権利主体から排除されることも当然ありうるはずである。したがって、意思説・選択説または利益説

(19) Cf. F. M. Kamm, "Rights," in Jules Coleman and Scott Shapiro (ed.), *The Oxford Handbook of Jurisprudence and Philosophy of Law*, 2002, pp. 476–513, etc.

(20) H. L. A. Hart, "Legal Rights," in *Essays on Bentham : Jurisprudence and Political Theory*, 1982, pp. 162–193.

(21) 代表的なものとして、Joseph Raz, "Legal Rights," *Oxford Journal of Legal Studies*, vol 4, No. 1, pp. 1–21.

(22) たとえば、動物愛護法が動物に虐待されない利益をもたらそうとして制定された場合には動物は権利主体たりうるが、人間が動物虐待などという道徳的頽落に陥らないようにする目的で制定されたのであれば、意図されたのは人間の利益であるから権利主体は人間にしか認められないことになる。このような点に触れるものとして、田中成明編『現代理論法学入門』（法律文化社、1993年）304–305頁（若松良樹執筆部分）。

(23) 森村進『権利と人格——超個人主義の規範理論』（創文社、1989年）53頁。

のいずれに立ったとしても、一部の生物学的人間が権利主体から排除されるという通常我々が「難点」と考える問題は残置されることになる。それでもなお人間であることのみを理由として権利主体たらしめるべしと主張するとなると、いわゆる人間という動物種のみを優遇する「種差別（spieciesism）」との批判を受けることになろう。この種の批判は、権利主体性の根拠を何らかの能力に基礎づける議論を採るかぎり、人間のうちもっともその能力をもたない者よりも高い能力をもつ人間以外の種が存在するだろうから多かれ少なかれ避けがたいものである。

これに対する回答の一つは、能力による基礎づけをやめてしまうことである。「能力Xがあるのだから権利Yが認められる」という図式を拋棄し、「権利Yが認められるのだから能力Xがあるはずだ」というプラグマティックな図式への移行がそれである。実は、私たちは人間間での能力の差異についてはすでにこのような図式を用いている。さまざまな活動に用いられる個々人の判断能力は実際にはまちまちであるが、一定の閾値はあるにせよ、基本的には同程度と看做す擬制（fiction）によって法制度は運用されている(24)。実際はどうであれ「等しい存在＝人格である」という制度による信憑が、権利主体性の平等を支えているのである。ところが私たちは異種間の場合には、きわめて短絡的に、異なる取り扱いはそもそも能力が異なるからだと信じ、人間間では多少慎重になるもののやはり異なる能力がその背景にあると信じている。だが、実際には制度によって等しく扱われることが等しさを支えるという側面があるので、権利主体の拡充には、制度先行による等しい取り扱いと、制度によらない等しさの信憑性増大や社会的有用性によるボトムアップの2つの方向性があるといえる。動物の権利について青木人志が、「現在の法が、私法上の権利能力と憲法上の人権を動物に与えないのは、究極的には『人間が動物を共に社会を構成する仲間とみなしていない』という社会的・政治的な理由によると考えるべきだろう」(25)というのは、そこになんらかの等しさの信憑性がまだ十分に存在していない状態のことを指していると考えることができる。

さてそこでは、権利主体性の否定や制限は、その権利に必要な能力や資格の

(24) ここでいう閾値とは、事理弁識能力等が一定の基準に達しない場合には民法上の制限行為能力や刑事責任無能力とされることである。この均質性がフィクションであることは消費者法制をはじめとする契約自由の原則への「修正」から明らかであろう。

(25) 青木・前掲注（16）60頁。

欠如を強く推定させる（少なくともそのようなスティグマを与えうる）機能をもつだろう。たとえば子どもに選挙権を与えず、外国人の土地取引に一定の制限をかけるなどは、かかる権利を行使するために求められる政治的判断能力や自由な経済取引主体としての資格を欠く存在であるとの印象を抱かしめる。しかし、かつての奴隷制、人種差別、女性差別に思いを致せば、このような権利主体性の制限による「二級市民化」は、のちに許しがたい差別として糾弾される可能性があることを十分に認識しておかねばならない。

さて、ではいかにして私たちは等しい存在であるとの信憑を獲得するのであろうか。その重要な要素の一つとして、責任（liability）や義務を負うことがあると考えられる。

たとえば、かつて刑法典に規定されていた先天的あるいは幼少時から聴覚・言語機能を持たない瘖唖者の不処罰・必要的減軽は、当事者たちの要求によって削除された。たとえ形式的には自分たちに不利益にはたらこうと、健常者と同等に罰するよう要求したのである。大屋が指摘するように「ここでは罪を免除されることが、「まともな主体」ではないという認定と結びついていい」(26) たからである。同じように刑事責任を負うということが、同等の「権利」主体であることの承認へと密接につながっている。それはまさしく「処罰される権利」の主体であり、瀧川裕英の言葉を借りれば「刑法界への参与資格」(27) を求める闘争だったといえる。つまり、負担責任を果たすことで一人前の法的人格として認められる道を選んだのである(28)。

また、当否は置くにしても八幡製鉄事件(29) において最高裁が「納税の義務を有し自然人たる国民とひとしく国税等の負担に任ずるものである以上」と納税負担を挙げて法人の権利主体性を擁護しようとしたり、あるいはより直截に松田二郎裁判官意見が「会社として義務を負担し得る範囲の拡大であり、この点で『権利能力』の拡大といい得る」と会社の社会的責任に言及したりしていることも、なんらかの法的負担の引き受けをことさらに強調して権利能力性の根拠を論じていて大変興味深い。

---

(26)　大屋雄裕『自由とは何か——監視社会と「個人」の消滅』（ちくま新書、2007年）186頁。

(27)　瀧川裕英「責任能力は責任に依存する」法学教室430号（2016年）13頁。

(28)　もちろん本人がそう願うだけではなく、大屋が言うように「『自由な個人』であるという擬制を作り出すのか、それが社会において認められるのかどうか」という点も問われる。大屋・前掲注（26）199頁。

(29)　最大判昭45・6・24民集24巻6号625頁。

では、いかなる方法で法的負担をAIやロボット等に付与することができるだろうか。民事責任については、AIやロボットに財産権の主体性を付与することは比較的容易なことかもしれない。おそらく当初は事業者や利用者支弁による責任財産の付与という形でおこなわれ、機能的には保険とほとんど変わらないかもしれない。しかし、より高度なものになるにつれてAIやロボット自身による財産取得の方途は広がりを見せるだろう。

やや困難であるように思われるのは刑事責任の負担である。大屋雄裕は、ある種の責任という言葉に我々が担わせている意味について「血のバランスシート」という表現を用いて、我々の衡平感覚を指摘する。つまり「抗争の一方当事者に生じた犠牲と同じだけの生命が他方当事者からも失われねばならぬ」というものである(30)。するとAIやロボットは「人間がすべて等しくかけがえのない生命を持っており、痛みや苦しみを感じうる主体であるという可傷性(vulnerability)」(31)に欠け、複製可能であるために「かけがえのなさが我々とは共有されていない、均質性が存在していないという感覚」(32)を抱かしめるので、刑事処罰に付することに納得し難い違和感があるというのである。

ここで考えるべきは、人間であっても実際には刑罰が痛みとして効かない者がいるなかで、同じ人間であるからという理由で効いているようにみえることで、私たちは均質性を擬制している点である。そうであるとすれば、AIやロボットに刑事処罰が効いているようにみえるようにすることが重要であろう。ロボット法研究においては、ロボットに刑罰を科すか否か、科すとしてどのような刑罰を科すべきかが議論されている(33)。破壊や消去による死刑、停止による自由刑の執行などが検討されるが、いずれも刑罰の目的論に踏み込まざるを得ず明確な解答は出ていない。また、法人処罰のアナロジーによって財産刑を科すことも検討されている。プログラム不正や学習データの偏り等によって被害が生じた場合には、危険性除去のためにデバッグやリプログラミング、学習

(30)　大屋雄裕「人格と責任――ヒトならざる人の問うもの」福田雅樹・林秀弥・成原慧編著『AIがつなげる社会――AIネットワーク時代の法・政策』(弘文堂、2017年)358頁。

(31)　大屋・前掲注(30)359頁。

(32)　同上。

(33)　平野晋『ロボット法――AIとヒトの共生にむけて』(弘文堂、2017年)246-250頁。ドイツにおけるロボットへの刑事答責を紹介し論じるものとして、根津・前掲注(18)。また肉体に改造を加えたサイボーグ技術が刑法に与える影響については、小名木明宏「科学技術時代と刑法のあり方：サイボーグ刑法の提唱」北大法学論集63巻6号(2013年)2152-2140頁。ただし小名木論文は、刑法の対象はあくまで人のみであるという留保のもと機械自体の問題には触れていない。

データの初期化等がおこなわれるであろうが、これらは人間にたとえれば洗脳教化刑に当たるかもしれず、かえって均質性を損なう可能性もある。さらにいえば、人間への洗脳教化刑への端緒を切り開く恐れもある(34)。また、AIがネットワークの一部として結合することで個体化できないことが、かけがえのなさと両立せず、「可傷性を背景にした我々の責任実践の一部とは概念的に相容れない性質を帯びている」(35) との指摘もなされているが、AIを意図的に個体化させ（られたように見せ）たり、他の方法で均質性を補ったりすることも考えられる。

ほかに、人々に均質性を感じさせるものとして、人間と外見が似ているという要素があると私は考えている。この権利主体外観法理とも呼ぶべき構想は、機能性を損なってでも人型にこだわるロボット開発を念頭に、私たちの「愛着」に訴えることによって等しきmembershipの獲得を目指していくものである。そもそも人間が特権的存在でありえたことの大きな要因の一つは、神人同型説（anthropomorphism）による擬人化（あるいは擬神化）であり、いうなればロボットの人型化は卑属に向けられた同型説のように私には思われる。

人間と同型となった神話上の神々が怒りを抑えられないように、人間と同型になったロボットは、それゆえに「人間にはできないことができる」という人間にとっての有用性を縮退させてしまうかもしれない。そう、人間にとって人間はそれほど有用ではないのだ。roboticsの行く末が人間性探求と切っても切り離せないゆえんがここに存在している。均質性の信憑を生み出す愛着と有用性という二つの要素こそが、権利主体性の鍵なのではないだろうか(36)。

(34)　もちろん危険除去や社会防衛を重要視するならば、洗脳教化刑を忌避する私たちのほうに問題があるのかもしれず、AIやロボットの刑罰論を検討することによって私たちが啓蒙されることになるのかもしれない。

(35)　大屋・前掲注（30）360頁。

(36)　なお、愛着や共感は外形だけから生まれるわけではもちろんない。たとえば筆者は、第20回文化庁メディア芸術祭においてBenjamin MAUSとProkop BARTONÍČEKによる「Jller」という「約2m×4mの台に広げた小石を、画像認識システムで自動的に捉え、あらかじめ設定された基準となる石と特徴を比較し、地質年代を推定する。次に産業用バキューム付ロボットアームにより、作業スペースを確保しながら、簡易的な分類を行ない、種類と年代順に並び替えていく」（作品概要より）だけの人または動物とも程遠い産業機械様の装置を見た。だが、ひたすら排列し並べ終わった石を人間が再展示のために再び乱雑にする様子を見て、「健気」な作動の様子によって引き起こされる憐れみと同情を禁じ得なかった。これらの心理的機序の解明は本稿の任を越えるが外形を越える複雑なものである。ただ、私たちが何に愛着を感じるかは、ほとんど「慣れ」の問題ではないかというのが、私の当座の結論である。

※このたび増田豊先生が古稀を迎えられますこと、衷心よりお慶び申し上げます。先生は、私が修士課程院生のときより現在に至るまで、指導教授に劣らぬご指導をしてくださいました。先生の、ときに辛辣で直截、そして鋭いご指摘は、刑法学にとどまらない該博な識見に裏付けられたもので、のちに勉強を重ねてやっとその意義に気付かされることが多々ございました。以前、先生とお約束をした、先生のご研究にコメントしあわよくば反論するという宿題は未だ果たせておりません。もっとも菲才の教え子として、先生におかれてはいつまでもお元気に回答をお待ちいただければと甘える次第です。

刑事過失と民事過失の異同について

山本紘之

Ⅰ　はじめに

刑事過失は民事過失と同じ内容を有するのか。一般的には、刑法と民法の目的の差異にかんがみ、過失の内容も異なると理解されているものと思われる。そのような一般論を述べる最高裁判決も存在するし(1)、学説も基本的にはそれに賛成してきた(2)。刑事過失は刑罰という非難と結びつく一方で、民事過失は損害賠償を前提にしたものであるから、被害者や第三者の過失を過失相殺という形で広く取り込むこととなり、現実に過失が認められる場面も、刑事過失とは異なるということになろう(3)。

他方、「詳細については専門家の研究にゆだねることにしたい」としながらも、

---

(1)　最判昭和34・11・26民集13巻12号1573頁。

(2)　谷口知平「判批」判評25号（判時214号別冊。1960年）8頁、中川淳「判批」民商42巻4号（1960年）118頁、菱木昭八朗「判批」専修大学論集24号（1960年）94頁、宮内竹和「判批」法協78巻2号（1961年）224頁など。上原豊「判批」加藤一郎ほか編『新交通事故判例百選』（有斐閣、1987年）9頁は、それを通説と評する。他方、人見庸子「判批」法研33巻5号（1960年）60頁以下は刑事過失と民事過失の接近を説くものであるが、刑事過失を無過失責任に近づけるものであり、賛同しがたい。刑法学の見地から両者の違いを説くものとして、原田綱夫「過失について－刑事上過失と民事上過失」三重大学教育学部教育研究所研究紀要39号（1968年）11頁、西原春夫『交通事故と過失の認定』（成文堂、1975年）6頁以下、田山聡美「交通事故における刑事責任と民事責任」岡野光雄古稀祝賀『交通刑事法の現代的課題』（成文堂、2007年）10頁。ドイツの議論については、vgl. MK[3]-BGB/*Hanau*, 1994, § 276, Rdn. 77.

(3)　西原春夫＝西原道雄「自動車事故の過失責任　対談／刑法と民法の接点2」法セ151号（1968年）45頁（西原春夫発言）。さらに、板倉宏「民事過失と刑事過失」ジュリ431号（1969年）324頁以下も、この点を詳細に論じる。

「刑法においても民法の過失論と同様の傾向が生じてきているということがいえそうである[4]」とする指摘や、アメリカ・ドイツ不法行為法の知見をわが国の刑事過失論に活かそうとする試みも見られる[5]。このように見てくると、民事過失と刑事過失が異なる内容を有するとしても、その異同を明らかにし、刑事過失論の展開にあたって参照すべき点を明らかにすることは、有益であると思われる。本稿はこのような問題意識に基づき、刑事過失と民事過失の異同を論じるものである。なお、民事において過失は多様な場面で問題となるが、本稿においては、特段の断りがない限りは、不法行為法における過失を対象とする。

Ⅱ　議論の概観

1　両者の差異について

刑事過失と民事過失の差異を正面から論じたものは、そう多くはない。その中で、早くからこの点を論じたトプラーは[6]、刑法と民法の目的の差に着目して、両者は完全に別物であるとする。

トプラーは、まず、概念を統一することのメリットとデメリットを比較する。彼は、メリットとしては、議論が簡明となる点を挙げる。他方、概念を統一すると、それぞれの法の目的が達成されないおそれが生じるとする[7]。たしかに、不注意が過失の本質である点は刑法も民法も同様かもしれないが、それぞれの法的効果の違いにかんがみれば、要求される注意の程度が異なるべきだと言うのである[8]。すなわち、責任を重視する刑法においては個人的な基準が立てら

---

(4)　山川一陽「失火責任をめぐって―民事過失と刑事過失―」警論 64 巻 3 号（2011 年）126 頁。

(5)　樋口亮介「注意義務の内容確定基準」髙山佳奈子＝島田聡一郎編『山口厚先生献呈論文集』（成文堂、2014 年）197 頁以下。さらに、刑事裁判例の見当たらない分野において、民事裁判例を手がかりに刑法上の過失を検討する論稿として、日下和人「情報収集義務と予見可能性との関係」早稲田法学会誌 60 巻 1 号（2009 年）272 頁以下。

(6)　*Tobler*, Fahrlässigkeit im Zivil- und Strafrecht, 1931. なお、同論文はチューリッヒ大学に提出された博士論文であるが、エクスナーやビンディングなどのドイツの議論が幅広く参照されており、本稿で比較対象とするドイツの議論と整合するものである。

(7)　*Tobler*, a.a.O.（Anm. 6）, S. 13 ff.

(8)　*Tobler*, a.a.O.（Anm. 6）, S. 107 ff.

れるべきであるが、民法においては社会生活における見方が重視され、客観的な基準が立てられるべきだと、トプラーは結論づける(9)。そのため彼の見解によれば、刑事過失と民事過失は、完全に区別されるべきだということになる(10)。

このように、刑罰と損害賠償という法的効果や、それによる目的の差異に着目して、刑事過失と民事過失の違いを説く見解は、近時も広い支持を得ているものと思われる。たとえばドイチュは、そこに言う法の目的を以下のように敷衍して、両者の違いを説いている(11)。

刑法の目的は一定の分野における法秩序の維持であり、そのため応報や予防といった刑罰目的があるものと思われる。他方、ドイチュは、損害賠償という私法上の効果は制裁ではなくて、規範違反によって乱された「財の均衡」から演繹されるものだとする。非定型的な規範名宛人の能力を考慮すると、私法の規範目的が達成されなくなるから、私法の割当機能がクローズアップされることとなる。不注意による侵害を予防できないのであれば、被害者に生じた損害が除去されなければならない、とドイチュは述べる(12)。このような、民法の目的から客観的な過失概念を提示する見解は数多く(13)、それが一般的な立場と見てよかろう。

そうした点はさらに、たとえば製造物責任という特殊領域についても異ならない。この点を詳論するクーレンは、以下のように差異を述べる(14)。

クーレンも、刑事過失の概念がドイツ民法の「社会生活上必要な注意」という基準を用いてきたことは認める。そのため、たしかに、何が法的に誤った態度かという問いに対する答えが刑法と民法で共通することにはなりうるとするのである(15)。

しかし、とりわけ製造物責任の分野においては、必要な注意の基準が刑法と

(9) *Tobler*, a.a.O. (Anm. 6), S. 157 f.

(10) *Tobler*, a.a.O. (Anm. 6), S. 170.

(11) なお、ドイチュの見解については、潮見佳男『民事過失の帰責構造』(信山社、1995年) 201頁以下も参照。

(12) *Deutsch*, Fahrlässigkeit und erforderliche Sorgfalt, 2. Aufl., 1995, S. 82 f.

(13) 詳細は、潮見・前掲注 (11) 239頁以下を参照。

(14) LK[12]-*Vogel*, 2007, § 15 Rdn. 206 も、クーレンの見解を軸として検討を行っている。なお、ドイツでは1990年に製造物責任法が施行されている。本稿は不法行為法における過失概念を比較対象とするものであるので、同法施行前の、一般不法行為法の枠内における議論を対象とする。

(15) *Kuhlen*, Fragen einer strafrechtlichen Produktshaftung, 1989, S. 88 f.

民法で異なると、クーレンは述べる。すなわち、損害を負担することが経済的に可能であることは、民法上は責任を負わせる一要素となるが、刑法ではそのような要素は考慮されない。誰に負担させることが経済的に効率が良いか、という視点が民法で採られていると思われるが、そのような視点は刑法にはなじまないとするのである。さらに、製造物責任の分野では過失責任（Verschuldenshaftung）から危険責任（Gefährdungshaftung）への移行が進んでいることも看過しえない(16)。これは、証明責任を考慮したものであろうから、何が誤った態度か、という上述の議論とは異なるとするのである(17)。

2　両者の類似性について

もっとも、たとえばドイチュも刑法学説を参照しているし(18)、より進んで両者の類似性を指摘する見解も散見される。

たとえば、ドゥトゲは、刑事過失と民事過失の関連を以下のように説く。

彼ももちろん、一般的には両者が別の概念だと理解されていることは前提とする。両者が異なっても、法技術的な矛盾が生じるわけではないから、法秩序の統一性という視点も、ここでは特段の意味を持たない(19)。

ドゥトゲはその上で、民事過失が客観的な基準を立てている点は、刑事過失論にとって有意義であるとする。民事過失においては行為者の属する領域における規範的人間とか一般人といった基準に基づいて注意の程度が定められるが、これは、たとえば民間規格(20)やスポーツのルールといったものを通じて、具体化されてきた。従来の刑事過失論の不明確性にかんがみれば、そのような具体化は参照されるべきであるとするのである。

このように、刑事過失にも客観的な面があり、その点において民事過失と類似するというドゥトゲの指摘は、一見奇異に見えるように思われるかもしれない。実際に、ドゥトゲと異なり民事過失こそ刑事過失に接近すべきであるとい

(16)　過失責任と危険責任の訳語は、E. ドイチュ／H.-J. アーレンス（浦川道太郎訳）『ドイツ不法行為法』（日本評論社、2008年）4頁以下によった。

(17)　*Kuhlen*, a.a.O. (Anm. 15), S. 90 ff.

(18)　*Deutsch*, a.a.O. (Anm. 12), S. 44 ff.

(19)　*Duttge*, Zur Bestimmtheit des Handlungsunwerts von Fahrlässigkeitsdelikten, 2001, S. 233 ff.

(20)　民間規格が刑法上も意義を用いることについては、スザンネ・ベック（只木誠監訳、谷井悟司訳）「過失解釈における民間規格の意義」比較法雑誌50巻2号（2016年）125頁以下を参照。

う主張も、わが国では見られるところである。すなわち、民事過失が事実上無過失責任に陥っているとした上で、民事過失も「過失」が問題となる以上、被害者救済が先で[21]、緩やかであってもよいということにはならないとして、民事過失の広さを批判する見解がこれである[22]。

このように見てくると、刑事過失と民事過失は異なり、民事過失のほうが広い、という一般論は広く共有されていると思われる[23]。それでは、その一般論は具体的にどのような形をとって現れるのか。次に、裁判例に現れたケースを概観して、刑事過失と民事過失の異同を明らかにしたい[24]。

Ⅲ　裁判例の概観

1　事実認定の差異

同一の事象について刑事責任と民事責任の両方が問われ、両者の結論が分かれた事案は少なくない。しかし、その多くは、認定された事実が異なっている。

たとえば、以下の、水難事故に関する事案がある[25]。本事案においては、刑事裁判においては無罪が言い渡された一方で、民事裁判では過失が認められたというものである。本事案は、水泳訓練中に大きなうねりが生じて多数の生徒が押し流され、36名が死亡したというものである。刑事裁判においては、校長、教頭に当たる地位にある教諭および体育教師であり水泳場設置の責任者であった教諭の三名が被告人となった。第一審は有罪を言い渡したものの[26]、第二審は、うねりの原因は入水後の高波であるとして、無罪を言い渡している[27]。

(21)　板倉宏「民事過失と刑事過失」ジュリ 431 号（1969 年）327 頁は、この点に基づいて民事過失の広さを指摘する。

(22)　井上正治「民事過失と刑事過失」法時 39 巻 4 号（1967 年）9 頁以下。

(23)　*Vogel*, a.a.O. (Anm. 14), §15, Rdn. 207 も、刑事過失は民事過失よりも厳格であってはならないとする。製造物責任の分野における指摘として、*Scholl*, Strafrechtliche Verantwortlichkeit und zivilrechtliche Haftung eines Reifenhändlers, NJW 1981, S. 2737. アメリカの医療過誤における類似の現象を指摘するものとして、佐伯仁志『制裁論』（有斐閣、2009 年）294 頁。

(24)　なお、製造物責任の分野において、実態としては両者が重なるとする、*Schmidt-Salzer*, Produkthaftung, 2. Aufl., 1988, Bd. Ⅰ: Strafrecht, Rdn.1.028 については、本稿の最後で検討する。

(25)　これを検討するものとして、井上・前掲注（22）4 頁以下。

(26)　津地判昭和 33・4・10 一審刑集 1 巻 2275 頁。

(27)　名古屋高判昭和 36・1・24 下刑集 3 巻 1・2 号 5 頁。

他方、津市が被告となった民事裁判においては、うねりの原因は入水前の北流であって[28]、「生徒の入水に先立ち調査し、これに対する警戒を怠らなければこれを未然に防止し得た」として、過失を認め、損害賠償を命じている[29]。民事裁判が認定したように、死亡に連なるうねりの原因が入水前の北流であれば、予見可能性があり、過失ありと言える一方で、刑事第二審が認定したように入水後の高波が原因であれば死亡事故の予見可能性も肯定しがたい。それゆえ、この事案は事実認定の違いが過失判断に直結していると見てよかろう。

また、フォルクマン阻血性拘縮事件も、事実認定の差異によって結論が分かれたものである[30]。本件は、自転車で転倒したA（3歳）を、骨折と診断し、垂直牽引療法を開始したが、これによってAにフォルクマン阻血拘縮が発生し、前腕などの機能に障害を負わせたというものである。民事裁判では、同拘縮の初期症状と認められる腫脹などが発現されていたとして過失が認められた[31]。他方、刑事裁判では、第一審では有罪判決が言い渡されたが、第二審では、初期症状はそれほど顕著ではなかったとされ、無罪とされた[32]。民事裁判と刑事裁判の事実認定の差異は、母親の手帳やノートが証拠として採用されたか否かに起因すると分析されている[33]。

2　過失水準の差異

もっとも、本質的な事実関係を同じように認定しながら、過失判断が異なるケースも散見される。その代表例は、以下の、雫石航空機空中衝突事故（以下、単に「雫石事故」とする）である[34]。

本事故は訓練中の自衛隊機と旅客機の衝突事故であり、航空自衛隊の二等空曹X2が、一等空尉X1を教官として二機編隊により飛行訓練を行っていたところ、X2機の右主翼などが全日空旅客機の尾翼部分と衝突したという死亡事

(28)　井上・前掲注（22）4頁も参照。
(29)　津地判昭和41・4・15下民集17巻3・4号249頁。
(30)　これを検討するものとして、萩原由美恵「医療過誤訴訟における医療水準」中央学院大学法学論叢22巻1号（2009年）29頁以下。
(31)　浦和地判昭和53・3・31判タ366号311頁。
(32)　東京高判昭和53・11・15刑月10巻11・12号1390頁。
(33)　萩原・前掲注（30）33頁以下。
(34)　これを検討するものとして、松岡浩「雫石航空機空中衝突事件の研究―刑事・民事判決における『過失』認定を中心として」判タ385号（1979年）2頁以下。

故である。

この事故に関する事実認定も、たしかに、細部においては差異が見出される。すなわち、民事第一審(35) は事故調査報告書と異なる認定をしている一方で、刑事第二審判決(36) は同報告書を「極めて正確性の高いもの」としているなどの違いである。もっとも、民事第二審判決(37) も報告書を「概ね正当」としているのであるから、前節で述べたような、過失認定を左右するほどの大きな事実認定の差異はないと考えてよいと思われる(38)。

本稿との関連で着目すべきは、設定された注意義務の内容である。自衛隊機側の過失を認め、自衛隊機と全日空機との過失割合を6:4とした民事第一審判決は、教官の見張り義務を、「自機の航行の安全のために少くとも自機の進行方向の左右各七〇度の範囲の見張りをすべきことは勿論であるが、編隊訓練の教官として、訓練生機の航行の安全のために両眼視が可能な、進行方向の左右各一三二度の範囲の空域を見張るべき義務がある」とした。これは、全日空機操縦士側の義務として、「航空機操縦者として通常要求されるところの、少くとも進行方向の左右各七〇度までの範囲については常時見張りを行うべきである(前記認定の市川の見張り義務と同様)」としたことと比して、格段に重い義務と言うべきであろう。その意味において、「機動隊形編隊訓練であるからといって、常に右最大限を要求しうるか否か、それが常態であるか否かを、操縦操作の実情に照らして考慮すべき……などの問題があると思われる。(39)」と評されていることも頷けよう。しかしながら、民事第二審も同じように、「機動隊形の編隊飛行訓練を行う場合の教官は、訓練生機の飛行方向に対する見張りをもなすべき義務があり、しかも、旋回中は危険な方向が拡大しあるいは刻々移動するのであるから、教官の見張り義務は、視認可能な限りの全範囲に及ぶべきであり、かつ、教官にはそれだけの能力が期待されているというべきである。したがつて、隈は、本件の具体的状況下にあつても、左右各一三二度までの見張

(35) 東京地判昭和53・9・20判時911号14頁。なお、刑事第一審（盛岡地判昭和50・3・11判時773号21頁）も、事故調査報告書を「疑問である」としている。

(36) 仙台高判昭和53・5・9判時890号15頁。これに対する上告審判決として、最判昭和58・9・22集刑233号1頁があるが、過失存否の判断については原判断を是認したものであり（髙木俊夫「雫石全日空機・自衛隊機空中衝突事故事件刑事上告審判決について」ジュリ807号（1984年）46頁参照)、上告審では量刑が主に争点となった。

(37) 東京高判平成1・5・9判時1308号28頁。

(38) これらの点につき、松岡・前掲注（34）11頁以下も参照。

(39) 松岡・前掲注（34）15頁。

り義務を負うものというべきであり、この義務を尽くしていれば、早期に全日空機を発見して接触の危険性を知り、これを回避し得たものと認められることは既に認定した事実から明らかである。」として、教官に課される注意義務については同じような立場を示している。

他方、刑事事件においては、教官の過失は認められたものの(40)、教官については、教官「にとつては市川（訓練生－筆者注）機の方を見ていれば少くとも接触約三〇秒前からは注視野（固視点を中心とする四四度から五〇度の範囲）内に全日空機が存在していたこと……が認められる。」とした上で、同人「としてはその間厳重な見張りを実行しておれば、前記認定のとおり注視野の中にあつた全日空機を視認しうる可能性は十分にあつたのであり、その間に視認しておれば全日空機と市川機の相対位置関係および相互の進行方向から判断して両機が接触することを予見することが可能であつたといわなければならない。」としている。積極的に教官に課される注意義務を述べているわけではないが、見張りの範囲を、最大左右各五十度としているものと思われる(41)。端的に言えば、民事過失における注意水準のほうが、刑事におけるそれよりも高度だということになる(42)。

Ⅳ　検討

1　民事過失との類似性

それでは、刑事過失と民事過失は、やはり異なるものと考えるべきか。結論を先に述べれば、両者はもちろん別物であるが、共通点は見出すことができると思われる。

前章で検討した、雫石事故に関する刑事事件と民事事件における注意義務の違いは、たしかに刑事過失と民事過失の違いを示すものと言えよう。しかし問

(40)　第二審において、訓練生には無罪が言い渡された。

(41)　もっとも、刑事第二審の「注視野」の用法には疑問があるとされる（松岡・前掲注（34）15頁参照）。

(42)　その他の例として、民事過失が認められた、大阪地判昭和58・8・12判タ519号189頁を挙げることができる。本事故に関する刑事事件の出典は不明であるが、同判決によれば、民事事件の被告に関して無罪が言い渡されたとのことである。

題は、民事過失は刑事過失よりも高度な注意水準が妥当する、という命題が現在もなお通用しているかという点にある。

注意水準が高度な理由があるとすれば、民事過失が客観的だという点に求められよう。たしかに、民事過失が客観的であるという点は、刑事過失と民事過失の違いを広く認める見解はもとより、両者の類似性を指摘する見解も共有する認識である。しかしそれは、基準が客観的であるというにすぎず、要求水準が高いということとは異なる。そのため、たとえば雫石事故の民事判決が示すように、自機の操縦をしながら、かつ首を最大限まで捻って左右132度までの見張りを常時行うということを、「客観的な過失」の名のもとに要求することは、疑問たりうる。左右132度までの見張りという注意義務は、たしかに頭部の最大回旋、眼球の最大移動という人体の客観的な構造に基づいて導かれたものであるが、それを常時行うことは、誰にとっても不可能と言うべきだからである。このように考えると、雫石事件民事判決で示された注意義務は、過度に広いと言わざるをえない。

実際に、近時は、同一の事象について、刑事事件と民事事件の過失判断が重なるケースが見られる。割り箸事件は、その代表的なものと言うことができよう。周知のように、割り箸事件の概要は以下の通りである。当時4歳であったAは、綿菓子の割り箸を加えたまま走ったところ俯せに倒れ、割り箸が軟口蓋に突き刺さり、同人は自ら割り箸を引き抜き、放り投げた。Aは大学付属病院に救急搬送され、担当医が診察したところ、出血もなく、硬いものが触れるということもなかったので、抗生剤と鎮痛剤を処方して診察を終えたところ、翌日、頭蓋内損傷によってAは死亡したというものである。本事故では、担当医が頭蓋内の異変を疑って問診義務を果たし、CT撮影をすべきであったかが問われていた。

刑事第一審は(43)、救命可能性が低いとして因果関係を否定して無罪を言い渡したが、Aの意識レベルが低いなどの事実を認定した上で、上記の問診義務、CT撮影の義務とその違反を捉えて、注意義務違反はあったとした。

他方、民事事件(44)においては、そもそも注意義務違反そのものが否定され

(43)　東京地判平成18・3・28判例集未登載。本件については、飯田英男『刑事医療過誤Ⅱ（増補版）』（判例タイムズ社、2007年）726頁参照。

(44)　東京地判平成20・2・12判時2054号60頁（第一審）、東京高判平成21・4・15判時2054号42頁（第二審）。

た。すなわち、CT 検査を行う義務が否定されたのである。たしかに、民事事件では A の意識レベルは低下してはいなかったと認定したという、重要な事実認定の違いが影響しているものと思われるが[45]、刑事第二審[46] も、意識レベルに関して、「高度の意識障害はなかった」と認定した上で、注意義務違反そのものを否定した。ここから、近時の実務における刑事過失と民事過失の重なり合いを見出すことができよう[47]。

この重なり合いは、どのように分析すべきであろうか。これは、民事医療過誤訴訟における医療水準論が、刑事訴訟にも影響を及ぼしてきたためと思われる。これを敷衍すると、以下のようになる。従来、民事訴訟においては医療水準が過失認定の判断基準として用いられている一方[48]、刑事医療過誤においては単純ミスが訴追の対象であり、医療水準は用いられてこなかった、という理解が一般的であったと思われる[49]。近時の医療過誤訴訟においては、医療水準を確認するために医療ガイドラインが頻繁に用いられているが[50]、民事の注意義務基準の判断が大きく変わったわけではない[51]。医療ガイドラインは医療水準と完全に一致するものではなく、医療水準を認定する際の重要な判断資料の一つとして用いられているのである[52]。他方、刑事医療過誤においても医療ガイドラインが提出されるなど[53]、医療水準論への接近が見られる。このような、刑事と民事の双方で医療ガイドラインが参考にされている現状にかんがみると、刑事過失と民事過失の判断方法が事実上重なり合っていると言える[54]。

(45) 萩原・前掲注 (30) 40 頁。
(46) 東京高判平成 20・11・20 判タ 1304 号 304 頁。
(47) なお、注意義務違反を肯定した刑事第一審を批判するものとして、根本晋一「判批」横浜国際経済法学 15 巻 1 号 (2006 年) 125 頁。
(48) 議論の変遷も含めて、山口斉昭「医療水準論の機能について」甲斐克則編著『医療事故と医事法』(信山社、2012 年) 79 頁以下。
(49) 船橋亜希子「医療過誤における注意義務の一考察」法学研究論集 38 号 (2013 年) 110 頁。もっとも同論文は、刑事事件においても、医療水準が用いられた事案があることも指摘する。
(50) 手嶋豊「診療ガイドラインと民事責任」甲斐編・前掲注 (48) 117 頁以下、平野哲郎「医師民事責任の構造と立証責任」判時 2336 号 (2017 年) 14 頁以下。
(51) 小谷昌子「診療ガイドラインと医療の内容に対するコントロール」佐藤雄一郎＝小西知世編『医と法の邂逅　第 1 集』(尚学社、2014 年) 149 頁
(52) 藤倉徹也「医事事件において医療ガイドラインの果たす役割」判タ 1306 号 (2009 年) 71 頁。
(53) たとえば、横浜地判平成 25・9・17 裁判所ウェブサイト。また、ガイドラインの重要性を示唆する事案として、東京地判平成 25・3・4 判時 2190 号 133 頁。
(54) 類似の指摘として、上田正和「刑事医療事件と刑事訴訟手続」大宮ローレビュー 5 号 (2009

割り箸事件において刑事過失と民事過失の判断が一致したのも、その流れに位置づけることができる。すなわち、過失を否定した刑事控訴審は医療水準論に依拠したものとされており(55)、刑事過失の判断方法が民事過失のそれに似通ってきたと言うことができる。このように見てくると、ドゥトゲが指摘したような注意基準の具体化という意味において刑事過失が民事過失と事実上一致する、という現象は看取できる。

2　理論的分析

それでは、そのような現象は理論的に支持しうるか。結論を先に述べれば、支持しうるものである。

ドゥトゲは、基準が客観的であるという点では刑事過失と民事過失は同一であるが、その客観的な基準が主観的要素に対しても用いられるという点が、刑事過失特有のものであるとしている(56)。行為者に対する非難という刑事過失の性質にかんがみれば、この点は否定しがたいであろう。このように見てくると、行為者個人の事情を考慮するか否かという注意義務の基準において刑事と民事の違いがある一方で(57)、注意義務の標準という点では違いが生じないということとなる。雫石事故を素材とすれば、たとえば首を限界まで捻らなければならないという点は刑事と民事で同一であろうが、行為者が一般的な限界よりも捻ることができないという場合は、刑事過失においてはそれを考慮するということとなろう。もっとも、首を捻ることが制限されている者の場合は引き受け過失が認められ、行為者の個別的事情が実際に刑事免責に至る事案は、思いの外多くないと思われる。たとえば、腕がやや不自由な旅行者がスーツケースを引きながら見知らぬ土地を歩いている際に思いがけず突風に煽られ、平均的な筋力があれば風に抵抗できたものの、同人は腕が不自由なため抵抗できずスーツケースを通行人に衝突させてこれを負傷させた、といったような場合は、

年）21 頁。

(55)　加藤摩耶「判批」年報医事法学 25 号（2010 年）138 頁。

(56)　*Duttge*, a.a.O.（Anm. 19), S. 236.

(57)　そのため、「『行為者個人のパースペクティヴ』も、客観的な法秩序の目的合理性の観点に照応しつつ行動規範侵害・行動義務侵害としての（過失）行為無価値を目的論的に縮小させることになる」とする増田教授の指摘（増田豊『規範論による責任刑法の再構築』（勁草書房、2009 年）191 頁）は、刑事過失の本質を突いたものである。

刑事過失の判断にあっては、個人的事情を考慮せざるをえない。

他方、医療過誤の事案のように、行為者個人の事情が事実上意味を有さない類型においては、刑事過失と民事過失が事実上一致することとなる。たとえば、高度医療機関において外科手術を行うにあたって、近眼のため手術器具を適切に操作する視力を有しない者は引き受け過失となるのであって、手術中の過失判断にあっては、近眼であるという個人的な事情は現実には意義を有さないと考えるべきである。医療過誤の分野において刑事過失と民事過失が事実上一致してきたことは、このようにして理論的な根拠を有するものと言える(58)。

もっとも、従来、民事の分野で求められてきた高度の注意義務が、常に刑法上も課されるとまでは言えない。この点につき、医療水準論が刑事過失においても論じられるのは、従来の医療慣行によった場合に危険性が認められる場合だとする分析がある(59)。なるほどたしかに、従来用いている手法では構成要件実現が具体的に予見しえ、かつ医療水準論が要求する別の方法を採ることが容易な場合は、それが刑法上の注意義務にかなった行為と言えよう。たとえば、精密検査のための機器を有しない一般の開業医において、精密検査の必要性が疑われた際は、当該医院でなされてきた医療慣行では足りず、適切な医療機関に転送する義務が刑法上も課せられていると考えざるを得ない。その限りでは、先の分析は正鵠を射ている。

しかし、医療水準論が持ち出される、高度の注意義務が課される場面はそのような場合に限られない。たとえば近時の裁判例に表れた事案を見ても、ガイドラインが提出された刑事の事案は県立がんセンター内の事故であるし(60)、割り箸事件においても大学付属病院内における注意義務が問われているのであって、医療慣行によった場合に危険性が認められる、という理由ではない。そのような施設・場面において行為者個人の事情が事実上意味を有さないために民事過失における医療水準論と一致する、と考えるべきである。もちろん、民事の医療水準論は「当該医療機関の性格、所在地域の医療環境の特性等の諸般の事情を考慮すべき(61)」とされているから、高度医療機関またはそれに準じる

(58) 大塚裕史「判批」甲斐克則＝手嶋豊編『医事法判例百選（第2版）』（有斐閣、2014年）127頁も参照。

(59) 船橋・前掲注（49）114頁。

(60) 木内淳子ほか「ガイドライン（指針）を根拠に刑事訴訟に至った事例の検討」日臨麻会雑35号（2015年）120、126頁参照。

(61) 最判平成7・6・9民集49巻6号1499頁。

施設でなくとも、刑事過失判断に医療水準論を持ち込む可能性は否定しえない。しかし、以下の二点には留意すべきである。第一に、民事の医療水準論は、行為者個人の事情を取り込むかは明らかとなっておらず(62)、定義のレベルで刑事と民事の差異が生じうる。第二に、事実上も、たとえば医師個人の経験などの行為者個人の事情を、高度医療機関以外での医療事故における刑事過失判断にあっては考慮せざるを得ないという点である。なお付言すると、割り箸事件における被告人は医師国家試験合格から２年少々という経験を有するにとどまるが、高度医療機関においては一定水準以上の医療が期待されているのであって、経験の浅さを理由として、その水準を下げることはできないと言うべきである。ただし、どのような医療を提供するかは患者の兆候によって変わりうるから、行為者がその兆候やそれにつながるきっかけを認識していたかという点は、個人的なものであるが、考慮せざるを得ない。それによって、行為者に対する非難という刑事過失の性質は担保できると思われる。

V　おわりに

最後に、これまでの検討から得られた結論をまとめたい。

第一に、刑事過失と民事過失は、やはり異なる内容を有すると言わざるを得ない。刑事過失は行為者に対する非難であるから、行為者個人の事情を考慮せざるを得ない一方で、民事過失はそれを捨象することができるからである。

しかし、第二に、近時医療過誤の分野で生じている、刑事過失と民事過失が事実上一致している現象は、理論的に支持することができる。というのは、特に高度医療機関においては、行為者の事情によって注意義務を果たし得ない場合は引き受け過失が認められるため、行為者個人の事情という刑事過失の特性が事実上意味を有さないからである。そのため、このような分野においては、刑事過失を検討するにあたって、民事事件の先例を検討する意義も大きいと言うべきである。もっとも、民事医療過誤における過失判断は一般不法行為とは異なると指摘されていることにも留意しなければならない(63)。

第三に、クーレンが製造物責任との関連で説いていたように、製造物責任の

(62)　米村滋人『医事法講義』（日本評論社、2016 年）111 頁。
(63)　稲垣喬『医師責任訴訟の構造』（有斐閣、2002 年）14 頁。

分野においては、その措置が経済的に効率がよいか、という観点が入り込むと言われている[64]。その点を明言する民法学説はそう多くはないものの、危険責任の思想は、「危険の現実化によって生じる損害の影響を負担できる者だけが、危険を創造し、あるいは利用すべきである[65]」という思考が背景にあると言われているから、製造物責任に限らず、環境汚染の分野などの危険責任の分野における民事過失理論は、刑事過失理論と径庭があると見るべきであろう。物的損害が問題になっている場合にはコストという観点が意味を持ちうるのかもしれないが[66]、生命身体の保護が中心である刑事過失の領域においては、そのような考慮を行うことは困難と思われるからである。実際に、刑事過失においても経済的効率性を説く見解の論拠を見ても、コストという観点を用いる必要性はない。たとえば、論者は全品の製品検査をすることが経済的に不可能ではないが期待できない、という場合においてはサンプル調査でよいとするが[67]、サンプル調査の頻度さえ保っていれば、刑法的にも具体的な予見可能性はないと言うべきであろう[68]。それでもなお、死傷の具体的予見可能性があるというのであれば、全品調査を行うか、製品の出荷そのものを取りやめることを刑法上の義務とするほかないであろう。

本稿は、刑事過失と民事過失の異同について、このような基本的視座を提示するにとどまるものである。具体的に、医療過誤以外のどの分野において刑事過失と民事過失の共通性を見出すことができるかについては、他日を期したい。

---

(64) Vgl. auch *Schmidt-Salzer,* Produkthaftung, 2. Aufl., 1990, Bd. Ⅲ /1: Deliktsrecht, Rdn. 4.768.

(65) ドイチュ／アーレンス（浦川訳）・前掲注（16）212 頁。本書は第四版の翻訳であるが、原著の最新版である、*Deutsch/Ahrens,* Deliktsrecht, 6. Aufl., 2014, Rdn. 515 でも、同趣旨の記述は維持されている。

(66) *Duttge,* a.a.O. (Anm. 19), S. 237. この点は、簡潔ながらも拙稿「予見可能性の判断枠組みについて」川端博ほか編『理論刑法学の探究⑩』（成文堂、2017 年）129 頁以下でも論じてある。

(67) *Schmidt-Salzer,* a.a.O. (Anm. 24), Rdn. 1.329.

(68) 論者も、理論的には両者は別物であるとしている。Vgl. *Schmidt-Salzer,* a.a.O. (Anm. 24), Rdn. 1.027. もっとも、従来の予見可能性を中心とした刑事過失論が明確な基準を提示できていなかった側面は否定できず、それが民事過失論への依拠の背景にあると思われる。しかし、過失の客観化を論じた *Kaminski,* Der objektive Maßstab im Tatbestand des Fahrlässigkeitsdelikts, 1992, S. 129 ff. が指摘するように、民事過失は行為者の事情をどこまで考慮するかにおいて不明確な点を残しており、民事過失論に依拠することによって刑事過失論の不明確性の問題が解決されるとも思われない。

過失犯の規範構造の解明に向けた一考察
── とくに予見可能性と事実上の因果経過との関係について ──

田村　翔

Ⅰ　はじめに

刑法学において、その研究対象としての過失犯論がすでにして「継子」から「寵児」になったと評されて久しい一方で(1)、過失犯における統一的な規範構造の解明はこれまでのところは成功していないという指摘もなされている(2)。たとえば、現実に発生する法益侵害結果は刑法上の過失行動規範における規範内容となり、そして、過失（結果）犯における不法構成的な要素となるのか。それとも、この意味での結果は規範内容とも不法構成的要素ともなりえず、それ

(1)　*Bernd Schünemann,* Moderne Tendenzen in der Dogmatik der Fahrlässigkeits- und Gefährdungsdelikte, JA 1975, S. 435.

(2)　*Thomas Kröger,* Der Aufbau der Fahrlässigkeitsstraftat. Unrecht, Schuld, Strafwürdigkeit und deren Bezüge zur Normentheorie, 2016, S. 18. ほかにも、*Karl Lackner/Kristian Kühl,* StGB, 28. Aufl., 2014, § 15 Rn. 35 は過失犯における「構造モデルおよび体系概念の多様さ」を述べ、*Jürgen Wolter,* Strafwürdigkeit und Strafbedürftigkeit in einem neuen Strafrechtssystem. Zur Strukturgleichheit von Vorsatz und Fahrlässigkeit, 140 Jahre Goltdammer's Archiv für Strafrecht: Eine Würdigung zum 70. Geburtstag von Paul-Günter Pötz, 1993, S. 311 は過失犯論を「錯綜し、解明されていない」ものと評する。*Walter Gropp,* Strafrrecht AT, 3. Aufl., 2005, § 12 Rn. 65 は「過失犯の無価値を基礎づける要素ほどに未解明のものはない」というコメントを付し、*Karl Heinz Gössel,* Alte und neue Wege der Fahrlässigkeitslehre, Festschrift für Karl Bengel, 1984, S. 23 は過失犯のことを「未知の存在」であるとする。日本においても、岡部雅人「過失犯における『因果経過の予見可能性』について ── 渋谷温泉施設爆発事故最高裁決定をてがかりとして ── 」浅田和茂ほか編『理論刑法学の探究⑩』（成文堂、2017 年）34 頁は「今日の過失犯論は、混迷を極めており、依然として『最も扱いにくいもの』である」ことを認めている。

ゆえ、不法（および責任）の外にある処罰条件であるのか、という過失犯論における結果無価値の体系的地位と機能をめぐる問題一つをとってみても、そのような問題は古くから争われてきたにもかかわらず(3)、必ずしも統一的な構造理解があるとは言い難い状況にある。しかしこの点、増田豊教授は、すでに1974年に、一元的人格的不法論の立場から過失犯における「志向対象としての結果」つまり「表象可能（予見可能）な結果」と「現実に発生した結果」との区別を強調し、後者の意味における結果がもはや刑法上の過失行動規範における規範内容とも不法構成的要素ともなりえないことを明らかにされた(4)。

すなわち、一定の法益の保護という体系目的を有する刑法上の行動規範は、人間の自由な能力に訴えかけてその目的を達成する機能的な法命題なのである。つまり、一定の法益侵害を志向する行為の禁止や一定の法益維持を志向する行為の命令など、人間に支配可能な行動を規範内容とし、それを個々の具体的な行為者に義務づけ、その義務に基づいた適法行為を動機づけることによって「事前的に」一定の法益を保護しているのである。個々の具体的な行為者がこのような意味での行動規範に違反することによってのみ、刑法上の処罰の前提かつ根拠となる不法および責任は基礎づけられる。その際、行動規範から具体化された義務に違反し、この義務に基づく適法行為への動機づけを怠った行為者の行為遂行後、現実に発生する結果は、行動規範の内容となりえないばかりか、もはや当該行為の不法ないし責任を構成する要素ともなりえない。というのも、行為の遂行後、実際に結果が発生するかどうかは偶然的事情によって左右されるため、これは人間にとって支配可能なものではなく、また、これを不法構成的要素としてしまうことは同時にこれが処罰の根本的な理由であることを認めることを意味するが、そのことは結果の重大性を理由に刑を加重することさえ認めることになる限りで〈悪しき〉結果刑法を招来するのである。もっとも、結果がまさに純然たる偶然の産物であるならば、それは刑法上いかなる重要性も有しない。この点、現実に発生した結果も、それが当該の行為者の行為と全く無関係なものではなく、その不法ないし自由の所産でもあるという関係が認められる限りにおいて、刑法上意義を有することになる。換言すれば、

(3)　Vgl. *Armin Kaufmann*, Das fahrlässige Delikt, ZfRV 1964, S. 41 ff.; *Günther Jakobs*, Studien zum fahrlässigen Erforgsdelikt, 1972, S. 120 ff.

(4)　増田豊「現代ドイツ刑法学における人格的不法論の展開 I ―― 特に犯罪構成における結果の体系的地位と機能について ――」明治大学大学院紀要法学篇12集（1974年）129頁以下。

現実に発生する結果には、これが当該の行為者の行為に帰属可能な限りで行為者の処罰が可能になるという意味において、可罰性の一条件として、処罰を限界づける機能が認められるのである(5)。

いまや、過失犯における統一的な規範構造の解明というときには、まずもって以上のことが前提とされよう。すなわち、現実に発生する法益侵害結果（結果無価値）は、人間の可能的行為を対象とする過失行動規範の規範内容とはなりえないばかりか、過失不法を構成する要素ともなりえない。過失犯論においても、結果無価値には処罰を限界づける機能のみが認められるのである。

Ⅱ　過失犯の成立要件としての「予見可能性」の射程

さて、過失犯論においては、過失犯の成立のためには少なくとも「予見可能性」という要件の充足が必要であるという点には見解の一致がみられ(6)、さらに、この予見可能性の存否を判断する際には「特定の構成要件的結果及びその結果の発生に至る因果関係の基本的部分」(7) の予見を意味する、いわゆる具体的予見可能性(8) が個々の具体的な行為者自身(9) にあることが必要であるとい

(5)　このような理解の詳細については、増田豊『規範論による責任刑法の再構築』（勁草書房、2009年）第一章第二節第二款および第二章第四節第一款も参照。

(6)　この要件が不法構成要件要素であるのか、それとも、責任構成要件要素であるのか、という点には争いがある。この争いの原因は、従来、過失犯の構造論がいわゆる旧過失論と新過失論との二項対立の図式で語られてきた点にあるものと思われる。しかし、いまや、このような二項対立の図式を維持する必要性は乏しく、規範論理的に過失犯の構造を考察してみれば、過失犯論における予見可能性の本籍は不法構成要件にあることが認められよう。拙稿「過失犯における不法の内実――そのメルクマール、責任との区別――」明治大学大学院法学研究論集47号（2017年）1頁以下も参照。

(7)　札幌高判昭51・3・18高刑集29巻1号78頁。

(8)　むろん、一口に「具体的予見可能性」とはいっても、果たしてどこまでの〈具体性〉を必要とするのか、ここにいう「基本的部分」とは何か、といった点について様々な立場の違いのあることがしばしば指摘されていることは周知の通りである。

(9)　もっとも、予見可能性という要件を不法構成要件要素であると同時に責任構成要件要素でもあると理解する場合には、しばしばその予見可能性の「標準」が区別されることがある。すなわち、不法構成要件のレヴェルにおいてはいわゆる「一般人」を標準とする予見可能性が、責任構成要件のレヴェルにおいては「具体的な行為者個人」を標準とする予見可能性が問題になるとするのである。しかし、そのような区別は妥当ではない。規範論理的に考察すれば、不法構成要件のレヴェルにおいてすでに具体的な行為者個人を標準とした予見可能性が問題となる。拙稿「『引受け過失』の再構成――ゲルト・ミュラーのアプローチを手がかりに――」明治大学大学院法学

う理解が一般的なものとなっている(10)。とりわけここで重要であるのは「因果関係の基本的部分」の予見が必要であるという点であって、それゆえ、現実の結果発生に至る事実上の因果経過のプロセスが複雑であった場合には時折、予見可能性の有無が問題視され、これが争われることがある(11)。しかし、そのような問題設定については疑念が生じる。というのも、先述のように、過失犯論においても現実に発生する結果は過失行動規範の規範内容とはなりえないからである。とすれば、その結果へと至る事実上の因果経過がどのようなプロセスを辿ったのかということもまた、少なくとも予見可能性の存否にはかかわらないのではないだろうか。

この点、そもそも刑法上の過失行動規範がいかなる場合に発動されるのかということを考えてみれば、なるほど特定の構成要件的結果を発生させうる行為の危険性を行為者が認識あるいは認識可能であり、その危険が結果において実現される因果経過をも予見可能であったことが不可欠である(12)。しかし、ここで問題となる結果や因果経過というのは、あくまで行為者の思考上のものである。すなわち、予見可能性を認める際には、行為時における行為者の意思内容として特定の構成要件的結果が発生する危険性を認識あるいは認識可能であったか、そして、その危険が一定の因果経過を辿って結果において実現される

研究論集 42 号（2015 年）153 頁以下も参照。また、近時では、ドイツにおいてもそのような理解に対して徹底的な批判が加えられている。Vgl. *Kröger*, a.a.O.（Anm. 2）, S. 396.; *Frauke Rostalski*, Normentheorie und Fahrlässigkeit – Zur Fahrlässigkeit als Grundform des Verhaltensnormverstoßes, GA 2016, S. 80 ff.; *Walter Gropp*, Strafrrecht AT, 4. Aufl., 2015, § 12 Rn. 83.

（10） これに対しては、「予見可能性は結果防止に向けられたなんらかの負担を課するのが合理的であるということを裏付ける程度のものであればよく、この場合の予見可能性は具体的な因果過程を見とおすことの可能性である必要はなく、何事かは特定できないがある種の危険が絶無であるとして無視するわけにはいかないという程度の危惧感であれば足りる」とする、いわゆる「危惧感説」が主張されることもある。このような定式化は徳島地判昭 48・11・28 刑月 5 巻 11 号 1473 頁による。藤木英雄『刑法講義 総論』（弘文堂、1975 年）240 頁も参照。しかし、注（8）にも付したように、「具体的予見可能性説」の中にも様々な立場の違いがあることを踏まえれば、要求される予見の程度を「具体的予見可能性説」対「危惧感説」という単純な二項対立の図式で語ることもまた適切ではない。

（11） たとえば、大阪地判平 7・10・6 刑集 54 巻 9 号 1125 頁。また、いわゆる過失競合事案について、平山幹子「判批」平成 19 年度重判（2008 年）168 頁は「競合が見られる場合、ある行為にとって他の行為者の行為は介在事情となり、因果関係判断及び予見可能性の判断に影響を及ぼし得る」と述べる。

（12） もっとも、故意犯の場合に行為者が必ずしも狙った客体を眼前に認知し特定化していなくとも〈概括的な〉故意が認定されうる場合があることを踏まえれば、過失犯の場合にも、その予見可能性の程度については一定の概括化が認められよう。

ことが予見可能であったか、ということが重要なのである。とすれば、やはり現実の事象態様（現実に発生した結果およびそこに至る事実上の因果経過）がどのようなものであったかということは予見可能性の射程を超えるものだろう。

そうすると、過失犯論において、事実上の因果経過は果たしていかなる意義を有するのか。この点、そのような現実の事象態様は行為者における過失的な意思内容の「充足条件」、つまりは〈結果においてまさに過失的に創造された危険が実現したのか〉という、当該の過失行為に対する結果帰属の可否にかかわる事柄であるように思われる。すなわち、過失犯論における結果の帰属可能性の問題にとっては、行為者の過失的な意思内容と事実上の因果経過との間に符合関係が認められることが必要なのである。このような理解は故意犯における「志向的帰属」の理論とのアナロジーから導かれるため、まずは同理論の要旨を確認しておこう。

1 「志向的帰属」の理論

刑法上、行為者の行為が故意既遂犯としての可罰性を有するためには行為時点において行為者に故意のあることが必要であり、また、現実に発生した結果がこの故意行為に帰属可能であることが不可欠であるが、その際問題となるこの故意というものは、「意思」という心的状態に他ならない。このことから「志向的帰属」の理論は導かれる。意思という心的状態は常に何らかの対象に向けられ／関係づけられている(13)という意味において、「志向性」（Intentionality, Intentionalität）ないしは「について性」（aboutness）を有する心的状態、つまりは志向的状態の一種である(14)。もっとも、意思というものが他の少なからぬ

(13)　およそ私たちの持つ個々の心の状態は常に何かに向かっている。もし私が希望をもっているのであれば、私は「何か」を望んでいる。もし信念をもっているのであれば、「何か」を信じている。欲求をもっているのであれば、「何か」を欲している。ただ望むだけで何も望まないとか、ただ信じるだけで何も信じないとか、ただ欲するだけで何も欲しないなどといったことはない。また、ここでいう対象の中には、現時点で存在しないもの、現実世界に存在しないもの、抽象的対象、虚構的対象なども含まれうるのであり、必ずしも実在物と理解される必要もないとされる。See Franz Brentano, *Psychology from an Empirical Standpoint* (Antos C. Rancurello, D. B. Terrell and Linda L. McAlister (trans.); London: Routledge and Kagen Paul 1973), p. 88.

(14)　意思のほかにも、たとえば、ティム・クレイン（土屋賢二監訳）『心は機械で作れるか』（勁草書房、2001年）33頁によれば、信念、欲求、希望、願望、恐怖、疑念、予期、意図、知覚などが「志向性」を有する心的状態であるとされる。

志向的状態と異なるのは、その「充足条件」の点にある。すなわち、「願望の場合には、その願望が充足される過程は重要ではない。例えば、太郎が次郎の死を望んでいるとき、次郎が事故死しようが、病死しようが、あるいは第三者によって殺害されようが、とにかく次郎が死ねば太郎の願望は成就され、充足されたことになるのである。また信念の場合も、例えば、いま雨が降っているとわたくしが信じ、窓を開けて雨が降っているとき、雨がどのように降り出したかということとは無関係に、わたくしの信念は真となり、充足されたことになる」のに対し、「意思の場合には、それが実現される仕方・手段・方法・過程も充足条件の一部をなしており、これが充足されない場合には、意思は実現され、充足されたことにはならない」のである(15)。それゆえ、志向的状態である故意的な意思が〈実現した〉といいうるためには、「その実現の仕方・手段・方法・過程」といった行為者における故意の内容が現実の事象態様と符合しているという関係、換言すれば、〈志向的な〉因果関係が認められることを要するのであり、このような関係が認められないのであれば、そこに真正の意味における原因-結果の関係を認めることはできない。したがって、たとえ結果が故意行為に対し客観的に帰属可能なものであるとしても、行為者における故意内容と現実の事象態様との間に志向的因果関係が認められない場合には、まさに当該の故意行為に対する結果の「志向的帰属」は不可能なのであり、故意既遂犯としての可罰性を肯定することはできないのである(16)。

それゆえ、いわゆる因果経過の齟齬がある場合、すなわち、行為時点において行為者が表象した意思（故意）の内容に取り込んだ結果自体は現実に生じたが、この故意の内容から逸脱した因果の経過を辿ってその結果が発生したような場合には、結果帰属が否定されることになる。次のような事例を想定されたい。

事例：三郎は、竹子を殺害しようとして銃を発砲した。しかし、その銃声に驚いた猪の群れが暴走し、竹子を踏み潰し、その結果、竹子は死に至った(17)。

---

(15)　増田・前掲注 (5) 234 頁。

(16)　なお、増田・前掲注 (5) 228 頁注 (2) によると、こうした結果の特別な帰属はドイツではしばしば「主観的帰属」と称されるが、故意の〈志向的〉性格を重視し、故意帰属にとって〈志向的な〉因果関係が決定的に重要な意味をもつという点を象徴的に捉えるためには、「志向的帰属」という表現がより適切であることが指摘されている。

このような場合、仮に竹子の死という結果が三郎の行為に対し客観的に帰属可能であったとしても、三郎が〈猪の群れが近くにおり、かつ銃声に驚いて猪が暴走し、竹子を押し倒して死に至らせることもある〉ことを特に認識していなければ、三郎の〈銃弾の命中による死の危険が結果において実現するだろう〉という故意の内容と、〈銃声に驚愕した猪の暴走に起因する死の危険が結果において実現した〉という事実上の因果経過との間には齟齬が生じているため、ここに志向的因果関係は認められず、結果の帰属は否定される(18)。

このように、刑法上、現実に発生した結果を行為者の故意行為に帰属し故意既遂犯としての可罰性を肯定するためには、客観的な帰属可能性に加えて志向的な帰属可能性が必要であるとするのが、志向的帰属の理論である(19)。

それでは、過失犯の場合にあってはどうだろうか。この点、過失というのも――むろんその態様（結果を現に予見するのか／予見可能であるにすぎないのか）に違いはあれど――故意に準じる(20)意思という心的状態であるならば、このアナロジー(21)を前提として、行為者の過失行為に結果を帰属し過失（既遂）犯としての可罰性を肯定する際にも、行為者における過失的な意思内容と現実の事象態様との間に符合関係が認められること、つまり、志向的因果関係(22)が認められることが必要である、という結論が導かれよう。

---

(17)　増田・前掲注（5）236頁。

(18)　増田・前掲注（5）247頁。

(19)　近時、刑法上の結果帰属のあり方について主題的に論究を加えている論者にあっても、結果を行為者の行為に帰属する際には、客観的な帰属可能性に加えて具体的な行為者個人への帰属を正当化する根拠が別途必要であることが説かれている。Vgl. *Fernando Guanarteme Sánchez Lázaro*, Zur Zurechnung des Erfolgs – Prolegomena einer personalen Zurechnungslehre, ZStW 2014, S. 277 ff.; *ders.*, Eine Dekonstruktion der Erfolgszurechnung, Festschrift für Jürgen Wolter, 2013, S. 465 ff.

(20)　もっとも、過失的な意思が故意的な意思に準じるものであることを認めることは、ただちに故意不法と過失不法との間には量的な差異しかないことを是認することにはつながらない。故意不法は故意行動規範に違反する行為によって、過失不法は過失行動規範に違反する行為によって基礎づけられるという意味において、両者はあくまで異なる行動規範違反によって基礎づけられる、質の異なる不法である。

(21)　過失の成立要件の具体化を試みる際に、故意と過失とのアナロジーという思考枠組を拒否するものとしては、樋口亮介「刑事過失と信頼の原則の系譜的考察とその現代的意義」東京大学法科大学院ローレビュー4号（2009年）172頁以下がある。

(22)　過失犯論の文脈において「志向性」という語を使用することについては違和感がもたれることもあるかもしれない。しかし、志向性というものはおよそあらゆる心的状態が有している性質なのであり、そもそも故意にのみ妥当するようなものではない。もっとも、故意と比べれば、過失の志向性の程度は弱いものであるとも思われるが。

2 「事実上の因果経過」のカテゴリー・ミステイク？

さて、そうしたことも踏まえると、やはり現実の結果発生へと至る事実上の因果経過を予見可能性の存否にかかわる事柄として捉えることには問題があろう。にもかかわらず、事実上の因果経過の態様が予見可能性の存否にかかわるとする誤解は、未だに時折散見される。それは、とくに事実上の因果経過プロセスにおいて被害者あるいは第三者の不適切な行動が介入するよう場合である(23)。たとえば、ドイツにおいても、交通事犯において、被害者が「まったくもって理性に反し」(gänzlich vernunftwidrig) 行動していた場合には当該の事故に関する行為者の予見可能性が排除され、過失犯としての可罰性が否定されるものとする判例がある(24)。近時においても、自動車を運転する被告人が交差点内での制限速度を超過して他の車両と衝突し、その車両のドライバーが負傷、同乗者が死亡したが、被告人と被害者のどちらが赤色信号を無視したのかは判明しなかったという事案において、ハム上級地方裁判所は利益原則により被害者における故意的な加重的赤色信号違反 (qualifitierte Rotlichtverstoß) という反理性的な行動を想定したうえで、BGH 判例を踏襲し、被告人の過失犯としての可罰性を否定した(25)。しかし、すでに繰り返し述べたように、事実上の因果経過の態様があくまで結果帰属にかかわる問題であるとすれば、たとえそこに被害者ないし第三者の行動が介入する場合であったとしても、これを予見可能性の存否と関連づけることは予見可能性の射程を見誤っており、過失犯の構造上、まさにカテゴリー・ミステイクを犯しているものとして排されるべき理解であるように思われる。以下、本稿においては、近時この点につき論究を加えた論者の見解を参照しつつ、このことをさらに敷衍しよう。

(23) そのような場合、たとえばいわゆる「信頼の原則」を援用し、行為者における予見可能性を否定することを認める見解が存在する。曽根威彦『刑法総論 第 4 版』(弘文堂、2008 年) 176 頁、西田典之『刑法総論 第 2 版』(弘文堂、2010 年) 274 頁以下など。この点、信頼の原則を援用し予見可能性を否定することそれ自体は、たしかに事実上の因果経過を直接の根拠として予見可能性を否定することを意味しているわけではないが、事実上の因果経過プロセスが複雑であった場合にのみ当該の原則援用の可否を問題とするのであれば、それは、少なくとも間接的に事実上の因果経過を予見可能性の存否と関連づけているものといえよう。

(24) BGH NJW 1958, 1980, 1981.

(25) OLG Hamm BeckRS 2015, 18490 Rn. 22.

Ⅲ　フラウケ・ロシュタルスキーの見解

上述のBGH判例やハム上級地方裁判所による予見可能性の理解に対しては、多くの論稿で主題的に過失犯の規範構造の解明に取り組んでいるフラウケ・ロシュタルスキーが明確な異論を唱えている(26)。

1　あらゆる犯罪行為の最低条件としての予見可能性

ロシュタルスキーは、第三者の反理性的な行動の介入が予見可能性の存否に影響を及ぼさないことの論拠を、まずもってこの予見可能性という要件があらゆる犯罪行為の最低条件であって、原理的に大抵の場合には充足されうるものであるという点に求めている。曰く、「人間の思考力を用い生活現実において想定可能なすべてのこと、この思考力に基づき個々人が排除することのできないすべてのことが原則として認識可能（予見可能）なのであ」る(27)。彼女によれば、そもそもの前提として、極端な場合を除けば予見可能性という要件が行為者における刑法上の答責性を排除するフィルターとしての役割を演じることはなく、過失犯の成立にとって限定的な機能を発揮するのは回避可能性や法的な回避必要性といった要件であるとされる(28)。

また、ロシュタルスキーの分析によれば、BGHによる判断の根底には個々人にとって他者の行動というものは常に一定の範囲で不可解なものであるという見識の顧慮があるという。しかし、彼女によれば、そのことからただちに行為者にとって他者の反理性的な行動が予見不可能であったとされるべき理由はない。つまり、確かに諸人格は多種多様な行為の選択肢をとりうる点で原理的に自由であるため、それらの人格がどのように行動するだろうかということは決して閉じられた確実性をもって断定することはできないが、そうであるからこそまさに「あらゆることは可能的」(Alles ist möglich）なのである。それゆえ、行為者にとって他者の行動が予見可能であったかが問われれば、それは常に個

(26)　*Frauke Rostalski*, Vernunft und Unvernunft in der（höchstrichterlichen）Rechtsprechung zum Fahrlässigkeitskriterium der Vorhersehbarkeit, JZ 2017, S. 560 ff.

(27)　*Rostalski*, a.a.O.（Anm. 26), S. 562.

(28)　Vgl. *Rostalski*, a.a.O.（Anm. 26), S. 563.

人的な予見可能性の範囲内にあるというのである。人間の理性によって打ち立てられた法的規範が個々人の平和的共存という我々にとって好都合な秩序を保障するものであることからすれば、ある者が理性に反して行動するということは、つまりはその者がこの好都合な状態を保持せんとする行動規範に違反していることを意味するのであり、その者自身の行動が違法な行為であったことを基礎づけるのみである。とすれば、他者の行動が理性に反するものであることをもって行為者の予見可能性が否定されるべき理由はない。行為者の過失犯としての可罰性にとっては、行為者自身が周囲の個人的な状況を予見可能かつ回避可能であったか、そして、本来回避されなければならない損害の危険を孕み具体的な結果において実現される事象経過を開始したのか、ということのみが検討されなければならないというのである(29)。

2　行為者の免責を導く危険の相対化

ロシュタルスキーの理解においては、多数の人格がルールに反して行動したことにより侵害に至ったという場合、行為者の過失犯としての可罰性にとって重要であるのは、他者が理性に反して行動していたかということではなく、複数ある危険を厳格に切り分けて観察することであるという。

行為者の答責性は、結果発生に至る事象経過において実現するような、法的に許されない危険を彼自身が創造したという事実に基づいて根拠づけられる。その際、同様に他者もが法的に許されない危険を創造する行動をしていたという事情のみでは、行為者の答責性について何らの変更は与えられず、このことからはせいぜいこの他者人格固有の答責性が生じうるのみである。彼女によれば、その際、行為者の免責が導かれうるのは、この他者の行動によって行為者により創造される危険の相対化（Relativierung）が認められる場合である。

この相対化というのはたとえば、法益の所有者がその保護を法的に有効な形で放棄するような、合意に基づく他者危殆化ないし承諾がある場合のことが意味される。合意に基づく他者危殆化ないし承諾がある場合、行為者はそもそも法的に許されない危険を創造していないことになるというのである。というのも、法益の所有者が自身の利益の維持・確保を重視していない限りにおいて、

(29)　Vgl. *Rostalski*, a.a.O. (Anm. 26), S. 563 ff.

すでにしてその利益を保護するための行動規範というものは個人の自己決定権を無視するようなパターナリスティックな禁止や命令を発令するものとして正当化されえないからである。

また、行為者の免責をもたらしうる相対化が認められる場合には、他者の行動が行為者により創造された危険を「遮断」(Unterbrechung) する場合もが含まれるという。たとえば、第三者が自己答責的に、それ単独で結果において実現するような、行為者により創造された危険とは無関係の危険を創造する場合がこれである。そのような場合には確かに未遂の可罰性は残るが、過失犯においては行為者の免責という帰結が導かれるというのである。もっとも、その場合であっても行為者の予見可能性が否定された結果として免責されるわけではない(30)。

Ⅳ　結果帰属のレヴェルにおける問題としての事実上の因果経過

ロシュタルスキーも述べているように、行為者の行為遂行時あるいは行為遂行後、事実上の因果経過において介在する被害者あるいは第三者の不適切な行動は、あくまで彼ら自身の自己答責的な行為の存在を裏づけるのみである。行為者の可罰性にとってこのような第三者の行動をも含めた事実上の因果経過の態様が意義を有するのは、行為者の行為に現実に発生した結果を帰属することができるのかという、結果帰属のレヴェルにおいてなのである。たとえば、かのような事例を想起されたい。

事例：X の無謀な自動車運転行為により瀕死の重傷を負った歩行者 Y は、その後すぐに病院に運ばれたが、運ばれた病院先で起きた火災により死亡した。

このような場合、X が自身の無謀な運転行為に他の交通関与者の死亡という結果が発生する危険性があることを認識あるいは認識可能であったこと、そして、その危険が他の交通関与者の死亡という結果において実現されることが予

(30) Vgl. *Rostalski*, a.a.O. (Anm. 26), S. 565 und Fn. 49.

見可能であったことは、特段の事情がなければ否定し難く、その点で少なくともXの当罰的な過失行為は認定されよう。この場合にXが過失（既遂）犯としての可罰性を有しておらず、その処罰がなされないのは、火災によるYの死亡という現実の結果において実現された危険がX自身によって創造された危険ではないために、Xの過失行為への結果帰属が否定されるからである。このような帰結が導かれるのは決してXの予見可能性がなかったことによるものではない。

さて、このような病院火災事例において、Yの死亡を招いた火災の原因が放火魔による故意的な放火行為にあった場合や病院施設内にいる者の煙草の不始末にあった場合にも、導かれる帰結は異ならないだろう。つまり、そのような場合にもXの過失犯としての可罰性は否定されるものと思われるが、それは、第三者の行動の介入をもってXの予見可能性が否定されるからではなく、現実に発生した火災によるYの死亡という結果において実現された危険が、まさに第三者の行動によって創造された危険であったために、結果がXの当罰的な過失行為に帰属できないからである。事実上の因果経過がこのような意義を有する点を捉え、ロシュタルスキーは「危険の遮断」を問題にしているのである。

1　行為者の免責を導く「因果の凌駕」

もっとも、行為者により創造された危険とは無関係に、別途他者により独自に創造された危険が存在するのみでは、ただちに行為者の可罰性が否定されるわけではないことを踏まえれば、「危険の遮断」という表現よりは「因果の凌駕」という表現を用いた方がより正確であるように思われる。というのも、行為者の行為遂行後に他者による危険創造があったとしても、行為者により創造された危険が消滅するわけではないからである。他者による危険創造があったとしても、行為者により創造された危険を起点とする結果発生への因果は未だ続いている。このとき結果帰属の問題にとってまずもって重要であるのは、現実に発生した結果において実現された危険が他者により創造された危険であったこと、つまり、行為者により創造された危険を起点として結果発生に向かってのびている因果を乗り越える形で、他者により創造された危険を起点とする〈より強大な〉結果発生への因果が設定されたことである。その意味において、事実上の因果経過が結果帰属の問題にとって意義を有するのは、それが行為者の行為によって創造された「危険の遮断」を示す場合ではなく、行為者の行為により開始された「因果の凌駕」となる場合なのである。行為者の行為時あるいは行為遂行後、事実上の因果経過のプロセスにおいてこのような「因果の凌駕」が認められる場合には、行為者の行為への結果帰属が不可能となり、行為者の過失犯としての可罰性が否定されるのである(31)。

また、このことをより聞き馴染みのある形でパラフレーズすれば、事実上の因果経過のプロセスにおいて危険源が複数存する場合の結果帰属の問題にとっては、果たしてどの危険源が現実の結果発生に最も〈寄与した〉のかが重要なのである。それゆえ、このような思考枠組それ自体は、日本における既存の判例実務とも親和的である。たとえば、3% ヌペルカイン事件(32)、柔道整復師事件(33)、夜間潜水訓練事件(34)や、故意犯の事例ではあるが大阪南港事件(35)など、行為と結果との因果関係が問題となる際には、行為者の行為遂行後、現実の結果発生へと至る事実上の因果経過において他者の行動が介在する場合であっても、そこでは当該の行為により創造された危険がまさに当該の結果において実現したものであるのか、「結果への寄与度」が問われているとみることもできるのである。

2　カテゴリー・ミステイクの原因？

その意味において、過失犯論においても、事実上の因果経過が意義を有するのはあくまで結果帰属のレヴェルにおいてであり、そこでは「因果の凌駕」ないし「結果への寄与度」が問題になるという理解それ自体は、何ら新奇的なものではないかもしれない。しかし、ならば何故も時折、事実上の因果経過の態様が予見可能性の存否にかかわる事柄であるという誤解が生じうるのだろうか。

---

(31)　このような理解からすれば、いわゆる過失同時犯が問題となる際にも、場合によっては結果の帰属可能性が否定されることにより行為者の不可罰という帰結が導かれうる。そのような帰結を導くものとしては、*Sánchez Lázaro*, a.a.O. (Anm. 19), Eine Dekonstruktion der Erfolgszurechnung, S. 465 ff.

(32)　最判昭 28・12・22 刑集 7 巻 13 号 2608 頁。

(33)　最決昭 63・5・11 刑集 42 巻 5 号 807 頁。

(34)　最決平 4・12・17 刑集 46 巻 9 号 683 頁。

(35)　最決平 2・11・20 刑集 44 巻 8 号 837 頁。

ここでは最後に――むろん、さらなる検討を要するが――現時点で考えられうる二つの原因を指摘しておく。

一つは、因果経過の齟齬がある場合の刑法上の結果帰属の基準として、しばしば「齟齬が一般的な生活経験によれば予見可能なものという限界内に依然としてとどまり、かつ犯行につき別様な評価を全く正当化しない場合」には、そこに重大な齟齬はなく、結果の帰属が肯定される、という基準(36)が用いられることがあることが原因として考えられる。ここで使用される「予見可能性」概念が過失犯の成立要件としての「予見可能性」と混同され、それにより、事実上の因果経過の態様が過失犯における予見可能性の存否の問題とひきつけられてしまう可能性があるのである。しかし、ここでいう結果帰属の基準としての「予見可能性」とは、あくまで〈経験的な〉「予測可能性」のことであり、それは行為者が構成要件的結果を予見することができたか否かを問題にする「予見可能性」とは異なる、いわば事象の〈経験的通常性〉を問題にする、客観的な意味における「予見可能性」なのである。もっとも、このような意味における客観的な予見可能性というものが、過失犯だけではなく故意犯にも共通する、行為と結果との因果関係の有無にかかわる問題であることは広く承認されているようにも思われるため、これを時折みられるカテゴリー・ミステイクの原因としてしまうことには無理があるかもしれない。

むしろその原因としてより重要であると思われるのは、先述のように、故意犯とのアナロジーを前提とすれば、過失犯における結果帰属の際にも、行為者の過失行為に結果を帰属し過失（既遂）犯としての可罰性を肯定するためには客観的な帰属可能性に加え、さらに、行為者における過失的な意思内容と現実の事象態様との間に志向的因果関係が認められることが必要である、という構造理解が不十分である点ではなかろうか。すなわち、行為者の当罰的な過失行為の遂行後、現実の結果発生へと至る事実上の因果経過において何らかの介在事情が存する場合、それが――自然現象であれ、第三者の行動であれ――事象として経験的に予測可能な範囲にあり、かつ、行為者の行為により開始された因果を凌駕していなかったとしても、行為者の過失行為への結果帰属を認める際にはさらに、その現実の結果発生へと至る事実上の因果経過と行為者における過失的な意思内容とが符合しているのか、ということが問題となるのである。

(36) Vgl. BGHSt 23, 135.

この事実上の因果経過との符合関係が〈志向的な〉結果帰属のレヴェルにおいて問題となるということが自覚されないことによっては、たとえば、予見可能性に関する「具体的」予見可能性の名のもとに事実上の因果経過の態様が予見可能性の存否にひきつけられてしまうかもしれない。それゆえ、過失犯における志向的帰属の問題を自覚することこそが、このような誤解を消し去り、ひいては予見可能性に関する「具体的予見可能性説」対「危惧感説」あるいは「抽象的予見可能性説」という、もしかすると誤りのある対立図式(37)をも解消し、議論の整理、過失犯の規範構造のさらなる精緻化につながるのではないだろうか。

V　おわりに

いずれにせよ、本稿においては、過失犯論において、事実上の因果経過の態様が少なくとも過失犯の成立要件たる予見可能性の存否にはかかわらないことを再確認した。このような再確認は過失犯論の統一的な規範構造の解明に向けた一連の考察の内の一つであるが、本稿に限らず、筆者のこれまでの過失犯論についての論究は、日ごろより増田豊教授から賜った数多くのご指導によるところが大きい。すなわち、私のこれまでの研究活動は、増田教授の存在なくしては決して成り立ちえないものであったし、これからも、そのことは変わらないだろう。

むすびに代えて、増田教授の古稀を心からお祝い申し上げ、教授がこれまで刑法学に果たし、そしてこれからもなされるだろう、模範とすべき膨大なご尽

(37)　本稿のような構造理解に立った場合、仮に両者あるいは三者の対立構造が、事後的な、現実に発生した結果へと至る事実上の因果経過を前提として、その内のどこまでの経過が予見可能であれば予見可能性を認定することができるのか、という点を争うものであるならば、そのような対立は過失犯の規範構造をますます錯綜させるのみである、ということになる。予見可能性の存否にとって重要であるのは、あくまで行為時の行為者における意思内容として、自身の行為における危険性を認識あるいは認識可能であったか、そして、その危険性が一定の因果経過を辿り特定の構成要件的結果において実現されることを予見可能であったのか、ということであり、そこでは、事後的に生ずる、現実の法益侵害結果およびそこに至る事実上の因果経過は議論の前提とはなりえない。そのような事実上の因果経過は、結果帰属のレヴェルにおいて、現実に発生した結果が、まさに行為者の過失的な意思内容の中に取り込まれた結果であったのかを確認し、当罰的な過失行為を遂行した行為者における、過失犯として可罰性を条件づけるために必要な要素なのである。

力の数々 —— それは必ずしも刑法学の枠内にとどまらない、心の哲学や脳（神経）科学、言語哲学など、数々の学際的なご研究も含む —— についての謝辞を今一度ここに述べる。

不能犯における「行為規範と制裁規範の結合」

高橋則夫

Ⅰ　はじめに

不能犯とは、行為者としては犯罪の実行に着手したつもりであったが、結果の発生が不能であったためこれを遂げなかった場合である。不能犯は、不能未遂ともいうが、ドイツ刑法においては、「処罰される不能犯」という概念が存在する。これに対して、わが国の刑法においては、未遂犯として処罰できないことをいい、犯罪不成立となる。この差異は、「未遂犯の処罰根拠論」に反映しているように思われる。すなわち、わが国の刑法においては、危険概念をより客観的に把握する考え方が、判例・学説上、有力であるのに対して、ドイツ刑法においては、危険概念をより主観的に把握する考え方が、判例・学説上、有力であるという点である。

このような、危険判断の差異は、「未遂犯の規定」の差異に基づいている。すなわち、ドイツ刑法22条（概念規定）は、「行為についての自らの表象に従って、直接、構成要件の実現を開始した者は、犯罪行為の未遂を行ったものである。」と規定し、「自らの表象に従って」という文言から、主観的な危険概念を基本とせざるを得ないのである。これに対して、わが国の刑法43条本文は、「犯罪の

＊本稿は、2017年10月26日、27日、28日に、ドイツのブッテンハイムで開催された国際シンポジウム：Normentheorie – Grundlage einer universalen Strafrechtsdogmatik における報告：Verhaltensnorm und Sanktionsnorm beim untauglichen Versuch を基礎として、大幅に修正・加筆したものである。なお、「だまされたふり作戦」における受け子の罪責については、上記規範論シンポでは割愛した部分である。

実行に着手してこれを遂げなかった者は、その刑を減軽することができる。」と規定し、その文言から、比較的多様に未遂概念を構成することが可能となり、その結果、客観的な危険概念を主張する論者が通説となり得るのであり、判例・裁判例もそのような傾向に至っていると思われる(1)。

しかし、以上のような条文上および理論上の差異にもかかわらず、不能犯をめぐる議論は、両国において共通している。不能犯は、一定の行為によって結果（法益の侵害・危険）が発生しなかったことを前提として、それにもかかわらず、その行為が法益への危険を発生させる可能性があったか否かを問うものである。すなわち、結果（法益の侵害・危険）の発生の可能性を有しなかった行為について、「どのような根拠で、また、どのような要件で、犯罪の成立を認めることができるか」という規範的な問いを探究する点では、両国において共通の問題があり、その際、規範論による分析が有用となると思われる。

Ⅱ　規範論から見た不能犯

犯罪の規範論的構造は、「行為規範と制裁規範の結合」であり、行為規範の正当化根拠は法益保護に、制裁規範の正当化根拠は刑罰目的に求められる(2)。それでは、不能犯は、どちらの規範に属すると解するべきであろうか。

具体的な「行為義務」は、行為規範から導かれることになるが、その内容は、構成要件要素その他を規定する条文の解釈によって行われる点で、3段階的犯罪論構成（構成要件該当性・違法性・責任）と同様である。しかし、行為規範の存在によって、各自に、適法に行為することを可能とさせることから、行為が適法か違法かの評価は、行為の時点で決定されねばならず、したがって、行為義務の確定は、事前判断に基づいて行われなければならない。その帰結として、結果が発生したか否かは重要ではない。一定の結果の惹起を禁止する行為規範は存在せず、結果発生の危険の存在を理由に行為を禁止する行為規範だけが存

(1)　さらに、ドイツ刑法22条では、「Eine Straftat versucht」と規定され、わが刑法43条を独訳すれば、「nicht vollendet hat」となり、この点の差異が決定的であるように思われる。

(2)　行為規範と制裁規範の対置を犯罪論の基礎に置いたのは、増田豊『規範論による責任刑法の再構築』（勁草書房、2009年）7頁以下である。もっとも、この対置の基本的理解および解釈論的帰結については、私見と異なっている。高橋則夫『規範論と刑法解釈論』（成文堂、2007年）1頁以下参照。

在する。したがって、行為義務違反は、未遂犯と既遂犯において同一であり、他方、構成要件的結果（法益の侵害・危険）は、制裁規範の一部を構成することになることから、未遂犯は制裁規範の問題に位置づけられることになる。たとえば、構成要件的結果は、3段階的犯罪論構成においては、客観的構成要件要素に位置づけられるが、規範論的には、制裁規範に位置づけられ、実行行為は、3段階的犯罪論構成においては、一般に、客観的構成要件要素に位置づけられるが、規範論的には、行為規範に位置づけられるのである。要するに、犯罪の本質論である「規範論」と犯罪の構成論である「3段階的犯罪論構成」の交錯が重要となるわけである。

以上のように、未遂犯が制裁規範の問題であるならば、その裏面にある不能犯も制裁規範の問題となり、未遂犯と不能犯ともに事後判断に服するのに対して、実行行為（実行の着手）は、行為時の事前判断によって抽象的危険を判断する行為規範の問題となる。したがって、実行の着手はあるが不能犯となるという事態もあり得ることになる(3)。これによれば、不能犯は、行為規範レベルにおいて、事前判断によって一般的・抽象的な危険が肯定された後、制裁規範レベルにおいて問題とされるのであり、そこにおいては、事後判断によって具体的危険が否定されるか肯定されるかという構造を有することになる。

未遂犯と不能犯の区別について、学説上、現在は、具体的危険説と客観的危険説の対立という図式となっている。

具体的危険説は、行為当時、一般人が認識し得た事情および行為者がとくに認識していた事情（客観的事実と一致する場合）を判断の基礎とし、一般人の立場から危険を感じない場合を不能犯、そうでない場合を未遂犯とする見解である(4)。したがって、致死量に至らない空気注射であっても、つまり科学的に結果発生の危険が存しない場合でも、一般人の観点からは危険を感じる場合には、未遂犯の成立が認められるのである。従来、この具体的危険説が通説であった

---

(3) 高橋則夫『刑法総論（第3版）』（成文堂、2016年）398頁参照。

(4) 具体的危険説を採用する見解として、団藤重光『刑法綱要総論（第3版）』（創文社、1990年）168頁、福田平『全訂刑法総論（第5版）』（有斐閣、2011年）243頁以下、大塚仁『刑法概説（総論）（第4版）』（有斐閣、2008年）269頁以下、西原春夫『刑法総論（上巻）（改訂版）』（成文堂、1993年）351頁、藤木英雄『刑法講義総論』（弘文堂、1975年）268頁、大谷實『刑法講義総論（新版第4版）』（成文堂、2012年）376頁以下、川端博『刑法総論講義（第3版）』（成文堂、2013年）510頁、野村稔『刑法総論（補訂版）』（成文堂、1998年）349頁以下、伊東研祐『刑法講義総論』（日本評論社、2010年）322頁、佐久間修『刑法総論』（成文堂、2009年）325頁など参照。

が、行為当時の事前判断における一般人の危険感を基礎とする点を批判し、事後判断により判明した事情を含めて結果発生の可能性を判断する客観的危険説がその後有力に主張された。具体的危険説によると、甲がXを殺害する意思で、田んぼに立っている案山子をXだと思ってピストルで発砲したところ、一般人が見てもXだと思えたという場合、案山子が損壊されたにすぎないにもかかわらず、甲に殺人未遂罪が成立することになるが、これは、事前判断に基づく行為規範に重点を置く考え方である。しかし、この考え方は、禁止規範の内容を空洞化させ、行為規範に行為指針機能を付与できない結果となろう。

客観的危険説は、科学的な因果法則に基づいた法益侵害の可能性の物理的・客観的判断を行うものである。しかし、この見解を貫徹するならば、現に既遂結果が発生しなかった以上、それは必然の産物となり、すべて不能犯ということになり、未遂犯という範疇が存し得ないこととなろう。そこで、客観的危険説も修正を余儀なくされる。他方、具体的危険説の側からも、事後判断を部分的に取り入れたり、判断者を科学的一般人としたりして何らかの修正を加える考え方も主張されており(5)、修正具体的危険説と修正客観的危険説のどちらの修正が、「具体的危険」を判断する場合に、法益との連関を事実関係的に考慮し得るかという点が重要となる。この点につき、具体的危険の有無は危険結果の問題であって、制裁規範発動の要件と解する私見によれば、(修正された)客観的危険説が基本的に妥当だろう(6)。これによれば、①まず、結果が発生しなかった原因を解明し、事実がいかなるものであったら、結果の発生があり得たかを科学的に明らかにし、②次に、こうした結果惹起をもたらすべき(仮定的)事実が存在し得たかが判断されることになる(仮定的事実の存在可能性)(7)。この

(5) たとえば、中野次雄『刑法総論概要(第3版補訂版)』(成文堂、1997年)87頁以下は、危険性判断の基礎となる事実を、最も思慮のある高度の認識能力を持つ人間を基準に、その人を行為者の立場に置いたならば認識し得た事実とし、平野龍一『刑法総論Ⅱ』(成文堂、1975年)325頁以下は、部分的に事後判断を導入して事前判断を修正している。

(6) 山口厚『刑法総論(第3版)』(有斐閣、2016年)290頁、西田典之『刑法総論(第2版)』(弘文堂、2010年)310頁(仮定的蓋然性説と称する)、松原芳博『刑法総論(第2版)』(日本評論社、2017年)335頁以下等参照。なお、客観的危険説内部の争いについては、規範論との関係ではとくに重要ではないので、本稿では割愛する。

(7) 佐藤拓磨『未遂犯と実行の着手』(慶應義塾大学出版会、2016年)83頁以下は、(修正された)客観的危険説に立脚しつつ、現実の事実に置き換えられるべき仮定的事実を「行為者の犯行計画に取り込まれていた事情」に限定するという見解を主張している。しかし、私見によれば、行為者の犯行計画は、既に行為時の事前判断で考慮され、それによって、実行の着手(実行行為性)が肯定される場合には、それを前提として、事後判断の世界において「仮定的事実の存在可能性」を

「(修正された)客観的危険説」は、後述のように、不能犯を制裁規範の問題として位置づける考え方といえよう。

他方、ドイツ刑法においては、ドイツ刑法典22条および23条3項から、不能犯を客観的な危険の存否によって判断するという考え方は採用し得ないだろう。もっとも、実行の着手の判断については、行為者の主観を重視する立場を採用し、不能犯の判断については、より客観的な危険判断を行うこともなお可能であるように思われる。さらに、通説的見解である「印象説」は、所為へ向けられる意思表示が一般の人々の法秩序の通用性への信頼を動揺させ、法的平和が毀損されうる場合に限られると解する考え方であり(8)、それは、一般予防の観点から基礎づけられていることから、まさに刑罰目的論に属する観点であり、制裁規範の問題として位置づけることも可能であろう。

Ⅲ　制裁規範の問題としての不能犯

刑罰という制裁規範は刑罰の目的によって正当化される。前述のように、制裁規範は、行為規範によって事前に(行為者を含む)一般人に対して禁止・命令をしたにもかかわらず、行為者がこれに違反したことに対する反作用としての意味がある。したがって、刑罰は、違反された行為規範を回復するという機能を有する。刑法上の行為規範を回復するということは、犯罪によって侵害された法的平和を回復するという意味に他ならない。法的平和とは、被害者、加害者、コミュニティの三者間における規範的コミュニケーションであり、この回復のための最終手段が刑罰であると解することができよう。このような考え方

問うわけであるから、行為者の犯行計画それ自体を再度考慮することは、事前判断と事後判断との混同があるように思われる。事前判断における行為者の犯行計画(および一般人の認識可能性)の考慮は、行為の危険性の外枠であり、その枠内で、事後的に危険の発生が考慮されるわけであるから、判断対象は異なるといわねばならない。たとえば、行為者が青酸カリでの殺害を計画したが取り違えて砂糖を飲ませた場合、佐藤説によれば、殺人未遂が肯定されるが、それは、砂糖に代えて青酸カリを仮定するという、まさに抽象的危険説の手法に他ならない。(修正された)客観的危険説によれば、砂糖が青酸カリであった蓋然性を、四囲の状況から規範的な判断を行うわけであり、この規範的判断の中に、(行為者を含む)一般人が入り込むにすぎないのであり、また、ここでいう一般人判断は経験則上の判断の意味なのである。

(8)　印象説につき、*Murmann*, Grundkurs Strafrecht, 3. Aufl., 2015, S. 379 f., *Roxin*, Strafrecht, A. T., Band II, 2003, S. 346 f. [(翻訳)クラウス・ロクシン(山中敬一監訳)『刑法総論』(第2巻)[翻訳第1分冊](信山社、2011年)442頁以下]参照。

は、一種の「積極的一般予防論」と位置づけることができる[9]。

不能犯と未遂犯の区別が、制裁規範のカテゴリーに属する問題であるとすれば、刑罰目的との連関を検討することによって、「法益への具体的危険」の意味内容が確定されなければならない[10]。

第1に、刑罰目的を応報と考える見解によれば[11]、行為によって生じた害悪を出発点として回顧的に刑罰賦課を志向することから、客観的危険説にきわめて親和的である。もっとも、これを徹底すれば、結果(「法益侵害」あるいは「結果としての危険(具体的危険)」)が不発生の場合には、害悪は存在せず、未遂犯はすべて不能犯であるというハードな客観的危険説に至る可能性もある。あるいは、これとは逆に、たとえばカントの応報思想によれば、害悪は、「人一般(犯人も含む)」に対するものと解することから、国家対行為者という図式が中核となり、そこでは、もっぱら、市民の有する「自由」への制限的な介入が必要か否かが問題となる。その結果、国家刑罰の介入を正当化するために、「法益への抽象的危険」の発生時でも十分という結論に至る可能性もある。さらに、行為者に対する応報として妥当なラインを決定することは、結局、応報としての「非難(責任)の量」に依拠せざるを得ないように思われるが、不能犯か未遂犯かは、違法レベルの問題であり、責任レベルの問題とするのは妥当ではないだろう。

第2に、刑罰目的を特別予防と考える見解によれば、応報理論と同様、国家対行為者という図式が中核となるが、行為者の改善・更生を志向する点で応報理論と異なる。特別予防の基礎を形成するのは、行為者の危険性の存否と程度である。したがって、この立場によれば、行為が「行為者の危険な意思の徴表」と解されることから、主観説あるいは抽象的危険説に至る可能性もあろう。

第3に、刑罰目的を消極的一般予防と考える見解によれば、潜在的行為者(一般人)を志向することから、コミュニティ(一般人)のレベルにおける刑罰の意義が問題となる。その際、コミュニティ(一般人)に対して、行為が危険を生じさせたか否かが問題となろう。とすれば、一般人の危険感が中核となり、事前判断を基本とする具体的危険説に至り得るだろう。

---

(9) 高橋・前掲注(3)12頁以下参照。

(10) 刑罰目的論から未遂犯の不法を考察するものとして、*Wachter*, Das Unrecht der versuchten Tat, 2015 参照。

(11) *Wachter*, a.a.O, S. 97 ff., 100 ff. は、基本的に応報思想から未遂犯論を展開している。

最後に、刑罰目的を法的平和の回復（積極的一般予防）と捉える私見によれば、刑罰が被害者、加害者、コミュニティの３者の再生・回復を志向することになり、とりわけ、その他の刑罰目的とは異なる点は、「被害者」という視点が登場することにある。すなわち、「被害者領域」への介入の程度が問題となり、それは、被害回復の必要性の存否と程度によって決定される。この、事後的に判断される「被害回復の必要性」こそが、刑罰発動の一つの条件となるわけである。もっとも、ここでいう被害回復とは、規範的な判断であり、事実的な判断ではない。そして、被害者は「法益の担い手」である以上、法益に対する具体的な危険が発生する段階で、「被害者領域」への介入があったと評価するわけである。

以上、刑罰目的を法的平和の回復（積極的一般予防）と考えるならば、制裁規範のカテゴリーに属する「未遂犯と不能犯の区別」は、事後的に具体的危険が発生したか否かという判断、すなわち、「（修正された）客観的危険説」による判断によって行われることになる。

わが国の判例の傾向として、危険の判断について、一般人から見た事前の危険判断ではなく、事後的・客観的に結果発生の可能性を判断しており、基本的に「（修正された）客観的危険説」の立場にたっているといえよう(12)。

Ⅳ 「だまされたふり作戦」における「受け子」の罪責 ――不能犯論を中心に

近時の特殊詐欺においては、被害者から直接に被害金を受け取る現金手交型、宅急便やレターパックなどを利用して現金を送付させる現金送付型などによる

(12) わが国の下級審レベルでは、具体的危険説による判断が多くなされている傾向にある。しかし、具体的危険説の基本は事前判断であり、実務が事前判断に固執することは考えられず、事後判断を踏まえた具体的危険説ということができるが、これはもはや具体的危険説ではない。実務の危険判断の基礎には、客観的危険説があり、それを修正するというアプローチであると評価することができよう。その典型例は、岐阜地判昭和62・10・15判タ654号261頁（ガス中毒死事件）であり、まずは、事後判断により、都市ガス漏出によるガス中毒死の危険を判断し、次に、事前判断により、一般人判断を行っている。これは、（修正された）客観的危険説の一つのモデルであるように思われる。最高裁は、基本的に、（修正された）客観的危険説を採用しているといえるだろう。ちなみに、私見によれば、前記「ガス中毒死事件」については、事前判断によって、ガス中毒死の危険が一般的に肯定できるので、実行行為性は認められ、その枠内において、事後判断によって、別の危険であるガス爆発死・酸素欠乏死の危険が行為客体に認められるという理由で、殺人未遂の成立が肯定される。

方法が増加しており、その際、被害金の受領行為に関与する者である「受け子」の罪責が問題となっている。当初の共謀によって「受け子」役を引き受けた者については、詐欺罪の共謀共同正犯が成立することに問題はないが、被害金の受領行為時に「架け子」らと共謀して関与した「受け子」については、共謀の成否、故意の成否、それらを前提とした承継的共同正犯の成否などが問題となる。

その中でも、近時、警察によって遂行されている「だまされたふり作戦」（被害者が詐欺であることに気づいて警察に通報した後も、引き続きだまされたふりをして、模造紙幣等を準備して「受け子」と接触するなどし、現場に張り込んでいた警察官が受け子を検挙するという作戦）においては、詐欺未遂が確定した後に「受け子」が介入することから、受領行為と詐欺未遂との間に因果関係が認められるか、また、既遂に至り得ない未遂への関与であることから不能犯ではないかなどの問題が生じることになる(13)。

1　因果関係の問題

受領行為と詐欺未遂との間に因果関係があるか否かの問題につき、これを否定したのが、たとえば、名古屋地判平成 28・3・23LEX/DB25544184 である。すなわち、詐欺に気づいた被害者が「だまされたふり作戦」のもとに配達依頼した後に被告人は依頼を受けており、「この時点では、詐欺既遂の現実的危険も消失したといえる。そうすると、詐欺既遂の現実的危険という本件詐欺未遂の結果が既に発生し終わった後に、被告人が関与したことになるから、被告人の同日の行為が本件詐欺未遂の結果と因果関係を有することはなく、この点で、被告人に本件詐欺未遂の共同正犯の責任を負わせることはできない。」と。また、福岡地判平成 28・9・12LEX/DB25543872 も、「本件で被告人に問われているのは詐欺未遂の罪責であるから、……当該犯罪の結果が生ずる危険性を発生させたという点に、可罰性の根拠があると考えるべきである。そうすると、本件においては、後行者である被告人が、詐欺の結果が生じる危険性を発生させることについて、何らかの因果性を及ぼした（寄与があった）といえるか否かが

(13)「だまされたふり作戦」における「受け子の罪責」につき、橋爪隆「特殊詐欺の『受け子』の罪責について」研修 827 号（2017 年）3 頁以下、髙橋康明「オレオレ詐欺事案における受け子の犯罪の成否について」警察学論集 70 巻 3 号（2017 年）150 頁以下参照。

問題の核心である。」「本件において、Bは、Dの欺罔行為によって、一時は錯誤に陥ったが、その後、だまされていることに気付いて錯誤から脱しており、本件荷物を発送したのは、欺罔行為に起因する錯誤に基づくものではなく、専ら、警察官の犯人逮捕に協力するという意図から行ったものであるから、詐欺罪の成立に必要な因果関係が切断されていることは明白である。したがって、被告人が本件荷物を受け取った行為は、詐欺の構成要件に該当する行為（実行行為）ではない。」「本件において詐欺罪が成立しない本質的な理由は、Dによる欺罔行為と、Bによる本件荷物の発送（交付）との間に因果関係が存しないことにあり、たまたま本件荷物の中に現金が入っていたか否かといった事情によるのではない（仮に、本件荷物の中に現金が入っていたとしても、詐欺罪が成立することはない。）。」と(14)。

まず、前提問題として、受領行為が詐欺罪における実行行為か否かという問題がある。名古屋高判平成28・9・21LEX/DB25544184は、「被害金を受領する行為が本件詐欺の実行行為に当たるかは一個の問題」として、結論を留保している。これに対して、前掲福岡地裁平成28年判決は、欺罔行為によって生じた錯誤に基づいて交付された場合、すなわち、欺罔行為と因果関係がある場合に限定して、受領行為も実行行為に当たると考えているようである（本件では、この因果関係がないことから、受領行為は実行行為ではないと判断された）。これに対して、福岡高判平成28・12・20判タ1439号119頁は、受領行為は、「詐欺罪を構成するために不可欠な犯罪行為の一部である。」と判示して、明確に受領行為を実行行為と捉えている(15)。

受領行為がなければ詐欺は既遂にならないことから、受領行為を実行行為と解する余地もあろう。しかし、そうなると、詐欺罪を欺罔行為と受領行為の結合犯的な犯罪構造と理解することになるが、それでよいかが問題であるし、2項詐欺の場合には、受領行為の存在は不要であることとの整合性の問題もあろう。これに対して、受領行為は、加害者の実行行為ではなく、被害者の交付行為の結果と解することも可能であろう。このように解するならば、受け子の受領行為は、架け子の欺罔行為による詐欺未遂を承継しうるか否か、すなわち、承継的共犯（共同正犯・幇助）によって、その可罰性の有無が決定されることに

(14) 本件につき、前田雅英・捜査研究66巻3号（2017年）39頁参照。
(15) 本件につき、安田拓人・法学教室441号（2017年）126頁、中嶋伸明・研修825号（2017年）59頁、小泉健介・警察公論72巻9号86頁参照。

なる。この点につき、「だまされたふり作戦」においては、詐欺未遂結果はすでに発生し、その後の関与は、いわゆる「事後共犯」であり、不可罰ではないかと解する余地もある。しかし、この場合にも、承継可能性の問題はなお残るのであり、したがって、いずれにせよ、受領行為が不能犯か否かの問題が生じることになる。すなわち、因果関係が否定されたとしても、なお不能犯の成否が問題とされるべきである。この場合、受領行為が実行行為でないとすれば、幇助行為についての不能犯の成否が問題となろう(16)(17)。

(16) もっとも、かりに不能犯ではないとしても、架け子の詐欺未遂が確定し、先行行為者の欺罔行為の効果が消滅した段階で関与したとしても、もはや犯罪を促進したとはいえず、承継的幇助も認めることはできないのではないかという疑問の余地もあるように思われる。

(17) なお、「だまされたふり作戦」における「受け子」の罪責については、詐欺の共謀と故意との連関の問題がある。一般的には、共謀の時点で、一定の犯罪（同一罪名でなくてよい）を実現する認識、すなわち、故意も同時存在している。理論的には、共謀と故意とは異なるものであり、たとえば、甲と乙が「X を痛い目にあわせよう。」と共謀した場合に、甲は単に暴行の故意しかなかったが、乙は傷害の故意があったとしても、両名には（暴行の限度の）共謀が存在することになる。いずれにせよ、共謀と故意は同時存在していることに変わりはない。しかし、たとえば、受領段階からはじめて関与した受け子が、現金を受け取った時点では、一定の犯罪の共謀はなく、その後に、詐欺の（未必的な）故意が発生したような場合に、共謀共同正犯が成立するか否かが問題となる。一つの考え方として、詐欺の故意が発生した時点で、詐欺の共謀共同正犯が成立すると解することもできよう。架け子にとっては、いわば片面的共謀であり、受け子に故意が生じた段階で、共謀が完成するという構成がこれである。しかし、故意が生じた後に受領行為をした場合と異なり、受領行為後に故意が生じた場合、それは、事後故意ではないかという疑問もある。とすれば、盗品等運搬罪の成否が問題となろう。運搬罪や保管罪は、追求権を侵害し続ける継続犯的性格を有することから、運搬・保管中に盗品等であることを知ればその後の運搬罪、保管罪の成立を認めるのが判例である（保管罪につき、最決昭和 50・6・12 刑集 29 巻 6 号 365 頁）。しかし、追求権の侵害は、占有移転にあることから、その時点で盗品性の認識が必要であり、さらに、盗品性を認識した後における意思疎通があってこそ本犯助長性が認められることから、本罪の成立を認めるべきではないであろう（高橋則夫『刑法各論（第 2 版）』（成文堂、2014 年）423 頁参照）。なお、東京高判平成 27・6・11 判時 2312 号 135 頁は、受け子が現金詐欺と認識した時点で、受け子と氏名不詳者との間に詐欺についての暗黙の意思の連絡があったとし、現金の受領という実行行為の一部を担当した受け子の行為は、詐欺の幇助にとどまらず、詐欺の共同正犯に当たることは明らかであると判示した。本件につき、上野幸彦・刑事法ジャーナル 53 号（2017 年）136 頁参照。

さらに、受け子の認識が「何らかの違法な行為に関わるという認識」であった場合に、「詐欺に関与するかもしれないとの認識」があったと評価できるのかが問題となる。故意の内容については、覚せい剤の認識の有無が争われた、最決平成 2・2・9 判時 1341 号 157 頁において、「覚せい剤を含む身体に有害で違法な薬物かもしれないとの認識があった……」とされたことから、「何らかの違法な行為に関わるという認識」では足りない。「詐欺ではない」というように、詐欺が排除されているのか、あるいは、「詐欺を含む違法な財産侵害かもしれない」というように、詐欺が包含されているのかによって判断されることになろう。これに対して、前掲福岡高裁平成 28 年判決は、「原判決のいうように、『何らかの違法な行為に関わるという認識』に加えて、『詐欺に関与す

2 不能犯の問題

以上の因果関係の問題は、結果（法益の危険・侵害）が発生したことを前提として、それを行為に帰属できるかという問題であるのに対して、不能犯の問題は、結果（法益の危険・侵害）が発生しなかったことを前提として、それでも、危険性が肯定できるかという問題であり、両者はともに制裁規範に属する問題である。したがって、因果関係が存在しない場合でも、なお、危険性が存在する場合には、未遂犯が成立するわけである。

「だまされたふり作戦」においては、架け子の行為によって、すでに詐欺未遂が成立していることから、未遂から既遂に至る間における不能犯の成否の問題が提起されている。この点について、前掲名古屋高裁平成28年判決が次のように判示するのは妥当であろう。すなわち、「単独犯で結果発生が当初から不可能な場合という典型的な不能犯の場合と、結果発生が後発的に不可能になった場合の、不可能になった後に共犯関係に入った者の犯罪の成否は、結果に対する因果性といった問題を考慮しても、基本的に同じ問題状況にあり、全く別に考えるのは不当である。結果発生が当初から不可能な犯罪を実行しようとした者に、後から犯罪実行の意思を持って加担した者がいた場合、原判決の立論では、仮に、当初から実行しようとした者については未遂犯が成立するとしても、後から関与した者は常に処罰されないことになると思われるが、そのような結論は正当とは思われない。また、原判決は、不能犯は犯罪の成否自体を問題にするというが、そこでは全体としての詐欺罪のみを問題にしていると思わ

るものかもしれないとの認識』が存することの立証を要求するのは相当ではない。なぜならば、本件受領行為のように、特異な状況において荷物を受領する場合、そのような行為態様から通常想定される違法行為の類型には、本件のような特殊詐欺が当然に含まれるというべきであり、したがって、本件受領行為につき『何らかの違法な行為に関わるという認識』さえあれば、特段の事情がない限り、本件のような特殊詐欺につき規範に直面するのに必要十分な事実の認識があったものと解され、同行為が『詐欺に関与するものかもしれないとの認識』があったと評価するのが社会通念に適い相当だからである。」と判示した。本件では、「詐欺を含む違法な財産侵害かもしれない」という認識は存在したのであり、「何らかの違法な行為にかかわるという認識」で足りるとの判示は、最高裁平成2年決定の判断に反するように思われる。なお、受け子につき、詐欺の故意を認めることはできないとして無罪とした判例として、東京高判平成28・10・14D1Law28243923、福岡高宮崎支判平成28・11・10D1Law28244160などがある。受け子の故意につき、加藤経将「いわゆる受け子の故意に関する捜査とその立証」髙嶋智光編『新時代における刑事実務』（立花書房、2017年）91頁以下、大庭沙織「振り込め詐欺における受け子の故意の認定」刑事法ジャーナル53号（2017年）20頁以下参照。

れる。仮に、本件の被告人について、詐欺を行うことについての意思の連絡があった場合は、詐欺という犯罪に加担する意思を持って現金等を受領しようとしたが、実際は既にその結果が発生することはない状態にあったことから、まさに、自己の行為が詐欺未遂罪として処罰されるのか、結果発生が不可能になっていたとして刑事処罰を免れるかが問題になっている、換言すれば、共犯者の一人については、犯罪の成否が問題となっている場面なのである。このような場合に不能犯の考え方を用いて判断するのは、必要かつ妥当であると考えられる。」と(18)。前掲名古屋高裁平成28年判決は、結論としては、被告人である「受け子」が詐欺の被害金を受け取ることにつき、「架け子」らとの共謀の不存在を理由に、犯罪不成立としたが、不能犯の成否については具体的危険説に立脚し、一般人の認識可能性によって危険判断を行っている。すなわち、「実際には結果発生が不可能であっても、行為時の結果発生の可能性の判断に当たっては、一般人が認識し得た事情及び行為者が特に認識していた事情を基礎とすべきである。そうすると、仮に、被害者が、被告人が……荷物受領の依頼を受ける以前に既に本件荷物の発送を終えていたとしても、被害者が警察に相談して模擬現金入りの本件荷物を発送したという事実は、被告人……は認識していなかったし、一般人が認識し得たともいえないから、この事実は、詐欺既遂の結果発生の現実的危険の有無の判断に当たっての基礎事情とすることはできない。」と(19)。

---

(18) 本件につき、安田拓人・法学教室437号（2017年）146頁、橋本正博・平成28年度重要判例解説（2017年）164頁、門田成人・法学セミナー746号（2017年）121頁参照。なお、名古屋高判平成28・11・9LEX/DB25544658は、不能犯につき、同様の立場を採用し（詐欺未遂犯を肯定）、受け子につき承継的共同正犯の成立を肯定した。本件につき、是木誠・警察学論集70巻2号（2017年）159頁参照。

(19) なお、前掲福岡地裁平成28年判決は、独特な具体的危険説を展開している。すなわち、「危険性の判断過程についても、検察官は、危険性判断の指標とする一般人を、専ら犯人側の状況だけを観察する者と仮定し、その認識内容を基礎として危険性を判断しているが、一般人（もとよりその存在は危険性判断のために仮定したフィクションである）の認識という視点を取り入れるのは、まさに検察官自身が主張するように、当該事案の具体的状況下において、社会通念に照らし、客観的な事後予測として危険性を判断するためであるから、そこで仮定すべき一般人は、犯人側の状況と共に、それに対応する被害者側の状況をも観察し得る一般人でなければならないはずである。」と。これに対して、控訴審である、福岡高判平成29・5・31判タ1442号65頁は、「しかし、この危険性に関する原判決の判断は是認することができない。本件では、被告人が加担した段階において、法益侵害に至る現実的危険性があったといえるか、換言すれば、未遂犯として処罰すべき法益侵害の危険性があったか否かが問題とされるところ、その判断に際しては、当該行為時点でその場に置かれた一般人が認識し得た事情と、行為者が特に認識していた事情とを基

しかし、前述のように、判例は、基本的に、（修正された）客観的危険説を採用していると評価できる。それでは、（修正された）客観的危険説から、「受け子」の行為が不能犯か未遂犯かの問題につき、どのように判断されるのであろうか。この点につき、現実の被害者についての具体的事情を考慮することなく詐欺未遂が肯定されている一般的理解から、「仮定的に考慮されうる被害者を基準として詐欺実現の危険性」を判断するという手法によって、「だまされたふり作戦」の「受け子」に詐欺未遂の成立を肯定する見解が主張されている(20)。

前述のように、（修正された）客観的危険説によれば、「仮定的事実の存在可能性」がどのように判断されるかが問題となる。その場合に、だまされる被害者か、だまされない被害者かという被害者の錯誤の点のみに焦点を当てることに問題はないであろうか。詐欺罪においては、欺罔行為の中間結果として、被害者の錯誤、処分行為（交付行為）を経て、最終結果が発生するのであり、「錯誤に基づく処分行為」の存在可能性が問われなければならないように思われる。すなわち、仮定すべきは、「錯誤に基づく処分行為」の可能性であり、それは、警察が関与しない可能性、「だまされたふり作戦」が実施されない可能性と考えるべきであり、そうであれば、たとえば、息子のいない被害者の場合や、息子が面前にいて、被害者がまったく錯誤に陥らずに、その後、警察に連絡し、「だまされたふり作戦」を実施した場合と、被害者はいったん錯誤に陥ったが、その後、だまされたことに気づいて、警察に連絡し、「だまされたふり作戦」を実施した場合とで、前者は不能犯、後者は未遂犯という帰結に至ることも可能であろう(21)。

礎とすべきである。この点における危険性の判定は規範的観点から行われるものであるから、一般人が、その認識し得た事情に基づけば結果発生の不安感を抱くであろう場合には、法益侵害の危険性があるとして未遂犯の当罰性を肯定してよく、敢えて被害者固有の事情まで観察し得るとの条件を付加する必然性は認められない。」と判示した。なお、上告審の最決平成 29・12・11 LEX/DB25449113 は、「本件詐欺を完遂する上で本件欺罔行為と一体のものとして予定されていた本件受領行為に関与し」たとして、不能犯の問題に言及することなく、詐欺未遂罪の共同正犯の成立を認めた。

(20)　橋爪・前掲注（13）13 頁以下参照。

(21)　両事案において、危険性は異ならないと解するのは、橋爪隆「共同正犯をめぐる問題（3）―承継的共犯をめぐる問題について」警察学論集 70 巻 9 号（2017 年）164 頁以下である。この結論の差異は、私見が、実行の着手時期と未遂犯の成立時期とを区別し、前者は抽象的危険の発生で足り、後者は具体的危険の発生を要すると解することから生じるのであろう。すなわち、架け子が電話をして話す行為それ自体に未遂犯を肯定するのではなく、詐欺罪の実行の着手時期を肯定できるとしても、被害者側の事情により、具体的危険の発生が存しない場合には、詐欺未遂犯は

V　おわりに

以上、「行為規範と制裁規範の結合」という視点から不能犯を検討した結果、不能犯は「制裁規範」のカテゴリーに属し、したがって、刑罰目的論によって基礎づけられねばならず、そこから、不能犯と未遂犯の区別は、「(修正された)客観的危険説」によるべきであるとの結論に至った。さらに、それを踏まえて、近時の重要問題である「だまされたふり作戦における受け子の罪責」について、とりわけ不能犯の問題について検討を加えた。不能犯について、ドイツ刑法においては「原則として処罰」であるのに対して、日本刑法においては「原則として不処罰」という法効果の点で差異があるが、この差異は、まさに制裁規範レベルにおける差異といわねばならない。

否定されることになるわけである。なお、二本栁誠「騙されたふり作戦と受け子の罪責」名城法学67巻1号(2017年)209頁以下(228頁以下)は、当該具体的被害者との関係では危険を認めうるが、仮定的な被害者との関係では危険を認めえないとする。

いわゆる「共謀の射程」と「教唆の射程」

照沼亮介

Ⅰ　問題意識

周知の通り、「共謀の射程」という概念が検討の対象とされるようになって久しいが、近年の議論状況を見るところ、概ね以下のような問題があるように思われる。

第1に、そもそも「共謀」という、理論的には未だに内容の不明瞭な概念をそのまま議論の前提とすることの問題性が存在する(1)。むしろこの概念にメスを入れた上で、共同正犯の個々の成立要件に分解し、個別に理論的な検討を加えていくことこそが必要であると考えられる。そして、個々の成立要件としては、①因果性、②故意、③正犯性（を基礎付けるところの「重要な役割」）に整理されるという理解が次第に共有されつつあるところである(2)。

第2に、上記①に関して、「因果性」という概念につき、個々の論者の間で相当に理解の隔たりがあることの問題性を指摘できる。一例を挙げるなら、共犯関係の解消の問題に関して、現在の多数説であるいわゆる因果性遮断説の内容に疑問を呈し、自己の生じさせた因果的影響を「解消」することはそもそも不

(1)　亀井源太郎「『共謀の射程』について」法学会雑誌56巻1号（2015年）437頁以下は、議論を混乱させないためにも本文で示した①～③の要件全てに関わる問題を包含する呼称として「共謀の射程」という概念を用いるべきだとした上で、同441頁以下では従来の議論において言及されていた個々の間接事実をそれぞれ①～③に位置付けている。

(2)　詳細につき、照沼亮介「共同正犯の理論的基礎と成立要件」『刑事法・医事法の新たな展開（上）町野朔先生古稀記念』（信山社、2014年）243頁以下。

可能であるから、より規範的な判断基準を用いるべきだとする見解が主張されている(3)。しかし、これらの見解の説く「規範的」判断とは具体的にいかなる犯罪成立要件に関する議論であるのか、また、これらの見解により掲げられているキーワード的な概念は要件そのものの解釈論として用いられているのか、それとも要件充足を判断する際の間接事実として用いられているのか、といった点については、既に再三にわたり疑問が向けられ続けているにもかかわらず、これらの論者からは未だ十分な解答が示されていない。ここで注目したいのは、これらの見解において前提とされている「因果性」の理解がほぼ事実的因果性（単独犯であれば条件関係の段階に位置付けられると考えられる内容）に尽きており、因果性遮断説の前提となっている法的因果関係の理解とはかなり異なっているように見受けられるということである。以上からすれば、ここで問題となっている「共犯の因果性」の意義については、より立ち入った検討が必要であろう。すなわち、単独犯にはない（広義の）共犯固有の特性を踏まえた上での客観的帰属（「危険の現実化」）の判断枠組を提示することが求められるのである。

第3に、上記の点に関連し、最近では、基本的に因果性遮断説の発想に理解を示しつつも、同説や判例により実際に解消が認められたり、「射程外」の結果であったと評価されているような事案において、果たして本当に「因果性」が否定され得るのかにつき疑問を示し、これと区別された形での「解消」や「射程」概念を主張する見解が有力に主張されている(4)。ただ、これらの見解においては、共同正犯の成立要件と狭義の共犯（特に教唆犯）の成立要件の構造的な差異を明確化した上で、結論として生じ得る結果帰属の範囲の差を示す、とい

(3)　例えば、葛原力三ほか『テキストブック刑法総論』（有斐閣、2009年）305頁以下（葛原執筆）、同「判批」ジュリスト平成21年度重要判例解説180頁、金子博「判批」立命館法学332号（2010年）291頁以下、豊田兼彦「判批」刑事法ジャーナル27号（2011年）85頁以下、塩見淳『刑法の道しるべ』（有斐閣、2015年）135頁以下、松宮孝明『刑法総論講義［第5版］』（成文堂、2017年）319頁など。

(4)　十河太朗「共謀の射程について」『理論刑法学の探究③』（成文堂、2010年）73頁以下、同「共謀の射程と量的過剰防衛」『川端博先生古稀祝賀論文集［上巻］』（成文堂、2014年）705頁以下、同「共謀の射程と共同正犯関係の解消」同志社法学67巻4号（2015年）369頁以下。同様の問題意識から出発する近時の論稿として、例えば島田聡一郎「共犯からの離脱・再考」研修741号（2010年）3頁以下、山中敬一「共謀関係からの離脱」『立石二六先生古稀祝賀論文集』（成文堂、2010年）539頁以下、成瀬幸典「共犯関係からの離脱について」立教法務研究7号（2014年）117頁以下、同「共謀の射程について」刑事法ジャーナル44号（2015年）10頁以下、原口伸夫「共犯からの離脱、共犯関係の解消」法学新報121巻11＝12号（2015年）199頁以下、小林憲太郎「共犯関係の解消について」『理論刑法学の探究⑨』（成文堂、2016年）191頁以下など。

う意識が未だ乏しいように思われる。より具体的にいえば、共同正犯では「双方向的な意思連絡」が必要とされているところ、狭義の共犯ではこれは必要ないと解されるが、そうだとすると、広義の共犯の内部においても、こうした差異により因果性の判断（結果帰属の範囲）につきいかなる差異が生じ得るか、を具体的に示すべきと考えられるのである。

以上を念頭に置いた上で、本稿ではまず主に上記第2、第3の点をめぐる近年の議論を整理した上で、共同正犯と教唆犯の構造を対比しつつ、両者に共通する部分と異なる部分とを明らかにしたいと考える。なお、以上の内容からも既に明らかな通り、隣接する問題である共犯関係の解消(5)に関する議論についても必要に応じて言及する。

Ⅱ　いわゆる「共謀の射程」に関する最近の議論

「共謀の射程」をめぐる現在の議論を整理するならば、Ⅰで示した通り、①これを広義の共犯に共通する心理的因果性の問題に位置付ける立場（因果性遮断説）と、②これにとどまらずその他の成立要件（故意、正犯性）を含めた問題として理解する立場とに分けることができる。そして、両者に共通して問題となるのは、因果的共犯論に立脚する以上、単独正犯の場合よりも広く、促進関係が存在すれば肯定される（条件関係は不要である）という「共犯の因果性」の性質上、何らかの因果的影響が残存している場合には、その後共犯者の一部が実現した結果について「射程外」としたり、あるいは共犯関係の「解消」を認めることには困難が伴うという点である。この点に関し、①説の立場からは、ⅰ）背後者が及ぼした心理的因果性の存否を判断するに際しては、直接実行者の側における動機の同一性・連続性・継続性の有無、裏返していえば動機の刷新・更新・変更の存否が重視される傾向がある。そして、ⅱ）結果として因果性の存在が認められた場合には、「射程」論とは区別された故意の存否（錯誤論）の

(5)　坪井裕子ほか「共犯（3）の2」判例タイムズ1388号（2013年）44頁は、「心理的因果性を遮断するということは、意思連絡すなわち共謀を断つことにつながっていくものである上、いずれも離脱後の行為及び結果について責任を負わないという効果は共通しており、その意味で、共犯関係の解消と共謀の射程の問題とは隣接していて、判断が重なる部分もあると思われる」としており、その上で「共犯関係の解消は、離脱後の残留者による行為及びその結果が当初の共謀の射程の範囲内にあってはじめて問題となる」（同48頁）と整理する。

次元で解決が図られることになる(6)。これに対し、②説の立場からも、因果的共犯論という理論的な前提自体は共有されている以上、具体的事案の判断において①説のⅰ）と結論の差が生じる場面はあまり多くはないようではあるが(7)、他方において、因果性に還元される事情に限らず広く多様な事情が考慮される結果、因果的影響がなお残存していても「正犯性」が否定されて教唆・幇助にとどまる場合があることが強調されている(8)点に特徴がある。以上のようにみてくると、いずれの見解を採用するにしても、実質的にはⅰ）、すなわち心理的因果性の次元で処理できる事案が多く、また、意思連絡に由来する因果性の問題とⅱ）故意の問題とは別個に検討すべきであることも確かであるから(9)、基本的に①説の判断枠組が有用であるということになるように思われる。

ただ、ⅰ）の内容には以下の点で留保が必要である。まず、共同正犯における「意思連絡」は、単に心理的因果性を基礎付けるに過ぎないものではないように思われ、その点を踏まえた理論的な位置付けの整理が必要である。と同時に、この点を反映して、何らかの事実的影響さえ残存しているならば（例えば、当初実行者に与えた動機の点で連続性さえ存在しているならば）それだけで直ちに「射程内」の結果と評価されるわけではないと考えられることから、共同正犯における結果帰属の構造それ自体についてより立ち入って検討する必要があるように思われる。

---

(6) 以上の内容につき、①説の代表的な見解として、橋爪隆「共謀の射程と共犯の錯誤」法学教室359号（2010年）22頁以下、同「共謀の限界について」刑法雑誌53巻2号（2014年）171頁以下、同「共謀の意義について（1）」法学教室412号（2015年）129頁以下、同「共謀関係の解消について」法学教室414号（2015年）106頁以下を参照。

(7) 十河「共謀の射程と量的過剰防衛」・前掲注（4）727頁注36、同「共謀の射程と共同正犯関係の解消」・前掲注（4）396頁以下参照。

(8) 十河「共謀の射程と量的過剰防衛」・前掲注（4）721頁以下、同「共謀の射程と共同正犯関係の解消」・前掲注（4）398頁以下参照。

(9) 坪井裕子ほか「共犯（3）の3」判例タイムズ1389号（2013年）72頁は、「共犯と錯誤では、錯誤論の前提として因果関係の認定が重要な意味を持つことが多く、裁判員裁判でもこれらの点を判断する場面が少なくないと思われる」とする。

Ⅲ 共同正犯の成立要件との関係における「共謀の射程」の意義

1 共同正犯の構造から導かれる前提

そもそも60条が適用され、共同正犯の成立が認められることによっていかなる効果が生じるかについては、以下の2点に区別して説明することができる(10)。すなわち、A）他の者の行為から生じた結果についても帰属される＝単独犯の場合よりも因果関係が認められる範囲が拡張されるという点、及び、B）事前の合意により分業関係を形成することで、それ自体を取り出してみれば部分的なものに過ぎない寄与に対しても、不法全体との関係で「重要な役割」が付与され、「共同正犯としての正犯性」が基礎付けられるという点である。そして、これら双方の前提として要求される要件は、「双方向的な意思の連絡」である(11)。仮にこれを不要とし、一方的な働きかけのみで共同正犯の成立を肯定しようとするならば、A）共犯者間「相互」に結果が帰属される根拠、B）部分的な寄与にも不法「全体」との関係で正犯性を付与する根拠、の双方がそれぞれ失われてしまうおそれがある。

以上の前提からは、共犯者の一部の行為が事前に合意されていた範疇を超え、当初想定されていなかった事態が実現された場合には、A）の見地から「共同正犯における結果帰属ができない場合」と、B）の見地から「共同正犯としての正犯性が肯定できない場合」とがそれぞれ生じる余地がある。そして、このうちA）の内容を突き詰めて考えるならば、狭義の共犯（特に教唆犯）の要件に関する理解次第によっては、例えば共同正犯としての結果帰属が不可能であっても「教唆犯としてであれば結果帰属できる」余地が残っていることになる。つまり、広義における「共犯の因果性」＝促進関係というそれ自体の本質的な属

(10) 詳細は、照沼「共同正犯の理論的基礎と成立要件」・前掲注（2）249頁以下、同「同時傷害罪に関する近時の裁判例」上智法学論集59巻3号（2016年）88頁以下、同「共同正犯と正当防衛」慶應法学37号（2017年）253頁以下参照。

(11) 実務上もこの点が意識されていることにつき、芦澤政治・最判解刑事篇平成15年度305頁以下、池田修＝杉田宗久編『新実例刑法［総論］』（青林書院、2014年）310頁（川田宏一執筆）。また、こうした要件を不要と解した場合、207条の法的性質と適用範囲につきどのように考えるべきか、より掘り下げた説明が求められることにつき、照沼「同時傷害罪に関する近時の裁判例」・前掲注（10）81頁注18。

性は共通であるとしても、従来はそこから直ちに、結果帰属が肯定される範囲についてもどの関与類型であれ変わらないと漠然と考えられていたようにもみえるが、しかし、各類型の不法の性質、構造の差異に対応して、結果帰属の範囲が結論的に異なってくることもあり得るのではないだろうか。例えば、共同正犯の場合には事前の合意＝双方向的な意思連絡の範囲を超える場合に法的因果関係が否定される余地があるが、その場合であっても教唆犯としてであればなお因果性が肯定される余地があるのではないか、といった点が問題となろう。

2　共同正犯における「因果性」判断の意義(12)

もっとも、共同正犯における因果性判断を行う上では、当初の意思連絡が漠然とした形で形成されていたようなケースにおいて、より具体的にどこまでの合意が形成されていたのか、共犯者各人の認識内容を詳細に比較検討することにより、現実になされた行為が「本当に当初から当事者間において含意されていたのか」を精査する必要がある(13)。この意味では、「危険性の解消」や「因果性の遮断」といった用語法にはややミスリーディングな部分があったことは否めず、より正確には、たとえ一定の危険性の創出や事実的な意味での因果的影響が存在するとしても、果たしてその結果につき、被告人が関わった「当初の意思連絡によって創出された危険性が現実化したもの」と評価し得るのか、それとも、被告人以外の一部の者の行為（あえていえば介在事情）によって創出された危険性が現実化したのか、という部分こそが問題となっているというべきであろう。

この点、まずそもそも単独犯における法的因果関係の判断枠組みでは、主に（ア）行為が直接結果発生の原因を形成している場合(14)と、そうはいえないが（イ）行為と介在事情との結び付きが非常に緊密である場合（例えば、被告人の

(12)　以下の内容に関しては、松原芳博編『刑法の判例〔総論〕』（成文堂、2011年）283頁以下（照沼亮介執筆）において不十分ながら方向性を示しておいた。

(13)　この点、大塚仁ほか編『大コンメンタール刑法〔第2版〕第5巻』（青林書院、1999年）300頁以下（村上光鵄執筆）では「実行行為者が事前の謀議の範囲を超えるような行為に出た場合には、共謀者の責任が否定される」と述べられており、さらに、事前の共謀に基づくとはいえない実行行為者の行為については「共謀と実行行為との間の因果関係、同一性、連続性を欠く」（同301頁）と説明されている。

(14)　例えば大阪南港事件決定（最決平成2年11月20日刑集44巻8号837頁）や、治療拒否事件決定（最決平成16年2月17日刑集58巻2号169頁）などをここに分類し得る。

行為が被害者や第三者の行為を「誘発した」といえる場合(15)や、実行行為と被告人自身による第2行為とを結び付けて「一連の行為」と評価し得る場合(16))において結果の帰属が承認されている(17)。他方、いわゆる「共謀の射程」の議論において検討されているのは、自身の行為が直接物理的に結果発生の原因を形成したわけではなく、「他の行為」が直接の原因を形成している際に、当初の意思連絡に基づく影響がなおこれに及んでいるといえるかという点であるから、上記のうち（イ）の場合が問題とされていることになる(18)。

従ってそこでは、まず「当初の意思連絡」に基づいて分担された寄与がいかなる性質の危険性を創出していたかを確定する必要があるが、単独正犯の場合とは異なる点として、そもそも、場合によってはきわめて短時間のうちに抽象的・一般的・黙示的に形成される「意思連絡」の内容を確定すること自体が難しい場合があることを指摘できる。また、いったん合意が形成されても、これに基づいて現実に行為に及ぶのは、独立した主体として、その後一定の時間的・場所的な隔たりを経て、実際の状況に応じて臨機応変に意思決定しつつ行動する他の共犯者であることから(19)、果たして現実になされた行為が自身と

(15) 例えば夜間潜水事件決定（最決平成4年12月17日刑集46巻9号683頁）、高速道路進入事件決定（最決平成15年7月16日刑集57巻7号950頁）、高速道路停車事件決定（最決平成16年10月19日刑集58巻7号645頁）などをここに分類し得る。

(16) 注（15）の高速道路進入事件決定や高速道路停車事件決定では、このような考慮も同時に働いていると考えられる。この部分において、従来であれば独立した介在事情として予見可能性の判断対象となっていたような部分を既に「行為」の一部分に取り込むことにより、当該「行為」に含まれる危険を質・量共に拡充させ、生じた結果をその「現実化」として評価する余地を生じさせている点が注目されている（秋山靖浩＝杉本一敏「法科大学院はどういうところか」法学教室399号〔2013年〕9頁以下〔杉本執筆〕、照沼亮介「演習」法学教室403号〔2014年〕158頁以下、同「事後強盗罪における故意なき死傷結果の帰属」上智法学論集58巻3・4号〔2015年〕23頁以下）。

(17) 判例の事案を以上のように2つに類型化した上で、トランク監禁事件決定（最決平成18年3月27日刑集60巻3号382頁）はいずれにも該当しないことから、帰属を肯定するためには異質な考慮が必要であるとするのが一般的な理解であり（島田聡一郎「相当因果関係・客観的帰属をめぐる判例と学説」法学教室387号〔2012年〕10頁以下、橋爪隆「危険の現実化としての因果関係（2）」法学教室404号〔2014年〕86頁以下、杉本一敏「Ⅰ　因果関係・不作為犯」法学教室442号〔2017年〕12頁以下など。ごく簡単な整理ではあるが、角田雄彦ほか「刑事系科目試験問題」法学セミナー715号〔2014年〕29頁以下〔照沼亮介発言〕も参照）、周知の通りその当否をめぐって議論がある。

(18) この点を的確に指摘するものとして、橋爪「共謀の意義について（1）」・前掲注（6）130頁以下、齊藤彰子「共犯からの離脱と解消」刑事法ジャーナル44号（2015年）22頁注11。

(19) 共犯における心理的因果性に伴う問題点を明快に指摘した上で説得力をもって分析を加えたものとして、増田豊『語用論的意味理論と法解釈方法論』（勁草書房、2008年）503頁以下。

の意思連絡に由来している＝合意内容に含まれているといえるのか、少なくとも（イ）の見地から、当初の意思連絡に基づく寄与によって「誘発された行為」（自身がこれを行った場合には「一連の行為」）であると評価し得る程度の同質性がなお維持されているといえるのか、といった判断が困難になる場合もある。特に、当初の意思連絡を形成してからの時間の経過に伴う客観的状況の変化[20]や共犯者間における認識の食い違いの程度などによって結論が大きく左右され得る[21]という部分に、共同正犯における因果性判断に固有の難しさがあるといってよいであろう。

こうしてみると、「直接実行者における動機に同一性が認められるか」といった点は考慮要素として重要な意味を持っていることはその通りであるとしても、常にそれだけで上記のような共同正犯における結果帰属の可否が決定されるものではないと考えられる。もちろん、上述したような、時間の経過に伴う客観的状況の変化や共犯者間における認識の食い違いといった状況は広義の共犯全体に共通する問題といえるが、共同正犯の場合にはさらに共犯者間相互における「双方向的な意思の連絡」という要件が追加されるのであるから、直接実行者自身について動機の同一性・連続性が肯定できる場合であっても、それを背後者の側から見た場合には、実際に行われた内容が既に当初の合意内容からは大きくかけ離れており、もはや「誘発」したとも評価し得ない極めて異質なもの（＝「射程外」のもの）になってしまったといわざるを得ないケースが生じる余地が残されている。つまり、直接実行者自身の内心における一貫性に注目するだけでは足りず、さらにそれを背後者との当初の合意内容と比較対照することで、なお当初の意思連絡の延長線上＝射程範囲内のものと評価してよいかにつき検討の余地が残されているということである。

以上のことからすると、例えば単独犯の場合に実行行為に出た後、いくら翻意して結果発生を防止しようとしても現実に結果が発生すれば因果関係は否定されないという点を挙げて、そこから直ちに共同正犯における因果性判断にお

(20)　網羅的なものではないが、検討を要すべきポイントとしては、例えば行為客体の変化、被害者との関係性の変化、周辺の環境の変化などのほか、共犯者となる者の人的範囲の問題も含まれるであろう（最後の点は特にいわゆる順次共謀の事案で問題となる。照沼「同時傷害罪に関する近時の裁判例」・前掲注（10）96頁以下。

(21)　個々の事案ごとに、共犯者各人における認識内容を比較対照した上で当初の意思連絡の範囲を確定しようとする見解として、水落伸介「共謀の射程について」中央大学大学院研究年報44号（2015年）166頁以下。

いても同様に考えようとする主張(22)や、事実的な影響や物理的な影響がなお残存していれば因果性の遮断は認められないと即断した上で、離脱を認めるためには他の要件の枠内において検討する必要があるとする主張(23)は、そもそも共同正犯における客観的帰属の問題を正確に踏まえたものとはいえないであろう(24)。また、ドイツ連邦裁判所決定(25)を契機として注目されている、「当初の意思連絡の内容とは『別個の犯罪』といえるか否か」という判断基準に関していえば、上述してきたような、当初の意思連絡に基づく寄与によって創出された危険の現実化といえるかという問題、すなわち、当初の意思連絡に基づく寄与により「誘発」されたといえる程度の同質性が維持されており、なお当初の合意の範疇にあった行為と評価し得るかという問題を判断する上での指標として理解することが可能であり、理論的な見地からはそれ以上の意味を有するものではないと考えられる(26)。

3 正犯性の存否

以上のように、因果性（及び故意）の存在が認められたとしても、なお、一部

(22) 嶋矢貴之「共犯の諸問題」法律時報85巻1号（2013年）30頁、十河「共謀の射程と共同正犯関係の解消」・前掲注（4）389頁。

(23) 十河「共謀の射程と量的過剰防衛」・前掲注（4）713頁、721頁以下、同「共謀の射程と共同正犯関係の解消」・前掲注（4）387頁以下。原口「共犯からの離脱、共犯関係の解消」・前掲注（4）213頁以下は、因果性・客観的帰属の問題として把握される余地があることにつき慎重に留保しているものの、結論的には十河説と概ね同様の方向性を示している。

(24) なお、王昭武「共犯関係からの離脱」同志社法学58巻2号（2006年）228頁以下では教唆・幇助における離脱の問題が検討されているが、そこではいずれの類型についても、事実的な影響の除去に失敗してもなお離脱が認められる余地があることが説かれている。

(25) BGH NStZ 2009, S. 25 ff. 本決定に関する紹介・分析として、*Claus Roxin*, Zum Ausscheiden eines Mittäters im Vorbereitungsstadium bei fortwirkenden Tatbeiträgen, NStZ 2009, S. 7 ff.; 島田「共犯からの離脱・再考」・前掲注（4）7頁以下、山中「共謀関係からの離脱」・前掲注（4）560頁以下、鈴木彰雄「共謀共同正犯における『共謀の射程』について」『立石二六先生古稀祝賀論文集』（成文堂、2010年）530頁以下など。

(26) 高橋則夫ほか『理論刑法学入門』（日本評論社、2014年）237頁以下（仲道祐樹執筆）は、以上のような「別個の犯罪」論につき、哲学上の知見である「共有された意図」による相互的な義務付けという概念を用いて分析を加え、一部の者が実現した内容につき、こうした義務違反を理由とする「非難」を差し向けることが正当化されないような場合には、その内容は「射程外」であり「別個の犯罪」となると解している。「義務」や「非難」の意義に関する問題は別としても、論者はこの問題を「危険の現実化」を判断する際の下位基準として位置付けており、その意味で本稿のような理解と基本的に差異はないように思われる。

の者が実現した事態との関係で自身が「重要な役割」を果たしたとはいえない場合が生じることがあり、その場合には正犯性が否定されるため、狭義の共犯としての要件充足が認められる限度で処罰し得るということになる。個別の事案に関する評価は、結局は正犯性を基礎付ける「重要な役割」の理論的根拠をどのように捉えるかにより分かれることになろう[27]。

この点に関し、「射程」「離脱」の問題を部分的に因果性と切り離し、正犯性の問題に位置付けようとする見解においては、共同正犯の正犯性の根拠を「相互利用補充関係」に求め得るとする理解がしばしば示されている[28]。しかし、論者が結論的に獲得しようとする共同正犯の成立範囲に照らしたとき、例えばいわゆる支配型の事案においては背後者が直接実行者を「一方的」に利用しているに過ぎない場合が多く、この種の場合には「相互」利用性を認め難いとする内在的な批判があり得る。加えて、より根本的には、確かにそれ自体は人口に膾炙した用語法ではあるとしても、「相互利用補充」という概念が具体的に一体何を意味しており、いかなる理論的説明を経て不法全体を単独で実現した場合（単独正犯）と同等の違法評価を与え得るのか、といった基本的な内容が未だ不明なままであるという問題があり、そのままでは支持し得ないと解される。論者はさらに、「各人が意思連絡のもと相互に協力し合って結果の実現に重大な寄与をした」という意味でこの概念を用いるとしているが[29]、このように言い換えたとしても「因果性と正犯性が肯定された」という結論が一括して示されるにとどまっており、それぞれが肯定される理論的根拠が明らかでない点において変わりはないように思われる。

（27） 私見については、照沼「共同正犯の理論的基礎と成立要件」・前掲注（2）258 頁以下参照。

（28） 十河「共謀の射程と量的過剰防衛」・前掲注（4）721 頁以下、同「共謀の射程と共同正犯関係の解消」・前掲注（4）394 頁以下、成瀬「共犯関係からの離脱について」・前掲注（4）133 頁以下。成瀬「共謀の射程について」・前掲注（4）12 頁以下は、十河説の内容につき客観的帰属の問題として整理し直すことが可能であると指摘し、橋爪説については別途正犯性の確認が要求されるべきであること、動機の同一性のみならず客観的な事情も判断材料とされるべきであることをそれぞれ指摘しており、いずれも正当であると解される。ところが自説の内容としては、①「相互利用補充関係」の有無を基準とした上、②考慮要素として、実行者における動機の同一性、及び背後者における（実行者がそうした行為に出ることの）「予見可能性」を掲げるにとどまっている。①については本文中の疑問があり、②については正犯性を基礎付けるだけの「客観的に重要な寄与」の存否が結局のところ不問とされるのではないかという疑問が残る（照沼「同時傷害罪に関する近時の裁判例」・前掲注（10）91 頁注 38）。

（29） 十河「共謀の射程と共同正犯関係の解消」・前掲注（4）413 頁注 45。

Ⅳ　教唆の射程

以上に対し教唆犯に関しては、教唆行為固有の要件として、教唆者が被教唆者に対して働きかけることで犯行に出る「決意」を固めさせる必要があり、その後、被教唆者がその内容を故意として具体化させて実行に出る必要がある(30)。もっとも、そこにおける「決意」の特定性としてどの程度のものが要求されるかについては議論のあるところである。中でもドイツでは、既に一定の決意を有している者に対して働きかけ、実行する内容を変更させたような場合において、新たな決意を生じさせたとして教唆の成立を認め得るか、それとも、決意自体には変更がなく単に犯行を促進したに過ぎないとして心理的幇助の成立のみが認められるのか、という問題をめぐっては、実現される構成要件自体を改めさせた場合（いわば質的な変更）と、構成要件自体には変更はなく単に被害の程度を変えさせた場合（いわば量的な変更）とに大別した上で、議論の蓄積がある(31)。もちろん見解の対立はあるものの(32)、大雑把にまとめるならば、前者の場合には、不法それ自体の性質（特に、構成要件の性質や侵害される法益主体）を変更させたといえる場合には教唆が成立し得るが、例えば加重事由などの付随的な事情を付け加えたに過ぎず本質的な部分につき変更させたとは言い難い場合には心理的幇助にとどまると解されている。また、後者の場合には、それが独立した不法を構成するといえる程度に重大な結果へと変更させたような場合には教唆が成立すると解されるが、その量的差異が質的には独自の意義を有さないと認められるような場合には教唆は成立しないと考えられているよ

---

(30)　詳細については、照沼亮介「間接正犯の正犯性を基礎付ける事情についての誤想」上智法学論集 59 巻 4 号（2016 年）254 頁以下。

(31)　*Claus Roxin*, Strafrecht Allgemeiner Teil Band Ⅱ, 2003, S. 158 ff.; *Bernhard Hardtung*, »Aufstiftung« bei Unrechtsintensivierungen und Unrechtserknüpfungen, in: Festschrift für Rolf Dietrich Herzberg zum 70. Geburtstag, 2008, S. 411 ff.; *Günter Heine=Walter Stree*, in: Schönke/Schröder, Strafgesetzbuch Kommentar, 29. Aufl. 2014, § 26 Rdn.7 ff.; *Johannes Wessels=Werner Beulke=Helmut Satzger*, Strafrecht Allgemeiner Teil, 46. Aufl., 2016, S. 288 f.; *Rudolf Rengier*, Strafrecht Allgemeiner Teil, 9. Aufl., 2017, S. 425 ff.; *Kristian Kühl*, Strafrecht Allgemeiner Teil, 8. Aufl., 2017, S. 848 ff.

(32)　詳細については、鈴木彰雄「すでにある行為を決意していた者を『教唆する』ことはできるか」法学新報 121 巻 11・12 号（2015 年）147 頁以下。さらに、竹内健互「教唆犯成立の限界領域に潜む諸問題の実相」法学研究論集 37 号（2012 年）111 頁以下、山中敬一『刑法総論［第 3 版］』（成文堂、2015 年）945 頁以下参照。

うである。確かに、教唆と心理的幇助の不法の質的な相違を踏まえるならば、実現された不法の本質的な部分について実現させる＝実行に踏み切らせる点に教唆固有の特徴があるといえるから、理論的にはそのような方向で考えるべきであるように思われる。

ただ、（特にわが国において）実際上問題となるのは、上記のような点よりもむしろ、そもそも当初の「決意」がどの程度の幅を持つものとして把握されるか、換言すれば、当初の教唆行為がどの程度の幅を持つものとしてなされたのかという点の事実認定であるように思われる(33)。そしてそれは因果性の判断に関わる問題である以上、基本的に上述してきた共同正犯の因果性と同様の視角から分析される必要があろう。ただし、教唆犯の場合には「双方向的な意思連絡」という要件が存在しない以上、当初創出された危険性の内容を判断する上で、意思連絡の範囲内に限定されるという制約を考慮する必要がない(34)(35)。つま

(33) この点につき、前田巌・最判解刑事篇平成18年度456頁も参照。

(34) ドイツの学説では、教唆者と被教唆者との間の「相互的なコミュニケーション」を要求したり、それを超えて「自己の意思に従わせること」や「義務付け」までも要求する見解があるが、いずれも過度の限定であると解される。この点につき、照沼「間接正犯の正犯性を基礎付ける事情についての誤想」・前掲注（30）255頁、267頁。なお、本稿ではこれ以上立ち入らないが、幇助犯の場合には意思連絡が必要ないことに加え、物理的影響のみでも成立すると解されている（片面的・物理的幇助）ことから、基本的にはより広範に結果帰属が肯定されることになるといえる。もっとも、それでもなお幇助行為により創出された危険の現実化と評価し得ない場合に法的因果関係が否定される余地がおよそないわけではないであろう（松原編『刑法の判例〔総論〕』・前掲注（12）284頁〔照沼執筆〕）。

(35) わが国の学説では、①被教唆者に一時として一方的な一働きかけを与えて行為に出ることを決意させるという教唆犯の（最低限の）要件と、②「双方向的」な意思連絡という共同正犯の要件とは次元を異にする問題であるという点が十分に踏まえられていない場合がしばしば見受けられる。例えば、実行者の側において、「誰かが自分に対して行為に出ることを促している」という程度の認識すら存在しない状況において、結果的に犯行に出ることを決意したような場合（例えば、Xが第三者Aの所有物を、あえて他人の目に付きやすい場所に放置しておいたところ、その後通りがかったYがこれを見て窃盗を「決意」したような場合）には、まず何よりも、①の解釈としてそれが「教唆行為」としての適格を有しているかという点こそが問題となっているのであって、仮にこれを否定したとしても、そこから直ちに②において常に「双方向的な意思連絡」が必要であるということにはならない。

以上につき、佐伯仁志「絶滅危惧種としての教唆犯」『西田典之先生献呈論文集』（有斐閣、2017年）193頁以下では、①を「意思伝達行為としての教唆行為」の問題として、②を「片面的教唆」を肯定するか否かの問題としてそれぞれ位置付けており、両者の区別が正確に意識されている。ただ、従来「片面的共犯」の問題として論じられてきた事例は、実行者の側において、上述したような「誰かが自分に対して行為に出ることを促している」という程度の認識すらも存在しない場合であったこと、教唆や幇助においては元来一般的に双方向的な意思連絡までは要求されていなかったことなどからすれば、②の局面において教唆の成立を認めるときに、それをあえて「片面

り、この意味では、実現された事実が「背後者」の側における当初の認識と厳密に一致している必然性はないということになる。もっとも、他方において、狭義の共犯としての処罰根拠論に関し「正犯不法」を構成要素とする場合、特に多数説である混合惹起説を前提とする場合には、教唆者＝背後者の側において認められる範囲の不法内容から、正犯者＝直接実行者が実現した不法内容が大幅に逸脱してしまうと、教唆犯としての処罰根拠が充足されなくなる可能性もあることから、一応この点にも留意しておく必要があろう。

以上のような内容を踏まえた上で、基本的には個々の事案毎に、両者間の人間関係や、時間の経過に伴う客観的状況の変化の程度などに注視しつつ、背後者における当初の認識内容からは多少逸脱しているとしても、直接実行者の側において当初惹起された「決意」の時点における動機との同質性・連続性が—少なくとも「誘発された行為」あるいは「一連の行為」といえる程度には—なお担保されているといえるか、という点を検討する必要があるということになろう。例えば、教唆者が「おやじ狩りをしてこい」という指示のみを出し、被教唆者がその決意を固めたとしても、その後、被教唆者が具体的な被害者に対して形成する故意、及び実現する不法の具体的な内容としては、殺人、傷害致死、傷害、暴行、脅迫、逮捕・監禁、逮捕・監禁致死傷、窃盗、恐喝、強盗、事後強盗、強盗致死傷、器物損壊、さらには銃刀法違反の罪や暴力行為等処罰法違反の罪など、さまざまな場合が想定され得る。このような場合にどこまでが当該教唆行為の「射程」内にある故意・不法といえるかは、上述したような事実関係の詳細によって大きく変動し得る余地がある。

なお関連して、被教唆者が何らかの事実の錯誤に陥った場合、教唆者にとり因果性が肯定されるのはいかなる範囲までか、という問題がある。この点に関しても、一般的・形式的に、例えば「正犯者における客体の錯誤に基づいて生じた結果は常に射程内である」とか、「方法の錯誤に基づいて生じた結果は常に射程外である」などといったような判断をすることはおよそできないし、適切でもないであろう。例えば、特定の被害者 A を特定の日時・場所において殺害するように指示したという場合であっても、第三者への被害が生じることを特段排除した形での指示・決意がなされたわけではなかったのであれば、その後、被教唆者において客体の錯誤や方法の錯誤が生じ、これに由来して当初意図さ

的」教唆などと呼ぶ必要はないように思われる（照沼「共同正犯の理論的基礎と成立要件」・前掲注（2）251 頁注 22 参照）。

れていなかった被害者B、C、Dが巻き添えになったという場合であっても、なおそれらの者の死亡結果は当初の教唆の射程内にあったといい得るであろう。他方、日時、場所、態様等において他者への被害が絶対に生じないよう厳しく限定がなされ、そのような意思が明確に伝えられた結果、被教唆者の側においてもそうした「幅」や「ブレ」のない、狭く限定された形での「Aのみを殺害する決意」が形成されていたのであれば、それにもかかわらず錯誤に基づいて第三者に被害が生じた場合、教唆者の側における故意・錯誤を問題とする以前に、既にそうした結果は「射程外」であって教唆者には客観的に帰属されないと判断される余地があろう。

V　具体例の検討

以下ではいわゆる共謀の射程に関する具体例を検討するが、代表的な判例に関しては既に別稿で言及しているものが多いため(36)、それらを除外した上でいくつかの事案を取り上げることにする。

1　名古屋高判昭和35年10月5日高刑集13巻8号601頁

本件では、当初の意思連絡の内容が「窃盗ののち、追跡者に対してはナイフ

(36)　①最判昭和25年7月11日刑集4巻7号1261頁（ゴットン師事件）、②最大判昭和33年5月28日刑集12巻8号1718頁（練馬事件）、③最決昭和54年4月13日刑集33巻3号179頁、④名古屋高判昭和59年9月11日判時1152号178頁（戸塚ヨットスクール事件）、⑤東京高判昭和60年9月30日判タ620号214頁、⑥最決平成4年6月5日刑集46巻4号245頁（フィリピンパブ事件）、⑦最判平成6年12月6日刑集48巻8号509頁、⑧東京地判平成7年10月9日判時1598号155頁、⑨名古屋高判平成14年8月29日判時1831号158頁、⑩東京地判平成15年2月18日LEX/DB28135377、⑪東京高判平成18年7月5日高刑速（平18）号111頁、⑫東京高判平成21年7月9日判タ1347号78頁については、松原編『刑法の判例〔総論〕』（注12）268頁以下（照沼執筆部分として、⑦⑧⑨を含む）、照沼「共同正犯の理論的基礎と成立要件」・前掲注（2）252頁以下、256頁以下、267頁以下（③⑧）、同「同時傷害罪に関する近時の裁判例」・前掲注（10）86頁以下、96頁以下（②④⑤⑩⑪⑫）、同「共同正犯と正当防衛」・前掲注（10）249頁以下（⑥）、成瀬幸典ほか編『判例プラクティス刑法Ⅰ総論』（信山社、2010年）399頁（照沼執筆部分として⑨）、高橋則夫ほか編『新・判例ハンドブック刑法総論』（日本評論社、2016年）183頁以下（照沼執筆部分として①③⑥⑦⑧⑨を含む）などを参照。これらのうち特に①③⑦⑧⑨などの結論に関しては、事実上の影響力を解消できていないのではないかという疑問が向けられることが多いが、本文で述べた通り、そうした視点からの評価は適切でない。

で脅しながら後退し、逃走する」というものであったところ、窃盗の実行担当者がとっさに1項強盗にあたる事実を実現し、その際に被害者に傷害を負わせたという事案につき、共犯者全員に強盗致傷の責任が認められている。しかし認定されている事実関係によれば、当初の意思連絡の内容からは明示的に1項強盗の事実は除外されており、また傷害を負わせた具体的な経緯についても明らかでないことから、こうした結論には疑問が残る。理由付けの部分においても、事後強盗であっても「同じ強盗としての評価に服する」という点のみが強調されていることから、ここでの問題（共犯の因果性）と、抽象的事実の錯誤における「符合」の有無という観念的な論理操作の問題（共犯における錯誤）とが混同されている疑いがある。

2 東京地判昭和42年1月12日判タ207号187頁

本件では、被告人が宿泊代等の面倒を見ていた実行者2名が被告人に対し「これから金をつくってくる」と告げたところ、被告人が「池袋近くでやると、外に出られなくなるから遠くへ行ってやってこい。警察に捕まるなよ」などと答えたこと、さらにその前日の朝に両名のうちいずれかの求めに応じて「悪いことはするなよ」と伝えて切出しナイフを貸したこと、その後両名は上記ナイフを用いて強盗を実行し、これによって得た金銭のうち一部を被告人に渡したこと、などの事実が認められたが、裁判所は、被告人は両名が「これから恐喝か強盗か、あるいは窃盗か、ともかく何か金をつくるために悪事を働きに行くのだということは大体推察し認識していたものと断じてよい」としつつも、上記の返答をした際にナイフをなお所持しているか確かめた形跡もなく、「犯行の手段や方法などについてとくに相談にあずかったような事実は何等うかがえない」とし、さらに、金銭が渡されたのも「犯行の分配金というよりも世話を見て貰っている生活費ないし謝礼という程度の趣旨」であったとして、強盗をする「謀議」「意思の連絡」「共同犯行の認識」があったとは認められないと結論付け、共同正犯の成立を否定した。さらに、被告人の言動は「場合によっては犯罪をなすべき旨」両名に指示しこれを認容したにとどまるものであって「一定の犯罪を実行する決意を具体的に生ぜしめる程度」に至っていたとは認め難いとされて教唆の成立が否定され、また「両名が具体的にどのような犯罪を実行するかを表象し、これを幇助する意思」をもってナイフを渡したとはいえないとして幇助の成立も否定され、無罪が言い渡されている。

これらのうち、両名が事前に相談の上、犯行に出る決意を固めていたことが窺えることから、教唆の成立が否定されている点は妥当であると思われる。また、前日の朝の時点では、特に「悪事を働きに行く」ことの表象があったとは認められないため、ナイフを渡した行為につき物理的幇助（の故意）は成立しないという判断も適切であろう。さらに、当日に上記のような返答をした時点においては、一定の幅はあるものの、被告人の側において両名が「何らかの財産犯」の実行に出ることを漠然と認識していたとみる余地があるが、少なくとも客観的に実現された強盗の事実につき意思連絡（及び故意）が存在したとは認め難い。ただ、こうした言動が両名にとっての心理的な障壁を取り払い、実行に際して動機を提供し、促進したとみる余地はあり、その限りで心理的幇助の成立する余地は残っている。もっとも、こうした部分の判断には実行者両名の内心状態の推移に関する詳細な事実認定を要するため、それらの判断材料が乏しかったのであれば無罪という結論も是認されよう。

3　大阪高判昭和63年7月26日判タ694号173頁

本件では、被告人と共犯者2名とが当初、覚せい剤2キログラムを仕入れて密売する意思連絡を形成したところ、共犯者らが外国に赴いて仕入れ先と話し合った結果、予定を超える5キログラムを仕入れ、帰国後、小分けのために共犯者宅に運んだが、その際、予定を超える3キログラムについては被告人には知らせないこととして自動車内に隠したままにし、2キログラムのみを室内に持ち込んで被告人に示したという事案につき、被告人に5キログラム全体について覚せい剤所持罪の共同正犯が成立するかが問題となった。この点、1審判決は、①共犯者らは被告人との間に感情的な対立があったことから一時的に秘匿していたに過ぎず、いずれ順次売却して事実を被告人に話し、売上金を引き渡すつもりであったこと、②被告人の側も今回限りのことではなく継続的に仕入れて利益を得る意思を有していたことなどを掲げ、たとえ3キログラム分についての認識がなかったとしても、この点を含め全体につき共同正犯が成立するとしたが、本判決は、①については、共犯者らにおける売上金の記帳、覚せい剤の保管状態、収支状況等の記憶等がいずれも不正確でずさんなものであり、売上金のほとんどを経費に費消してしまうような状況であったにもかかわらずまったく被告人に報告していないことを指摘し、②についても、今後の仕入れについては仮定的、希望的な観測はあったにせよ、現実には予定していた2キログラム分についてすら密売先探しに苦慮する状況であり、購入資金の金策も思うようにいかなかったことからすると、当初の予定を3キログラムも上回る覚せい剤を入手することは予想もしていなかったと認めざるを得ないとして、1審判決を破棄し、被告人には2キログラム分についてのみ共同正犯が成立するとした。

本件では、匿名解説が的確に指摘している通り、「当初の共謀の中に、予定以上に覚せい剤が仕入れられることがあることの予想と了解が含まれていたかどうか」(37) が問題であって、上記のような事実関係からすればそれは消極に解されることになろう。ここではまさに、意思連絡に基づいて創出された危険性が現実化したのは2キログラム分にとどまり、他方、秘匿されていた3キログラム分については被告人との間における双方向的な認識の範疇にあった事実ではなく、「誘発された」ものとも評価し得ないように思われる。

4 浦和地判平成3年3月22日判時1398号133頁

本件では、暴力団の組長であった被告人が、被害者Aの態度に憤慨し、制裁を加える意図で、配下の組員に対して被害者を縛って組事務所に連行するように指示したところ、実行者らは同一系列の他の暴力団組員と共に、まずA方で激しい同人に対し暴行を加え（第1暴行)、次いで連行したパチンコ店駐車場において再度Aに激しい暴行を加え（第2暴行)、その後自動車のトランク内に同人を押し込んで川の土手上に運び、暴行を加えた上で川の中に蹴落とし、同人の身体を数分間水中に沈めて溺死させた（第3暴行）という事案につき、裁判所はまず、被告人は指示を出した時点で他の組員の力を借りることまでは考えておらず、組員のみに対し、「ある程度の有形力の行使」は容認しつつも、事務所に連行して「同所における制裁」のみを意図していたと認定した(38)。次に、実行者らにおける殺意の発生時期については、（ア）第1・第2暴行と（イ）第3

(37) 判タ694号174頁。さらに、1審判決は「いわば雰囲気でもって共謀の認定をしているように思われ、もう少し細かい事実認定が必要とされる」のであり、本判決は「安易な共謀の認定に注意を促すもの」であるとされている。

(38) 判時1398号140頁。

暴行との態様の差異などからみて、第2暴行の終了後であったとし、その上で、（ア）については包括一罪の関係にあるといえるものの、（イ）は殺害という新たな目的に向けて行われており、第2暴行の現場からも約4キロメートル離れた場所において、全く異質な手段・方法により行われていることから、（ア）とは異質な別個独立の犯罪であり、併合罪の関係に立つと評価した(39)。以上を前提として、第三者に指示して犯罪を実行させた場合において、当初の意思連絡と一罪関係に立たない「別個の犯罪」につき罪責を問うためには、当初の指示・命令の中に、「既に実行された犯罪以外に、右別個の犯罪の実行をも指示・容認する趣旨」が含まれており、その犯罪が「両名の合致した意思（共謀）に基づいて実行されたと認め得る特別の事情の存することが必要である」だとした上で、単に当初の指示と「因果関係」が存在すればそれで実行されたすべての罪責を問われるとするような議論は、共同正犯の要件である意思連絡を無視するもので「理論上是認し得ないのみならず、その実際の適用においても、共同正犯の成立範囲を拡大しすぎて不当な結果を招来する」(40) という一般論が展開された上で、本件では、被告人の指示は第3暴行をも容認する趣旨のものではなく(41)、従って第3暴行は当初の指示とは直接関係のない「別個の動機」により敢行されており、指示と第3暴行との間には「単に条件的な因果関係を肯定し得るに止まる」との評価がなされ(42)、結論として被告人には第1、第2暴行に基づく傷害結果につき共同正犯が成立するにとどまるとされた。

本件ではまさに、当初の意思連絡の内容が精査され、一定範囲の態様・場所における有形力のみが合意されていたことを出発点とした上で、その後の殺害行為は既にこれとは異質な動機に基づいて、異質な客観的状況の下でなされており、被告人の認識する範囲を大幅に逸脱していたことから、死亡結果の帰属が否定されたものと理解することができる。そして、「単に条件的な因果関係を肯定し得る」のみでは共同正犯としての法的因果関係は充足されないという趣旨であるならば、本稿の理解と整合するものであるといえよう(43)。

---

(39) 判時1398号142頁。

(40) 判時1398号143頁以下。

(41) 判時1398号144頁。

(42) 判時1398号145頁。

(43) もっともその判断をする上で、当初の意思連絡に基づく犯行との「罪数関係」が基準になるわけでは必ずしもないであろう。そもそも包括一罪の性質自体がかなり多様なものを含んでいる上に、仮に併合罪関係に立つ別罪だとしても、当初から「場合によっては（誘発された）別罪の実

5　札幌高判平成13年2月8日判タ1070号291頁

本件では、共犯者と愛人関係にあった被告人（女性）が、共犯者の実現した、被告人の実母を対象とした住居侵入、強盗殺人未遂、現住建造物放火の各罪について共同正犯として起訴された事案である。このうち、住居侵入と強盗殺人未遂については、被告人は共犯者とのやり取りの中で実母の殺害方法や遺産の分配等についても話をしており、共犯者の意図を認識して同意を与えたこと、実母の住所、名前、電話番号等を共犯者に教示したり、実母方の状況や寝る場所などの情報を逐一伝達するなど犯行に欠くことのできない重要な役割を担ったこと、愛人として共犯者に金銭的に貢献したいという動機を有していたことなどが指摘され、共同正犯の成立が肯定された。他方、現住建造物放火については、当初の合意内容は石油ストーブの煙筒に詰め物をして不完全燃焼を生じさせ、一酸化炭素中毒に見せかけて実母を殺害するという方法であったところ、共犯者が実母宅に侵入したのちに予想していたストーブと異なる形状であったことからこれを断念し、実母宅に放火した、という事実を認められ、両者の認識の間には殺害方法について齟齬があったとされた。そして、放火の点は強盗殺人の手段であったとしても、それに包摂されるものではなく一個の独立した犯罪であって、この点についても「意思の連絡その他を含めて共謀といえるだけの具体的状況の存したことが必要」(44)であり、本件ではその点につき合理的な疑いが残るとされ、共同正犯の成立が否定されている。

本件については、放火との関係ではそれぞれ「手段」部分に相当する住居侵入、「結果」部分に相当する殺人（未遂）についてそれぞれ帰属が肯定されているにもかかわらず、両者のいわば中間部分に位置する放火についてのみ帰属が否定されており、事実的影響の存否のみを問題とする見解からは結論の正当化が困難な事案に属すると思われる。しかし、注目すべきであるのは、被告人の側において「明確ではないにしても」共犯者が放火という手段に出ることを考えていたため、最終的には現場で放火を決意した共犯者との間に「意思の合致があったようにもみえるが、以上のような経緯に照らせば、それはむしろ偶然

行にも出ること」の含意があったと評価されるならば、なおそこから生じた結果の帰属が肯定され得るからである。要するに、形式的基準による類型的な判断ではなく、個別の事案における事実関係の精査こそが重要である。

(44)　判タ1070号297頁。

の結果というべきもの」[45] とされている点である。当初において背後者の側が認識していたにせよ、実行者との間で「合意」された内容にはなかった部分につき、その後実行者が現場において初めて決意して実行に及んだとしても、その点が背後者にとって認識できない状況にあったのであれば、結局は「双方向的な意思の連絡に基づいて」創出された危険とは異質のものであったということになり、共同正犯としての結果帰属が否定されることになろう[46]。

6　広島高判平成 24 年 12 月 13 日判時 2226 号 113 頁

本件では、以下のような事案が問題となった。すなわち被告人が自宅で共犯者Aらと飲酒していた際、電話での被害者の発言に立腹し、被告人がナイフを、Aがゴルフクラブを持ち出した上、被害者を謝らせようとして自動車で同人方に向かうこととなったが、遅くとも、被告人がその車内において、被害者から暴力を振るわれたらAが暴力を振るうことを容認する発言をした時点において、被害者に対する暴行、傷害の意思を通じた。そして、被害者方に到着後、Aが直ちにゴルフクラブを振りかぶるなどして被害者ともみ合いになり、被告人がこれに加勢して、鞘を抜いたナイフの刃を威嚇の目的で被害者の胸付近に突き付けたが、同人がひるむことがなかったことから、怒りを爆発させ、突発的に殺意を生じてナイフで胸部を1回突き刺した。その後、Aが上記ナイフを用いて、殺意をもって被害者の腹部を3回突き刺した。その結果、「被告人の刺突行為により生じた右内胸動脈切断と、Aの刺突行為により生じた腹部切創とによる出血性ショック」[47] により被害者が死亡した。なお、本判決が是認する1審判決の認定によれば、Aの刺突行為につき被告人は認識していなかった[48]、というものである。以上の事実関係につき、1審判決、本判決共に、被告人及びAそれぞれの殺意に基づく刺突行為は、いずれも「当初の共謀の範囲を超える」としているが、1審判決における罰条適用を見ると「刑法 60 条（ただし、傷害致死の範囲で）、199 条」[49] とされていることから、①死亡結果につい

(45)　判タ 1070 号 297 頁。
(46)　なお心理的幇助の成立する余地は残されているが、事実認定に際して最低限「誘発された」という評価が成り立たないのであれば、消極に解されることになろう。
(47)　判時 2226 号 114 頁。
(48)　判時 2226 号 126 頁。
(49)　判時 2226 号 126 頁。

ても意思連絡の射程内にある=因果関係が肯定されると判断された結果、傷害致死罪の共同正犯の成立が認められていること、②被告人、A共に、刺突行為につき別途殺人罪の単独正犯が成立し、おそらくは①は②に吸収されて殺人の包括一罪として処理されていること、が読み取れる。

ただ、上記の認定事実に基づくと、死因は両名の行為のうちいずれか一方が生じさせたとは認定されていないため、両者があくまで別個に単独正犯として実行したという前提に立つ場合、殺人「既遂」罪の成立を認め得るのかにつき明らかでない点が残る。このように共同正犯の部分と単独正犯の部分との区別が行われているのは、一見して明らかな通り、「殺害」という点について（換言すれば互いに「殺意を有していること」について）双方向的な意思連絡が必要だと解されていることに由来している。このような見地からは、本件では両名に殺意が生じたのは意思連絡の形成後であるから共同正犯関係を肯定できないということになるのであろう。しかし、意思連絡の成否と故意の存否は別個の問題であり、意思連絡の内容に共通性が求められても、故意の内容は各人毎に異なり得るものであって「連帯」的に成立するということは考え難い以上、むしろ、客観的に死亡に至るような危険性を有している暴行を行うことについて双方向的に意思連絡が形成されたといえるのであれば、仮に故意がその後各人毎に個別に生じたとしても、なお各人に「殺人既遂罪の共同正犯」が成立する余地は否定されないと解される(50)。もっとも、意思連絡に基づいて分担された暴行・傷害行為とは別個の形で、換言すれば「一連の行為」とは言えない態様において殺人の実行行為がなされたのであれば、それは共同正犯を基礎付ける寄与には含まれないから、別途単独正犯として評価されねばならないであろう。その場合、60条が適用されない以上は因果関係の拡張は認められないのであるから(51)、自分以外の者の行為によって死因が形成された可能性が残る場合には、殺人「既遂」罪の成立を認めることはできなくなる(52)。

以上をまとめるならば、本件において被告人とAの双方に殺人既遂罪の成立を認めるためには、まずは（ア）死因がいずれの行為によるものかの認定が求められ、それが明らかにならないのであれば、（イ）殺意に基づく刺突行為の

(50) 照沼「共同正犯の理論的基礎と成立要件」・前掲注（2）257頁、同「共同正犯と正当防衛」・前掲注（10）256頁参照。

(51) Ⅲ1参照。

(52) この場合、両名には殺人「未遂」罪の単独正犯と傷害致死罪の共同正犯が成立し、併合罪として処理されることになろう。

部分が、客観的に当初の意思連絡に基づいて分担された各人の寄与の延長線上にある「一連の行為」として評価され得るか、という部分がさらに解明される必要があったように思われる。仮に（イ）の点が認められるなら、本稿の見地からは、両名には客観的には傷害「致死」の不法内容を構成する事実についてなお共同正犯関係が認められ、他方、各人がその途上でそれぞれ殺意を形成して実行に出ていることから、各人に「殺人既遂」の共同正犯が成立することになるのである。

7　関連する問題

最後に、判例の事案ではないが、実際に生じ得ると思われる事例につき検討を加えることにしたい。

（事例）Xは勤務先の会社で機密情報のファイル等を管理する業務に従事していたが、学生時代の後輩であり現在はライバル会社に勤務するYにその話をしたところ、Yから引き抜きの誘いを受けた。Yはその際、Xの保管する機密情報のファイルを持ち出して自分に提供してくれればこれを用いて新製品の開発ができること、その見返りに金銭を支払い、自社への転職後にXを重要な役職へ迎え入れることなどを告げた。Xはこれを了承したが、数日後に別の部署への異動の辞令が出され、上記の保管業務からは外れることとなり、後任のポストに就いたAに上記ファイル等の保管業務が委ねられた。XはYにこれらの経緯を告げることなく、Aの所属する部署の全員が外出していた隙に、保管場所から機密ファイルを社外に持ち出した(53)。

前提として、Xによる持ち出し行為の時点では、既に同人にファイルに対する占有が失われており、他方、会社（＝A）側にその占有が認められるから、Xの行為は窃盗に該当する。ところが、Yがこの行為をするよう持ち掛けてXとの間で合意が形成された段階では、Xは業務上ファイルを占有している状況にあり、その後異動になった事実を知らされていないYとしては、業務上横領

(53)　平成27年度司法試験刑事系第1問の事例から一部を抜粋した上、アレンジを加えた。

を構成する事実を認識していたに過ぎないことになる。このような場合、いかなる範囲で共犯が成立するか。まず、因果性遮断説を前提とした上で、射程の問題を広義の共犯共通の問題と位置付け、実行者Xの側における動機の継続性を重視して判断する立場からは、結局金銭や地位といった利欲目的で行動している点において変化はなく、会社内での異動も偶発的ではあるが異常な事態とまではいえないことからすると、窃盗の結果についても基本的に射程内であったと解されることになりそうである(54)。そうすると、残る問題は「主観的には業務上横領の認識で、客観的には窃盗を構成する事実を実現した」という抽象的事実の錯誤の処理ということになろう。ただし、ここでどちらが「重い罪」(38条2項)かを考える際に、単純に253条と235条の「法定刑の比較」(のみ)を行う場合、両者の上限は懲役10年で共通しているが、下限において後者のみに罰金刑が設けられていることをいかに評価するかが問題となる。全体的対照主義の見地からすれば、選択刑に罰金がない点を根拠として業務上横領の方が「重い」と解されることになり、従ってYには「軽い」窃盗の故意が成立すると解されることになろう(55)。もっとも、平成18年改正の趣旨からすれば、罰金刑の新設は従前訴追されていなかった領域にも窃盗の処罰範囲を拡大するものと解する余地もあり、そのような理解からは窃盗の方が「重い」と評価されよう(56)。その場合、いかなる「横領」の限度で故意が認められるかは難しい問題ではあるが、体系上どのように位置付けるにせよ、「業務」性には特殊な加重事由としての意義が存在しており、これは窃盗の構成要件に含まれていないという点については疑問の余地はないと思われる。従って「他人の財物を領得する」という部分、すなわち委託物横領の限度において故意を肯定するというのが自然な解決であるように思われる(57)。

以上に対して本稿の見地からは、このような場合、故意の問題以前に、「他人の占有を侵害すること」の合意＝双方向的な意思連絡が存在していたとみるこ

(54) 「論文式試験問題刑事系〔第1問〕」法学セミナー728号(2015年)44頁(杉本一敏発言)、注53の問題における出題趣旨(http://www.moj.go.jp/content/001166241.pdf)14頁参照。

(55) 「論文式試験問題刑事系〔第1問〕」・前掲注(54)43頁(杉本発言)。

(56) この点に関し、関根徹「共犯の錯誤に関する諸問題」法学新報123巻9＝10号(2017年)719頁以下。

(57) 「鼎談 刑事系科目論文式試験問題について」法学教室307号(2006年)43頁(佐伯仁志発言)、橋爪隆「構成要件的符合の限界について」法学教室407号(2014年)109頁参照。なお、「委託信任関係」を独立した保護法益と解する必然性はないと思われる。

とには無理があるように思われる。Xの側が客体を管理しているという事実とはおよそ無関係に依頼がなされ、合意が形成されたというのならともかく、この事例においてそのような特段の事情があったとは認め難い。従って、占有侵害の結果につき、合意の範囲内にあったとすること＝共同正犯としての因果性を認めることは困難であろう。その上で、共同正犯の場合、不法の性質が共通する限度でのみ分業関係の形成が可能であり、その限度で成立が認められると解すべきことから、本事例においては、上述の通り「占有侵害」を伴う窃盗と「業務性」を伴う業務上横領との間において、不法が共通する範囲はどこまでなのかを判断する必要がある。そして、結局それは委託物横領の限度にとどまると解されるため、両名には同罪の限度で共同正犯が成立し、他方、実現された窃盗の部分は別途Xの単独正犯と評価された上で、Xにおける罪数処理としては、犯情の重い窃盗が業務上横領を吸収し、包括一罪として扱われることになる(58)(59)。

なお、以上ではYを共同正犯として扱ったが、仮に教唆の成立にとどめた場合には、既に述べた通り「双方向的な意思連絡の範囲内」という制約は必要なくなる。上述したようにXにおける動機の同一性が認められることを前提とした上で、①Yの主観的な認識はともかく、客観的に指示した内容を見る限り、会社側の支配を排除した上で持ち出すという選択肢が特段排除されていたわけではないこと、②本事例では、対象として予定されていた客体につき新たに他人の支配・管理が及ぶことになったため、同一客体につき付加的に異なる属性が追加されたにとどまっており、当初の計画内容から独立した別個の客体に対する侵害結果が生じたわけではないこと、③窃盗罪における占有の保護も究極的には所有権の保護を目的としている以上、両者の侵害結果の間にある質的な相違はさほど大きくはないことなどを考慮するなら、当初YがXに決意させた内容から「誘発」された結果と評価できよう。さらに、④決意させた不法内

(58) 以上につき、照沼亮介「刑事系科目〔第1問〕の解説」別冊法学セミナー236号（2015年）70頁以下。

(59) なお、Yは業務者ではなく占有者でもないため、仮にこれらを身分として扱う場合には65条の適用が必要になろうが、この点は観念的な論理操作のプロセスでしかなく、これによって現実の被告人の認識内容が左右されるわけではないこと（関根「共犯の錯誤に関する諸問題」・前掲注(56) 715頁、718頁等の記述や出題趣旨〔前掲注(54)〕14頁の記述などはこの点で論理が倒錯しており、混乱が見られる）、占有についてはあえて身分として扱う必然性もないことなどからすれば、この点に過度に意味を持たせるべきではないと思われる。「鼎談　刑事系科目論文式試験問題について」・前掲注(57) 55頁（佐伯発言）も参照。

容と実現された不法内容との間にもはや処罰根拠を充足できなくなるほどの異質性が認められるとはいえないから、この見地からも結果帰属を肯定し得ると考えられる。以上を前提とすると、上述したように抽象的事実の錯誤の処理によって解決が図られ、Yには「符合」が認められる委託物横領の限度で故意が成立することになろう。

Ⅵ　結語

本稿では、用語法や体系的な理解に混乱が見られ、議論が帰一しない「共謀の射程」を素材として検討を加えてきたが、その主眼は、「共犯の因果性」という概念、及び共同正犯、教唆犯といった各関与類型の構造・要件のそれぞれについて掘り下げた検討を行い、それぞれに則した解決を図るべきという点にあった。最後に、必ずしもこの問題に限ったことではないが、今後の議論に際して留意されるべき点に言及しておきたい。

第1に、ただでさえ概念が乱立し難解とされてきた共犯論において、基本的な犯罪成立要件との関係が明らかでない概念・用語法を意識的に用いつつ、従前の理解との関係についての丁寧な説明（議論を嚙み合わせる努力）を一切しないままに自説を展開されてしまうと、それがいかなる成立要件に関わる主張であるのか、ひいては成立要件それ自体の話なのか事実認定のための間接事実の話なのか、といった点が不明瞭になり、結局、論者の意図とは無関係に議論の停滞を招いてしまうことになる。他方、第2に、従来は十分な理論的検討がなされていなかった問題に関して、過度に「現状における一般的な理解」を絶対視し、掘り下げた検討を試みる見解に対して正面から対応せず、単に「特殊な理解」であるとして切り捨てるような姿勢も、やはり議論の進展にとっての妨げにしかならない。特に、実務を適正な方向にリードするという学説の役割からすれば、もっぱら慣用的な語法との異同にのみ拘泥する態度は、いたずらに現状の混乱を温存させ、ひいては学説全体としての実務に対する影響力を減殺させることになりかねないであろう。本稿の内容が従来の議論を幾許かでも進展させるものとなっており、同時に以上のような点に関して多少なりとも学説の側の自覚を促す契機となっているならば幸いである。

連鎖的共犯について

松生光正

Ⅰ　問題提起

連鎖的共犯（Kettenteilnahme）とは、正犯者に対し、複数の教唆犯あるいは幇助犯が順次的に関わる場合を言い、直接的に正犯者を教唆あるいは幇助する者をそのように教唆・幇助することを教唆あるいは幇助する者や、そのような者の背後にあってさらにそのような教唆・幇助行為を教唆あるいは幇助する者というように、いわば無限に背後へと関わりうる者を包括する概念である。我が国の刑法においては、第61条第2項が、「教唆者を教唆した者」も教唆犯と同様とし、第62条第2項が幇助者つまり「従犯を教唆した者」には従犯の刑を科するとして、特別な定めを置いている。従来このような連鎖的共犯の類型は、間接教唆あるいは間接幇助（間接従犯）という呼び方がされてきた（その背後には再間接教唆あるいは再間接幇助等々）が、このような名称は解釈論的議論の対象としてはあまり適切なものとは言えない。なぜなら、そのような関与者が第61条第1項や第62条第1項で直接規定されている教唆犯や幇助犯として扱われるべきことを先取りしているだけではなく、他者を介在させて教唆行為あるいは幇助行為が行われた場合にいわゆる間接正犯と同様の法理により教唆犯あるいは幇助犯とみなされる場合との法的な性質の差異が見失われるからである。このような間接正犯に類似した教唆あるいは幇助の場合には、直接的な教唆あるいは幇助として扱われるかが問題なのであり、共犯の背後にさらに共犯が解釈理論上成立しうるかという問題とは議論の文脈が異なるからである。

連鎖的共犯に関して、我が国において争われてきたのは、第61条第2項および第62条第2項のような明文の規定がない場合（例えば、再間接教唆あるい間接幇助およびその背後）に教唆犯あるいは幇助犯として処罰しうるかである。多数派はこれを肯定するが[(1)]、否定説[(2)]も有力に唱えられている。特別の規定の存在にも関わらず、連鎖的共犯の可罰性を一般的に肯定しようとする見解を支えてきた中心的な理論的根拠は因果的共犯論である。その基本思想は、「原因の原因は結果の原因である」、つまり正犯行為を惹起した直接的教唆者あるいは直接的幇助者の行為を惹起した連鎖的教唆者あるいは連鎖的幇助者の行為も正犯行為による結果を同様に惹起しているとするものである。しかしながら、共犯の処罰根拠に関して、もっぱら正犯結果の惹起にのみ着目する見解（純粋惹起説）は少数であり、多くは、共犯は正犯行為に関与することによって間接的に正犯結果を惹起するものであり、共犯の不法は正犯の不法から導かれるとして正犯不法に従属するという形で修正を加え（修正惹起説）、あるいは共犯は法益の従属的侵害であるとして、共犯不法が正犯の不法に従属する面と共犯独自の不法の両側面のあることを折衷的に認める見解（混合惹起説）を主張しており、正犯結果の惹起の観点を必ずしも貫いていない。それでは連鎖的共犯の可罰性の問題に関してもっぱら惹起の観点に依拠し続けることが妥当か改めて問われるべきであろうし、そもそも教唆犯や幇助犯の従属的な構造が因果的共犯論の前提から議論することが説得力を持つものか反省の必要があろう。

---

(1)　再間接教唆の可罰性を肯定するのは、井田良『講義刑法学総論』（2008年）489頁、内田文昭『刑法概要中巻』（1999年）522頁、大谷實『刑法講義総論新版第4版』（2012年）440頁、木村亀二『刑法総論』（1959年）418頁、斉藤信治『刑法総論第6版』（2008年）250頁以下、鈴木彰雄「いわゆる連鎖的教唆の可罰性について」刑事法学の新動向上巻（1995年）390頁、西田典之『刑法総論第2版』（2010年）388頁、平野龍一『刑法総論Ⅱ』（1975年）352頁以下、藤木英雄『刑法講義総論』（1975年）300頁、前田雅英『刑法総論講義第6版』（2015年）373頁、山口厚『刑法総論第3版』（2016年）335頁、山中敬一『刑法総論第3版』（2015年）958頁。判例では、大判大3・11・7刑録20・2046、最判昭28・6・12刑集7・6・1278。間接幇助の可罰性を肯定するのは、井田・前掲書492頁、内田・前掲書523頁、大谷・前掲書448頁、木村・前掲書424頁、斉藤・前掲書250頁、西田・前掲書388頁、平野・前掲書352頁以下、前田・前掲書381頁、山口・前掲書336頁、山中・前掲書994頁。判例では、最決昭44・7・17刑集23・8・1061。

(2)　再間接教唆の可罰性を否定するのは、浅田和茂『刑法総論補正版』（2007年）428頁、大塚仁『刑法概説総論第4版』（2008年）317頁、川端博『刑法総論講義第3版』（2013年）594頁、曽根威彦『刑法原論』（2016年）599頁、団藤重光『刑法綱要総論第3版』（1990年）410頁以下、野村稔『刑法総論補訂版』（1998年）420頁、福田平『全訂刑法総論第5版』（2011年）288頁以下、船山泰範「間接教唆・間接幇助」『刑法基本講座第4巻』（1992年）229頁以下。間接幇助の可罰性を否定するのは、浅田・前掲書438頁、大塚・前掲書327頁、川端・前掲書605頁、曽根・前掲書599頁、団藤・前掲書415頁、野村・前掲書427頁、福田・前掲書291頁、船山・前掲書229頁以下。

明文の規定のない連鎖的共犯の可罰性について争点とされている今一つの観点は、条文上第61条第1項の犯罪の「実行」に教唆・幇助の実行も含まれるか、第62条第1項の「正犯」には間接的に正犯を幇助した者も含まれるか、特に教唆犯に関して第2項の「教唆者」に間接教唆者も含まれるかというものである。これを肯定すると連鎖的共犯の一般的可罰性が肯定されることになるが、このような条文上の根拠は決定的なものではない。問題解決のためには、形式的な文言解釈にとどまらず、第61条・第62条が設けられた趣旨に遡った従属的共犯の構造の解明を前提にして議論されなければならないだけではなく、連鎖的共犯の理論的な構成の可能性として、「媒介された共犯（vermittelte Teilnahme)」の場合と「共犯に対する共犯（Teilnahme an der Teilnahme)」の場合がありうることも考慮されなければならない。前者の場合、因果的共犯論の帰結として連鎖的共犯者は、途中に他の共犯者が介在してもあくまで正犯者に因果的に関与する者であるから、直接的共犯に関する規定より処罰されるとするのであるから、条文上の解釈問題を生じない。これに対し、後者の場合は、連鎖的共犯は他の共犯者に関与する者と捉えることになるので、介在する共犯の問題は生じないが、関与の対象は共犯であり、従って条文上共犯の対象に教唆犯や幇助犯の行為が含まれるかが問われることになる。つまり、連鎖的共犯の可罰性を検討する場合には、このような区別を意識して議論されなければならないのであり(3)、ここでも従属的共犯の現行法上の特別な性質をどうとらえるかの考察が先行するのである。

以下においては、連鎖的共犯に関する一般的な特別規定を持たないが、この問題について古くから議論されているドイツの理論状況を参考にしながら検討を加える。

Ⅱ　共犯の処罰根拠と従属性の構造

(1) まず最初に検討すべきは、共犯の処罰根拠論に関して(4)因果的共犯論が

(3)　我が国において、このような区別を意識して連鎖的共犯を議論する者として、平野・前掲書352頁、山口・前掲書335頁。

(4)　共犯の処罰根拠に関しては、我が国においても既に研究が積み重ねられており、大越義久『共犯の処認根拠』(1981年)、斎藤誠二「共犯の処論根拠についての管見」下村古稀（上）1頁、高橋則夫『共犯体系と共犯理論』(1988年) 93頁以下、豊田兼彦『共犯の処罰根処と客観的帰属』(2009

そもそも従属的共犯の構造を十分に解明できるかである。このような因果的思考を一貫して貫こうとするのが純粋惹起説であるが、その代表的論者リューダーセンによると、共犯の可罰性を正犯により実現された結果を共に惹起したことに見る立場からは、共犯の不法は正犯により実現された不法から導かれるのではなく、共犯者は自身の不法にのみ責任を負うのであり、共犯のいわゆる従属的性質論はこれと一致しないのである。リューダーセンの言う従属性とは、関与されるべき一定の行為が存在すればよいという事実上の依存性であり、導かれたものではない自身の不法に対する共犯者の責任とは、共犯者も構成要件該当的に行為しているということであって、刑法的不法が存するかどうかは刑法各則の構成要件のみから明らかとなるのであるから、正犯者が構成要件該当的に行為したかではなく、共犯者自身においても法益侵害が構成要件該当的かを問題とするのである(5)。

したがって、リューダーセンの見解においては、結果惹起が不法にとって決定的なものとなるので、結果不法と区別される行為不法は存在しないことになる。公務員のような一身的要素についても、独立した不法要素ではなく、法益侵害との関係において、つまり法益侵害に至る要素の存在的差異に存する価値的差異として把握される。たとえば、公務員でない者は公務遂行の廉潔性という法益を公務員が行動を起こすという前提条件の下でのみ（間接的に）侵害しうるのであり、このような身分者と身分のない者との間の区別は純粋に事実的な性質のものということになる(6)。また、構成要件的法益が共犯者に対して保護されているかという点にのみ着目するので、正犯行為が欠ける場合も共犯の処罰が可能となる。たとえば、ドイツでは処罰規定のない自殺への共犯についても他人の生命はだれに対しても保護されていることから、その者がもはや生きることを望んでいなくても共犯の構成要件該当性は否定されないとするのである(7)。

このようなリューダーセンによる共犯の徹底した因果的把握によれば連鎖的共犯の可罰性は容易に基礎づけられるかもしれないが、厳しい批判が加えられている。結果に至る間に正犯行為が介在していることを単に事実的な性質とと

年)、山中敬一「因果的共犯論と責任共犯論」基本講座 4 巻（1992 年）4 頁等参照。

(5) *Lüderssen*, Zum Strafgrund der Teilnahme, 1967, S. 25.

(6) *Lüderssen*, Strafgrund, S. 136 f.

(7) *Lüderssen*, Strafgrund, S. 214.

らえる立場は、一般に承認されている共犯の従属性原理と一致しない(8)。ドイツ刑法においては正犯行為に違法性を要求する制限従属性の立場と一致する規定を持っており(9)、我が国においても制限従属性説が多数であり、正犯行為の法的評価が共犯行為の評価に影響を与えることは承認されているのである。このように因果的な惹起のみによって共犯の処罰を根拠づけることは、正犯なき共犯の処罰をも可能にするとともに処罰の範囲を拡大し(10)、結局は拡張的正犯論に至ることになろう(11)。他方で、リューダーセンは、共犯処罰の因果的基礎づけを貫徹できていない。つまり、一身的要素に関して公務員でない者も間接的に公務員が侵害する法益を侵害しうるとしており、公務員かどうかは事実的性質とする指摘にも拘わらず正犯行為の法的性質が共犯に影響することを認めているのである(12)。結局リューダーセンの見解は、純粋な因果的説明によって現行法上の従属的共犯を基礎づけることが不可能であることを示している。

リューダーセンの見解と類似して共犯の独自の不法を追求しようとするのがシュミットホイザーである。彼によると、共犯者犯罪（Teilnehmerdelikt）も正犯者犯罪と同じく意思行為と精神的態度における価値的過誤に処罰根拠があるとし、共犯者は許されない他人の行為に関与するのではなく、他人の行為に許されないように関与するのだとする。つまり、正犯行為者のみが法益尊重要求に違反し、共犯者がそれに関与するのではなく、共犯者自身が、彼の意思行為を彼の意思目的に向けるあるいは他人の不法な行為に対する客観的危険を創出することに向けることにより、法益尊重要求に違反しているとする。共犯者犯罪の場合にも、基礎となるのは、共犯者の行為における行為無価値であり、部分的にのみ正犯者による違法な正犯行為の実行に存する結果無価値ではないことになる(13)。したがって共犯者犯罪の特性は、共犯者行為は行為者に正犯者

(8) *Hoyer*, SK, 7. Aufl., 2000, Vor § 26, Rn. 14; *Jakobs*, Strafrecht, Allgemeiner Teil, 2. Aufl., 1991, S. 659; Maurach/Gössel/Zipf/*Renzikowski*, Strafrecht, Allgemeiner Teil, Teilb 2, 8. Aufl. ,2014, S. 532; *Roxin*, LK, 11. Aufl., 1993, Vor § 26, Rn. 14; Schönke/Schröder/*Heine/Weißer*, Strafgesetzbuch, 29. Aufl., 2014, Vor §§ 25, Rn. 19; *Schünemann*, LK, 12. Aufl., 2007, Vor § 26 Rn. 12.

(9) ドイツ刑法第26条は「違法な行為を故意で行うよう、故意に他の者に決意させ得た者は、教唆犯として正犯と同一の刑で罰せられる。」（法務省大臣官房司法法制部司法法制課編法務資料第461号—平成19年—以下同じ）と規定し、第27条は「違法な行為を故意で行うよう、故意に他の者を幇助した者は、従犯として罰せられる。」と規定する。

(10) *Roxin*, LK, 11. Aufl., Vor § 26, Rn. 14; *Schünemann*, LK, 12. Aufl., Vor § 26 Rn. 12.

(11) *Jakobs*, AT, 2. Aufl., S. 659.

(12) *Roxin*, LK, 11. Aufl., Vor § 26, Rn. 15.

(13) *Schmidhäuser*, Strafrecht, Allgemeiner Teil, 2. Aufl., 1975, S. 532 f.

としてではなく、教唆者ないし幇助者として帰属される二重結果（Doppelerfolg）が加わらなければならないことにのみ存することになる。それは、教唆者の場合には、まず後の正犯行為者の意思決意が惹起され、それから正犯行為が実行されることであり、幇助者の場合は、援助的な成果が何らかのやり方でもたらされ、次にこの援助を利用して正犯行為が実行されることであるとする。そのような観点からすると、共犯の従属性とは、共犯の本来的な不法に対する一種の制約である。つまり刑罰法規が共犯者犯罪を一般に実行された行為に依存させる場合、正犯者犯罪における結果発生と同じようにその根拠は当罰性のみであるとし(14)、このような実行された正犯行為が当罰性の観点の下でどのような特性を示さなければならないか、共犯者犯罪と正犯行為の間の相互関係がどのように形成されているかに対する答えは刑法適用に関してはまず法律自体によって与えられているとしているのである(15)。シュミットホイザーの見解は結果の惹起にのみ不法を見るリューダーセンとは異なり、行為無価値に重点を置くものであるにもかかわらず、その独自的不法の構成からは正犯行為の法的性質は共犯行為の評価には本来的には影響を与ええない点では共通するのである。

したがって、正犯行為を共犯行為の単なる結果と見るシュミットホイザーの見解も、リューダーセンと同じように、共犯の不法が正犯の不法に依存するという一般に承認された従属性原理を積極的に基礎づけることができず、従属性は立法者による当罰性の観点の下での制約原理であり一種の処罰条件に過ぎないものとなる(16)。また、共犯の独自的不法を強調するシュミットホイザーの立場からは、特別義務が要求される身分犯に自らは特別義務を負わない者が関与した場合の共犯者の処罰を肯定できず、これを認める現行法の規定(17)を本質に反するとして批判することになるのである(18)。したがって、シュミットホイザーの見解も現行法上の共犯の構造を解明するものとはいえないのであり、共犯の不法をもっぱら正犯結果の因果的惹起にのみ見る立場が現行法上の共犯

(14) *Schmidhäuser*, AT, 2. Aufl., S. 532.

(15) *Schmidhäuser*, AT, 2. Aufl., S. 536.

(16) *Roxin*, LK, 11. Aufl., Vor §26, Rn. 12.

(17) ドイツ刑法第28条第1項は「正犯の可罰性を根拠づける特別な一身的要素（第14条第1項）が、共犯（教唆犯又は従犯）に欠けていたときは、刑は、第49条第1項により、減軽するものとする。」と規定する。

(18) *Schmidhäuser*, AT, 2. Aufl., S. 546.

と相容れないことを示しているのである。

(2) ドイツにおける支配的見解は、共犯の不法は正犯の不法から導かれるとして、従属性の考え方に重点を置く（従属性志向の惹起説—akzessorietätsorientierte Verursachungstheorie—)。たとえば、イェシェック／ヴァイゲントによると、共犯の処罰根拠は、共犯者が構成要件該当的で違法な行為を行為故意を呼び起こすことにより惹起し、あるいは助言ないし所為により援助して、その際自ら有責に行為することにあり、共犯者は自ら犯罪構成要件に含まれた規範に違反するのではなく、正犯者の規範違反に関与することにその不法が存することから、共犯行為の不法は正犯行為の不法の根拠と程度に依存することになり、このような立場のみが現行法と合致するとする(19)。マウラッハ／ゲッセルも、共犯の本質を他人の構成要件的不法の誘致ないし援助に見いだし、共犯者が行為主体メルクマールが存在しないために構成要件なく行為する場合にも、法益の侵害に関与しているが故に規範に違反するとしている(20)。また、シュトラーテンヴェルト／クーレンによっても、共犯の処罰根拠は、教唆者および幇助者が正犯者の実行する不法の実現に寄与することにのみ存し、共犯者は自ら刑法の各則に記述された犯罪構成要件を充足するのではなく、そこから導き出され共犯規定に立法化された、他者をそのような構成要件該当的行為へと誘致してはならないあるいはその際援助してはならないという禁止に該当しているのであるから、共犯の不法内容は第一次的にそれに対し履行される行為の不法により規定されることになる(21)。このように共犯の不法をもっぱら正犯の不法から導き出す見解(22)は、現行法上承認されている従属性原理と合致し、したがって、真正身分犯に関与する非身分者の共犯としての処罰も可能となり、さらには正犯者により侵害された法益が共犯者に対しては保護されていないような場合にも共犯として可罰的となる。

しかしながら、このような従属性志向の惹起説に対しては、純粋惹起説とは逆に、従属性思考を絶対化して、規範違反への関与の側面にのみ着目すること

---

(19) *Jescheck/Weigend*, Lehrbuch des Strafrechts, Allgemeiner Teil, 5. Aufl., 1996, S. 685 f.

(20) Maurach/Gössel/*Zipf*, Strafrecht, Allgemeiner Teil, Teilb. 2, 7. Aufl., 1989, S. 325 f. ただし、この立場を修正された不法共犯論（modifizierte Unrechtsteilnahmetheorie）と呼んでいる。

(21) *Stratenwerth/Kuhlen*, Strafrecht, Allgemeiner Teil, 6. Aufl., 2011, S. 249 f.

(22) 他には、たとえば、*Kühl*, Strafrecht, Allgemeiner Teil, 8. Aufl., 2016, S. 822; *Otto*, Grundkurs, Strafrecht, Allgemeine Strafrechtslehre, 7. Aufl., 2004, S. 322; Schönke/Schröder/*Cramer*, Strafgesetzbuch, Kommentar, 21. Aufl., 1982, Vor §§ 25 ff. Rn. 22.

により、共犯者自身による法益侵害の側面が考慮されていない(23)、あるいは共犯の行為不法の側面が考慮されていない(24)と批判されている。個別問題に対する帰結に関しても、そのような立場からは、たとえば、不可罰の必要的共犯も故意による違法な構成要件実現は存在しているのであるから、そのような関与は当然に可罰的となるはずであるし、不可罰とされているアジャン・プロヴォカトールの場合も、正犯者の未遂も法的意味で結果であり、未遂に対する共犯を理由とする処罰に至ることになる。さらに、正犯者により侵害された法益が共犯者に対して保護されている必要がないとなると、自己の所有物であることを知らずにその物の器物損壊を他人に教唆する場合、正犯的に行われれば自己の財物の意図しない侵害としては既遂の犯罪としては処罰しないのに対し、共犯として処罰に達するのは評価矛盾であろうとされている(25)。しかしながら、多数派の見解の決定的な解釈論的問題は、従属性の構造をそのまま受け入れてそれを共犯の処罰の基礎づけとして出発点としているだけであって、従属性の原理そのものの法的意義が十分に解明されていないところから、従属性原理の一面的強調や共犯者自身の行為不法の軽視という問題が生じているのである。特に当然のように前提とされている惹起説の因果的把握がどのように共犯の構造論や個別的解釈論に影響するのかあるいはしないのか、極めて不確かである。実際、連鎖的共犯の可罰性の問題に関しては多くはそのような因果論的前提から肯定説に立っている(26)。したがって、まさにこの連鎖的共犯の可罰性の問題が、共犯の従属的構造の基礎として因果論的把握そのものが適切なものかどうか反省を迫るものといえる。

(3) そこで学説において有力となりつつあるのが、純粋惹起説と従属性志向の惹起説の統合を目指して、共犯の処罰根拠を一部は従属性原理により正犯行為から導き、一部は従属性原理とは独立して共犯者固有の法益侵害から導こうとする見解である(従属的な法益侵害説—Lehre von akzessorischen Rechtsgutsangriff—または混合惹起説—gemischte Verursachungstheorie)。その代表的論者ロク

(23) *Hoyer*, SK, 7. Aufl., Vor § 26, Rn. 16; *Roxin*, LK, 12. Aufl., Vor § 26, Rn. 18.

(24) *Geppert*, Die Anstiftung (§ 26 StGB), Jura 1997, S. 300; Maurach/Gössel/Zipf/*Renzikowski*, AT, Teilb 2, 8. Aufl., S. 531.

(25) Maurach/Gössel/Zipf/*Renzikowski*, AT, Teilb 2, 8. Aufl., S. 531.

(26) *Jescheck/Weigend*, AT, 5. Aufl., S. 687; *Kühl*, AT, 8. Aufl., S. 853; Maurach/Gössel/*Zipf*, AT, 7. Aufl., S. 340; *Otto*, AT, 7. Aufl., S. 328; Schönke/Schröder/*Cramer*, 21. Aufl., Vor §§ 25 ff. Rn. 30; *Stratenwerth/Kuhlen*, AT, 6. Aufl., S. 272.

シンによると、法的意味での共犯は、共犯者が彼に対しても保護された法益を侵害する場合にのみ存しうる。したがって、ある者が他人である彼を試すあるいは罪に落とすために誘致者自身に属する物の横領を決意させる場合、誰も自身の所有物を刑法的に重要なやり方で侵害しえないが故に、可罰的教唆とはならず、また、不可罰とされるアジャン・プロヴォカトールの場合も、関与者は構成要件的に保護された法益を侵害しようとしておらず、行為は構成要件の実現を目指していないのであるから、可罰的な共犯ではないとするのである(27)。他方でロクシンは、共犯の不法は本質的に正犯行為の不法によっても規定されるとし、このような依存性は単に事実的な性質のものではなく、構成要件の形成にとっては法的に決定的であると言う。したがって、ここから可罰的共犯は、正犯行為が少なくとも未遂に達することを前提とし、教唆や幇助の法定刑が正犯行為の法定刑を基準とすることは、正犯者行為の不法が共犯の不法を上限および下限に関して限界づけることを示しているとする(28)。ただし、ロクシンによると、このような従属性拘束の目的論的な意義は、共犯行為を法治国家的に輪郭づけることにあり、結果に対し原因となるあらゆる任意の行為が共犯となりうるのであるから、構成要件的行為への拘束が構成要件から分離された共犯概念の助けにより可罰性が拡張されることを阻止し、また正犯不法から共犯不法の本質的要素をそのように導き出すことが、正犯者行為の一定の不法要素（たとえば公務員性）が共犯者自身にも存しなければならない場合に発生する処罰の制限をも阻止するとするのである(29)。このような共犯の独自的不法の側面と正犯行為から導き出された不法の側面を合わせ考慮するいわば折衷的な見解により個別問題に対しても妥当な解決がはかられうるとして一定の支持者を得ている(30)。

このような折衷的見解に対して生ずる決定的な疑問は、二つの異質的な側面が互いにどのような関係にあるか明らかにされておらず、ただ並列的に並べられているだけではないかという点である(31)。両側面が何らかの上位概念ある

(27)　*Roxin*, LK, 11. Aufl., Vor §26, Rn. 2.

(28)　*Roxin*, LK, 11. Aufl., Vor §26, Rn. 4.

(29)　*Roxin*, LK, 11. Aufl., Vor §26, Rn. 5.

(30)　*Bloy*, Die Beteiligungsform als Zurechnungstypus im Strafrecht, 1985, S. 253; *Geppert*, Jura 1997, S. 300; *Hoyer*, SK, 7. Aufl., Vor §26, Rn. 17; *Rengier*, Strafrecht, Allgemeiner Teil, 8. Aufl., 2016, S. 414; Schönke/Schröder/*Heine*/*Weißer*, 29. Aufl., Vor §§25, Rn. 16; *Schünemann*, LK, 12. Aufl., Vor §26 Rn. 2ff.

いは上位基準に統括されることがなければ、それぞれの論拠の恣意的な適用を許すことになろう。実際、同様の方法論をとる論者の間でも見解の相違が見られるのである。まず、ロクシンが従属性の根拠を単に構成要件的明確性のための法治国家的要請と見ていることに対しては、ホイヤーが、共犯に関して単に構成要件に該当し、必ずしも違法でない正犯行為あるいは客観的にのみ構成要件該当的な行為が前提とされるだけであるとし、現行法による故意による違法な正犯行為の惹起は、法益侵害に至る何らかの中間的結果の惹起より高度の不法を意味しなければならないであろうと批判する(32)。やはりロクシンの立場においても、従属性の原理において共犯行為が処罰されるために正犯行為の不法が要請される根拠が処罰根拠の次元において未だ説明されていないことが明らかとなる。また、ロクシンの立場に対してはその惹起説という前提自体従属性原理と両立しうるのかが根本的に問題となるが、この点に関して折衷説的な枠組みを承認しながらブロイはむしろ惹起説の放棄を主張する。彼によると、惹起説は正犯者を共犯者との関係においては人格的要因ではなく、因果関係を媒介する結果惹起物として扱い、それにより共犯者の法益侵害は人格としての正犯者からは分離され、正犯的法益侵害を特徴づけるような人格的独立性を獲得してしまうのである。これに対し共犯者の固有の法益侵害は従属性原理から帰結する、つまりそれは正犯者を経て遂行され、独立的に遂行されるものではないという特別な性質を持ち、共犯者は保護された法益に対する固有の侵害を実行しているというのは行為する者に対し尊重請求が提起される法益に向けられた行為を自身の人格において実行しているという意味においてのみ言えることであり、他の人格への関与と無関係な法益侵害が問題になっているわけではないとして(33)、関与する意味の担い手としての人格との関係においてのみ無価値が見いだされうる帰属原理としての従属性原理を主張しているのである(34)。もっとも諸論拠を内的な関連性を無視して並列的に展開しようとするこのような方法論をとりながら、連鎖的共犯の可罰性の問題に関して多くは因果論的把握から当然の如く肯定する立場がとられている(35)。ここで言えるこ

---

(31) *Bloy*, Beteiligungsform, S. 253 f.; Maurach/Gössel/Zipf/*Renzikowski*, AT, Teilb 2, 8. Aufl., S. 531 f.

(32) *Hoyer*, SK, 7. Aufl., Vor § 26, Rn. 18.

(33) *Bloy*, Beteiligungsform, S. 255.

(34) *Bloy*, Beteiligungsform, S. 202.

(35) *Geppert*, Jura 1997, S. 364 f.; *Hoyer*, SK, 7. Aufl., § 26, Rn. 32; *Roxin*, LK, 11. Aufl., Vor § 26, Rn.

とは、一方でこのような折衷的な立場の方法論的な一貫性の無さであり、従属性原理そのものの統一的な把握がやはり必要ではないかという点であり、他方で、従属的共犯の構造を把握するためには、共犯の不法が正犯に依存するという側面と共犯の固有の不法の側面の双方を考慮に入れられなければならず、特に固有の不法は正犯結果の因果的惹起にではなく、共犯特有の行為不法に求めなければならないのではないかという点である。

(4) 共犯の処罰根拠に関しては古くから、それを共犯者が正犯者を堕落させ、有責な行為に巻き込んだことに見いだそうとする見解があった（責任共犯説）。その（最後の）代表的論者がヘルムート・マイヤーであり、彼によると、教唆者は、内心に正犯者と同じ行為を実現する意思を有していても、客観的にこの意思は行為に表現されておらず、その客観的行為は正犯者のそれよりも軽く評価されうるし、主観的にも教唆者は自らは手を汚さない、つまり行為に抵抗する反対根拠を完全には感じ得ないという免責理由を類型的に備えるが、他方で重大な責任を負う。なぜなら、他人を誘惑した、つまり二重に過ちを犯したからであり、それは教唆者が犯罪的行為を惹起したことと、正犯者を誘惑したということであるとする。犯罪を外的な損害の惹起というよりむしろ本質的に倫理秩序に対する違反と見なす者は、誘惑の契機を客観的な法益侵害より重大であると見なすであろうとし、教唆者の典型的行為は正犯者のそれとは異なるかもしれないが、誘惑という観点からは正犯者のそれと少なくとも同じ程度に犯罪的であると見なされなければならないのであり、教唆者の法益に対する侵害は謀殺を作り出したといえる程強くはないが、いずれにせよやはり謀殺者を作り出したというのである(36)。これに対し、幇助に関しては、その処罰も単純に共同惹起の思想に基づかせることはできず、それは正犯者との意思的関係によって初めて現実に当罰的なものとなり、それどころか正犯者は通常幇助の存在によってその行為意思を強化されるとする。したがって、正犯者が処罰される場合に幇助者がともに処罰されるのは平等的な正義の原則によってのみ正当化されるのである(37)。このような根拠から従属性に関して、ヘルムート・マイヤーは、共犯を理由として処罰されるべき場合には完全答責的な正犯者が存在しなければならないこと（厳格な従属性）を導き出すのである(38)。

108; *Schünemann*, LK, 12. Aufl., § 26 Rn. 101.

(36) *Hellmuth Mayer*, Strafrecht, Allgemeiner Teil, 1953, S. 319.

(37) *Hellmuth Mayer*, AT, S. 320.

責任共犯説は今日ではもはや支持されていない。共犯の成立に正犯者の有責性を要求する立場はドイツにおいては立法上共犯者は他者の責任を考慮せず自身の責任にしたがってのみ処罰されるとする規定(39)によって、また我が国においてもこの制限従属性説の一般化によって現行法の解釈理論としては採用しえないものとされている。解釈理論としても、当時からすでに、犯罪を倫理秩序の違反と見ることに対し、法は、成立するところはどこにおいても合理的な任務を履行しなければならず、非合理的な基礎の純粋な表現ではありえないと批判され、またこの立場によると品行方正な者を犯罪の道に導いたか、常習犯罪者を道具として利用したかが、教唆者の量刑にとって重要なものとなり、前者の方がより当罰的ということになろうが、特に危険な犯罪者の活動を解き放ったことは刑罰を加重する事由とみなされていることが指摘されていた(40)。また、共犯の本質を正犯の責任と刑罰にもたらすことにあるとすると、正犯に存する一身的特性からより重い責任は共犯者に加重的に作用しなければならないことになるはずであるが、特別な規定による一身的事情はそれが存している者にのみ適用されるとする規定(41)と一致しないとも批判されていた(42)。さらに責任共犯説を徹底すると、共犯者の刑は正犯者の責任に従って量定されるべきことになるはずであるが、正犯の法定刑に従うとする現行法と矛盾するに至るのである(43)。共犯の従属的構造に関する責任共犯説の決定的な問題は、正犯と共犯の構造的差異に着目して結果発生に至る間に正犯者が介在していることが法的評価を根本的に変えることに気づきながらも、共犯の固有の処罰根拠を、正犯者の侵害する法益と全く異質の正犯者に備わる法益の侵害に見たことにより、正犯行為の不法との関連性が遮断されてしまうとともに、正犯の法益侵害を惹起したという因果的構造も依然として他の見解と共有しているという

---

(38) *Hellmuth Mayer*, AT, S. 320.

(39) ドイツ刑法第29条は、「いずれの関与者も、他の者の責任を考慮することなく、その者の責任に応じて罰せられる。」と規定する。

(40) *Lange*, Die notwendige Teilnahme, 1940, S. 45 f.

(41) ドイツ刑法の第28条及び第29条の前身である旧刑法第50条は、「I　数人が一個の行為にたずさわるときは、その各人は他人の責任には関係なく、自己の責任に応じて罰せられる。

II　特別の個人的な資格又は事情が、刑を加重し、減軽し、又は阻却する旨を法律が規定しているときは、この規定はかかる資格又は事情の存在している正犯又は共犯にのみ、適用される」と規定する。

(42) *Lange*, notwendige Teilnahme, S. 52 f.

(43) *Sippel*, Zur Strafbarkeit der „Kettenanstiftung“, 1989, S. 31.

点である。したがって、連鎖的共犯の可罰性についてもやはり肯定の立場に立っているのである(44)。

なお、責任共犯説と同じく共犯は正犯と異なる法益を侵害するという構成を基礎にしながら、それを制限従属性説に適合させようとする見解もある。レスによると、教唆者は正犯者を法敵対性という事実的状態へと、法共同体との不一致という状態へと陥れ、このようにしてその「社会的統合」を侵害している(45)。つまり教唆者は他人の人格に対する尊重という義務に違反し、正犯者の享受する社会的尊敬を危殆化するというのである(46)。トレクセルも、教唆犯の処罰根拠は他人を社会との厳しい紛争の状態に置くことに存在する社会的統合の解体にあるとする(47)。そのような社会的統合の解体は市民の共同体から排除するというよりも、刑事訴追と処罰にさらされることに存するとしている(48)。確かに、教唆により侵害される法益を正犯者の社会的統合に見いだすならば、責任のない者も社会的尊敬が危殆化されるあるいは刑事訴追の危険にさらされるということも考えうるから、制限従属性と適合するとは言えるかもしれない。しかしながら、社会的統合という法益を刑法上設定することが妥当かについて疑問が生ずる。そのようなものは、そもそも刑法が担っている最上の法的価値であり、刑法が志向し、その実現のために法益保護が手段となるような目的規定であって法益ではないとされ(49)、あるいは教唆は教唆犯による独立した法益を侵害するものということになり、本来は各則に規定されるべきものであって、一貫すると一種の正犯ということになり、被教唆者を保護客体と見ることは、自己自身に対し保護することに帰着するであろうとされるのである(50)。この見解も、責任共犯説と同じように、共犯の独自の不法を正犯者の持つ法益の侵害に見ようとしたために、正犯の不法への従属という構造の基礎づけに失敗していると言わざるを得ない。

(5) 共犯の処罰根拠を巡る議論の中で特に教唆犯が正犯と同じ法定刑で処罰されていることをどのように基礎づけるかも争われてきた。因果的共犯論の次

(44) *Hellmuth Mayer*, AT, S. 326.
(45) *Less*, Der Unrechtscharakter der Anstiftung, ZStW 69 (1957), S. 47.
(46) *Less*, ZStW 69, S. 52.
(47) *Trechsel*, Der Strafgrund der Teilnahme, S. 34.
(48) *Trechsel*, Strafgrund, S. 55.
(49) *Bloy*, Beteiligungsform, S. 209.
(50) *Sippel*, Kettenanstiftung, S. 34.

元においても、直接に結果を惹起する正犯者に対し、教唆犯は間接的であり、法益侵害に対する危険性の点においても遠く、法的な評価の点においても重要性で劣ると考えられることから、このようないわばマイナスを埋め合わせるものが必要だと考えられているのである。これはドイツにおいては、条文上の「決意させる（bestimmen）」の解釈の問題として展開されているが、多数は、これを制限的に理解して、教唆犯が成立するためには教唆が正犯者に対し精神的あるいはコミュニケーション的な影響行使として行われなければならないとしている(51)。これにより、他人を犯罪行為へと誘致するような状況が作り出されるだけでは教唆とは言えないとされているのである。もっとも、精神的な影響行使という限定基準自体はいまだ不明確なところを残している(52)上に、因果的共犯論の前提からは、挑発的状況を作り出すことも正犯行為者に影響を与えており、教唆者の観点から見ると心理的現実としての被教唆者の意思は全く同じように形成されているのであるから、行為決意のあらゆる惹起は精神的な影響行使と見なされることになるはずであろう(53)。したがって、教唆行為の限定的な解釈が成り立つためには、基準の明確化と教唆の因果的影響を超える解釈論的な基礎づけが必要となろう。

たとえば、シューマンは、共犯の処罰根拠を他人の不法行為との連帯（Solidarisierung）に見いだすことから、行為決意の故意的な惹起が連帯、つまり法的平穏を耐えがたいやり方で攪乱する、他人の不法との共同化（sichgemeinmachen）となるのは、その他人が行為を実行すべきであるという要求（Aufforderung）、つまり明示的ないし推断的な意思表示によって行われる場合のみであるとする。したがって、ここから他人の行為決意を誘発する状況の設定によっては教唆は実行できず、単に法的情報を供与することも教唆ではないとするのである(54)。この立場によると他人の不法との連帯は、教唆が正犯行為者を

(51) *Hoyer*, SK, 7. Aufl., § 26, Rn. 10; *Jescheck/Weigend*, AT, 5. Aufl., S. 686; *Otto*, AT, 7. Aufl., S. 327; *Rengier*, AT, 8. Aufl., S. 420; *Rogall*, Die verschiedenen Formen des Veranlassens fremder Straftaten, GA 1979, S. 12; *Roxin*, LK, 11. Aufl., § 26, Rn. 4; *Schmidhäuser*, AT, 2. Aufl., S. 553 f.; Schönke/Schröder/*Heine/Weißer*, 29. Aufl., § 26, Rn. 3; *Stein*, Die strafrechtliche Beteiligungsformenlehre, 1988, S. 271; *Stratenwerth/Kuhlen*, AT, 6. Aufl., S. 254; *Welzel*, Das Deutsches Strafrecht, 11. Aufl., 1969,. S. 116; *Wessels/Beulke/Satzger*, Strafrecht, Allgemeiner Teil, 45. Aufl., 2015, S. 261.

(52) *Janß*, Die Kettenteilnahme, 1988, S. 37.

(53) *Bloy*, Beteiligungsform, S. 329.

(54) *Schumann*, Strafrechtliches Handlungsunrecht und das Prinzip der Selbstverantwortung der

故意行為へと誘致するという背後者の意思を表現しなければならないことにあるが、これは要求が単に危険な行為であれば、当てはまるとする(55)。しかしながら、共犯の処罰根拠を他人の不法との連帯、つまり耐えがたい例を作りだすことによる法的平穏の攪乱に見る見解に対しては、これを法益という次元でとらえるならば、正犯行為とは異なる法益を侵害することになって、従属性の構造には反し、正犯と同じ法定刑が科せられる根拠が説明されないことになるという批判があてはまり(56)、行為不法の次元で理解しても(57)、法的平穏の攪乱は違法な行為一般に当てはまることであり、不法に関与しているということ以上のことを意味しないことになろう。ただし、この見解は教唆行為の限定のためには教唆行為自体の行為不法に依拠しなければならないことを示唆している。

ここで参照に値するのがヤコブスの見解である。彼によると、コミュニケーションというだけでは、心理的幇助の場合にも存在するのであるから、弱すぎるのであり、教唆は教唆される行為と同じように処罰されるのであるから、幇助とは完全に差別化された解釈が必要であり、「したがって、何らかの精神的影響行使が存在するだけではなく、影響行使は行為が行われるべき程度のものでなければならない。このような影響行使は遂行されるだけではなく、作用もしなければならない、すなわち被教唆者の故意が、まさに行為の必要性についての教唆者とのコミュニケーションによって成立しなければならない。教唆者が行為を適切であると見なしていることが被教唆者にとって行為の根拠でなければならないのである。換言すると、すべて遂行しうる行為についてのコミュニケーションではなく、遂行すべき行為についてのコミュニケーションが教唆に属するのであり、それが作用しなければならない、すなわち影響を受けた者を行為へと促さなければならない。(58)」つまり、このような心理的影響行使は、正犯者が彼の決意を影響者の意思に依存して抱き、維持する場合にのみ教唆であり、伝えられた知識のみが正犯者を行為へと促すが、影響者の意思が原因とならない、あるいは最初に作用した影響者の意思が廃れてしまう場合には教唆

Anderen, 1986, S. 51 ff.

(55)　*Schumann*, Strafrechtliches Handlungsunrecht, S. 54.

(56)　*Hoyer*, SK, 7. Aufl., Vor § 26, Rn. 11; *Roxin*, LK, 11. Aufl., Vor § 26, Rn. 21.

(57)　シューマンは、共犯行為がそれ自体特別な行為無価値を含むかに着目しているが、行為の社会侵害性という事態無価値（Sachverhaltunwert）も内容とするとしている。*Schumann*, Strafrechtliches Handlungsunrecht, S. 49.

(58)　*Jakobs*, AT, 2. Aufl., S. 666.

は未遂にとどまり、既遂の幇助となるとする(59)。要するに、ヤコブスによると、教唆行為として成立するためには、正犯行為者に対する単なる因果的影響を超えて、教唆者の与えた動機づけが現実に正犯行為の根拠と成らなければならないのである。このような動機の提供という側面が教唆行為の不法にとって有する意義については、既にレスが指摘していた。すなわち彼によると、教唆者とは正犯者を意のままにしようとするのであり、彼は正犯者に行為実行を任せるのではなく、それを求めるのであり、教唆は心理学的に見ると、単に意思形成に対する動機を与えることだけに存するのではなく、彼の意思形成に対する動機を実際受け入れるよう他者に鋭く働きかけることに存し、教唆者は他人の意思の支配者となる、つまり彼は正犯者に対し、自由に決定する可能性を狭め、その者を従わせるためにその動機過程に介入するのである(60)。このような正犯者の意思形成の過程への介入が教唆の特殊的な行為不法の内実なのであり、その強い働きかけで正犯者がもはや自由でない場合、つまりその自己答責性を失わせる間接正犯的な場合に限りなく近づくことにより、その不法の上限が正犯のそれに限りなく近づくことから正犯と同等の法定刑が正当化されると考えられる。

なおむしろ共同正犯との比較から教唆行為の成立により限定的な解釈を主張する者がある。ディーター・マイヤーによると、教唆者が正犯者に、一定の動機に対しなお是とするか否とするかの決定のみがあって、もう他の選択肢が残っていないという選択状況へと強制することに教唆の本質があるとすれば、それは、正犯行為者が彼に押しつけられた選択強制を感じなければ、つまりそれを意識する必要がなければ考え得ないのであり、正犯行為者に選択を待つ決定と並んでなお別の選択可能性が存在するが、これは顧慮されるべきでないと意識されている事情から、そのような状況は、関与者が互いに精神的に同調している、つまり彼らの意思目的をその限りで意識的に協調させている場合にのみ考え得ることが結論として出てくる(61)。したがって、相互的同調という点で類似する共同正犯の場合と同じように、教唆にとっては精神的コミュニケーションが、つまり教唆者と正犯者の間の共謀的な協力が必要だとするのである(62)。プッペも、まず正犯と同等な教唆の処罰を正当化するためには心理的

(59)　*Jakobs*, AT, 2. Aufl., S. 667.

(60)　*Less*, ZStW 69, S. 48 ff.

(61)　*Dieter Meyer*, Das Erfordernis der Kollusion bei der Anstiftung, 1973, S. 30 f.

惹起の意味での行為決意の惹起で十分かという問題に対し、正犯者や幇助と比較しても彼の結果に対する関係は弱いとする、なぜなら、正犯者を自由な者と設定するならば、教唆者はこのような関与を正犯者の恩恵によってのみ有しており、正犯者はそれを彼からいつでも取り上げうるからであり、結果惹起の手段としての教唆は全く不確かで支配しえないやりかたであるとする(63)。そこでプッペは、共同正犯の場合を比較の対象として取り上げ、共同正犯者の行為寄与もそれだけでは因果的に決定された過程と結びついてのみ結果の合法則的条件となるのではなく、法的意味で自由であり、原則的に予測できない行為寄与と結びついて初めてそうなのであるにもかかわらず、共同正犯者にはこれらの寄与が自己の行為と同じように帰属されるのであるが、その基礎は共同の行為決意であるとする。つまり、共同正犯者は行為実行の前あるいはその際に不法協定（Unrechtspakt）により互いに結びつけられ、相互に事実上義務づけられており、その場合行為実行への寄与によりそれぞれ行為仲間は彼の部分についてのこの不法協定を履行し、そこでその事実上の作用が現実化しているのであって、そこに共同正犯者の仲間への寄与への影響行使があり、それに基づきその寄与が彼に帰属されるとする(64)。このような考え方は、プッペによると、教唆に移されうるのであり、教唆者も正犯者と一種の協定を締結し、正犯者に対しこの者を確かに法的にではないが、やはり事実上拘束し、彼が行為計画を放棄するのを困難にするに至るような行為への約束あるいは義務づけを引き受けるのであるから、彼は共同正犯の場合と同じように、共同の行為計画について語りうるような種類の関与を計画に対し行わなければならないとするのである(65)。しかし、このようなマイヤーやプッペによる教唆に共同正犯に類似した相互的な共謀関係を要求する見解に対しては、まず共犯規定上の教唆行為は、明らかに一方的な行為として記述されているのであり、共同正犯規定のような相互的関係は要求されていないのであるから(66)、そのような限定的な解釈を導くのは困難であると言える。またこれらの見解は共同性によって教唆行為が正犯者を行為へと強制し、義務づけるという側面で基礎づけようとしているが、そもそも共同正犯の正犯性がそのような他の関与者に対する強制的側面で基礎

(62) *Dieter Meyer*, Kollusion, S. 34.

(63) *Puppe*, Der objektive Tatbestand der Anstiftung, GA 1984, S. 110.

(64) *Puppe*, GA 1984, S. 111 f.

(65) *Puppe*, GA 1984, S. 112.

(66) *Sippel*, Kettenanstiftung, S. 77; *Schünemann*, LK, 12. Aufl., § 26 Rn. 10.

づけられているかが疑問である。共同正犯の場合には個々の関与者により構成される全体が正犯的な帰属の基礎なのであって(67)、そのような関係の中で個々の関与者は自己の役割をむしろ自由な決意に基づいて遂行するのであり、教唆犯とは根本的に異なる犯罪構造を持つものであるから、比較の対象としては不適切であろう。

ここで重要となるのは、このように教唆行為を限定的にとらえる見解が連鎖的共犯の可罰性にどのような影響を与えるかである。ヤコブスは、正犯行為に対する教唆がその教唆を正犯行為者に媒介する者を経て行われる場合（連鎖的関与)、教唆者として扱われうるのは、正犯行為者あるいは他の教唆者が彼の決意をその意思に依存させる者のみであり、他の場合はせいぜい幇助犯であるとする(68)。つまり、教唆行為として正犯者に対する何らかの影響行使を要求する見解に立てば、教唆犯となるのは、正犯行為者と直接的な接触を持つ者のみであり、他の者を正犯者を教唆するように決意させるが、正犯者とはそのような直接的接触をもたない連鎖的共犯者は、正犯行為に対する教唆としては処罰されえないことになるはずである。

このことを明確に述べるのがゼルターである。彼女によると、正犯者に持ち込まれた犯罪を実行するという動機づけは、その推進力を、とりわけ、教唆者が決意を抱くことを監視しているが故に発揮するのであり、正犯者が彼の要求に対応するかどうかを認識可能的に待ち通す場合、このことはすでに、教唆を正犯的に実行された侵害と比較しうる法益危険へと昇進させるのに必要な程度に、教唆者は正犯者の自律性を侵害しているとした上で、そのようなやり方で決意を抱くことに随伴するのは、正犯者が教唆行為の背後に立っている者として個別化した教唆者のみであって、彼が、一定の人格として全く確認できない者に対しては、正犯者は犯罪要求により頑固に抵抗し、より従順に行為故意を再び放棄することが明らかになるとする。一定の者と認識可能な他の人格の意思に支えがあることは決意把握を促進し、その存続を強固にし、表明者を、正犯行為により直接に侵害される法益を侵害するという彼の目的に、隠されたままの者による犯罪計画の提供に制限された教唆行為よりもより近づけるとする(69)。ゼルターによると、このような教唆の構造は連鎖的教唆にも当然に影

(67)　この点について詳しくは、拙稿「共同正犯の構造について」法政研究第 76 巻第 4 号（2010 年）711 頁以下参照。

(68)　*Jakobs*, AT, 2. Aufl., S. 670.

響を与える。教唆者の個別化可能性の必要性を度外視する場合にのみ正犯者が教唆者を一定の人格として確認しなかった場合に連鎖的教唆を正犯行為に対する媒介された教唆として構成しうるのに対し、正犯者が彼を教唆しようと努める者が誰かを知っていることを要求するならば、このことは、連鎖的教唆の構想を、媒介された教唆者が正犯者に知られている場合にのみ許すのであるから、教唆が正犯行為と同等の可罰性に関して特に不正な教唆行為に制限されるべきであるならば、教唆者と正犯者の間の直接的接触がなく展開されるような行為態様は除外することが合目的的であるとし、連鎖的教唆に関しこのことは、正犯行為者の教唆者とは、これと直接的接触を持つ者のみであることを意味するのであり、正犯行為者と連絡せずに前にいる者を教唆へと決意させるだけの者は、正犯行為に対する教唆を理由に処罰されえないと主張する(70)。このようなゼルターの見解を見ると、ドイツにおける多数派のように、教唆行為を正犯者の決意の惹起という因果的規定を超えて正犯行為者に対する何らかの影響行使という形で限定的に理解する立場からは、教唆者と正犯者の間の直接的な影響関係が要求され、直接的な接触のない正犯者に対する連鎖的共犯が否定的にとらえられうることが明らかとなる。

確かに、教唆行為の不法を正犯行為の惹起にではなく、正犯行為の自由に対するコミュニケーション的な介入ととらえる立場からも、教唆行為と正犯行為の直接的な接触が要求され、この点ですでに連鎖的教唆の成立可能性が否定的に理解されるべきことが明らかとなる。しかし、この帰結は、連鎖的教唆を途中に介在する他の教唆者を超えて因果的に共犯性を肯定する「媒介された共犯」の考え方には妥当するが、「共犯に対する共犯」としての捉え方に対しては、他の教唆者との直接的関係を保ちうるのでこのような観点からの限定では可罰性を否定できないのであり(71)、別の観点からの検討が必要となる。

(6) 共犯の処罰根拠を因果的に基礎づけようとする見解は従属性の構造を説明することができないことが明らかになれば、むしろ共犯固有の不法を従属性との関係で基礎づけることができるかが解決されるべき残された課題となる。

まず共犯行為自体の規範違反性が共犯行為の不法を構成するとする考え方が

---

(69) *Selter*, Kettenanstiftung und Kettenbeihilfe, 2008, S. 171.

(70) *Selter*, Kettenanstiftung, S. 172.

(71) *Janß*, Kettenteilnahme, S. 39. もっとも、ヤンス自身は、教唆者と正犯の直接的接触を要求するにもかかわらず、最終的には、正犯者は約定締結の意思表示が由来する者を知っていればよいとして、間接的共犯の構成を主張する。*Janß*, Kettenteilnahme, S. 173 f.

ありうる。たとえば、レンツィコウスキーは、共犯者は正犯行為者の構成要件該当的な行為を惹起しておらず、それ故それぞれの犯罪構成要件が保護する法的地位も侵害していないのであるから、共犯を禁ずる行為規範は規範論理的には危殆化禁止として理解しうるだけであるとする。つまり、教唆者には正犯者に正犯行為の実行に対する決定的な動機を提供する事が禁じられ、幇助者には正犯行為を困難なものとする実際上の障害を排除する事が禁じられるのであり、共犯者はいわば犯罪の実行に対する素材を準備することにより、法益侵害の危険を高めているのだとする(72)。それでは正犯行為との従属性はどのようにとらえられるかが問題となるが、これについてレンツィコウスキーは、共犯の正犯行為に対する関連は、その都度共犯者行為が常に一定の正犯行為に向けられていなければならないことにあり、共犯者により予見された正犯行為は、共犯を危険で規範違反的と評価するための志向的根拠であるとした上で、共犯規定が共犯の処罰を故意かつ違法な正犯行為に結びつけていることに対しては、これは制裁規範の問題だとする。つまり、あらゆる行為規範の違反が自動的に処罰に至るのではなく、制裁規範の次元で追加的に当罰性考慮が加えられるべきであり、共犯行為が何らかのやり方で正犯行為の実行に影響を与えた場合にのみ共犯の危険潜在力が確認されるとするのである(73)。しかしながら、このような共犯固有の不法の説明が成功しているかは疑問である。共犯行為自体が規範に違反しているとすると、それ自体で既に不法を実現しているはずであり、なぜ正犯行為の実行を待って処罰されるのかが理解しえず、全く同じ共犯行為が後の正犯行為が欠けると不法でなくなるとするのは矛盾であろう(74)。共犯の可罰性が正犯行為の不法に従属する理由を当罰性の考慮に基づいて制裁規範の問題だとするのは、従属性の構造を共犯行為の不法の次元では説明できていないことを示しているのである(75)。

この点で共犯の従属性の構造に解明を与えるのがヤコブスの見解である。それによると、まず先行領域（Vorfeld）で関与した者の行為はそれ自体規範矛盾

---

(72)　Maurach/Gössel/Zipf/*Renzikowski*, AT, Teilb 2, 8. Aufl., S. 534.

(73)　Maurach/Gössel/Zipf/*Renzikowski*, AT, Teilb 2, 8. Aufl., S. 534 ff.

(74)　*Jakobs*, Mittäterschaft als Beteiligung, Festschrift für Puppe, 2010, S. 554.

(75)　なおレンツィコウスキーは、犯罪の準備の段階において既に規範違反性が示される例として予防的正当防衛が防御的緊急避難として正当化される場合と未遂の教唆が処罰されることを挙げている（Maurach/Gössel/Zipf/*Renzikowski*, AT, Teilb 2, 8. Aufl., S. 535）が、前者は正当化の前提としての危険の問題であり、後者は共犯行為自体の処罰が立法化されている場合であろう。

の意味を持つのではなく、将来の矛盾の可能化という意味を持つのであるが、実行者が、すでに先行領域において予告されている不法を実現しているのであって、同時に彼は、先行領域関与者により導入されたあるいは継続された不法への経過を完了しているのである。したがって自身のあるいは他人の手により遂行された不法に対する帰属の根拠は、犯罪計画の（先行領域関与の場合）暫定的なあるいは（実行の場合）最終的な推進（Voranbringen）であるとする(76)。そこで実行が同時に他の実行の関与でありうるならば、複数の実行は、いつ全体的実行へと結びつけられうるかが問題となるが、ヤコブスによるとある者が既に存在する手段にある手段を付け加えることによりあるいは既に使えるが効果が不確かなだけの手段をより確実にすることにより攻撃に関与する場合、彼の行為は攻撃全体が促進されるということを意味し、それ故、関与者は、攻撃の彼による詳細化が何ももたらさない場合にも、既遂に対し責任を負うのである(77)。このような行為の犯罪的意味は、法律上明示的にあるいはでなければ法規定の体系により明らかとなるが、意味の法的確定が欠ける場合、通常の社会的な交渉において妥当している意味に着目されるべきであるとし、いわゆる客観的帰属の範囲における許されない行為の規定のための類推が問題になっており、類推以上のものは存在しない、なぜなら、先行領域行為はそれ自体は許されないほどに危険ではない、つまり不法ではないからであるとする。もっとも、それは、後の実行者による保障違反を先行領域において活動した者に（も）（他人の手による）彼自身の保障違反として帰属させる根拠を形成するのであり、それ故、実行の際の許されない危険に対応するのが、関与者における責務（Obliegenheit）違反であり、責務違反であるとされるのは、関与者が彼の寄与により実行への経過に入り込み、それ故実行から引き離され得ない不利を担わなければならないからである(78)。つまり、ヤコブスによると、関与者はその行為により、他人の手により履行されたことによる犯罪事象から引き離されえない状況に置くことで、責務違反を犯しており、犯罪的事象が実行されると、引き離され得ない状態が発生し、責務違反に対する責任が不法に対する責任となるのである(79)。そのような観点からは従属性の構造は容易に説明されるとする。

---

(76) *Jakobs*, Theorie der Beteiligung, 2014, S. 22 ff.
(77) *Jakobs*, Beteiligung, S. 28.
(78) *Jakobs*, Beteiligung, S. 31 f.
(79) *Jakobs*, Festschrift für Puppe, S. 556.

単独で行動する者が犯罪を準備する場合、このことも、彼に後に自ら遂行される実行を帰属させる根拠であるが、しかし、彼が実行の前に中断する場合、彼は、特別規定が介入しない限り、不処罰のままである。つまり彼自身の先行領域行為も従属的である、つまり不法ではなく、将来の実行の不法を帰属させる根拠であるとし、他の者の先行領域行為の従属性も、それ自体が不法ではなく、むしろ、先行領域において先へ進めるように活動する者に実行を彼自身の規範違反として、つまり彼の不法として帰属させる根拠を形成するのである。すなわち、実行者は実行によって、彼が行為の結果からこれが発生する限り引き離され得ない状態に自らを持って行くのであるが、先行領域における関与の場合も、行動する者は、実行からそれが行われる限り引き離されえず、それを自身の不法として受け入れなければならない状態に自らを持って行くのである。したがって従属性とは、実行のみが不法を成すという原則と犯罪への関与が可能であるべきであるという原則との結合の自明の帰結だというのである(80)。

このようなヤコブスの見解は、共犯行為に固有の不法と正犯行為への従属性との関係の解明にとって極めて示唆的である。共犯による行為は、正犯者によるいわば第一次的な行為規範（不法）に対し補充的な規範に違反しているのであり、このような共犯の不法を基礎づける規範は、正犯者による行為規範違反を論理的に前提として、そのような規範の実現を完成させてはならないことを内容とする、つまり他者による規範違反の促進を禁ずる規範という特質を持つものである(81)。このような補充的規範は、ヤコブスがいうようにその違反の時点ではいまだ不法は実現していないが、正犯による一次的な行為規範違反が発生するとそれが補充的な規範の違反者に帰属されるという構造を持つのであり、それにより正犯の不法への従属と共犯者自身による規範違反の側面が両立しうる関係にあることが明らかにされていると言える。したがって共犯行為は、規範違反があったとされるためには、関与の対象としての正犯による規範違反を不可欠の前提とするから、連鎖的共犯の場合においても、そのような関係が当然に要求されることになる。つまり、教唆犯の場合のみならず幇助犯の場合も含めて共犯の成立のためには正犯行為への直接の関与が原則ということになる。なぜなら、補充的規範違反としての共犯の不法は正犯の規範違反を対象と

(80) *Jakobs*, Beteiligung, S. 35 f.

(81) 共犯の規範的構造については拙稿「客観的帰属論と過失共犯」刑法雑誌第50巻第1号（2010年）50頁以下参照。

するのであり、連鎖的共犯の場合には補充規範違反に対する補充規範違反という構造を基礎とせざるをえないからである。

Ⅲ　連鎖的共犯の可罰性

1　媒介された共犯

ドイツにおいて連鎖的共犯の可罰性を肯定する多数派は、媒介された共犯という形態の連鎖的共犯を支持する(82)。連鎖的共犯とは、中間に介在する直接的共犯者を介して間接的に正犯行為に関与するのであり、あくまで正犯行為に対する共犯として直接的共犯を処罰する共犯規定により処罰可能となるのである。つまり正犯行為との間に他の共犯者が介在しても背後の共犯者の共犯としての処罰には何ら障害とはならないとする考え方である。これは、連鎖的共犯者の故意にも影響を与えることになり、中間に介在する者の数や名前は認識する必要はないが、正犯行為については具体的な認識が必要とされる(83)。

このような媒介された共犯という理解の仕方を支えているのは、原因の原因は結果の原因とする徹底した因果論的発想である。このような因果的な捉え方は共犯の処罰根拠として十分な基礎を提供するものでないことは既に指摘されたが、連鎖的共犯の基礎づけに関しては依然として援用されているのであり、特にこの問題に関し解釈論的に適切なものかが問われるべきであろう。

因果のいわば無限の遡及を阻止する論理として古くから主張されてきたのが、因果関係の中断論である。これは結果に至る因果経過に自由な意思により決意

(82)　*Baumann/Weber/Mitsch/Eisele*, Strafrecht, Allgemeiner Teil,12. Aufl., 2016, S. 820; *Binding*, Grundriß des deutschen Strafrechts, Allgemeiner Teil, 8. Aufl., 1913, S. 173; *Geppert*, Jura 1997, S. 364; *Hoyer*, SK, 7. Aufl., § 26, Rn. 32; *Jescheck/Weigend*, AT, 5. Aufl., S. 687; *Krell*, Die Kettenanstiftung, Jura 2011, S. 501; *Rengier*, AT, 8. Aufl., S. 431; *Roxin*, LK, 11. Aufl., § 26, Rn. 108; *Schmidhäuser*, Strafrecht, Allgemeiner Teil, Studienbuch, 2. Aufl., 1984, S. 334; *Schwind*, Grundfälle der „Kettenteilnahme“, MDR 1969, S. 14; *Wessels/Beulke/Satzger*, AT, 45. Aufl., S. 262. なお判例ではたとえば RGSt 23, 300. BGHSt 6, 359 も媒介された教唆の構成を支持している。

(83)　*Geppert*, Jura 1997, S. 364; *Jescheck/Weigend*, AT, 5. Aufl., S. 687; *Rengier*, AT, 8. Aufl., S. 431; *Roxin*, LK, 11. Aufl., § 26, Rn. 108. RGSt 23,300. ただし、BGHSt 6, 359 は、間接教唆者は、正犯者が誰が正犯行為を実行するかを知っている必要もなく、この者を個人的に知っている必要もないとする。

する行為者が介在する場合には因果関係が否定されるとするものであり、教唆犯や幇助犯の場合には常にそのような自由な正犯者に関与することになる。すでにベーリングが、教唆犯論は被教唆者の自由な行為による因果関係の中断論という解釈論に基づいているとしていた。つまり、その精神に他の者の側から火の粉を投げ入れられた者には、この火の粉を炎へと燃え立てさせるか無害となるよう消し去るかを手中にしているのであり、彼は教唆の呪縛のもとにあるのではなく、完全に独立して決意しているのであるから、教唆行為は結果に対する提案にすぎず、原因の設定ではないとする(84)。したがって教唆への教唆や幇助への幇助などのような連鎖的共犯の諸形態に対して、確かに直接的な正犯行為への共犯としての構成の論理的可能性は妨げないが、実定法的にこのような構成は因果関係の中断論に反しており不可能であることになる(85)。シュトールも因果関係の中断論を基礎にして、共犯行為への共犯行為を正犯行為に対する間接的共犯として把握することに反対する。第一次的共犯者が共犯の構成要件を共犯規定により客観的関係でも主観的関係でも充足している場合、第二次的共犯者の行為と正犯行為の間に彼の自由で故意による行為が介在しており、このような第三者の自由で故意による行為の介在によって第二次的共犯者の行為と正犯行為の間の関係が廃棄され、その結果第二次的共犯者の行為と第一次的共犯者の行為との間の関係のみが残る。つまりそのような場合正犯行為に対する間接共犯は問題とできず、単に他者の共犯に対する共犯が存するだけであり、具体的には第二次的共犯者の共犯行為は不可罰とならなければならないとする。なぜなら、第二次的共犯者はその場合第一次的共犯者の共犯行為に関与しているだけであり、正犯者の行為には関与していないからであるという(86)。さらにヒルゲマンも、間接的共犯を問題としうるのは因果関係の中断論によると、その行為に再び第三者が関与した共犯者が単にこの第三者の道具となる場合のみである、換言すると第三者の行為と正犯行為とが、これにより自由で故意による行為によって中断されることなく直接的共犯者自身を通じて推移する因果連鎖によって結びつけられている場合のみである、つまり直接的共犯者が意思不自由か、強制されているかあるいは行為の因果性について錯誤して行為している場合のみである。これに対し他人により教唆された教唆者が

(84) *Beling*, Zur Lehre von der „Ausführung“ strafbarer Handlungen, ZStW 28 (1908), S. 594.
(85) *Beling*, Die Lehre von Verbrechen, 1906, S. 449.
(86) *Stoll*, Begriff und Umfang der akzessorischen Natur der Teilnahme, 1912, S. 51 f.

主観的関係においても教唆の構成要件を充足する場合、彼は教唆者であり、彼を教唆した者は教唆者の教唆犯にすぎないから、因果関係の中断論からは間接的共犯の承認は拒否されなければならないとするのである(87)。もっともこのような因果関係の中断という考え方は、その後厳しい批判が加えられ顧みられなくなった。すなわち中断されうるのは現に存在するものだけであり、過ぎ去ったこと、終結した過程が事後的に中断されることはありえないので、因果関係の中断というのは形容矛盾だと指摘されたのである(88)。確かに論理的関係としての因果関係はあるか否かであり、中断というのは正確な表現とはいえないのであるが、因果関係の中断論は現行法上の共犯構造が因果関係の次元ではやはり把握しきれず、共犯的関与の場合には自由な決意に基づく他者が介在していることが背後者の法的性質に影響を与える事を正面から認めようとしている点で意義があり、そのような観点からすると媒介され共犯という構成が困難であることを示している。ただし、これをあくまで因果関係という次元で議論しようとした点に限界があったと言える。

因果関係の中断論をいわば受け継いで他の者の自由な行為が介在した場合に正犯性を否定しようとしたのが遡及禁止論である。その主要な論者であるフランクによると、自由かつ意識的に（故意によりかつ有責に）結果の惹起に向けられた条件の前の条件は原因ではないのであり、そのような前条件を設定した者は共犯者としての責任のみを負う(89)。したがって行為との関係が教唆犯と正犯者とは異なり、後者はその遂行のために無意識的な自然因果を利用し、前者は自由かつ意識的に行為する人間を利用するとし、正犯者は行為の実行を自身の力と自然の力に任せ、教唆者はそれを他者の決意に依存させる、つまり正犯者は原因を設定し、教唆者は条件を設定するだけであるとするのである(90)。このような考え方を基礎にしてフランクは、連鎖的共犯に関しては、媒介された共犯ではなく、共犯行為も共犯の対象となる可罰的行為となるとして共犯に対する共犯という構成を支持する(91)。確かに、フランクの遡及禁止論は、因果関係の中断という不自然な構成を避けて他者による行為の介在が正犯性に影響

(87)　*Hilgemann*, Die Teilnahme an der Teilnahme, 1908, S. 40.

(88)　*M. E. Mayer*, Der Kausalzusammenhang zwischen Handlung und Erfolg im Strafrecht, 1899, S. 148.

(89)　*Frank*, Das Strafgesetzbuch für das Deutsche Reich, 18. Aufl., 1931, S. 14.

(90)　*Frank*, Strafgesetzbuch, 18. Aufl., S. 118.

(91)　*Frank*, Strafgesetzbuch, 18. Aufl., S. 120.

を与えるものとして把握した点で議論を前進させたものではあるが、正犯と共犯の区別を原因と条件の区別に帰している点で因果的思考を未だ免れておらず、法的評価の観点で自由な意思による行為がどのように影響を与えるかが明らかになっていない。

今やドイツにおいては、因果の流れに他人の自由な行為が介在した場合の法的評価の問題はもっぱら客観的帰属論の領域で議論されている。そのような考え方に最初に影響したのがホーニヒの見解である。彼によると、人間は一定の行為の効果を予見する能力を有し、このような効果を対応する行為によって惹起しあるいは対抗する行為によって阻止する能力を有する限りで、またその惹起性の可能性が及ぶ限りで、彼は原因と効果の連鎖の最初の構成部分であるだけではなく、それを形成する原理である、したがって彼の行為は彼の意思の目的志向的な表出であると見なされうるのであり、自然経過に対する目的志向的な介入がまさに人間の本質なのであるから、客観的な目的志向性が結果を帰属させる基準となるのである(92)。したがってこのような基本的立場からは、結果に対し目的志向的に、つまり自由な決意に基づいて介入する者がある場合、結果はもっぱらその者に帰属され、その背後者には当然には帰属されないことになろう（遡及禁止)。ここにおいて正犯と共犯の区別が因果論からは解放されて、もっぱら帰属の問題として法的意味の次元で議論されるべきことが明らかになる(93)。確かに、客観的帰属論の観点からする遡及禁止論は必ずしも正犯と共犯の区別に関して展開されているわけではなく、結果の帰属一般に関し様々な問題領域が扱われているが、自由な決意による他者の行為に関与する場合は当然に客観的帰属の観点からの考察が必要となる領域である。たとえば、ヤコブスも、実行の特徴を自由な、つまり有責に責任を負われるべき実行者の決意による先行領域寄与の媒介であるとし、このような媒介に関しては厳格な法則からの因果的説明は存すべきでないとされているのであり、このことは、正確に見ると、最終行為という例外を伴うあらゆる寄与に該当する、なぜなら、そのような最終行為は別として、もたらされた履行が答責的な者によって受け取られ、進展へと送り込まれなければならないからであるとする。自由なことを回避して、惹起された脳回路に着目すること、あるいは因果関係を単なる蓋

(92)　*Honig*, Kausalität und objektive Zurechnung, Festgabe für Frank, Bd.1, 1930, S. 183 f.

(93)　客観的帰属論の観点からの遡及禁止について詳しくは、拙稿・前掲刑法雑誌第50巻第1号35頁以下参照。

然性へと移行させることは、それによっては規範的問題を適切に解決しえないのであり、むしろ、法において、答責的な人格に犯罪の実行を決意させるあるいは行為材料を届けることが何を意味するのかという問いに答えることが重要であるとする(94)。つまり、「他人の行為の予期として、刑法は、誰も他人に自己の態度の影響を犯罪的結果にまで方向転換する可能性を与えないことを安定化させえない。そのように予期することは、ほとんどあらゆる態度が行われないと予期することにほかならなくなるであろう、なぜなら、ほとんどすべてのことは何らかの犯罪計画の役に立つ礎石となりうるからである。予期されうるのは、誰も（回避可能的に）犯罪的経過の条件を完成させないということのみである。(95)」したがって、法が人に対し規範が向けられる主体として原則として自由な自己決定の能力を持つと見なしていることから、その者自身の行為に対し責任を負わなければならないとともに、それを他人に転嫁できないのであり、また他人が自身の行為から行うことは、それに対し動機をあたえることによって先へと継続させることに関与しても、それはその者の答責領域に属する。ヤコブスが言うように自身の行為が犯罪に利用されるという危険によっては他人の行為に対する責任は当然には基礎づけられえない。これはすでに述べたように行為者の違反する行為規範とは別の補充的な規範の定立によって行われるのである。

このような客観的帰属論の観点から連鎖的共犯の可罰性に関し否定的な結論を導くのがゼルターである。彼女はまず、結果を原因連鎖の開始に、もしくは自由に抱かれた決意の実行に帰することが、自由な意思決意が形成する原因に、決意に先行する原因とは異なる意義を与えるとする。つまり、決意の前に存する惹起契機と異なり、これに後続する惹起契機が直ちに結果帰属へと至るのである。刑法は、因果連鎖の二つの異なった部分の間のまさにこのような相違を、教唆を他人の行為への共犯と記述することによって前提としているとする。つまり正犯行為の他人性（帰属不可能性）は、教唆者にとって、正犯者が自由に意図的にその実行へと決意すると直ちに開始し、正犯者は、彼により始められ、行為結果を目指す原因経過がさらなる自由原因によって中断されていないが故に自身のものとして正犯行為に責任を負うのに対し、教唆者は、その起源を正犯者の惹起されていない意思決意に持つが故に正犯行為に対し責任を負わない

(94) *Jakobs*, Beteiligung, S. 25.
(95) *Jakobs*, Regreßverbot beim Erfolgsdelikt, ZStW 89, S. 20.

のである(96)。従ってゼルターによると、教唆者の操縦可能性は以後の事象を自身の自由な意思決意に基づいて操縦する被教唆者の目的志向的な介入に限界を見いだすのであり、法はこのことを教唆者にとって他人の正犯行為を要求することによって表現しているのである。ここから連鎖の終端において実行された正犯行為に対する媒介された教唆はあり得ないことになる。自由の観点からは、原初教唆者の効果は、後続教唆者が決意をいだくことにより後続教唆者あるいは後続幇助者の更なる実行に対しては終了しており、後続教唆あるいは後続幇助は被教唆者の決意に帰せられ、原初教唆者にとっては他人のものである、換言すると彼には帰属されず、原初教唆者を後続教唆あるいは後続幇助から再び惹起された行為に対する媒介された教唆として評価することを禁ずるのである、なぜなら、原初教唆者と後続教唆ないし後続幇助との間の帰属連関が被教唆者の自己答責により中断される場合後続教唆ないし後続幇助から生じた行為に対する原初教唆者の責任は基礎づけられないからであるとしている(97)。この関係は連鎖的幇助に関しても妥当し、幇助犯も正犯行為の不法結果を常に正犯者の行為を経て媒介的に促進している限りで、幇助は教唆と実際には構造的に同等であれば、これは幇助ないし教唆に対する幇助という形での媒介された幇助を排除するとしている(98)。

客観的帰属論の論者は必ずしも連鎖的共犯の可罰性に対し否定的見解をとるわけではないが、自由に決意する者の介在によって帰属連関が中断されるとするこのような視点は共犯の構造に当然に影響を及ぼすはずであり、法が他者による正犯行為に関与する共犯者の行為を特別な規定により処罰しているという趣旨は、自己答責的に実行された正犯行為は専ら正犯者に帰属され、背後の共犯者には特別な規定がない限り帰属されず、そのような共犯の処罰の根拠も他者の一次的な行為規範を前提にした補充的規範に違反するものとして規範的に異なる構造を持つものと理解するのが、最も適合的な解釈である。したがって、連鎖的共犯の場合も、正犯行為に至る過程に自己答責的な直接的共犯者が介在していることは、さらに背後へと帰属させることを阻止することになり（遡及禁止)、これを処罰しようとすればさらに特別な規定に依らなければならず、それはいわば補充規範に対する補充規範という構造を持つことになろう。つまり、

(96) *Selter*, Kettenanstiftung, S. 243.
(97) *Selter*, Kettenanstiftung, S. 250.
(98) *Selter*, Kettenanstiftung, S. 253.

途中に自己答責的な中間者が介在しても、これをいわば法的に無視して直接的共犯と同じように扱おうとする媒介的共犯の構成は、すでに批判された専ら因果的把握のみに基づく考え方であり、現行法の予定する共犯の構造とは相容れないのである。

媒介された共犯という構成によると、中間の自己答責的な直接的教唆者の存在と無関係に背後の連鎖的教唆者を直接的教唆者と同じように扱うことになるので、直接的教唆者の法的評価は連鎖的教唆者の教唆犯としての法的評価に何ら影響しないことになる。したがって直接的教唆者がそもそも教唆犯として成立することも必要でなくなるのである。かつての BGH の判決はこの帰結を受け入れ、被告人（G—H）が中間者 S を通じて管轄のある書記官 St に旅券の虚偽作成を決意させ、実行させたが、S は旅券が偽造されることを知らなかったという場合に公務上の公文書偽造(99) に対する教唆犯が問題となった事案で以下のように判示した(100)。「認識と意欲をもって決意させる者はすべて、彼の決意させる行為がその最終的な実行に向けられている行為に対する教唆の責任を負う。このことは、決意させる者が中間者として依頼する者は事態を見通していることを誤って受け入れる場合にも、すなわち彼を道具として利用するのではなく、教唆へと教唆しようとする場合にもあてはまる。なぜなら、間接教唆者の故意は、彼の中間者が正犯者の行為決意を彼の—間接教唆者の—意思に一致して惹起することに向けられているからである。この場合中間者が彼自身事態を見通しているか否かは刑法的評価にとって意義を持たない。事態を見通している他者により第三者を提案された犯罪行為の実行へと決意させるという間接教唆者の意思は、善意の他者によりこれを行わせる可能性をも含む。両場合とも間接的教唆が成立しているのである。」これは、中間者が教唆犯とはいえない善意の者である場合にも間接的教唆を肯定しようとするものであり、適法に行為する者の介在が背後者の法的評価に何ら影響しないとする徹底した因果的考察にもとづく教唆犯の構成を示している。このような捉え方に対しては、既にガラスが批判を加えていた。彼によると、判決の立場は教唆を単なる惹起と見て、教唆結果の惹起のみを問題とする場合にだけ正当化されるものであり、教

(99) ドイツ旧刑法の第 348 条第 1 項は「公文書を作成する権限を与えられた官吏が、その権限の範囲内で、法律的に重要な事実を故意に偽って記載し、又は公の登記簿もしくは帳簿に偽って記入するときは、1 カ月を下らない軽懲役をもって罰する」と規定する。

(100) BGHSt, 8, 137.

唆にとって正犯行為者の行為決意の惹起のみが問題ならば、正犯行為者に単に先行者の行為要求を含む手紙を届ける悪意のある使いも教唆者となるであろうとする。なぜなら、彼も行為決意の惹起に対する条件を設定したからであり、これは法が教唆を幇助から区別し幇助とは異なった資格づけられた正犯行為の促進を見ている趣旨を没却するものなのである(101)。したがってガラスは、独立した関与形式としての教唆は単なる因果的経過ではなく、法により意図された行為、つまり一定の客観的主観的内実を伴う目的的行為でなければならないとする立場から、本来的な「間接的」教唆犯となるためには間接正犯に関し発展させられた原則にしたがって正犯行為者に対する影響行使のために中間者（道具）を利用する者と同等でなければならず、主観的にはそのような条件を満たさない場合には間接的教唆としては処罰されえないとするのである(102)。このような批判において明らかとなるのは、教唆を因果的にではなく、その固有の行為不法に着目する観点からは、善意の道具を利用するような場合には正犯行為に対する教唆とは把握しえないことと、中間者の法的評価が背後の教唆犯の成否に影響しないとする見解の不当性である。故意の点に関しても、行為不法の内容は故意に反映しなければならないから、BGH のように教唆の故意が善意の者を利用するまさに間接正犯的な場合のそれをも含むとするのはガラスが指摘するように一般的に認められておらず、正犯としての不法と教唆の不法に何ら法的差異を認めない徹底した因果的発想を前提とするものである。このような媒介的共犯の構成は中間者の存在をいわば因果経過の過程の一コマにすぎないものとすることにより(103)正犯と共犯の根本的な構造の差異をも無視することになると言える。

媒介された共犯という構成が基礎づけの困難な状況に出会うのが、関与形式が異なる連鎖的共犯の場合、つまり幇助を教唆する場合および教唆を幇助する場合である。因果的発想に基づく媒介された共犯の構成からは、中間者が法的にどのように評価されるかに関係なく、自己の関与形式に対応した共犯が成立するはずである。しかしながら、特に前者の幇助への教唆の場合連鎖的共犯の

(101) *Gallas*, Anmerkung, JR 1956, S. 226.

(102) *Gallas*, JR 1956, S. 226 f. もっともガラスは、この場合共犯に対する共犯の構成を支持している。

(103) 間接的教唆犯として処罰が可能となる事案としては他に、中間者がすでに教唆行為をおこなうことを決意している場合（omnimodo facturus）なども挙げられている。*Krell*, Jura 2011, S. 502.

可罰性を肯定する多くの見解も、異なる共犯形態が連鎖において重なる場合、共犯の性質についてはより弱い形態が決定するとして、教唆犯ではなく、幇助犯だとする(104)。つまり、これは、中間に位置する幇助犯の行為不法が背後の教唆行為に影響を与えることを認めることを意味するのであり、純粋に連鎖的共犯を因果的に把握して中間の幇助行為を無視できないことを示している。これを正犯者の行為決意を引き起こしておらず、促進しているだけであるという理由で基礎づけるのは(105)、中間の幇助行為を行為不法として考慮しているのである。結論的にも、幇助が先行行為段階ではなく、実行行為が同時的に行われて、正犯者が行為決意を既に抱いた後、あるいは正犯者が少なくともこの時点ではじめて彼により与えられた援助を知った後、幇助者が決意させられるような場合に正犯行為に対する教唆ととらえるのは非常に疑問があること(106)を考えても媒介された共犯の論理が貫徹できないことは明らかであろう。この点で我が国の刑法第62条第2項が従犯を教唆した者に従犯の刑を科するとしている趣旨は、連鎖的教唆の処罰を拡張するとともに、直接的幇助の不法が連鎖的教唆の処罰を制限することを認めるものであり、媒介された共犯の構成をとらないことを明らかにしたものといえる。

2　共犯に対する共犯

共犯に対する共犯としての理論構成は、連鎖的共犯の場合に直接的な共犯行為に対して関与する共犯という捉え方をしようとする。つまり直接的共犯を共犯規定における正犯行為と同じように扱おうとし、それにより連鎖的共犯を直接的共犯と同じように処罰しうるとするのである。すでにベーリングは、正犯行為に対する共犯という多くの見解に対して、法は統一的な共犯概念を持っておらず、教唆と幇助の間を区別していることから、教唆への幇助や幇助への教唆の場合貫徹できないとした。つまり幇助への教唆の場合教唆者は正犯を教唆しておらず、援助も与えていないのであり、教唆の幇助の場合も同様なのであるから、共犯に対する共犯という構成のみが残り、共犯規定の法文も妨げとな

(104)　*Baumann/Weber/Mitsch/Eisele*, AT, 12. Aufl., S. 820; *Geppert*, Jura 1997, S. 365; *Hoyer*, SK, 7. Aufl., §26, Rn. 32; *Jakobs*, AT, 2. Aufl., S. 670; *Roxin*, LK, 11. Aufl., §26, Rn. 110; *Schönke/Schröder/Cramer*, 21. Aufl., §26, Rn. 13; *Schwind*, MDR 1969, S. 13.

(105)　*Roxin*, LK, 11. Aufl., §26, Rn. 110.

(106)　*Selter*, Kettenanstiftung, S. 52.

らないとしていたのである(107)。このような共犯に対する共犯としての構成を可能とするのは、一方で共犯行為自体を正犯と同じような独立した犯罪として捉える考え方(108)と、他方で共犯者とその関与対象となる行為との間に共同的関係などの直接的関係を要求する立場である(109)。これにより、直接的共犯を関与対象として、直接的に関与する連鎖的共犯が共犯規定により処罰可能となるのである。このような構成による帰結に関して重要なのは、幇助に対する幇助の場合、ドイツにおいては幇助犯に科せられる刑を二重に軽減しうることになる(110)。また、故意に関しても、直接的共犯者に関与することのみを認識し、正犯者自身については全く認識を持たない場合(たとえば、RGSt 23, 300 の事案)にも連鎖的共犯を肯定しうることになろう。

このような構成が解釈論的に可能かに関してまず問われるのは法の規定上共犯の関与対象に共犯行為を包摂しうるかである。ドイツ旧刑法の下においては、教唆の対象は「刑を科せられる行為」であり(111)、幇助の対象は「重罪または軽罪として刑を科せられる行為」であった(112)。文言上は教唆行為も幇助行為も刑を科せられる行為に包摂することは不可能ではないが、すでにビルクマイヤーが、従属性の観点から、共犯行為はそれ自体考察すると何ら刑を科せられる行為ではなく、むしろそれは独立した刑を科せられる行為にそれに対する共犯として加わってはじめて刑を科せられる行為となるとしていた(113)。フィンガーも、刑法典は個々の刑を科せられる行為を正犯者に向けたのであり、法律に詳しく特徴づけられた構成要件に正犯者として該当した者が処罰されるべきで

---

(107) *Beling*, Verbrechen, S. 449.

(108) *Herzberg*, Anstiftung und Beihilfe als Straftatbestände, GA 1971, S. 1; *Stratenwerth*, Strafrecht, Allgemeiner Teil, 3. Aufl., 1981, S. 263.

(109) *Dieter Meyer*, Kollusion, S. 150; *Gallas*, JR 1956, S. 226.

(110) *Stratenwerth*, AT, 3. Aufl., S. 263. ただし、シュトラーテンヴェルトは、幇助に対する幇助が、幇助自体を促進しただけか、正犯行為自体に影響を与えたかにより区別し、前者の場合にのみ減刑を認めようとした。

(111) ドイツ旧刑法第 48 条第 1 項は「贈与若しくは約束により、脅迫により、勢威若しくは権力を濫用することにより、故らに錯誤をおこさせ若しくは錯誤を促進させることにより、又はその他の手段によって故意に他人にその犯した、刑を科せられる行為を為す決意を為さしめた者は、教唆者として罰する」と規定する。

(112) ドイツ旧刑法第 49 条第 1 項は「助言又は行為によって、正犯が重罪又は軽罪として、刑を科せられる行為を犯すのを、知りつつ援助した者は、従犯として罰する」と規定する。

(113) *Birkmeyer*, Die Lehre von der Teilnahme und die Rechtsprechung des Deutschen Reichsgerichts, 1890, S. 146.

あるとされているのであるから、共犯に関する規定において、刑を科せられる行為を理由として責任を問われる者の範囲が、正犯と並んでなお教唆犯と幇助犯も責任を問われるべきものと規定されることにより拡張されているのであって、これを共犯への共犯に拡張しようとするのは許されない類推であるとしていたのである(114)。これに対しドイツの現行刑法における教唆・幇助の関与対象は他人による「違法な行為」であり、文言上は教唆行為や幇助行為もより包摂が可能な表現となっているように思われる。しかし、刑法典の体系的観点からは、特別な犯罪構成要件を正犯者による実行という形で各則に規定し、それらに対する共犯行為を総則に規定して対置させているのであるから、総則における共犯行為は必然的に各則の個別的な犯罪に関係するものと解すべきであり、したがって、共犯の関与対象としての違法な行為は教唆や幇助それ自体ではなく、各則の個別犯罪であることも有力に主張されている(115)。つまり、法律の文言の解釈のみからは、関与対象として教唆行為や幇助行為が包摂されるかに関しては決定的な結論は引き出せないが、共犯規定の刑罰拡張事由としての性格からすると、それが困難であることが明らかとなるのである。

従属性構造の基礎にあるのは、限縮的正犯概念、つまり現行法が前提とするのは第一次的概念としての正犯に対する二次的な概念としての共犯という関係であることは一般に認められているが(116)、さらにこのような共犯規定の刑罰拡張事由としての位置づけは、刑法典の体系的解釈のみならず、客観的帰属論の前提からする遡及禁止の観点からも基礎づけを獲得する。すなわち自己答責的な正犯者による構成要件実現は、その背後の関与者に帰属させることを阻止する、つまり遡及を禁止するのであるから、そのような背後者を処罰するためには特別に処罰を拡張する規定が必要であり、現行の共犯規定はそのような性格を持つものと考えるべきである。したがって、共犯規定の予定する関与対象は各則によって定立された一次的な行為規範の違反としての個別犯罪であり、拡張された規範の違反としての教唆犯や幇助犯はその対象とはなりえないのである。このことは、我が国の刑法の解釈にとっても示唆的である。第 61 条第 1 項は教唆の関与対象を「犯罪」と規定しており、第 62 条第 1 項は幇助の関与対

(114)　*Finger*, Lehrbuch des Deutschen Strafrechts, 1904, S. 349.

(115)　Maurach/Gössel/*Zipf*, Strafrecht, AT, Teilb.2, 7. Aufl., S. 340; Maurach/Gössel/Zipf/*Renzikowski*, AT, Teilb 2, 8. Aufl., S. 551; *Selter*, Kettenanstiftung, S. 124; *Sippel*, Kettenanstiftung, S. 92.

(116)　*Roxin*, LK, 11. Aufl., Vor § 26, Rn. 6.

象を「正犯」と規定しているのに対し犯罪や正犯が教唆犯や幇助犯を含みうるかが問題となるが、後者に関しても因果的共犯論を徹底する立場からは正犯と共犯の構造的差異はないので文言上は肯定説も可能であろう。しかしながら、共犯の刑罰拡張事由としての本質規定からすると、犯罪も正犯も各則に規定された犯罪類型のみを指すと解すべきであり、共犯規定はこれを拡張するものということになるので、犯罪や正犯には教唆犯や幇助犯は含まれえないのである。さらに、共犯の刑罰拡張事由としての性格規定からすると、第61条第2項も、第1項に対してさらに連鎖的教唆の処罰を拡張するものであり、拡張事由の拡張事由という構造を持つことになるので、関与対象としての「教唆」は第1項の教唆のみを指すことから、これをさらに拡張する連鎖的教唆、つまりいわゆる再間接教唆ないしそれ以前の連鎖的教唆犯は処罰しえないのである。

なお共犯に対する共犯の構成を基礎づけているもう一つの論拠が、教唆犯や幇助犯を独立した犯罪としてとらえ、これに正犯行為の役割を与えようとするものであるが、このことにも疑問がある。このような立場からは、たとえば幇助への教唆の場合には、多くの立場とは異なり、幇助犯に対する教唆犯として扱うことになるが(117)、そのためには独立犯罪としての教唆犯や幇助犯に関して各則の犯罪と同じように固有の法定刑が存在しなければならず、連鎖的共犯としての背後者の刑はそれぞれの場合に直近の関与対象者が実行した犯罪の法定刑を基準としなければならないことになろう(118)。このような正犯行為から共犯を完全に引き離すような帰結はこの立場の論者によっても導かれておらず(119)、結局各則の犯罪を実行する正犯者に科せられる刑を基準とし、幇助犯に対する減刑も考慮されるとするならば、独立した犯罪としての構成は貫徹できないことになる。

Ⅳ　結語

連鎖的共犯の可罰性の問題は、因果的共犯論の一貫した適用によって肯定説

---

(117)　*Herzberg*, GA 1971, S. 1.

(118)　*Bloy*, Beteiligungsform, S. 188.

(119)　*Herzberg*, GA 1971, S. 2. ヘルツベルクは、共犯規範というものが固有の法益を保護するものではなく、法益から見ると、それぞれの犯罪類型と同じ犯罪行為の単に異なる現象形式という言い方が十分な意味を持つような形で結びつけられているとする。

の結論が導かれるとともに、それによって因果的共犯論という前提自体が疑わしいものであることが明らかになる領域である。自由に決意する者の介在によって帰属連関が中断されるという基本思想からは、自己答責的に実行された正犯行為は専ら正犯者に帰属され、背後の共犯者には特別な規定がない限り帰属されないのであるから、共犯の従属性の構造とは、正犯者によるいわば第一次的な行為規範（不法）に対する補充的な規範の違反なのであり、このような共犯の不法を基礎づける規範は、正犯者による行為規範違反を論理的に前提として、そのような規範の実現を完成させてはならないことを内容とする、つまり他者による規範違反の促進を禁ずる規範という特質を持つことになる。このような補充的規範は、その違反の時点ではいまだ不法は実現していないが、正犯による一次的な行為規範違反が発生するとそれが補充的な規範の違反者に帰属されるのである。したがって共犯行為の規範違反があったとされるためには、関与の対象としての正犯による規範違反を不可欠の前提とするから、連鎖的共犯の場合においても、そのような関係が当然に要求され、共犯の成立のためには正犯行為への直接の関与が原則ということになる。共犯行為自体の規範違反、つまり共犯行為に固有の不法という観点からも、このような正犯行為への直接的関与が求められ、結局媒介された共犯という形態の連鎖的共犯の明文の規定がない限り、処罰されえない。刑法第 61 条第 2 項や第 62 条第 2 項はこのような特別規定であり、連鎖的教唆に関してのみ処罰を拡張しているのである。

客観的帰属論の前提からする遡及禁止の観点からは自己答責的な正犯者による構成要件実現は、その背後の関与者に帰属させることを阻止する、つまり遡及を禁止するのであるから、現行の共犯規定はそのような背後者を処罰するための特別な処罰を拡張する規定であり、共犯規定の予定する関与対象は各則によって定立された一次的な行為規範の違反としての個別犯罪であって、拡張された規範の違反としての教唆犯や幇助犯はその対象とはなりえないことが明らかとなり、したがって、第 61 条第 1 項の教唆の関与対象も第 62 条第 1 項の幇助の関与対象の正犯も教唆犯や幇助犯を含まないのであり、刑罰拡張規定としての第 61 条第 2 項の関与対象の教唆にも連鎖的教唆自体は含まれないから、共犯に対する共犯という構成による明文規定のない連鎖的共犯の処罰も不可能となるのである。

連鎖的共犯の処罰については、経済犯罪や組織犯罪の領域においては連鎖的に中間者が介在する場合にその必要性が高いことが指摘されてきたが(120)、明文規定のない連鎖的共犯の可罰性が否定されたとしても、情を知らない中間者を利用するような場合には、間接正犯的な形態の間接共犯がありうるのであり、また組織的な関連性がある場合には、共同正犯に対応する共同的な共犯の成立可能性もあるので、背後者が常に処罰を免れるわけではなく、逆に共犯に対する共犯の構成に見られたように、組織の末端の実行者について全く知られていないような場合に正犯行為に対する故意の要件を緩和して連鎖的共犯の可罰性を肯定することは問題であろう。

(120) Maurach/Gössel/*Zipf*, Strafrecht, AT, Teilb.2, 7. Aufl., S. 340.

刑罰のコミュニケーション的機能について
——表出的刑罰論は第三の選択肢となり得るか——

竹内健互

Ⅰ　はじめに

国家刑罰の正統化をめぐる議論は、古くて新しい問題の一つである(1)。最近でも、積極的一般予防論の理論的発展や応報刑論のルネサンス(2)と呼ばれる応報刑論の再評価をめぐってポレミックな問題が再び提起されるに至り、論争は収束するどころか、ますます混迷の度を深めている。

もちろん、「予防」や「応報」といった論争的概念の意味するところについて現在も確固たる共通理解が形成されているわけではないが、本稿では、ここ最近、刑罰のコミュニケーション的機能を中心に置いて刑罰正統化を構想する一連の刑罰理論に注目したい。通例、それらの理論は、「表出的刑罰論」（expressive Straftheorie）というネーミングの下に一括りにされるが、刑罰のコミュニケーション的機能といっても、その意味は論者によって多義的であり、表出的刑罰論に対する評価も一定していないのが現状である。

とはいえ、一部では、表出的刑罰論は、応報刑論や予防刑論と並ぶ、いわば第三の刑罰論としての地位が認められつつあることに鑑みれば(3)、もはや表出

(1)　刑罰論、特に「コミュニケーション的一般予防」については、増田豊『規範論による責任刑法の再構築』（勁草書房、2009 年）601 頁以下、636 頁以下を参照。また、刑罰論は、自由意志をめぐる議論と同じくらい古いが、両者が密接に関連している点につき、増田豊「自由意志と刑事責任」明治大学社会科学研究所紀要 46 巻 1 号（2007 年）201 頁以下も参照。

(2)　応報刑論のルネサンスについては、飯島暢『自由の普遍的保障と哲学的刑法理論』（成文堂、2016 年）3 頁以下を参照。

的刑罰論を等閑視して刑罰論を語ることはできないと考えられる。

だが、表出的刑罰論は、国家刑罰の正統化理論として第三の選択肢となり得るものであろうか。この問いに答えるためには、それが、「予防」や「応報」をめぐる対立図式を乗り越え、両者に還元し得ない新たな観点を織り込んだ刑罰理論かという点に関する批判的な吟味が重要となるであろう。というのも、表出的刑罰論の主張するところが「予防」や「応報」によって回収可能なものであるなら、それは、応報刑論や予防刑論と異なる「固有」の刑罰正統化論ではないということになるからである。

そこで、本稿では、これらの問いに取り組むための準備作業として、これまでわが国ではそれほど主題的に扱われることの少なかった表出的刑罰論について、まず、ドイツ刑法学における代表的論者の見解を取り上げた上で（Ⅱ）、近時、道徳哲学の立場から表出主義を擁護しようとするTobias Zürcherの所説を紹介し（Ⅲ）、若干の批判的な検討を加えることで（Ⅳ）、表出的刑罰論の理論的展開のあり方と課題について明らかにすることにしたい。

Ⅱ　表出的刑罰論の諸相

ところで、そもそも刑罰をコミュニケーション的事象として捉え直そうとするアプローチは、ドイツ刑法学においては、目新しいものではない。例えば、Fritjof Haftはかつて、語用論的責任論に依拠しつつ、「責任対話」（Schulddialog）という責任の実践的側面を強調していたし[(4)]、いわゆる積極的一般予防論の代表的論者であるGünther Jakobsも、犯罪と刑罰の関係をコミュニケーション的な意味事象として理解し、犯罪は一つの世界構想（Weltentwurf）として、つまり「社会はかくあるべし」という主張として把握され、犯罪に対して科される刑罰もまた当然ながら、そのような犯罪の持つコミュニケーション的意味に対応して捉え直されることになると主張している。つまり、人格的事象としての犯罪に対する刑罰は、行為者を「人格」として扱うものであり、それは、行為者が投げかけた世界構想に対する異議申立て、つまり行為者はその犯行により社会の基準とならないことを主張したということの認定として把握され

(3)　*Andreas Werkmeister*, Straftheorien im Völkerstrafrecht, 2015, S. 118 ff. を参照。
(4)　*Fritjof Haft*, Der Schulddialog, 1978, S. 76 ff.

る[5]。そして、犯罪者による規範妥当の否認に対する異議申立てとしてなされる刑罰としての苦痛の賦課を通じた規範妥当の認知的保障こそが、刑罰の目的であると論じるのである[6]。

かつて、Joel Feinbergがいみじくも指摘していたように、害悪の賦課が刑罰としての固有の「表出的機能」を示すかどうかによって、それ以外の規範違反に対するリアクション（例えば、行政罰としての過料や民法上の損害賠償）から区別されるのだとすると[7]、処置の苛酷さや害悪の賦課ではなく、むしろ刑罰の表出的機能（象徴的性格）が刑罰の本質的構成要素ということになるであろうし、苛酷だが非刑罰的処置には、そのような性格が欠けているということになる。つまり、刑罰は、それを科す権威それ自体、あるいは刑罰が「その名において」科せられる者の怒りや憤慨の態度と否認や非難の判断を表現するためのコンヴェンショナルな装置であり、刑罰は、概してそれ以外の制裁に欠けている象徴的意義を有しているということになるのである[8]。

このような刑罰の象徴的-表出的意味を強調する論者としては、既に述べた論者の他にも、Klaus Güntherの見解を挙げることができよう[9]。彼は、①犯罪に対するリアクションとしての刑罰には象徴的-表出的意味が認められ、それは公的に表明されなければならず、②この象徴的-表出的意味は、害悪の賦課による刑罰を通じた表現を必要とするものではなく、公的手続としての有罪判決（Schuldspruch）を通じて過不足なく適切に表現することができるという２つのテーゼを擁護しようとする[10]。

まず、第一のテーゼについて、Güntherは、刑罰の象徴的-表出的意味の核心を、以下のような主張を内容とする「公的宣言」（öffentliche Deklaration）そのも

---

(5)　*Günther Jakobs*, Das Schuldprinzip, 1993, S. 27（松宮孝明編訳『ギュンター・ヤコブス著作集第1巻』［成文堂、2014年］57頁［松宮孝明訳］）を参照。

(6)　*Günther Jakobs*, Staatliche Strafe, 2004, S. 26 ff.（飯島暢＝川口浩一訳『国家刑罰』［関西大学出版部、2013年］38頁以下）を参照。また、コミュニケーションの態様としての「道具的コミュニケーション」と「人格的コミュニケーション」について、*ders.*, Das Strafrecht zwischen Funktionalismus und „alteuropäischem" Prinzipiendenken, ZStW 107（1995）, S. 843 ff.

(7)　*Joel Feinberg*, The Expressive Function of Punishment, The Monist 49（1965）, pp. 397 ff.

(8)　*Feinberg*, a.a.O.（Fn. 7）, p. 400. なお、Feinbergは、刑罰の象徴的機能として、①権威による不承認、②象徴的黙認拒否、③法の確証、④他者の無罪宣告を指摘している。*Feinberg*, a.a.O.（Fn. 7）, pp. 404 ff.

(9)　*Klaus Günther*, Die symbolisch-expressive Bedeutung der Strafe, in: Festschrift für Klaus Lüderssen, 2002, S. 205 ff.

(10)　*Günther*, a.a.O.（Fn. 9）, S. 207 ff.

のに見出そうとする。つまり、侵害は、個人的に帰責されるべき不法であるということ、またこの不法は公共全体によって承認されないということの二点がそれである(11)。

モノロギッシュな宣言に意味はないから、刑罰の象徴的–表出的意味は、一定の名宛人との関係でしか捉えられない。そこで、刑罰の象徴的–表出的機能を中核的に担う公的宣言は3つの名宛人に、しかもそれぞれ違った内容を伴って向けられることになる。

第一の名宛人は、被害者である。この宣言により、被害者に対して、その侵害が不運や運命によるものではなく、むしろ不法なものであり、それが公共全体により承認されないということが示される。それと同時に、彼／彼女はそれ自身として侵害に責任を負うものではなく、責任を負うのは、まさにこの不法を個人的に帰責される犯罪者であるということも示される。第二に、不法を個人的に帰責される犯罪者も名宛人となる。犯罪者は、この宣言の名宛人に指名されることで同時に、メッセージをコミュニケートされ得る道徳的人格としての地位が承認される。第三の名宛人は、公共全体である。そこでは、侵害は不法であり不運ではないということ、また不法は承認されないということ、そしてこの不法は被害者や公共全体の責めに帰せられるべきものではないことが表明されるのである(12)。

もっとも、刑罰の表出的・コミュニケーション的機能を、もっぱら公の場でフォーマルに遂行される公的宣言に見出そうとする構想は、現行の刑罰実践との関係で、重大な緊張関係を引き起こすことになる。このことは、第二のテーゼに関連する。つまり、Güntherにあっては、否認の表明と害悪賦課という意味での刑罰との間の結びつきは、刑罰にとって必ずしも必然的なものではなく、むしろ偶然的なものとして捉えられるのである。否認のリアクションと害悪賦課という意味での刑罰（苛酷な処置）の間の結びつきは、歴史的に偶然的なコンヴェンションに過ぎないのであって、変更可能なコンヴェンションでもある(13)。刑罰の象徴的–表出的な内容は、公的でフォーマルな不法および罪責認定の手続において過不足なく表明することができ、害悪の賦課という意味で行為者を処罰することは、象徴的–表出的意味を表明するために不要であるとい

(11) *Günther*, a.a.O. (Fn. 9), S. 218.
(12) *Günther*, a.a.O. (Fn. 9), S. 218 f.
(13) *Günther*, a.a.O. (Fn. 9), S. 219.

う帰結が導き出されることになる(14)。

このようなGüntherの構想は、社会－犯罪者－被害者というそれぞれのパースペクティヴに応じて刑罰の表出的意味内容を捉え直そうとするものであるとともに、伝統的に刑罰の本質と理解されてきた害悪賦課を、否認のコンヴェンショナルな象徴としての手段的意味においてのみ理解し、コンヴェンションの変更可能性を指摘することで、害悪賦課を本質的なものではないと捉えるものである。

もっとも、Güntherの論証からは、刑罰が営むべき象徴的-表出的機能がどのようなものであるべきかは窺い知ることができるものの、なぜそのように理解された刑罰（公的宣言）が正統なものであり得るのかという点に関する規範的な論拠は依然として提出されていないように思われる。

それに対して、Tatjana Hörnleも、同じく表出的刑罰論の立場から出発しながら、それを「予防指向的でないアプローチ」(15)として構想し、現行の刑罰実践も表出的刑罰論により正統化し得ると主張している。つまり、害悪の賦課というエレメントは、表出的刑罰論においても放棄することはできないという帰結が導出され、そのような観点から現在の刑罰実践の正統化が構想されることになるのである。また、Hörnleがいうには、表出的刑罰論も予防刑論と同様に、刑事罰は、人間の正統な利益への奉仕に紐づけられており、ただそれは将来における犯罪行為の予防ではなく、過去の行動の適切な取扱いに関する利益が重要になるという(16)。

まず、Hörnleによれば、表出的刑罰論の内部で、「規範指向的表出的刑罰論」と「人格指向的表出的刑罰論」が区別される(17)。前者は、規範の弱体化（Erosion）を防止するための規範確証というコミュニケーションプロセスとして刑罰を正統化しようとするものであり、抽象的な公共全体を名宛人とする(18)。他方で、後者は、行為者とのコミュニケーションを中心とするものと、被害者とのコミュニケーションを中心とするものに大別されるが、いずれも刑事罰を科される行為者や侵害を受けた被害者をコミュニケーションの名宛人として捉える点において、前者の立場から区別される。

(14) *Günther*, a.a.O. (Fn. 9), S. 219.
(15) *Tatjana Hörnle*, Straftheorien, 2011, S. 57.
(16) *Hörnle*, a.a.O. (Fn. 15), S. 29.
(17) *Hörnle*, a.a.O. (Fn. 15), S. 29 ff.
(18) *Hörnle*, a.a.O. (Fn. 15), S. 30 f.

彼女のアプローチの特徴は、とりわけ被害者とのコミュニケーションを重視する点にあろう[19]。被害者は、公的な無価値判断に関して利益を有するだけなく、それに対応する不法確認請求権（Anspruch auf Unrechtsfeststellung）[20]も与えられるべきであるとし、刑法上の無価値判断の表出的意味をパースペクティヴ関係的に、犯罪者との関係では、「非難」、被害者との関係では「弔意と連帯」として捉え直そうとする[21]。さらに、被害者との関係では、偶然や不運ではなく、不法が生じたということを確証することも重要となる[22]。

もちろんHörnleも、処罰される者のパースペクティヴから重要なのは、刑罰的害悪（Strafübel）が強制されるという点であり、そのことは、自由刑に服すべき場合だけでなく、財産刑を科される場合でも変わらないとしつつ、コミュニケーション的機能が首尾一貫して中心に置かれ、害悪賦課のエレメントが完全に除去されるようなリアクション形式も「表象可能」であるということは認める。しかしそのような考えと異なる現実の刑罰実践を正統化することは、表出的刑罰論からもなお可能であるとし、害悪賦課というエレメントの放棄を否認している[23]。

では、なぜ害悪賦課を放棄し得ないのであろうか。その論拠について、第一に、バーバルな表明を身体的なジェスチャーによって確証することは、慣習（Gepflogenheit）に適合しているという点を挙げる[24]。要するに、私たちは日常的に、言語的な意思の表明を身振りなどの身体言語により補強することで意図を顕示させるのであって、それと同じことが、否認や非難の表出としての刑罰実践においても妥当するというのである。

第二に、言葉でなされるだけの否認によって非難の程度の区別を適切に表現する可能性には限界があるという点も指摘している[25]。言語のレヴェルでは、無価値判断を量的に精緻化することは困難であり、仮に行為者が不法をなした

---

(19) *Tatjana Hörnle*, Die Rolle des Opfers in der Straftheorie und im materiellen Strafrecht, JZ 2006, S. 956 ff.; *dies.*, a.a.O. (Fn. 15), S. 37 ff.

(20) 不法確認請求権については、拙稿「犯罪被害者と実体刑法」NCCD 45号（2013年）28頁以下を参照。

(21) *Hörnle*, a.a.O. (Fn. 19), S. 955 f.

(22) *Hörnle*, a.a.O. (Fn. 15), S. 39; *dies.*, a.a.O. (Fn. 19), 955. また、*Winfried Hassemer/Jan Philipp Reemtsma*, Verbrechensopfer, 2002, 130も参照。

(23) *Hörnle*, a.a.O. (Fn. 15), S. 42.

(24) *Hörnle*, a.a.O. (Fn. 19), S. 956.

(25) *Hörnle*, a.a.O. (Fn. 15), S. 42.

という認定は可能でも、不法の程度を踏まえた否認の表明を言語のみで行うことは実際上の困難を伴うというのである。この点、Hörnleによれば、このようなメッセージの「真摯さ」の顕示は、有形的な財の提供（賞賛）や剝奪（否認）などの象徴的な裏づけがあって初めて実現され得る以上、強い調子で非難すべき場合には特に、それ相応の象徴的な下支え（symbolische Untermauerung）として「害悪の賦課」が必要不可欠となるのである(26)。それ故、Hörnleの表出的刑罰論においては、Güntherに反して、象徴的確証なしで済ませることはできないということになるのである。

また、Kristian Kühlは、刑罰に害悪賦課は必要かという点について、Hörnleとは異なる規範的論拠を提示している。すなわち、彼は、重大犯罪（殺人など）について、社会的、公的および社会倫理的に犯罪行為を否認するというアプローチは実際的ではないだけではなく、規範的にも罪刑均衡原則と両立し得ないため、受け入れ難いというのである(27)。

ドイツ刑法学における表出的刑罰論を標榜する論者の見解を考察するとき、刑罰を単に事実的に、あるいは機能的に見て、コミュニケーション的なものと捉えるだけでは、依然として刑罰の正統化にはならないという点には注意しなければならないであろう。それは一定の認識論的態度の表明に過ぎないからである。

そのような意味で、近時、道徳哲学の観点から国家刑罰の正統化を試みるZürcherも指摘しているように、〈認識〉に関わる「記述的」表出主義と、〈正統化〉に関わる「規範的」表出主義とが概念的に区別されなければならないであろう(28)。かかる区別を念頭に置くなら、刑罰の表出的意味を刑罰正統化の本質的要素として位置づける表出的刑罰論が模索されるべきことになろう。以下では、そのようなアプローチを自覚的に展開しようとするTobias Zürcherの見解を参照することにしたい(29)。

(26)　*Hörnle*, a.a.O. (Fn. 15), S. 42.

(27)　*Kristian Kühl*, Zum Missbilligungscharakter der Strafe, Festschrift für Albin Eser, 2005, S. 159 f.

(28)　*Tobias Zürcher*, Legitimation von Strafe, 2014, S. 127, 128 ff.

(29)　道徳哲学のアプローチを引き合いに出すことに対しては、一部で異論があり得る。例えば、*Hörnle*, a.a.O. (Fn. 15), S. 30. また、高橋直哉「刑罰の定義」駿河台法学24巻1＝2号（2010年）100頁。刑法と道徳の関係について、増田豊『法倫理学探求』（勁草書房、2017年）1頁以下を参照。

Ⅲ　刑罰の道徳哲学的正統化

さて、Zürcher によれば、表出的な刑罰正統化の中心的テーゼは、以下の三点に要約することができる。

第一に、刑罰は道徳的に誤った行動に対する道徳的に見て適切なリアクションであり、第二に、刑罰はコミュニケーション的なものであり、第三に、刑罰は道徳的共同体の構成員に向けられる場合にのみ、あるいは処罰される者を道徳的共同体の構成員と看做す場合にのみ正統化される(30)。

ここでコミュニケーションとして媒介される刑罰のメッセージは、被害者に対しては、その侵害が非難可能な形で犯罪者によって引き起こされたということの認定として表明され、犯罪者に対しては、今後このような犯罪行為をなすべきではないという要求として立ち現れるが、いずれのメッセージも道徳的なものであり、それはちょうど Andrew von Hirsch がいうところの合理的行為者間における道徳的ディスコース（moral discourse）(31) として捉え直される。

また、表出的刑罰論のメリットは、人格を、非人格的原因や危険な自然事象としてではなく、真摯に受け止めることを可能にするとともに、刑罰の程度が「功績」（Verdienst）に結びつけられることで、刑の上限と下限が限界づけられ、かつ実際に科された刑罰に対する処罰される者のリアクションも重要なものであるということが明瞭化され、少なくとも改善への期待を可能とする点にあるという(32)。

このような Zürcher の表出的刑罰論は、P. F. Strawson による「反応的態度」（reactive attitude）の理論に依拠して展開される。Strawson は、かの著名な論文「自由と怒り」（1962 年）において、「反応的態度」という概念を手がかりとして、道徳的責任を生活形式としての道徳実践から論証しようとする。彼は、人間的な態度や感情が織り成す「反応的態度」のネットワークへ目を向けるべきだと提案する(33)。私たちが他者に向ける反応的態度には、怒りや憤慨、非難、

(30)　*Zürcher*, a.a.O. (Fn. 28), S. 98 f.

(31)　*Andrew von Hirsch*, Censure and Sanctions, 1993, p. 10.

(32)　*Zürcher*, a.a.O. (Fn. 28), S. 98 f.

(33)　P・F・ストローソン（法野谷俊哉訳）「自由と怒り」門脇俊介＝野矢茂樹編『自由と行為の哲学』（春秋社、2010 年）75 頁。また、Strawson のアプローチにつき、成田和信『責任と自由』（勁草書房、2004 年）3 頁以下、城戸淳「責任」麻生博之＝城戸淳編『哲学の問題群』（ナカニシヤ出

是認、賞賛、感謝、愛など、人間のあり方と結びついた様々な態度が含まれる。

Strawson によると、私たちにとって、他者の行為が自分に対する善意を反映しているのか、それとも悪意を反映しているのかは、非常に重大な問題であり、他者の行為が悪意を反映している場合には、自分にある程度の善意を示すことを他者に対して期待したり要求したりする。反応的態度は、私たちのこうした期待や要求を反映しつつ、他者に対してそれを表明するものである(34)。この点、私たちが他人を非難し、場合によっては謝罪を要求するのは、私たちが悪意を向けられたと感じる場合であって、怒りは、まさに私たちの基本的な尊重要求の軽視に対するスタンダードな反応に他ならないのである(35)。

以上のような点を踏まえて、Zürcher は、怒りとは、「非難」という形で表明される態度であり、それは、一対の希望と確信（Wunsch-Überzeugungs-Paar）として分析することができるとする(36)。つまり、私たちが怒りという反応的態度を他者に向けるとき、その人は誤った行為をした（＝狭義の非難）と確信すると同時に、その人は別様に行為していたであろう、あるいは今後は別様に行為するであろうという希望を抱いているのであって、その態度に希望が伴うからこそ、確信するだけでなく、実際に反応的態度を表明することが意味をなすのである(37)。

その上で、Zürcher は、刑罰の表出的意味としての非難や否認を基礎づけるのは、罪悪感や恥といった自分自身に対してなされる態度としての「自己反応的態度」（selbst-reaktive Einstellung）ではなく、むしろ「代行的反応的態度」（stellvertretende reaktive Einstellung）であると主張する(38)。「代行的反応的態度」とは、Strawson によれば、いわば自分とは関係なく、他者の立場を考慮してなされる一般化された態度とでも呼ぶべきものであって、根本的には個人的な反応的態度の場合と同一の期待・要求に依存し、かかる期待・要求の存在を反映するものだが、ただ代行的反応的態度の場合には、その期待・要求は、「一

版、2006 年）104 頁以下。

(34)　ストローソン・前掲注（33）39 頁、57 頁。

(35)　他者の誤った行動に対する態度には、これ以外にもう一つの態度があり得る。それは、行為者を危険な動物と同様に統制されるべき存在として扱う「対物的態度」（objective attitude）である。ストローソン・前掲注（33）46 頁以下。

(36)　*Zürcher*, a.a.O. (Fn. 28), S. 96.

(37)　*Zürcher*, a.a.O. (Fn. 28), S. 96.

(38)　*Zürcher*, a.a.O. (Fn. 28), S. 98 f..「自己反応的態度」（self-reactive attitude）と「代行的態度」（vicarious attitude）につき、ストローソン・前掲注（33）56 頁以下を参照。

般的」な観点からのものである[39]。つまり、個人的な反応的態度は、「自分」に対してある程度の善意や尊重を示してほしいという他者に対する期待・要求を反映したものだが、代行的反応的態度が拠って立つ期待・要求は「他者」に対するものであり、「他者」に対してある程度の善意や尊重を示してほしいという一般化された内容を持つものであり、「自分」に対する要求にはとどまらないものなのである。

もちろん、刑事手続や刑罰執行の場面を想起すれば明らかなように、刑罰によって害悪を賦課するのは、その法益が侵害ないし危殆化された人格（被害者）ではなく、国家それ自体であるが、刑罰という国家的リアクションは、行為者の悪意が向けられた者の尊重義務違反を契機とした、相互人格的な代行的反応的態度に他ならないとする[40]。

Zürcher は、表出的刑罰論における刑罰正統化のための必要条件としては、人格性条件や了解条件、反応条件などを提示しているが[41]、特に刑罰のコミュニケーション的機能との関係で重要なのは、了解条件であろう。この条件は、刑罰が非難や否認のコミュニケーションであることから必然的に要求される前提であって、刑罰の適切性（Angemessenheit）に関わるものであるとされ、彼は、そこに言語行為による責任帰属の成功条件としての意義を見出している。

この点、表出的刑罰論のコンセプトに鑑みれば、刑罰はそれが非難や否認を意味する場合に限り刑罰を正統化し得るものであるから、一定の処罰行為や判

(39)　ストローソン・前掲注（33）57 頁以下。

(40)　*Zürcher*, a.a.O. (Fn. 28), S. 137. それ故、Zürcher によれば、国家的アクターは、道徳的共同体の観察者的な構成員として振舞うことが導き出される。また、*Lawrence Stern*, Freedom, Blame, and Moral Community, The Journal of Philosophy 71 (1974), pp. 72 ff. も、刑罰を対話としつつ、それは感情的な論争というよりむしろ「合理的な検討」であり、報復感情を必要とするものではないと指摘している。

(41)　詳しくは、*Zürcher*, a.a.O. (Fn. 28), S. 132 ff. なお、人格性条件は、処罰される者が道徳的行為者であり、自律的に熟慮して自由に行為することができたかどうかに関わるものである。それは、回顧的な意味で（後向きに）、行為当時に行為者が道徳的行為者であったということだけではなく、展望的に（前向きに）も理解され得る。処罰される者が道徳的行為者であることは、将来においても道徳的対話のパートナーであり続けるとの期待の下で刑罰を科すことを含意するからである。それ故、刑罰はその関係を引き続き維持していくという関心を示すために行われるという点で、対物的態度や非人格的態度から明確に線引きされなければならない。こうして Zürcher は、刑罰に表明される非難が本質的に「インクルーシヴ」なものでなければならないとの前提を人格性条件に読み込んでいる。*Zürcher*, a.a.O. (Fn. 28), S. 136. また、ストローソン・前掲注（33）62 頁以下。このような観点からも、わが国の死刑制度は擁護困難となるであろう。また、死刑制度とディスクルス倫理の関係については、増田・前掲注（1）647 頁以下。

決内容が他の何ものでもなく「刑罰として」非難や否認を「意味する」ということが、やはりその本質的なポイントとなるであろう。だとすれば、否認の意味表出はいかにして可能になるのかという問いこそ最も切実な問題となるであろう。この見立てが正しいとすれば、表出的刑罰論は、まさに非難や否認の「表出」や「（意味の）了解」という一連のプロセスを解明する作業に取り組まなければならない。

以上の問題の精緻化は、Zürcherにあっては、「言語行為論」と「コンヴェンション」という道具立てを用いて遂行される。すなわち、正統なる刑罰の成功条件は、否認の表現としての刑罰の了解可能性であるという出発点から、Zürcherは、まず、AustinとSearleによって展開された言語行為論を手がかりとして(42)、言語行為の「発語内的」（illokutionär）側面と「発語媒介的」（perlokutionär）側面の区別を導入する(43)。例えば、「はい、私は欲します」（Ja, ich will）という発話の意味を理解するには、「コンテクスト」を考察する必要があり（カウンターの前かそれとも戸籍役場の職員の前か）、「コンテクスト」的な、あるいは「コンヴェンショナル」な側面を把握するのが、発語内的観点である。それに対し、発語媒介的観点は、発話の（因果的）効果を把握するものである。以上のことを刑事手続に即して理解するなら、裁判官による判決の言渡しは、刑罰の発語内的側面として、刑の執行それ自体は刑罰の発語媒介的側面として捉えることができるであろう。

その上で、Zürcherは、Searleに倣い(44)、社会的事実は「構成的規則」（constitutive rule）(45)に依存しているのであって、刑罰は、適切なコンヴェンションに照らした言語行為的な責任帰属によって構成される社会的現実を創出するものに他ならず、それによって刑罰は非難を表明することが可能になると論じるのである。言語行為からなる判決行為だけではなく、一部は非言語的行為からなる処罰行為や苛酷な処置も含めて、社会的現実を創出する遂行的な言語

(42)　言語行為論の立場から刑罰論に検討を加えるものとして、*Roman Hamel*, Strafen als Sprechakt, 2009, 1 ff.

(43)　*Zürcher*, a.a.O. (Fn. 28), S. 148.

(44)　*J. R. Searle*, The Construction of Social Reality, 1995, pp. 1 ff.

(45)　ここでは、刑罰「制度」の枠内における事実や行為が主題化されるであろう。構成的規則につき、*J. R. Searle*, Mind, Language and Society, 1999, pp. 122 ff. 統制的規則と構成的規則の区別についてはさらに、増田豊『語用論的意味理論と法解釈方法論』（勁草書房、2008年）348頁以下、増田・前掲注（29）81頁。

的コミュニケーションとして、つまり「非難」としての意味付与がなされることになるのである(46)。

こうして「苛酷な処置」に意味を与えるのは、一定の行為と非難との関係を規定する「コンヴェンション」(社会的規則) であるところ、苛酷な処置と否認とは2つの相互併存する実在として存在するのではないとも指摘している(47)。「謝罪の言葉を述べ、頭を下げること」が「謝罪をすること」を意味するというコンヴェンションの下では、「自由刑を科すこと」が「非難すること」や「否認すること」と相互に独立した2つの経験的事象が存在するわけではないのと同様に、「謝罪の言葉を述べ、頭を下げること」と「謝罪すること」の間の「意味」的な結びつきが問題となっているのであって、経験的事象の因果的関係が生じているのではないということになる。

いずれにしても、刑罰のコンヴェンション性は、それがまさに構成的規則により創出される社会的事実であることと表裏一体であるといえようが、刑罰としての自由刑や財産刑は、苛酷な処置 (hard treatment) であり、そのコンヴェンショナルな意味にもかかわらず、それ自体としては「害悪」であるという点はやはり否定し難いように思われる(48)。そこで、Zürcher も、例えば、3つの異なる苛酷な刑罰 (S1、S2、S3) が選択可能であり、いずれも非難として了解可能なものであるとき、その最も緩やかなもの (S1) を選ばなければならず、もしそれ以外の苛酷な刑罰 (S2、S3) を選んだ場合には、正統化されない苦痛を与えることになるという。彼によれば、刑罰の目的は、一定の害悪を賦課することではなく、むしろ「適切」な表現形式を選択することで「適切」な非難を提起することにあるからだというのである。それ故、Zürcher の表出的刑罰論にあっては、了解可能な処置のうち最も緩やかなものを選ぶべし (Minderungsgebot

(46) それ故、彼によれば、自由刑を科された場合、判決行為の時点から数ヶ月、あるいは数年後の刑事施設内での自由剝奪も非難の意味を持ち得るのは、その自由剝奪が言語行為のコンヴェンショナルな発語内的な帰結そのものだからであるとする。*Zürcher*, a.a.O. (Fn. 28), S. 164.

(47) *Zürcher*, a.a.O. (Fn. 28), S. 153 ff. この点、彼は、「コンヴェンション」を、意味やしばしば権利や義務をも生み出すところの社会的プロセスや儀式のルールであり、社会的事実の創出や変更に関する相互主観的合意であると定義する。コンヴェンションが変更され得るかどうかは、経験的な問題であり、否認の表現形式は、人間の社会的実践の帰結であるから、たとえ別の表現形式が使用可能な場合でも直ちには変更されないかなり固定的なものであるとする。「コンヴェンション」の意義については、増田豊『刑事手続における事実認定の推論構造と真実発見』(勁草書房、2004年) 35頁以下を参照。

(48) 例えば、松原芳博『刑法総論［第2版］』(成文堂、2017年) 1頁、松宮孝明『刑法総論講義［第5版］』(成文堂、2017年) 5頁を参照。

innerhalb des Verstehbaren）という原則が採用されることになる。このことは、軽微な犯罪に関して、純粋に言語的なリアクションで相当な非難が表出されるような場合には、苛酷な処置なくして非難を提起することで十分であって、苛酷な処置は断念されなければならないということも含意することになろう(49)。

とはいえ、重い犯罪に関してはやはり苛酷な処置があり得るのだとすると、なぜ苛酷な処置（刑罰）とは異なる処置によって否認を表明することができないのかが問われなければならないであろう。Thomas M. Scanlon が問題提起したように(50)、一定の規範的態度を表現することそれ自体が目的であるなら、それを苛酷な処置（害悪賦課）ではなく「花束」で表明することはできないのであろうか。一見、浮世離れした想定だが、Zürcher は、これを「花束論拠」（Blumenstrauß-Argument）と呼び、その論証構造に詳細な検討を加えている。彼が特に問題視するのは、「花束を贈ることは、苛酷な処置によらず相当な否認を表現し得る処置である」という前提である。確かに、花束の贈呈が苛酷な処置ではないのは明白であり、むしろ花束は通常、否認や非難とは逆の、感謝や賞賛を表現するために贈られるものだから、かかる前提には問題はなさそうに見える。けれども、花束の贈呈を、苛酷な処置ではなく、相当な否認を表現し得る代替処置と決めつけることには問題があるというのである。

というのも、Zürcher によれば、現在とは異なる変更されたコンヴェンションの下で、花束の贈呈が否認を表現する相当な処置と評価され得るためには、かかる変更されたコンヴェンションをも含む新たなコンヴェンションのシステムの枠内で何が苛酷な処置であり、何がそうでないのかを識別できなければならないが、そのような（現在の世界と異なる）新たな世界において何が苛酷な処置で、何が同様に否認を表現する緩やかな処置であるかを確定することには、認識論上の困難を伴うからである。そうだとすると、花束の贈呈の「意味」を判断することも困難なものとなるはずであり、それを一義的に「相当な処置」と位置づけることは必然的なものではないということが導き出されることになる。また、花束の贈呈は「財産」や「自由」を制限するものではないとしても、しかし変更されたコンヴェンションの下でそれが「名誉」に対する重大な介入を意味し、ひいては著しい「心理的苦痛」と結びつく処置であるということは

(49) *Zürcher*, a.a.O. (Fn. 28), S. 156 f.

(50) *Thomas M. Scanlon*, The Significance of Choice, in: Sterling M. McMurrin (ed.), The Tanner Lectures on Human Values, Vol. VIII, 1988, p. 214 を参照。

あり得ると考えることもできるから、自由刑や財産刑と同様に、多くの者にとって価値ある財に対する重大な介入を意味することも十分にあり得ることとなろう。

あるいは、仮にそのようなコンヴェンションへの変更可能性を観念し得るとしても、そのことから直ちに現在の刑罰を放棄すべきと要求することは、誤謬推論でもあるという(51)。というのも、以上のような要求は、少なくとも新たな改定コンヴェンションが未だ導入されていない限りで、根拠づけることはできないからである。それ故、「刑罰は、花束を贈ることで行わなければならない」という帰結も、妥当な推論の帰結ではなく、むしろ改定コンヴェンションが実際に導入され、かつ花束の贈呈が現在の刑罰実践に比べて緩やかなものであるということが明らかにされた場合に初めて私たちが行うべきことの一種の予測に過ぎないということになる(52)。

Ⅳ　若干の批判的検討

もっとも、以上のような表出的刑罰論に対しては、疑問がないではない。そこで、以下で、若干の批判的所見を示しておくことにしたい。

第一の疑問は、やはり表出的刑罰論は、理論的な装いこそ異なるとはいえ、偽装された応報刑論なのではないかというものである。例えば、Juria Maria Erber-Schropp も、Hörnle の表出的刑罰論に対して「応報」的契機を見出している(53)。このことは、Zürcher の場合には一層明確であるように思われる。というのも、刑罰は、道徳的共同体の構成員に向けられるものであり、刑罰は私たちの善意の部分的放棄を受けるに「値する」ものでなければならないとして、表出的刑罰論も応報刑論と同様に、「功績」に基づくものであると論じているからである(54)。

確かに Zürcher は、規範的表出主義と応報主義の類似性を認めつつも、「功績」は、公然とではなく、秘密裡に割り当てられる場合がある以上、応報は、

(51)　*Zürcher*, a.a.O. (Fn. 28), S. 161 ff.
(52)　*Zürcher*, a.a.O. (Fn. 28), S. 163 f.
(53)　*Julia Maria Erber-Schropp*, Schuld und Strafe, 2016, S. 19 ff.
(54)　*Zürcher*, a.a.O. (Fn. 28), S. 136.

表出主義の諸条件が充足されていなくても可能であり、逆に応報でないような表出的刑罰のパターンも思考可能であるとして、両者は必然的な概念的関係にないとするが[55]、しかし彼自身、「功績」を応報刑論の本質的エレメントと捉えている以上[56]、いかなる点でZürcherの表出的刑罰論が応報刑論と異なるのかは依然として明らかでないというべきであろう。あるいは、反応的態度を、本質的に「応報的」態度と捉える見解も存在しているように[57]、「功績」の概念を「応報」の概念との関係でどのように洗練していくかは、表出的刑罰論にとって大きな課題となるであろう。

また、しばしば表出的刑罰論を擁護するコンテクストで取り上げられるStrawsonの「反応的態度」の理論の給付能力も問題となるであろう。「反応的態度」の理論は、GüntherやHörnleなど、多くの表出的刑罰論者の参照するところだが[58]、Strawsonは、私たちが日常生活において他人の行為を道徳的に評価し、その道徳的責任を帰属する道徳的実践を既に営んでいるという「事実」を、人間社会の根源的なあり方や人間本性としての枠組みとして捉え直そうとしたのであった。刑罰で非難がなされるということは、その非難を受ける者が反応的態度を向けられる適切な対象であることと深く結びついているとはいえるであろう。

けれども、さらに遡って、なぜ非難や否認という反応的態度として刑罰を科すことが規範的に「も」正統化されるのかという一層高次の問いは、そこでは十分に提起されないままになっているように思われる。生活実践や社会的コンヴェンションを指示することは、せいぜいその「事実性」を裏づけることには奉仕するにしても、その実践の「正統性」を基礎づけることまで可能であるか、あるいはその十分条件となるかという点については、やはり疑問が残るといえよう[59]。このように考えると、表出的刑罰論は、その構想のあり方によっては、刑罰はなぜ否認や非難の表出として正統化されるのかという問い、つまり規範

(55)　*Zürcher*, a.a.O. (Fn. 28), S. 131.

(56)　*Zürcher*, a.a.O. (Fn. 28), S. 60.「応報主義的表出主義」(retributivistischer Expressivismus) という表現を用いるかどうかは、言葉の問題にすぎないとする。*Zürcher*, a.a.O. (Fn. 28), S. 132.

(57)　*Christopher Bennett*, The Varieties of Retributive Experience, The Philosophical Quarterly 52 (2002), p. 147 を参照。

(58)　*Günther*, a.a.O. (Fn. 9), S. 216; *Hörnle*, a.a.O. (Fn. 15), S. 36; *dies.*, a.a.O. (Fn. 19), S. 954.

(59)　Zürcherは、「規範的表出主義」を標榜するが、その理論的根拠を「人間本性」や「道徳的実践」に求めるだけでは、その所期の目的を十分に達成できていないように思われる。*Zürcher*, a.a.O. (Fn. 28), S. 127 ff.

的正統化の問題を、場合によっては受け流してしまう場合もあり得るであろう。

V　おわりに

本稿で示したように、表出的刑罰論は、応報刑論や予防刑論との関係やその理論的基礎づけに関して未だ再考の余地があるが、刑罰の名宛人問題や、害悪賦課としての苛酷な処置は刑罰の本質的な構成要素かという問題、刑罰（制裁規範）と犯罪（行動規範）からなる規範システムのメカニズムをコミュニケーション的にどのように理解すべきかという問題も含めて、新たな問いへの出発点として捉え直すこともできるであろう。

いずれにしても、表出的刑罰論により問題提起された「刑罰の意味」や「刑罰のコミュニケーション的機能」というトポスが、刑罰論をめぐる議論において新たな地平を切り開くものとなり得るか、それとも「オッカムの剃刀」によって削ぎ落されるべきものであるかという点については、刑法学や道徳哲学などの諸分野における理論的展開状況を踏まえつつ、批判的に検討されるべき今後の重要課題となるであろう。

刑罰論から見た時効制度

飯島　暢

Ⅰ　はじめに

刑罰論は、刑罰に関わる諸問題を統一的な観点から説明できる思考の枠組みでなければならない。つまり、国家が行使する刑罰権力の抽象的な正当化論に終始することなく、刑罰について想定される目的の実現が追求される際の全てのプロセスを射程に収めなければならない。具体的には、量刑論や刑事手続・行刑の領域における諸問題のことである。そして、そもそも刑罰賦課の対象となる犯罪の理解とも刑罰論は当然に連動していなければならない。この意味で、刑罰論は刑法学における「大理論」であることが求められている。従来、刑法総論の教科書等では刑罰論には僅かな紙幅しか割かれていなかった状況からすれば、このような主張は大言壮語の類に聞こえるかもしれない。しかし、ドイツにおいては応報刑論のルネサンスが謳われ、犯罪論・刑事手続論との連動を意識しながら、応報の観点の賛否をめぐる議論の活性化を通じた刑罰論の再評価がなされており、その波及効果はわが国でも散見されるようになっている(1)。そして、この点から現在刑罰論は日本においても「旬のテーマ」であるとの評価さえ受けているのである(2)。

(1)　応報刑論のルネサンスについては、拙稿「応報刑論のルネサンスの射程とその課題」刑事法ジャーナル54号（2017年）11頁以下を参照。

(2)　川端博他編『理論刑法学の探求⑩』（2017年）vi頁（はしがき）。応報概念の意義を中心にして、刑法学だけでなく、（法）哲学の分野をも巻き込む形での刑罰論をめぐる議論が活発になされるようになっている。特に日本法哲学会編『応報の行方（法哲学年報2015）』（2016年）所収の諸論文を参照。最近のドイツ語文献については、まずモノグラフとして *Klaus Ferdinand Gärditz*, Staat und Strafrechtspflege, 2015; *Jeldrik Mühl*, Strafrecht ohne Freiheitsstrafen, 2015; *Julia Maria*

本稿は、刑罰論が関わるべき諸問題の中から時効制度を取り上げて論じるものである(3)。時効制度においては、刑の時効であれ、公訴時効であれ、本来予定されていた国家による刑罰権の行使がなされないままになる。刑罰に一定の有用な目的・効果が付与される場合、それが達成されないままであることは、反射的にマイナスの作用を、犯罪の被害者を含む（国家的な法秩序という）社会全体に受忍させることになる。このような受忍の義務づけがいかにして刑罰論の文脈から可能になるのかを検討することが本稿の課題となる。

そもそも、刑罰が現実的に執行されていく上で、その対象となる人が空間・時間の枠組みの中で生きていく存在である以上、この空間と時間という二つの観点を無視することはできない。例えば、刑罰が自由刑として執行される場合、その自由の制限は場所的であると同時に時間的なものであることを想起されたい。そして、刑法の効力もそれが現実的なものである限り、この時間と空間という枠組みによる制限を受けざるを得ないのである。時効制度こそが、まさに刑法の効力の時間的限界を体現する法制度であり、その期間を国家が設定することにより、公権力の発動による先の受忍の義務づけに帰着するわけであるから、刑事法上の時効制度は、まさに法における時間と公権力の関係性が問われる問題(4) ということになり、その正当化の理論的な基礎づけは、刑罰制度その

Erber-Schropp, Schuld und Strafe, 2016; *Tobias R. Andrissek*, Vergeltung als Strafzweck, 2017 を、論文として *Petra Velten*, Verteilungsgerechtigkeit und Strafe, ZIS 11/2016, S. 736 ff.; *Bernd Schünemann*, Sinn und Zweck der Strafe - eine unendliche Geschichte?, in: Jan C. Joerden u. a. (Hrsg.), Festschrift für Prof. Dr. Dr. h. c. mult. Keiichi Yamanaka zum 70. Geburtstag, 2017, S. 501 ff.; *Fernando Guanarteme Sánchez Lázaro*, Auf dem Weg zu einer prinzipiengestützten Theorie der Strafe, ZStW Bd. 129, 2017, S. 177 ff.; *Walter Kargl*, Strafbegründung im Zeichen des Determinismus, GA 6/2017, S. 330 ff. を挙げておく。ドイツ語圏刑法学では、まさに日本における以上に刑罰論が旬なテーマであることが容易に見て取れよう。また、*Jochen Bung*, Fünf Grundprobleme des heutigen Strafrechts, ZIS 6/2016, S. 341 f. におけるドイツで議論されている刑罰（目的）論は「自閉症」の状態にあるとする酷評とこれに対する *Katrin Gierhake*, Fünf Grundprobleme des heutigen Strafrechts. Eine Replik zu Jochen Bung, ZIS 11/2016, S. 733 の反論も大変興味深いので参照されたい。

(3) 刑事法上の時効制度全般については、やや古いが、青柳文雄「刑事法における時効制度」綜合法学6巻2号（1963年）8頁以下を参照。

(4) 例えば、千葉正士『法と時間』(2003年) 184頁も、法と時間は「人間の文化として権力に媒介されることによって不可分に関連している」としており、国家による権力行使の正当化が直接的に課題となる刑事法の文脈で法における時間と公権力の関係性を論じる意義は大きいと思量される。刑罰の執行が不十分なままとなる事態を犯罪の被害者を含む社会全体に受忍させる（この限りで時効と類似の）法的な制度として恩赦を挙げることができるが、恩赦が天皇の崩御及び改元を契機としてなされる場合には、ここでも（刑事）法における時間と公権力の関係性が問題とな

ものの正当化以上に刑事法全般に携わる者にとり不可避の事柄であると言わざるを得ないのである(5)。

Ⅱ　時効制度の論拠とその問題点

刑事法における時効は、一定の期間刑罰権が行使されない場合に、その消滅を認める制度であり、刑法31条以下の刑の時効と刑事訴訟法250条以下の公訴の時効がある。刑の時効と公訴の時効の性質については、一般的に両者ともに刑罰権の消滅という観点から捉えられており、公訴の時効においては、裁判確定前の公訴権或いは観念的な刑罰権の消滅が問題となるのに対して、刑の時効では裁判確定後における現実的な刑罰権の消滅が重視される。いずれにせよ、国家刑罰の実現過程の途中でそれ以上の実現が断念される状況なのであるから、ここでは実体法的な説明が出発点となるはずである(6)。

このような時効制度の論拠としては、以下の学説が挙げられる(7)。まず、時効によって犯人の改善が推測されるとするのが改善推測説である。次に、犯人が長期の逃亡により十分な苦痛を受けているとして、処罰の必要性はもはやないとするのが苦痛説である。そして、時間の経過とともに犯罪の証拠が散逸し、立証が困難になることを理由とするのが罪証消滅説である。しかし、改善推測説については、犯罪者の改善が推測されるというだけで何故に国家刑罰権が消

ってくる。恩赦制度の正当化については、別の機会に検討したい。同制度の現状については、さしあたり中野次雄「恩赦制度の運用と刑事政策」ジュリスト934号（1989年）44頁以下、田中開「戦後における恩赦の運用とその問題点」同51頁以下、後藤雅晴「恩赦制度の概要について」警察学論集42巻5号（1989年）25頁以下、板倉宏「恩赦制度の再検討―政令恩赦を中心に」日本法学55巻1号（1989年）67頁以下を参照。更に斎藤充功『恩赦と死刑囚』（2018年）も見よ。

(5)　高橋則夫『刑法総論第3版』（2016年）565頁注1は「時効制度は、法の存在理由そのものにかかわる制度であり、この制度を廃止することは法制度の存立基盤を崩壊させることになるように思われる。」とする。

(6)　時効制度の根拠につき、刑の時効と公訴の時効をともに刑罰権の消滅の観点から捉える見解として、団藤重光編『注釈刑法（1）総則（1）』（1964年）239頁（大塚仁）。なお大塚仁他編『大コンメンタール刑法第三版第1巻』（2015年）734頁（菊池浩）も見よ。刑事手続も国家刑罰権の実現過程の一端であるとする私見からすると、やはり刑の時効だけでなく、公訴時効も実体法上の刑罰権の消滅の文脈で基礎づけられるべきである。正当にも松宮孝明『刑法総論講義［第5版］』（2017年）361頁は、実体法的な構成を維持すべきとする。

(7)　学説については、大塚他編『大コンメンタール刑法第三版第1巻』（前掲注（6））734頁以下（菊池）を参照。

滅し、被害者を含む法秩序全体に処罰の断念を受忍させることができるのかが明確ではなく、苦痛説もあまりにも犯人の主観面を基準にしており、そもそも刑罰を一面的に苦痛としてだけ捉える点には私見からすると疑問がある。罪証消滅説は、後述する訴訟法説の内容として主張されることも多いが、法定刑或いは宣告刑が時効期間の長さの基準となっている現行法においては、一般論として罪証消滅の可能性の程度が法定刑或いは宣告刑の重さと類型的に連動するわけでもなく、そもそも十分な証拠が保存されている事案であっても時効が完成するわけであるから、それだけでは論拠としては脆弱であり決定打となるものではない。

通説とされるのは、規範感情緩和説であり、同説によれば、「時効制度の本旨は、犯罪に対する社会的な規範感情が、時間の経過とともにしだいに緩和され、やがて必ずしも現実的な処罰を要求されないまでになる点に求められる」ことになるが、同時にその際には「時間の経過とともに固まった社会的事実関係を尊重することが必要だとする、すべての時効制度の根底におかれている思想」が重視されている(8)。つまり、規範感情の緩和と事実状態の尊重という二つの観点が根拠となって国家刑罰権が消滅するとして、時効制度全般を基礎づけるのである(9)。しかし、国家刑罰権の消滅という極めて規範的な性質を有するはずの問題が、何故に社会心理的な規範感情と社会的な事実状態という経験的或いは事実的な要素を通じて基礎づけられ得るのかが問われよう。

また、刑事訴訟法の分野においては、公訴時効の法的性格をめぐり、刑罰権の消滅を根拠にする実体法説、専ら訴訟法的な観点から捉える訴訟法説、両者の性格を兼ね備えているとする競合説の各説が唱えられており(10)、この中で訴訟法説は証拠の散逸による誤判の防止に着目する伝統的な見解と、一定の期間訴追されていないという事実状態を尊重して国家の訴追権を抑制する制度で

(8) 団藤編『注釈刑法(1)総則(1)』(前掲注(6))240 頁(大塚)。なお大塚仁『刑法概説(総論)〔第四版〕』(2008 年)591 頁は、その他の根拠も副次的なものとしては考慮できるとしている。

(9) 事実状態尊重説を唱える大谷實『刑法講義総論新版第 4 版』(2012 年)559 頁は、通説の見解が基本的に正しいとしながらも、「規範感情が緩和して、社会において秩序が回復し、犯人においても一般の人と同様の社会生活関係が生じているなど、そこに形成されている事実状態を尊重することにその本来の趣旨がある」として、事実状態の尊重の側面をより重視している。裁判例においても、時効制度の趣旨としては本文で挙げた二つの観点が重視されている。詳細については、大塚他編『大コンメンタール刑法第三版第 1 巻』(前掲注(6))735 頁以下(菊池)を参照。

(10) 河上和雄他編『大コンメンタール刑事訴訟法第二版第 5 巻』(2013 年)107 頁以下、109 頁以下(吉田博視)参照。

あるとする見解に分類され、後者は新訴訟法説とも呼ばれて現在有力に主張されている(11)。新訴訟法説は、公訴時効の本質を処罰される個人の側から理解して、被疑者の利益を重視する点にその特徴がある(12)。しかし、事実状態の観点に依拠することについては、先述の規範感情緩和説の場合と同様の問題が生じるし、被疑者の利益を強調するのはいいとしても、何故にその反面として犯罪の被害者を含む社会全体に対して処罰の断念を規範的に義務づけることができるのかが明確ではないように思われるのである(13)。

わが国とは異なり、ドイツでは公訴時効にあたる訴追時効（Verfolgungsverjährung）と刑の時効である執行時効（Vollstreckungsverjährung）の双方が刑法典の78条以下と79条以下に規定されている(14)。そして、このような時効の法的性質をめぐってはわが国と同様の議論がなされている。一般的に時効制度は、法的平和に資すると同時に、訴追に係る刑事司法機関に対して期間の制限を課すことにより無為無策であることを防止する規律化機能を有すること、（起訴法定主義の下）司法機関に生じる負担を軽減する訴訟経済的な機能を果たすことが強調されるが、法的性質については、処罰の必要性がなくなる点に着目して時効を刑罰消滅事由であるとする実体法説、証拠の散逸の可能性等を考慮した手続法的な性質を有したものであるとする訴訟法説、両者をともに考慮する混合説（競合説、結合説）が主張されており、一応のところ混合説が通説とされている(15)。しかし、最近では、端的に時効を訴訟障害であるとして、訴訟法的な観点からその法的性質を捉える見解が有力化している(16)。その際には、時効

(11) 新訴訟法説に賛意を示す見解として、例えば上口裕『刑事訴訟法〔第4版〕』（2015年）233頁、田口守一『刑事訴訟法［第七版］』（2017年）204頁。

(12) 福井厚『刑事訴訟法講義［第5版］』（2012年）249頁参照。

(13) この意味で、松宮『刑法総論講義［第5版］』（前掲注（6））361頁における新訴訟法説に対する批判は適切なものである。

(14) ドイツにおける刑事法上の時効制度の概要については、*Helmut Satzger*, Die Verjährung im Strafrecht, JURA Heft 6/2012, S. 433 ff. が詳しい。

(15) *Detlev Sternberg-Lieben/Nikolaus Bosch*, in: Schönke/Schröder, Strafgesetzbuch Kommentar, 29. Aufl. 2014, Rn. 3 Vorbem. §§ 78 ff. 参照。また *Henning Rosenau*, in: Satzger/Schluckebier/Widmaier, Strafgesetzbuch Kommentar, 3. Aufl. 2016, Rn. 4 § 78 も結合的な見解が適切であるとする。

(16) *Frank Saliger*, in: NomosKommentar Strafgesetzbuch, Bd. 1, 5. Aufl. 2017, Rn. 3 ff. Vor §§ 78 ff. 参照。*Wolfgang Mitsch*, in: Münchener Kommentar zum Strafgesetzbuch, 3. Aufl. 2016, Rn. 1 Vor § 78 は、同説こそが支配的見解であるとする。訴訟法説に賛同する *Johann Schmid*, in: Strafgesetzbuch Leipziger Kommentar, 12. Aufl. 2008, Rn. 8 Vor § 78 によれば、連邦通常裁判所及び上級ラント裁判所における統一的な判例も時効を訴訟障害であるとしている。

制度においては、(行為時を基準にして評価が定まる)可罰的な犯罪行為の外部にある事情が問題となるのであって、時効期間経過後も犯罪行為に対する(実体法的な)評価はそのままなのであり、あくまでも訴追が不可能になるだけであることが論拠として強調されている(17)。

ドイツにおける時効の本質をめぐる学説状況を精力的に批判するのがHörnleである(18)。彼女からすると、(訴追)時効の制度は自明のものとされてしまっており、その原則に立ち返った分析や批判的な考察は現在のドイツ刑法学では殆ど行われておらず、将来においてもそれについてはあまり期待できる状況ではない。その理由としては、時効制度があまりにも自明であるという心理的なファクターが法律家の間で働いていることがまず挙げられるが、更には、刑罰(処罰)権が国家に帰属するという刑罰に関する理解が前提とされるため、犯罪被害者の利益が等閑視されてしまうという事情も重要となる。つまり、国家刑罰が専ら法秩序全体の利益のみに関わる法制度であるとされるため、時効による不処罰から生じる個別の被害者の利益に反する帰結が顧みられることなく、熟慮も経ないまま時効制度の正当化に至ってしまうという事情である。まさにこの後者の点は、国家刑罰の理解に関わる刑罰論に固有の問題である。

Hörnleは、特にこの問題に傾注し、国家刑罰は(いわゆる人格に対する重大犯罪においては)犯罪被害者との関係では信託的なものであり、自分に対して行われた不法の確定に係る犯罪被害者の正当な利益は国家刑罰においても承認されるべきとする(19)。つまり、彼女からすれば、国家刑罰の理解の根本的な見直しを通じて、時効制度の点検・改善を個別の被害者の利益との関係をも念頭に置きながら行うべきなのである。このような立場からすると、時効制度の正当化のために従来挙げられてきた諸論拠は一貫性を欠いた不十分なものでしかない。

Hörnleが批判的に検討する諸論拠は、従来からドイツにおいて主張されてきた以下のものである(20)。まず、①時間の経過とともに被害者の視点からしても償いを求めることへの関心が消滅することである。次に、②刑罰の予防目

---

(17) 例えば、*Frank Dietmeier*, in: Matt/Renzikowski, StGB Kommentar, 2013, Rn. 2 §78 を参照。

(18) *Tatjana Hörnle*, Verfolgungsverjährung: Keine Selbstverständlichkeit, in: Christian Fahl u. a. (Hrsg.), Festschrift für Werner Beulke zum 70. Geburtstag, 2015, S. 115 ff.

(19) *Hörnle*, Verfolgungsverjährung(前掲注(18))S. 118 参照。

(20) *Hörnle*, Verfolgungsverjährung(前掲注(18))S. 118 ff. 参照。また *dies.*, Sollen Verjährungsfristen für den sexuellen Missbrauch von Minderjährigen verlängert werden?, GA 7/2010, S. 388 ff. も見よ。

的の追求がもはや不可能となる状況があることである。例えば、時効期間中、犯罪者が平穏な社会生活を送り、自ら再社会化を達成している場合には特別予防目的の追求は不要になるし、積極的一般予防の観点からしても、長期の時間経過により規範妥当の不安定化・動揺も回復し、処罰によるその回復はもはや必然的ではないことである。次に③法治国家原理である。同原理からすると被疑者・被告人に対しては適切な期間内で刑事手続を行うことが要請される。次に④法的平和・法的安定性に時効制度が資することである。次に⑤時効制度は刑事訴追機関に対して規律化機能を有していると同時に、司法の負担軽減に資することである。そして、⑥時間の経過により証拠が散逸し、誤判の危険性が高まることである。最後に、⑦裁判を行うことによる負担から被害者がそれを望まない場合があるため、時効制度は被害者の利益に適うことである。私なりにHörnleの批判をまとめてみると、これらの論拠は、あまりにも抽象的で漠然としたものか（③、④の論拠）、本来は個別の事情を精査した差異化に基づいて異なる結論がでてくる場合もあるはずなのに、それを捨象した類型的・画一的なものでしかない（①、②、⑤、⑥、⑦の論拠）。このような問題点を抱えた諸論拠によって、個別の被害者に認められるべき正当な利益が等閑視されている現状がある限り、この点は是正されるべきとするのである。

そして、具体的な提言として[(21)]、まず（i）訴追時効の期間と法定刑の重さとの結合を解除すべきとする。被害法益の差異を無視して、単純に法定刑の上限にだけ着目するのでは、被害者の正当な利益が十分に配慮されるとは言い難く、例えば、人格的法益に対する罪と財産的法益に対する罪では、法定刑の重さとは関係なく、前者に対する場合の方が償いを求める被害者の関心も大きいはずだからである。次に、（ii）身体面及び（或いは）精神面に関わる重大な損害を招く、個人に対する重大犯罪（例えば、［当時の］ドイツ刑法177条における性行為の強要・強姦、同212条の故殺、同226条の重大な傷害）については、訴追時効の廃止を考慮すべきとしている。但し、上記の脆弱な諸論拠に代わる、時効制度を積極的に基礎づけ得る新たな論拠がHörnleによって提示されているわけではない。これは、個別性を捨象した類型性が時効制度の本旨であるため[(22)]、個別の被害者の利益をすくい上げることがそもそも困難であることに起因しよ

(21) *Hörnle*, Verfolgungsverjährung（前掲注（18））S. 126参照。

(22) *Hörnle*, Sollen Verjährungsfristen für den sexuellen Missbrauch von Minderjährigen verlängert werden?（前掲注（20））S. 390の指摘も参照。

う。時効制度の正当化を首尾一貫した形で基礎づけることが難しいのは、まさに時効制度の本性から規定されている事柄であると言っても過言ではないのである。

だが、Hörnle の指摘は重要であると思われる。彼女は刑罰論の文脈から再考し、個別の被害者の関心の特性に合わせた時効制度の再構成を促すわけだが、類型性という不可避の本性から出発しながらも可能な限り個別の被害者の関心を―まさに類型化の方法で―取り込むためには、やはり訴訟障害と捉えて形式的な性格づけを前面に出すだけでは不十分なのであり、大前提としては、法秩序とその構成員達（当該の犯罪者と被害者を含む）との関係性から国家刑罰権を基礎づけた上で、このような国家刑罰の意義から時効制度を実体法的に構成することが、まさに彼女の言う通り、出発点とされなければならないからである。

また最近のドイツでは、時効制度の実体法的構成を理論的に基礎づけるために、刑罰の対象となる刑事上の不法の存在が時間の経過から受ける影響を法哲学的な視点から考察する見解も主張されるようになっている。785 頁に及ぶ大部の教授資格論文において(23)、刑事法上の時効制度に対する全般的な考察を行った Asholt は、時効が実体法の文脈で捉えられるべき法制度であるとして、不法の刑法上の重要性が時間の経過とともに減少・消滅する点にその実体法上の根拠を見出している。彼の見解の背後にあるのは、法における存在と時間の関係に関する法哲学的な立場である(24)。Asholt は、法の歴史性を意欲的に論じた Arthur Kaufmann の見解に着目し(25)、自然法と実定法或いは抽象的な法と具体的な法の対立から生じる問題点を解消するために、Kaufmann が Thomas von Aquin（トマス・アクィナス）によって唱えられた永久法・自然法・人定法の 3 段階に法を分類する思想に依拠して、法の具体化に応じた同様の階層構

(23) *Martin Asholt*, Verjährung im Strafrecht, 2016. 本書は、Vormbaum の指導の下で作成され、2013/2014 年の冬学期にハーゲン通信大学法学部に提出された教授資格論文である。

(24) 同様に、時効制度を存在と無の関係性という哲学的な背景から考察する著作として、*Young Gi Hong*, Zeitablauf als Grenze des staatlichen Strafanspruchs, 2005 を挙げておく（特に S. 100 ff. を参照）。

(25) 法の歴史性に関する Arthur Kaufmann の見解については、さしあたり *ders.*, Rechtsphilosophie im Wandel, 2. Aufl. 1984 所収の *ders.*, Naturrecht und Geschichtlichkeit, S. 4 ff.（＝宮沢浩一訳「自然法と歴史性」宮沢浩一他訳編『現代法哲学の諸問題』［1968 年］6 頁以下）及び *ders.*, Die ontologische Struktur des Rechts, S. 117 ff.（＝宮沢浩一・原秀男訳「法の存在論的構造」同 313 頁以下）を参照。また A. カウフマン（＝上田健二訳）『法哲学［第 2 版］』（2006 年）446 頁以下（訳者解説）も見よ。

造を主張していたとする[26]。Kaufmann の段階論は、法の理念・法規範（実定法）・法的判断（裁判官による法の適用、判決）という三つの標語で表されるが、この順番に応じて後になればなるほど、より具体化されて時間の影響をより受けるようになる。最上位にある法の理念の段階には抽象的普遍的な諸原理や基本となる諸規範が属する。立法手続を経て形成されることになる次の実定法の段階は、より具体化されたものではあるが、いまだ法の可能性にすぎず、厳密には現実性のレベルにはまだ達していない。最後の最も下位の段階である法決定において法は現実のものとなり、例えば刑法も当該犯罪行為との関係で具体的な国家刑罰権の形となって我々の前に現れてくるのである。Asholt によれば、刑事法上の時効の対象となるのは、あくまでも最後の段階のみであり、ここでは具体化された刑法が時間の影響を受けることになる[27]。

次に、この最下位の段階における具体化された刑法が時間を通じてどのような影響を受けるのかを Asholt は検討し、民事法における時効に関する Hegel の見解[28] を刑事法に応用する形で、時間の経過によって刑罰の対象たる刑法上の不法の重要性が減少し、場合によっては消滅するという帰結を導き出している[29]。しかし、刑法的不法の重要性が減少・消滅するのはあくまでも Kaufmann が言う最下位の段階での話しであり、上位の段階での評価は時間の経過とは関係なしに存続しているため、実定法に反する可罰的な犯罪行為であるとの評価は時効が完成してもそのまま変わらないことになる[30]。

以上の Asholt の見解は、法を階層的に捉えて、時効による不法の重要性の減少・消滅とそれ以前の（行為時における）可罰性の評価を分離させる点に特色がある。これは、時効が完成しても犯罪に対する可罰性の評価は変わらないはずであるとする、実体法的構成に対する批判を意識しての理論構成であろう。こ

（26） *Asholt*, Verjährung im Strafrecht（前掲注（23））S. 244 ff. 参照。

（27） *Asholt*, Verjährung im Strafrecht（前掲注（23））S. 253 参照。

（28） *Georg Wilhelm Friedrich Hegel*, Grundlinien der Philosophie des Rechts oder Naturrecht und Staatswissenschaft im Grundrisse（in: Werke in 20 Bänden, hrsg. v. Eva Moldenhauer und Karl Markus Michel, 1986, Band 7), S. 138 ff.（§ 64 ＝上妻精・佐藤康邦・山田忠彰訳『法の哲学上巻』［岩波書店版ヘーゲル全集 9a、2000 年］120 頁以下).

（29） *Asholt*, Verjährung im Strafrecht（前掲注（23））S. 271 ff. 参照。但し、この帰結は、あくまでも Asholt によるヘーゲル解釈に基づくものであり、Hegel 自身が当然にそのような結論を主張するわけではない。また Arthur Kaufmann の見解と Hegel の（民事的な）時効論を結び付ける点（S. 274 参照）の是非も議論の対象となるであろう。

（30） *Asholt*, Verjährung im Strafrecht（前掲注（23））S. 273 f. 参照。

の点は本当に傾聴に値するのだが、時間の経過によって不法の重要性が減少・消滅することの根拠それ自体は、実はAsholtの著書においてはそれ程明確にはされていない(31)。やはり、不法の重要性が減少・消滅すると言うのであれば、その重要性の中身が問われなければなるまい。そして、その際には、国家刑罰権の行使ができなくなり、犯罪の被害者を含む社会全体にその受忍を要求するわけであるから、国家刑罰の意義との関係で被害者側に保障されるべき「利益」をも考慮した上で当該の重要性の減少・消滅の可否が論じられる必要性があるように思われるのである(32)。

Ⅲ　国家刑罰の意義

国家刑罰の目的は、法・権利性（Rechtlichkeit）の回復にあると解される。これは、犯罪予防目的の追求を刑罰の正当化根拠とする目的刑論（予防刑論）ではなく、自由の普遍的保障の観点から再構成された応報刑論からの帰結であり、このように装いを新たにした応報的な刑罰論の内容は、冒頭で挙げた応報刑論のルネサンスを受けて主張されるようになったものである(33)。この再構成された応報刑論の前提には、(刑) 法の目的を自由の普遍的保障に見出す法秩序観があり、両者は不可分の関係にある。

まず当該の法秩序観においては、法における自由の普遍的保障のためには、Kantの立場に依拠して、生得的な人格性、つまり生まれながらに自律的な人格としての理性的な能力を備えた各人には普遍的な法的法則（Rechtsgesetz）に適った方法で自らの自由を外界において行使することが要請される。法的法則に適った外的な自由の行使とは、相互に他者の自由を配慮しながら自己の自由を

(31)　Asholtの見解に見られるような法哲学的な時効論に対しては、*Hörnle*, Verfolgungsverjährung（前掲注（18））S. 118がそのような論拠づけは不十分であるとしており、更に（前掲注（24）で挙げたHongの著書に対する辛辣な批判であるが）*dies.*, Sollen Verjährungsfristen für den sexuellen Missbrauch von Minderjährigen verlängert werden?（前掲注（20））S. 389 Fn. 5は、国家刑罰権がいつか終了するという非常に曖昧な言明以上のものを含むものではないとすらしている。

(32)　正当にも松宮『刑法総論講義［第5版］』（前掲注（6））361頁は、刑罰目的論を基礎として時効制度を基礎づけるべきことを主張する。なお高橋『刑法総論第3版』（前掲注（5））565頁以下も時効の趣旨を刑罰の目的から理解しようとする。

(33)　以下については、特に飯島暢『自由の普遍的保障と哲学的刑法理論』（2016年）13頁以下、28頁以下、104頁以下を参照。

制限することをさす。この点から、法における自由は外界において自由の相互制限を通じて達せられるとして、互いに各人は他者を自己と同等の自由な人格として取り扱い、外界における自由の領域を独自のものとして承認しあう間主体的な法関係を形成する必要性が導き出されるのである。しかし、この相互承認的な法関係は、自然状態の下では個人間のレベルで保障されるにしかすぎないため、社会契約を通じて国家的な法秩序を現実に形成し、その国家が担い手となる確固たる規範的保障の下に服さなければならない。つまり、法的な意味での各人の自由の保障は、国家という法秩序において初めて普遍的な効力を有することが可能になるのである。

新たに再構成された応報刑論によれば、刑法で問題となる犯罪と刑罰の概念も以上のような国家的法秩序における自由の普遍的保障の観点から規定される。つまり、犯罪は他者の自由な領域の侵害（具体的には法益の侵害）を通じた相互承認的な法関係の破壊であると同時にそのような関係性を現実の国家的な法秩序において保障している規範の効力に対する侵害として捉えられる。ここで犯罪者は、自由の相互制限の要請に反して他者の自由の領域を侵害することにより自己を法の例外に置いて、あたかもより多くの自由を獲得したかのように見えるが、法的な自由とは相互制限をして初めて保障されるものであるから、実は犯罪を行った限りにおいて法的には不自由な存在になっている。そして、国家が主体となって執り行う刑罰には、犯罪によって否定された国家的な法秩序の規範の効力を現実に回復させ、それを通じて被害者を含む各人の自由の領域そのものを回復し、存続させていく目的（法・権利性の回復の目的）が割り当てられる。換言すれば、このように捉えられる刑罰は、具体的な被害者における自由の領域の侵害の程度と法秩序の規範的な効力の否定の程度に価値的に相応（均衡）した「自由の制限」として犯罪者に対して執行される応報刑である。

まさに犯罪者が不当に獲得した自由に相当する自由の制限が刑罰として科されるわけであるから、法秩序は例外を抱え込むこともなくなり、その規範も普遍的な効力を再び発揮できるようになる。更に、不自由な存在となっていた犯罪者も自由の制限を受け入れることにより、再び自由の普遍的な保障を享受できるようになる。従って、ここでは、刑罰の受忍義務も他律的ではなく、自律的な観点から基礎づけられるのである。但し、そもそも犯罪者に対して自由の制限が行使されることは、法・権利性の回復のための必然的な条件ではあるが、あくまでもその契機でしかなく、それ自体だけで回復が完結することにはならない。何故ならば、自由の制限の強制的な行使の結果、法秩序の規範の効力は例外を抱え込むこともなくなり、その普遍的な保障を再び発揮できるようになるわけだが、それを受けて（犯罪者及び被害者を含む）法秩序の構成員達が規範に従って再び行動することが必要となるからである。つまり、犯罪者も再び規範に従って法に適った行動を行う義務があり、それを履行できるようになって初めて当該の回復は達成されるわけである(34)。そして、これは、被害者の立場からしても受容可能で納得し得るような回復の帰結を意味しなければならない。

以上のような、自由の普遍的保障という観点から再構成された応報刑論では、法・権利性を回復させて、自由が再び法秩序において普遍的に保障されることが志向される。自由の普遍的な保障は、法秩序の構成員の全てに例外なく妥当するものであり、これにより犯罪者と被害者、更にはその他の構成員達の間での自由の保障の調和が目指されている。前述のように、Hörnle は、処罰に関する犯罪被害者の利益・関心を刑罰論の文脈を通じて取り込むことにより、時効制度の見直しを試みていたが、本稿が依拠する再構成された応報刑論においては、被害者の生の利益・関心というよりかは、その法秩序における自由の保障に着目した、現行制度に対する批判的視座を提供するための時効制度の理念モデルの構築がまずは目指されるべきであろう。

Ⅳ　法・権利性の回復から見た時効制度のあり方

時効によって処罰がなされなくなる根拠は、国家刑罰による法・権利性の回復と同様の事態が生じる点に求めざるを得ないと思われる。国家刑罰においては、自由の剝奪という必要条件に基づいて法・権利性の回復が図られるわけであるが、この自由の剝奪を欠くにもかかわらず、一定の期間の間（犯罪者及び被害者を含む）法秩序の構成員達が規範に従って再び行動していると見なせる場合に例外的に処罰をしないままですませる法制度として時効を捉えることが可能であると解されるのである。厳密に言えば、本来的に予定された回復の所作とは異なるが、そもそも法・権利性の回復については完全な事実上の回復などは望めるものではなく、あくまでも国家刑罰権の行使をもはや不要とする程度

(34)　拙稿「応報刑論のルネサンスの射程とその課題」（前掲注（1））16 頁以下参照。

の規範的なものに限定されるのであり、その限りで刑罰の目的は達成されると考えるべきである。従って、本来必然的な条件であるはずの自由の剝奪を伴わなくても、規範的に国家刑罰権の行使を不要とする程度の法・権利性の回復を観念することは場合によっては可能であり、ここに時効制度の趣旨があると私は考える。

法・権利性の回復の内実をなすのは、法秩序の構成員達が犯罪後においても一定期間の間法に適った行動をとっていることである。そもそも、犯罪がなされたとしても、法秩序の構成員の大部分は当該の犯罪によって違反された規範に従った行動をとっているのであるから、既に犯罪終了後から微弱ながらも法・権利性の回復は始まっていると言ってもよい。また、ここでの構成員には、当該の犯罪者及び被害者も含まれているので、犯罪者が一定期間の間法に適った生活を送っている限りでは、これも法・権利性の回復に寄与することになるので、時効制度の根拠に含ませてもよい要素となる。法秩序の構成員の大部分及び当該の犯罪者が法（違反された当該規範）に適った行動をとる際には、当然にいわゆる合法性（Legalität）の基準を満たしていれば十分となる。

法・権利性の回復は最終的には個別の被害者の権利領域の回復を目指すものである。従って、時効制度においては、国家刑罰による自由剝奪がないにもかかわらず、法秩序の構成員の大部分（及び当該犯罪者）が一定期間の間法に適った生活を送っている点を洞察して、既に自らの権利性も回復していると被害者が了承できる状況がなければならない。この了承は、犯罪行為時に問題となる被害者の同意とは言うまでもなく異なるし、純粋に心理的に捉えられるものでもない規範的な構成物である。また被害に遭った権利（法益）の性質によって了承の有無程度に関する判断は当然に違ったものになる。犯罪終了後に被害者が犯罪被害を受け入れることを事後的に了承したとしても、犯罪と刑罰が公の問題であり、犯罪への対応は国家が主体となる事柄である点から、原則的には法・権利性の回復は、そのような被害者の了承に左右されることなく進行していくべきとなる。これは、犯罪によって被害者の個別の権利が侵害されるだけではなく、同時にそれを保障する法秩序の規範に対する違反がなされ、全体として法・権利性が侵害されることから導き出される帰結である。しかし、時効においては、法秩序の規範の効力そのものは回復しているのであるから前提が異なり、被害者の了承を考慮することも可能になると解されるのである。

日本の学説では、一定の事実状態のあることが時効の論拠と解されていたが

(例えば、規範感情緩和説、新訴訟法説)、これを本稿が解するような内容での規範的な状態として理解するのであれば得心がいく。こうして、法・権利性の回復を表す一定の規範的な状態の存在こそが時効制度の根幹をなすことになる。但し、当該の回復が処罰を不要とする程度にまで達していなくても、時間の経過によって正規の正当な手続を通じた回復がおよそ不可能になる場合には、被害者を含む社会全体に対して処罰の不実行を受忍させることが可能になると解さざるを得ない。ここで主に想定されるのは、証拠が時間の経過とともに散逸する可能性である。従って、時効制度の論拠としては大きく分けて二つのものがある。まずは、(a) 国家刑罰という自由の剝奪がなくても、法・権利性の回復がなされたと見なし得る場合である。次に、(a) の条件を満たさないが、(b) 正当な手続がおよそ不可能になるため、処罰による法・権利性の回復を断念せざるを得ない場合である。時効制度とは、(a) と (b) 双方の観点を類型化して組み合わせたものであると言えよう(35)。

しかし、この類型化という点も基礎づけを要する。何故ならば、(a) と (b) のどちらの観点についても一律的な判断に服する条文の形での類型化ではなく、個別的な判断を前提にしてそれに対応した制度化を図ればよいはずだからである。確かに、類型化することにより判断の効率化をもたらし、司法の負担を軽減できる点は無視できない。しかし、やはりここでの類型化の論拠も、自由の保障の観点に求められるべきであろう。つまり、(a) の類型化は、法・権利性の回復がなされる期間の目安を事前に明らかにしておくことになるので、犯罪者を含む法秩序の構成員全員との関係では、法定刑の事前の提示と同様の意味を有しており、被害者との関係でも法・権利性の回復を了承すべき期間の目安として機能する。こうして、それぞれの自由の保障の観点から (a) の類型化は基礎づけられ得ると解されるのである。また、(b) の類型化についても、同様に各人の自由の保障の観点にその根拠が求められなければならない。

だが、被害者が受けた自由の侵害(権利の侵害、法益の侵害)の性質によって

(35) 団藤編『注釈刑法 (1) 総則 (1)』(前掲注 (6)) 243 頁 (大塚) は、「刑の時効期間は、公訴の時効期間に比べて長いのが一般である」とする。理由としては、刑の時効は、確定した刑罰権に対するものであるため、未確定の刑罰権に対する場合よりもその消滅に関して慎重を期する趣旨であることが挙げられている。しかし、具体的な刑罰権の方がその溶解により時間がかかるわけでもないので、そのような結論は必然的であるとは思われない。大塚他編『大コンメンタール刑法第三版第 1 巻』(前掲注 (6)) 737 頁 (菊池) は、刑の時効期間を公訴時効期間よりも長期間とすべきことまでは要請されていないとする。

は、被害者による了承がおよそ想定できない場合もあり得る。このような状況については、(a) の法・権利性の回復はあり得ないことになり、その類型化は最初から遮断される。そして、(b) の観点についても、被害者側の自由保障との関係で、その侵害の性質上類型的な取り扱いは同様に許されないと解せよう。従って、せいぜいのところ、(b) の観点を個別的に刑事手続において考慮することだけが残されているように思われるのである。Hörnle は、身体面・精神面で重大な損害を招く強姦、故殺、重大な傷害について、訴追時効の廃止を提案していたが、細かな点はさておき、上記のように考える限り、その方向性には賛同できる(36)。そして、彼女のもう一つの提案である、訴追時効の期間と法定刑の重さとの単純な結合を解除すべきとする点にも賛成である。当該の期間は、刑の時効（執行時効）にも妥当する事柄ではあるが、やはり被害者の侵害された権利性（法益）の性質を見極めた上で、それとの関係で（極めて困難であろうが）(a) 及び (b) の観点の類型化によって導き出されるべきなのである。

既に紙幅も尽きた。本稿が示した時効制度の理念モデルは現実化が困難な机上の空論かもしれない。だが、刑罰論を基礎にした出発点としてのその意義は否定されてはならないはずであり、漸次的にでもその実現はたとえ困難であろうとも目指されるべきである。なお、本稿が示した理念モデルに基づく時効の停止及び中断の理論化については他日を期したい。

---

(36) Hörnle による訴追時効に関する改正の提案については、更に *dies.*, Sollen Verjährungsfristen für den sexuellen Missbrauch von Minderjährigen verlängert werden?（前掲注（20））S. 398 も参照。なお、ドイツ刑法 78 条 b 第 1 項によると、同 174 条以下の性的自己決定権に対する罪、保護を委ねられた者に対する虐待（同 225 条）、女性器の切除（同 226 条 a）、強制結婚（同 237 条）については、被害者が 30 歳になるまで時効は停止する。このような例外的な取り扱いの根拠は、侵害を受けた被害者の権利性の性質に求められることになろう。少なくとも、被害者が未成年者である限り、その対象を性犯罪に限定することなく、一定期間時効を停止させておくような例外的な取り扱いは許されると思われる。何故ならば、法・権利性の回復は、一定の能力を有する人格間の法的関係性を前提にするものであり、その限りで未成年者はより手厚い保護の下に置かれるべきだからである。

逮捕・監禁に対する被害者の同意
──児童虐待の事案をめぐって──

森永真綱

Ⅰ　問題提起

虐待に対する被虐待児童の同意は、刑法上いかなる意味を持ちうるか。近年、逮捕・監禁による児童虐待の事案をめぐり、被害者の同意の有無が争われた注目すべき刑事裁判例が出された(1)。本稿では、この刑事裁判例を手がかりに、こうした問題について不十分ながらも考察を加えることにしたい。

Ⅱ　刑事裁判例の概要

1　事案(2)

被告人は、妻Bとともに、しつけと称して、A（平成18年生まれ、当時8歳）

(1)　大阪高判平成27・10・6判時2293号193頁。

(2)　本件に至る経緯は以下の通りである。

被告人は、平成24年4月にBと婚姻したとき、同人の実子A（平成18年生まれ）と養子縁組をしたが、日頃からAのことを「くそがき」と呼ぶなど、愛情をもって接していなかった。

被告人は、平成25年3月5日には、Aを拘束するための鎖と南京錠2個を購入して、遅くとも同年4月頃からは、Bと2人で被告人の母方や祖母方、パチンコ店等に外出する際に、週に1、2回程度、留守中にAが冷蔵庫の中の物を勝手に食べたり、遊びに出掛けたりすることのないように、Bと共にAを鎖で拘束するようになり、同年10月頃に本件犯行当時の住所地に転居した後

に殴るなどの暴力を振るうこともあり、本件の前日の平成26年10月7日夜にも、Aが冷蔵庫の中の物を勝手に食べ、子供部屋にカッターナイフ等を置いていたなどと叱責し、2人でAの顔をたたくなどの体罰を加えて、その顔にはあざができていた。

被告人は、翌8日、顔のあざを教師から見とがめられることなどを恐れて、Aに学校を休ませていたところ、午前11時30分頃、Bと共に被告人の祖母方に出掛ける際に、Aに対し、「昨日叱ったことは覚えてるか」などと聞くと、Aは、覚えていないような返事をし、さらに、被告人が、「くくるんか、くくらんのかどっちや」、「くくらんで約束守れるんか」などと聞くと、Aは、「悪いことするし、くくって」などと言った。そして、Aは、鎖で拘束されるときいつも使用している簡易トイレを自ら運んできて準備し、柱に巻かれて南京錠で固定されていた鉄製の鎖の一端を取って、被告人に渡してきた。

被告人は、Aから渡された鎖をその腰部付近に1周きつく巻き付けて、南京錠を掛けて拘束し、BがAの近くにおにぎり等の飲食物を用意して、まもなく2人で外出した。

鎖および南京錠2個の総重量は約900 g、鎖の長さは繋ぎ目を伸ばした状態で約3 m、鎖の輪の太さは約0.4 cmであり、鎖で居間の柱（一辺の長さ約20 cm）につながれたA（腹囲約49 cm）の行動範囲は、柱を中心とした半径2 m足らずの円の中に限られ、居間に置かれていたテレビを見る程度のことしかできなかった。

Aは、被告人らの不在中に偶然遊びに来た友達に、腹部に鎖を巻き付けられた状態で発見され、同日午後3時40分頃に110番通報されて、午後3時55分頃に警察官が被告人方に臨場した。その際、鎖は、Aの腹部に強く食い込んだ状態で巻き付けられており、警察官は、素手では鎖を抜くことができず、クリッパーで鎖を挟むと刃先でAの腹部を傷付けそうであったため、居合わせた近隣住人が引っ張ってできた隙間からクリッパーを差し込んで、ようやく鎖を切断することができたが、Aの腹部には鎖の跡が赤く残っていた。

は、Aの拘束用に、常時、居間の柱に鉄製の鎖の一端を巻き付けて南京錠で固定していた。Aは、初めて鎖で拘束されたときは、泣き叫んで嫌がったものの、両親である被告人らに抵抗することもできず、その後は鎖で拘束されるときも強く拒絶することはなくなった。

2　第1審(3)

被告人は、「Aは、手が届く範囲に隠しておいた南京錠の合鍵……を用い、警察官による解放に先立っていったん鎖から脱出していたものであり、また、このような脱出が可能であったことからこそ、Aが被告人の求めに応じて拘束されたものとみられることなどからすれば、Aの真摯な承諾があるといえるので、逮捕監禁罪は成立」しないなどと主張した。

第1審の大津地裁は、「Aが拘束された場合に備えてあらかじめ隠していた合鍵を用いていったん鎖から脱出し、その後、脱出の発覚を恐れたAが、再び鍵をかけて自らを鎖で拘束し、合鍵をこたつマットの下に隠した可能性を排斥することはできない」と認定した上で、「監禁の終期、つまり、脱出が著しく困難であるとはいえなくなった時期について検討すると、これは、Aが合鍵を用いることが現実的に可能となった時点、具体的には、被告人らが外出し、状況等に照らして、被告人らがすぐに戻ってくるわけではないことがAに明らかになった時点であると認める。その時刻は、明確に特定できないが、そもそもAの拘束から被告人らの外出までの間にもある程度の時間が経過しているのであるから、逮捕監禁罪が成立する程度の相当時間が経過した後であることに疑いはない」と認定した。そして、「以上を前提に承諾に至った経緯や目的について検討すると、わずか8歳のAは、両親である被告人らから、鎖で拘束されるなどの虐待を日常的に受け、前日にも体罰を受けていたところ、被告人から前日の件を持ち出された上、『くくるんか、くくらんのかどっちや』『くくらんで約束守れるんか』などと聞かれたというのである。このような経緯に照らせば、承諾するとの答えを暗に期待されていることや、拒否した場合の不利益を察したAにおいて、被告人らによる更なる虐待を免れるために、あるいは、少なくとも、生活を依存している被告人らとの関係を悪化させないために、消極的ながら、鎖による拘束を承諾したにすぎないものとみるのが常識にかなうというべきである」とした。その上で、「この点、確かに、弁護人が指摘するように、Aにおいて、被告人らが外出した後に合鍵を用いて鎖から脱出することができるなどといった合理的な計算もあったと考えられる。しかしながら、そもそも、合鍵を隠しておくという行動は、日常的な虐待が前提にあって、これか

(3)　大津地判平成27・5・28判時2293号144頁参照。

ら身を守るためにAが到達した対抗策というべきである。このような事件の全体像や、前日の件を持ち出された上で回答を求められたなどという具体的状況を考慮すれば、本件当日の承諾をミクロとして見た場合に合理的な計算といえる側面もあるからといって、承諾が真意に基づくものであると評価することはできない。」「そして、拘束の態様は、判示のとおり、かねてから柱につないであった頑丈な鎖の他端を、わずか8歳のAの腹部に隙間なく回して南京錠で固定するという非人道的なものであって、教育的措置や監護の一環と評価できるようなものではない。」「以上のような、承諾に至った経緯や目的、拘束の態様等に照らすと、Aの承諾は、形ばかりの消極的なものであって、被告人らによる拘束を正当化するものではない」と判示し、被告人に逮捕・監禁罪の成立を認めた。

3　控訴審判決

被告人側は、Aは、本件拘束時には、合鍵を隠し持っていたことを前提に、①Aは、本件以前にも、鎖を解いていたことが頻繁にあったのに、被告人らは、鎖が解けても構わないように緩くくくり、鎖を解いたAを叱ったこともなかった、②本件以前には、Aが嫌だと言えば、鎖で拘束していない、③Aは、本件拘束の直前に、被告人から「昨日叱ったことは覚えてるか」と聞かれたとき、覚えている旨答えずに、覚えていない旨平然と答えたことからすると、Aは、本件拘束時に、被告人を畏怖しておらず、鎖でくくられることに何ら痛痒を感じることなく、合鍵を持っていることを隠して、しばらく経てば1人きりになって自由に遊べる喜びを隠しながら、積極的に真意に基づく承諾をしたといえる、などと主張した。しかし、控訴審の大阪高裁は、以下のように述べて1審判決を支持した。

「Aの真摯な承諾を否定する原判決の認定判断は、Aが合鍵を隠し持っていなかった場合はもとより正当であるが、原判決が認定するように、Aが合鍵を隠し持っていた場合においても、おおむね原判決が説示する理由から、是認することができる。」

（上記の被告人側の主張について）「Aが合鍵を隠し持っていたとの弁護人の主張事実を前提としても、①については、Bが、本件以前にAを鎖で拘束したときに、Aの近くに合鍵が置かれていたので、Aが合鍵を使用して鎖を外したと思ったことはあるが、1、2回くらいである、それ以外にも、帰宅するとAが鎖を外していたことや、鎖を一旦外した形跡があったこともあるが、いずれも鎖を緩く巻き付けたときであり、Aは鎖が緩かったから外せたと思っていた、本件のように鎖をきつく巻き付けたのにAが鎖を外していたことはない旨証言している。本件以前にAが合鍵を使用して鎖を外したことがあったとしても、僅かな回数にすぎず、しかも、本件のように鎖をきつく巻き付けたのに、Aが鎖を外していたことはなかったことが認められるのである。また、②の主張事実については、これを認めるに足りる証拠はなく、③については、Aは、被告人がAを鎖で拘束しようとしていることを察して、その意図に従ってすぐに拘束できるように、被告人の質問に対しては、覚えていないような曖昧な返事しかできなかったとも考えられる。」

「Aは、本件拘束時には鎖をきつく巻き付けられ、偶然遊びに来た友達に発見されたときにも、鎖が腹部に強く食い込んだ状態で巻き付けられており、その後に通報を受けて臨場した警察官によって鎖を外されたとき、その腹部には鎖の跡が明確に残っていることが確認されているから、相当時間にわたりAの腹部に鎖が巻き付けられていたものと推認できる。しかも、Aが戸外にあるトイレではなく、鎖でつながれた範囲内に置かれた簡易トイレで大便を排せつし、その後始末に、付近にあった段ボールの切れ端を用いていることからすれば、Aは、仮に合鍵を隠し持っていたとしても、まともにトイレで排せつすることができないほどに、無断で鎖を外したことが被告人らに発覚して制裁を受けることを強く恐れていたものと認められるのであり、何時帰ってくるかも分からない被告人らを待つ間、仮に本件拘束中に鎖を外す時期があったとしても、ごく短時間であったと考えられる。このように、Aは、仮に合鍵を使って鎖を外したことがあったとしても、被告人らへの発覚を恐れながら、ごく短時間、せいぜい自宅内を行動できた程度にすぎなかったものであるから、そのように自由に外出するなどの行動の自由を奪われることになる本件拘束について、Aがその真意から承諾したとは到底認められない。」

「現に、Aは、捜査官に対し、鎖でくくられるとたたかれないのはいいけれども、自由に動けなくなるので、鎖でくくられるのは嫌であった旨、明確に供述している……。そして、被告人と共にAを拘束したBは、Aが本当に自分をくくってほしいと思っていたとは考えていなかった……、自分から鎖を被告人に渡すときのAの顔は、本当は嫌なのに、被告人にたたかれたくないので、我慢しているという感じであった……などと供述し、被告人さえも、検察官に対し、Aが本当にくくってほしいと思っていたわけではないことは分かっていた旨供述し……、被告人質問でも、検察官に述べた内容は真実である旨述べている……。Aの供述調書の作成段階では、合鍵使用の事実の有無が争点になっていなかったため、同調書にはこの点に関する記載はないものの、本当は鎖でくくられるのは嫌であった旨のAの供述は、自然で合理的な内容であり、Bと被告人の上記各供述によっても裏付けられており、十分に信用することができる。」

「その他所論を踏まえて検討しても、本件拘束についてAの真摯な承諾がなかった旨の原判決の認定判断は揺るがないのであり、本件拘束によりAの行動の自由が著しく制約されたことは明らかであるから、原判示の逮捕監禁罪の成立を認めた原判決は正当であり、事実誤認および法令適用の誤りをいう論旨は理由がない。」

Ⅲ　同意能力

以上のような児童虐待の事案において、虐待に対する児童の同意を問題とするならば、そもそも児童に同意能力を認めてよいかという疑問が生じる。上記の裁判例では争点となっていなかったこともあり、判決文の中では一切言及がなされていないが、被害児童が8歳という低年齢だったことに鑑みれば、争点となりえた問題であったように思われる。

もっとも、この問題については、文献上、これまで必ずしも詳細な議論が展開されてきたわけではない。例えば、教科書・体系書では、たんに同意能力が同意の有効要件の一つであることを指摘するにとどまるものも依然として少なくない(4)。同意能力の中身について言及する文献の多くも、一般的に記述する

(4)　そのようなものとして、浅田和茂『刑法総論（補正板）』（成文堂、2007年）206頁、井田良『講義刑法学・総論』（有斐閣、2008年）320頁、伊東研祐『刑法講義　総論』（日本評論社、2010年）224頁、大塚仁『刑法概説（総論）（第4版）』（有斐閣、2008年）419頁、大野真義ほか『刑法総論』（世界思想社、2011年）166頁〔本田稔〕、大谷實『刑法講義総論（新版第4版）』（成文堂、2012年）254頁、川端博『刑法総論講義（第3版）』（成文堂、2013年）328頁、葛原力三ほか『テキストブック刑法総論』（有斐閣、2009年）176頁〔橋田久〕、斎藤信治『刑法総論（第6版）』（有斐閣、2008年）161頁、日髙義博『刑法総論』（成文堂、2015年）258頁、前田雅英『刑法総論講義（第

にとどまっている。それらは、「同意の対象となる法益侵害の意義を理解できるだけの精神能力」が必要だとする見解(5)、同意の内容と意味の理解能力を要求する見解(6)、合理的な判断能力が必要だとする見解(7)、同意の意味・内容の理解力と判断能力の双方が必要だとする見解(8)、「具体的に、法益侵害の意義や射程、効果に関する『弁識能力』および『判断能力』が必要である」と述べる見解(9)などに一応分類でき、これらは厳密にとらえれば、その意味するところは微妙に異なっている。ただ、そうしたニュアンスの違いについて、どの程度意識されているのか明らかでなく、多様な見解の対立も表層的なのかもしれない。

このように同意能力の内容について、一応は異なる見方があるものの、未成

6版)』(東京大学出版会、2015年) 244頁、松宮孝明『刑法総論講義 (第5版)』(成文堂、2017年) 125頁など。

(5)　山口厚『刑法総論 (第3版)』(有斐閣、2016年) 166頁。同旨のものとして、今井猛嘉ほか『刑法総論 (第2版)』(有斐閣、2012年) 255頁〔橋爪隆〕。なお、橋本正博『刑法総論』(新世社、2015年) 164頁は、「処分対象となる法益についての正しい評価が可能でなければならない」とする。

(6)　福田平『全訂刑法総論 (第5版)』(有斐閣、2011年) 181頁は、「承諾の内容および承諾そのものの意義を理解しうる者」によってなされなければならないとされる。曾根威彦『刑法総論 (第4版)』(弘文堂、2008年) 125頁の「承諾の内容と意味を理解しうる者」という記述も同旨であろう。これと同旨のものとして、松村格『日本刑法総論教科書』(八千代出版、2006年) 165頁。類似の表現は、内藤謙『刑法講義総論 (中)』(有斐閣、1986年) 591頁 (「同意事項の内容と意味を理解しうる者……でなければならない」)、堀内捷三『刑法総論 (第2版)』(有斐閣、2004年) 17頁 (「同意の意味・内容・効果を理解する能力がなければならない」)、齋野彦弥『基本講義刑法総論』(新世社、2007年) 129頁 (「法益処分についてその意味を理解できない者の同意は有効な同意とはならない」) にも見られる。

(7)　「合理的な判断能力を有する」ことが必要であると述べるものとして、高橋則夫『刑法総論 (第3版)』(成文堂、2016年) 325頁、西田典之『刑法総論 (第2版)』(弘文堂、2010年) 191頁。団藤重光『刑法綱要総論 (第3版)』(創文社、1990年) 222頁は、同意は「判断能力のある者」によるものでなければならないとされる。同様に「判断能力を備え」ていることを要すると述べるものとして、立石二六『刑法総論 (第4版)』(成文堂、2015年) 167頁がある。なお、佐伯仁志『刑法総論の考え方・楽しみ方』(有斐閣、2013年) 210頁以下では、一般論が明確に展開されているわけではないが、「判断能力」という表現が数カ所で見られる。

(8)　佐久間修『刑法総論』(成文堂、2009年) 196頁は、「侵害行為の意味・内容を理解して、これに同意を与える判断力のあることが前提となる」とする。類似の見解を主張するものとして、伊藤渉ほか『アクチュアル刑法総論』(弘文堂、2005年) 166頁〔成瀬幸典〕(「承諾の意味を理解し、その理解に基づいて承諾するか否かを自らの意思に基づいて決定することができる能力のことである」) がある。比較的これに近い見解として、中義勝『講述犯罪総論』(有斐閣、1980年) 152頁 (法益を「放棄するということの意味を正常に評価できるものであること」)、野村稔『刑法総論 (補正板)』(成文堂、1998年) 261頁以下 (「承諾が行われる対象である事実の意味を十分判断できる能力を備えていなければならない」) がある。

(9)　山中敬一『刑法総論 (第3版)』(成文堂、2015年) 216頁。

年者の同意能力については、年齢で一律に線引きすべきではなく、法益の種類などに応じて個別具体的に判断すべきである(10) ことについては、特に異論は見られない。対立があるとすれば、大コンメンタールに書かれているように「侵害される法益の内容、軽重、承諾を得る動機、目的、承諾のなされた状況等を総合的に考察してある具体的な法益侵害行為につき、有効な承諾能力を認められるかどうかを決する」(11) としてよいか、つまり、同意の対象となっている法益侵害の種類、程度に加えて(12)、動機・目的を考慮してよいかという点である。この点については、法益侵害行為の意味・性質を考察するにあたり、その行為の外形的な態様を見ているだけでは判別できないこともあろうことから、動機・目的も一定の範囲で考慮せざるをえないと思われる。

同意能力に関する有名な判例として、5歳11ヶ月の幼児につき、「未タ自殺ノ何タルカヲ理解スルノ能力ヲ有セス」として同意能力を否定し、同意殺人罪ではなく殺人罪の成立を認めたものがある(13)。冒頭の裁判例の判例評釈の中には、この昭和9年判決は「被害の実質的な意味を理解できるかどうかを判断の指標としている」とし、「被害児童は、8歳で就学中であり、本件以前に幾度も同様に拘束され、「初めて鎖で拘束されたときは、泣き叫んで嫌がった」というのであるから、拘束されれば自らの身体の自由が奪われることになるという被害の実質的な意味を十分に理解していたといえ、承諾能力は認められる」とするものがある(14)。

しかし、こうした「拘束されれば自らの身体の自由が奪われる」という、いわば法益関係的な事項を理解する能力を備えていれば、ただちに同意能力を肯定してよいだろうか。法益関係的な事項すら理解していない者に同意能力を認めてはならないことはいうまでもない。しかし、法益処分は、その意味を考慮し、また何らかの目的や動機をもって行うものである。そうであるならば、法益侵害の社会的意味を理解する能力(15)、さらにいえば、利益衡量を適切にでき

(10) 佐伯（仁）・前掲注（7）210頁以下、山口・前掲注（5）166頁など。

(11) 大塚仁ほか編『大コンメンタール刑法第2巻（第3版）』（青林書院、2016年）444頁以下〔古田佑紀＝渡辺咲子〕。

(12) 西田典之ほか編『注釈刑法第1巻総論』350頁（有斐閣、2010年）〔深町晋也〕は、「軽微な財産などの法益に関してはより低い同意能力で足りる」とし、かっこ書きで「幼児から飴玉をもらう行為を窃盗罪とするのは妥当でない」と述べている。ただ、こうした事例における犯罪不成立を被害者の同意のみで説明しきれるかは、なお検討の余地もあろう。

(13) 大判昭和9・8・27刑集13巻1086頁

(14) 松本麗・刑事判例研究〔482〕・警察学論集69巻12号165頁。

る能力(16) などは必要ないだろうか。このことについては、佐藤陽子の被害者の同意に関するモノグラフィー(17) に言及がみられる。それによれば、「監禁罪における承諾は、被害者の自律的な法益処分の問題である」。したがって「監禁罪における承諾能力は、監禁されることの意味内容とその効果（利益喪失）を十分に理解し、そしてそのような理解に基づき自己の価値観に従って判断を行い、それに基づいて自己をコントロールできる場合に認められる」とされる(18)。なお、「監禁罪においては……器物損壊罪に関する承諾で論じたことと、同様のことが妥当する」とされ、器物損壊罪における同意能力に関する記述の中で、「利益を衡量する能力が必要」ともされている(19)。松原芳博は、その体系書の中で、同意能力が認められるためには、「①法益性の根拠となった効用ないし属性を正しく認識し、②それを放棄するかどうかを自己の価値観に照らして合理的に選択しうる能力が前提となる。①から、同意能力は法益の性質に応じて相対化される。また、②から、一定の精神的な成熟が必要となる」と述べる(20)。これらは、表現が異なる部分もあるものの、大筋においては同様の内容を示しているといえよう。たしかに、こうした基準が具体的事案の中でどのようにあてはめられるのか、はっきりしないところもある。ただ、判断枠組みとしては妥当であると思われる。法益関係的な事情の認識や理解能力だけでなく、さらなる諸要素も含めて、同意能力をとらえることが妥当であろう。こうした立場からは、上記裁判例の事案における8歳の被害児童が、逮捕・監禁の社会的な意味内容を十分に理解していたといえるか、利益衡量する能力を有していたといえるかは、疑問が残るといわざるをえないだろう。

もっとも、仮にこうした能力を8歳の児童に一応認める余地はあるとしても、「児童虐待」(21) であることが明らかな逮捕・監禁について、8歳の児童に完全な

(15)　冒頭の裁判例の事案でいえば、逮捕・監禁は児童虐待として評価され、意味付けられるべき行為であること、通常の親子関係においては行われない行為であることを認識し理解する能力。

(16)　冒頭の裁判例でいえば、「たたかれる」などの不利益と逮捕監禁のいずれを甘受するかを衡量できる能力。

(17)　佐藤陽子『被害者の承諾―各論的考察による再構成』（成文堂、2011年）。

(18)　佐藤（陽）・前掲注（17）134頁。

(19)　佐藤（陽）・前掲注（17）134頁。

(20)　松原芳博『刑法総論（第2版）』（日本評論社、2017年）134頁。

(21)　児童虐待については、厚生労働省のホームページで、以下のように定義されている（http://www.mhlw.go.jp/seisakunitsuite/bunya/kodomo/kodomo_kosodate/dv/about.html）。
児童虐待は以下のように4種類に分類されます。
身体的虐待　殴る、蹴る、投げ落とす、激しく揺さぶる、やけどを負わせる、溺れさせる、首を絞

同意能力を認めるべきかという疑問も生じる。すでに松原芳博は「同意能力は、未成年者や精神障害者等について問題となるだけに、その基準設定に際してパターナリズムの考慮が混入することは避けがたい」と述べているが[22]、こうした指摘は当を得たものである。低年齢の児童について、とりわけ児童虐待の文脈では、パターナリスティック的な観点から、同意能力を制限することも一定程度はせざるをえないと思われる[23]。

Ⅳ　虐待への慣れ・耐性？

文献の中には、被虐待児童が虐待を受け続けるという家庭環境の中で、いわば虐待に対する慣れ・耐性によって特別な価値観を形成することがありうることを考慮すべきだとする見解がある。冒頭の裁判例に関するある判例評釈の中で以下のように述べられている[24]。

「真意性の判断は、被害者の価値観に基づくことが必要であるため、被害者が特別な価値観を有していることが明らかな場合には、それが判断基準となる(大阪高判平成10・7・16判時1647号156頁)。これは、承諾能力がある以上、児童であっても同様であろう」。虐待に対する「慣れや反抗心が被害者の価値観そ

める、縄などにより一室に拘束する　など

性的虐待　子どもへの性的行為、性的行為を見せる、性器を触る又は触らせる、ポルノグラフィの被写体にする　など

ネグレクト　家に閉じ込める、食事を与えない、ひどく不潔にする、自動車の中に放置する、重い病気になっても病院に連れて行かない　など

心理的虐待　言葉による脅し、無視、きょうだい間での差別的扱い、子どもの目の前で家族に対して暴力をふるう（ドメスティック・バイオレンス：DV）　など

(22)　松原（芳）・前掲注（20）134頁。

(23)　佐伯（仁）・前掲注（7）211頁は、刑事責任年齢の14歳での線引きについて、「14歳未満の少年には刑罰以外の措置（少年法の保護処分）が望ましいという刑事政策的考慮が入っている」ことからすると、「14歳未満の者には一律に同意能力がない」ということにはならないとする。これはその通りであるが、こうした政策的考慮は被害者の同意能力にもあてはまると考えてよいであろう。例えば、強制わいせつ罪などにおける年齢の線引きには、こうした考慮も働いていると思われる。したがって、本文でも述べたように、虐待に対する同意についても、政策的考慮をも働かせた解釈により年齢的な線引きをすることも不可能ではないだろうし、将来的には立法的に対処することも考えられよう。もっとも、松原（芳）・前掲注（20）134頁で言及されているように、「法益主体の自律性の補完を超えて、自律性の否定につながることには警戒しなければならない」ことはいうまでもない。

(24)　佐藤陽子・平成28年度重要判例解説175頁。

のものに作用することもある」。「虐待という辛い環境下でも、彼らは成長し、逞しくなっていくのである。その過程で、鎖による監禁がささいな事象と評価されることもあるだろう」。「不自由な状況下で形成された価値観であっても、当該被害者に承諾能力を認めた以上、その価値観に基づいた決定は自由な意思決定として尊重せざるを得ない」。

「被害者の承諾における法益侵害の結果は、必ずしもその実現を積極的に望んでいる必要はなく、『甘受』……あるいは『理性的価値衡量』で十分である」。「被虐待児童が自らの法益と引換えに、一時的にせよ平穏な親子関係を望んだのであれば、その承諾が真意でないとはいいきれない」。

たしかに、児童の人格形成に家庭環境が大きな影響力を持っていることは事実である。それぞれの家庭における様々な価値観が児童の人格形成に反映されることについて、国家が一律にこれを否定し、一定の価値観を押しつけることが不当であることはいうまでもない。また、各家庭の構成員の性格、そこでの人間関係も様々であり、お互いに我慢を重ねながらバランスを保っていることは否定できないことから、一局面だけを切り出して犯罪化することには一定の慎重さが求められよう。しかしながら、そうだとしても、各家庭の問題としてかたづけられないような、また、懲戒行為としておよそ正当化されない、児童虐待として定義されてしかるべき事象については、別個に考える必要があるように思われる。そもそも、被虐待児童は心の傷を受け、それが様々な悪影響を及ぼしうることは知られている。昨今の児童虐待防止の流れは、虐待を受け続けている児童が「逞しくなっていく」といって済ませてはならないという価値判断が前提にあるといってよいのではないだろうか(25)。もし、こうしたテーゼを是とすれば、殴れば殴るほど、被害者に耐性ができるため、同意が認められる範囲が広くなるというループを認めることになりかねず、児童虐待、さらにはドメスティック・バイオレンスの事案などで暴力のエスカレートを後押しする結果すら招きかねないようにすら思われる。

そもそも、この評釈の中で引用されている大阪高裁判決に依拠して、こうした主張をすること自体、無理を伴っているようにも映る(26)。というのも、この

(25)　これは成人間のドメスティック・バイオレンスでも妥当している価値判断ではないかと思われる。

(26)　個人差は一定程度認められるとしても、限度があろうかと思われる。いずれにせよ、冒頭の裁判例で認定されている事実を見渡す限り、せいぜい、被害児童は他の児童と比べて図太い性格であるとみうるにとどまるものであり、それを超えて、SM プレイ愛好者などに見られるような

裁判例は、成人のSMプレイに関するものだからである。特殊な性癖を有する成人の同意をめぐる問題と家庭内における児童虐待は明らかに状況が異なるものであり、同列に扱うことには慎重になるべきだろう(27)。

V　まとめと補足

以上に述べたことをまとめると、逮捕・監禁をはじめとする児童虐待の事案で、被虐待児童の同意が問題となる場合、まず、同意能力の有無について検討されるべきである。同意能力が認められるためには、法益関係的な事項を認識し理解する能力があるだけでは足りず、法益処分の社会的意味を認識し理解できる能力、法益処分とそれによりえられる利益などを比較して利益衡量する能力、それらを前提に自己の価値観に従って法益処分するか否かを適切に判断できる能力などが必要となる。冒頭の裁判例は、そもそも同意能力の存在が疑わしかった事案ではないかと思われる。また、虐待を受け続ける中で虐待に対する慣れや耐性を持ちうることを理由に、そうした被虐待児童の同意が有効となる範囲を広く認めるべきではない。

ちなみに、仮に、冒頭の裁判例のような事案で、被虐待児童に同意能力を認めるとしても、強制によることを理由に、同意は無効とすべきである。強制による同意の問題は、欺罔・錯誤の問題と比べると、必ずしも詳細な議論が展開

特殊な価値観を有していたという事情まではうかがわれず、さらなる調査は要しなかったといってよいだろう。

(27)　さらに、この評釈では、「本判決の認定からは、被害者の利益衡量をどこからも読み取れない。Aは、何の決定もせずただ運命を受け入れたに過ぎず……、本件監禁にAの価値観は何ら反映されていない」とされる。しかし、1審判決では、「承諾するとの答えを暗に期待されていることや、拒否した場合の不利益を察したAにおいて、被告人らによる更なる虐待を免れるために、あるいは、少なくとも、生活を依存している被告人らとの関係を悪化させないために、消極的ながら、鎖による拘束を承諾した」と述べられている。また、控訴審判決でも、「Aの真摯な承諾を否定する原判決の認定判断は、……原判決が認定するように、Aが合鍵を隠し持っていた場合においても、おおむね原判決が説示する理由から、是認することができる」と述べて、1審の理由づけも含めて是認している。さらに、「被告人と共にAを拘束したBは、Aが本当に自分をくくってほしいと思っていたとは考えていなかった……、自分から鎖を被告人に渡すときのAの顔は、本当は嫌なのに、被告人にたたかれたくないので、我慢しているという感じであった」という供述が挙げられている。以上から分かるように、たたかれるなど更なる虐待のおそれがあった、あるいは、被告人との関係を悪化させないために逮捕監禁に承諾したことが説かれており、被害児童の利益衡量は十分読み取れるし、Aの価値観についても触れられているとみるのが素直ではないだろうか。

されているわけではない。比較的新しい判例として、「自動車の転落事故を装い被害者を自殺させて保険金を取得する目的で、極度に畏怖して服従していた被害者に対し、暴行、脅迫を交えつつ、岸壁上から車ごと海中に転落して自殺することを執ように要求し、被害者をして、命令に応じて車ごと海中に飛び込む以外の行為を選択することができない精神状態に陥らせていたなど判示の事実関係の下においては、被害者に命令して岸壁上から車ごと海中に転落させた行為は、被害者において、命令に応じて自殺する気持ちがなく、水没前に車内から脱出して死亡を免れた場合でも、殺人未遂罪に当たる」としたものがある(28)。この判例については、「このような考えに従えば、同意する以外に選択の余地がない程度にまで意思が抑圧された場合には、同意は無効であると解することができよう」(29) という理解が有力に主張されているが(30)、私見によれば、このように「同意する以外に選択の余地がない」場合にのみ同意は無効となるという基準を一般化すべきでないし、いずれにしても、この判例は生命の処分をめぐる同意が問題となった事案であり、かかる基準を他の法益の処分の場合にも同じように妥当させるべきではないと思われる。私見によれば、ある法益の処分に承諾するか、（少なくとも）同等の不利益を加えられることを甘受するかどちらかを選択せよ、という形で二律背反状況に陥れた上で、法益処分に応じさせた場合には、同意は無効になると考えるべきである(31)。この基準からすると、たたかれるなどの更なる虐待は、逮捕・監禁と同等か、それを超える不利益であるといえるので、同意は無効ということになろう。また、生活を依存している被告人らとの関係を悪化させるという不利益も、一時的な逮捕監禁と同等か、それを超える不利益といえるので、同意は無効となる。

なお、本稿では、逮捕・監禁に関する裁判例を素材として、被虐待児童の同意の問題について論じたが、他の構成要件との関係でも基本的には同じことが妥当すると考えられる。

---

(28)　最判平成16・1・20刑集58巻1号1頁。

(29)　山口・前掲注（5）170頁。

(30)　西田ほか・前掲注（12）355頁〔深町〕も、山口の記述を引用して賛意を示しながらも、「すなわち、法益主体を心理的に二律背反状況に陥らせることで足りる」と言い換えている。こうした言い換えは、山口よりも、さらに基準を緩和しているようにも読める。

(31)　拙稿「欺罔により得られた法益主体の同意」川端博ほか編『理論刑法学の探究④』（成文堂、2011年）139頁以下で展開した基準は、強制により得られた同意の場合にも妥当する。同161頁も参照。

以上きわめて不十分な考察にとどまったが、刑法学の今後の発展に少しでも寄与できたとすれば、幸いである。

領得罪と盗品等に関する罪

石井徹哉

Ⅰ　はじめに

盗品等に関する罪（贓物罪）は、1項の法定刑が軽いのに対して、2項では、その法定刑が罰金刑の併科がある分、窃盗罪や詐欺罪などの通常の奪取罪の法定刑より重く規定されている。この点の理解も含めて、盗品等に関する罪の保護法益及び罪質をめぐっては、様々な学説が展開されてきた。平成7年の刑法の現代語化のため改正に際して、本罪の客体が「贓物」から「盗品その他財産に対する罪に当たる行為により領得された物」へと改正されたことは、従来の追求権説と違法状態維持説の対立点(1)であった「贓物」が財産犯により取得された物に限るかどうかという点について明文で解決したものとされた(2)。この限りで、従来の判例・通説である追求権説(3)の立場を明確にしたものともいえるが、追求権の実体についての理解は、今なおそれほど明確ではない。

たしかに、現行刑法制定後から、本罪の本質について、例えば、本犯による物の占有を失った被害者が有するその物の返還請求権の行使、すなわち原状回

(1)　団藤重光編『注釈刑法（6）各則（4）』（1966年）551頁以下〔内藤謙〕、さらに史的検討とともに、中谷瑾子「贓物罪」『刑法講座第6巻—財産犯の諸問題』（1964年）150頁以下参照。

(2)　なお、改正後に追求権説をとらないものとして、井田良「盗品等に関する罪」芝原邦爾ほか編『刑法理論の現代的展開各論』（1996年）253頁以下参照。

(3)　団藤重光『刑法綱要各論（第3版）』（1990年）600頁、平野龍一『刑法概説』（1977年）233頁、曽根威彦『刑法各論（第5版）』（2012年）192頁、西田典之『刑法各論（第6版）』（2012年）269頁、山口厚『刑法各論（第2版）』（2010年）337頁、高橋則夫『刑法各論（第2版）』（2014年）414頁、松原芳博『刑法各論』（2016年）355頁など参照。これらの見解も、追求権のみでなく、事後従犯性や利益関与などの附加的要素を考慮することを否定するものではない。

復を困難にすることにある(4)とされた(5)。判例も、大審院より被害者の返還請求権の保護または被害者の返還請求権を困難ないし不能ならしめることにその処罰の根拠があるとしている(6)。しかし、大審院時代にあっては、奪取罪の保護法益について所有権その他の本権であるとする立場(7)にあったことから、盗品等に関する罪を返還請求権を所有権等に基づくものとして財産犯として一体的に理解することが可能であったが、最高裁は、大審院判例を明示的に変更し、財物の事実上の占有を保護の対象としているものと明示しており、この場合、返還請求権ないし追求権の実体をどのように解するのかは明らかではない。

例えば、追求権を所有権に基づく返還請求権として理解する場合、最高裁判所の判例が奪取罪の保護法益につき占有説を基本としている(8)こととの一貫した説明がはたして可能であるのかについては、それほど厳密に検討されてきたわけではない。また、被害者への運搬行為等盗品の回復について、正常な追求権の行使を妨げるということで追求権侵害を肯定する(9)ならば、追求権の内実に所有権の回復という権利要素以外の夾雑物が紛れ込んでいるとみることも可能である。さらに、保護法益が追求権であるとしても、その単純な侵害である1項の罪の法定刑の上限が懲役3年であるのに対して、2項の罪の法定刑の上限が罰金の併科される懲役10年と著しく加重されていることを追求権侵害という法益侵害以外の罪質等により説明可能であるのかは、疑問なしとしえない。

そこで、本稿では、平成7年改正により本罪の客体が「盗品その他財産に対する罪に当たる行為により領得された物」と規定されたことに鑑み、盗品等に関する罪の前犯が「領得」罪であることに着目し、盗品等に関する罪が前提とする領得罪について若干の考察をし、そこから、盗品等に関する罪の法益侵害

(4) 小疇傳「贓物ニ関スル罪ニ就テ」法曹記事21巻4号(1911年)6頁。なお、犯人蔵匿等及び証拠隠滅の罪との共通性は、意識されている(5頁参照)。

(5) 学説の状況については、例えば、中谷瑾子「贓物罪の本質と贓物の意義」安倍純二ほか編『刑法基本講座第五巻』(1993年)295頁以下参照。

(6) 大判大正4年6月2日刑録21輯721頁、最判昭和23年11月9日刑集2巻12号1504頁、最決昭和34年2月9日刑集13巻1号76頁など。

(7) 大判大正7年9月25日刑録24輯1219頁、大判大正12年6月9日刑集2巻508頁参照。

(8) 最判昭和24年2月8日刑集3巻2号83頁、最判昭和34年8月28日刑集13巻10号2906頁、最判昭和35年4月26日刑集14巻6号748頁、最決平成元年7月7日刑集43巻7号607頁など参照。

(9) 最決昭和27年7月10日刑集6巻7号876頁参照。

の実体を検討するものである。

Ⅱ 領得罪

領得罪の実体について、本権説は、これを所有権侵害とみる。すなわち、被害者の所有権を事実上侵害するものが領得罪であり、その所有権侵害を基礎づけるためにいわゆる不法領得の意思が必要であるとする[10]。不法領得の意思の要否の問題は、ひとまず措くとして、ここでいう事実上の所有権侵害の内実または具体的な意味内容が問題である。

事実上ということから、法的な権利侵害ではなく、実際に所有権を行使できない状況を事実上の侵害と考えざるをえないであろう。すなわち、民法206条は、所有権を「自由にその所有物を使用、収益及び処分をする権利」と規定していることから、所有権者がその所有物について使用、収益及び処分ができない状態を事実上作出することを所有権の侵害であるということになる。しかし、窃盗罪をはじめとする奪取罪のみならず、器物損壊罪等の毀棄罪もこの意味において所有権の事実上の侵害を惹起しているものであり、これだけでは、領得罪と毀棄罪とが共通のものとなってしまう。したがって、領得罪の実体は、所有権の侵害だけでなく、なお行為者が他人の財物の占有を維持していることに認めざるをえず、他人の財物の占有を維持していない毀棄罪と区別されることになる。

法的な権利行使と異なり、物について事実上使用ないし処分をするためには、当該物を現に占有していることが必要である。すなわち、領得罪にあっては、行為者がなお財物の占有を保持することによって、当該財物の使用または処分の可能性を保持しているところに、毀棄罪と異なるところがあるといえる。奪取罪は、被害者の意思に反してその占有を侵害し、財物を自己の占有に置くことによって、横領罪は、横領行為により権利者を排除することによって、当該財物に対する自己の排他的な支配を確立し、自らの自由な意思により使用ない

(10) 団藤・前掲注 (1) 562頁以下参照。もっとも不法領得の意思をもっぱらその財物につきみずから所有者としてふるまう意思をいうものとしていることに注意しなければならない (同書565頁参照)。また、本権説またはその修正説であっても、不法領得の意思を不要とする立場があること (曽根・前掲注 (3) 118頁、内田文昭『刑法各論』(第3版)』255頁、植松正『再訂刑法概論 II・各論 (再訂版)』(1975年) 375頁など) にも注意しなければならない。

し処分する可能性を取得することに領得罪の実質がある。経済的な財産の観点で見れば、被害者の有していた財物に対する使用ないし処分の可能性(11)という経済的利益が領得行為によって行為者へと移転したことになる。領得罪は、被害者がたんに財物の使用ないし処分の可能性を喪失したことにとどまらず、本来なら当該財物の使用ないし処分により被害者が取得しえた経済的利益をも行為者が収奪するという二段階の法益侵害を内実としていることになる。

問題は、このような使用ないし処分の可能性の保持ということを犯罪の処罰根拠とどのように結びつけ、あるいは犯罪成立要件へと解消するのかということにある。いわゆる不法領得の意思を不要とする見解(12)は、財物の占有を取得していることをもってただちに当該財物の使用ないし処分の可能性を取得し、保持しているとみることになる。しかし、拾得物を警察へ届け出る場合でも、ごみ箱へと捨てる場合でも、その場で破壊する場合でも、行為者の占有が認められれば、それでただちに領得罪が成立するとするのは、問題があろう。そうすると、行為者が財物に対する排他的な占有を確保して一定の時間的な経過等をみて、領得罪の成否を検討せざるをえなくなるが、領得罪が状態犯であることからすると、犯罪終了後の事態の経過がなぜ遡及的に犯罪の成否に影響を及ぼすのかということについて説明に窮することとなる。したがって、犯罪終了後の財物に対する使用ないし処分の可能性の保持、または財物の使用ないし処分の実現を領得行為時に取り込んで犯罪成立要件を構成しなければならない。こうして、不法領得の意思は、被害者が本来有していた財物に対する使用ないし処分の可能性を行為者が取得し、その経済的利益を自己のものにすることを明らかにするための要件として必要とされることになる。被害者の財物に対する使用ないし処分の可能性の侵害は、奪取行為または横領行為によって認めることができるが、これらの領得行為後の行為者による使用ないし処分による、本来なら当該財物の使用ないし処分により被害者が取得しえた経済的利益をも行為者が収奪するという利益侵害は、客観的な構成要件該当行為により説明できないがゆえに、不法領得の意思を要求することで行為時に前倒しし、領得罪としての処罰を基礎づけることができる(13)。ここに領得罪が利欲犯とされる

---

(11)　横領罪の場合、所有権者は、財物の所持がない点で一部ないし全部について、財物の使用・処分の可能性を喪失しており、財物の使用・処分の可能性を積極的に侵害する奪取罪と比べてその違法性が相当程度低くなる。

(12)　牧野英一『刑法各論下巻（追補版）』（1954 年）583 頁、大塚仁『刑法概説（各論）（第 3 版増補版）』（2005 年）197 頁などを参照。

理由がある。

もっとも領得罪の利欲犯性に関しては、以前から責任を加重する要素としてこれを理解する見解が主張されている。刑事政策的に考察する立場からは、犯人が他人の物によって経済的利益を取得することがあり、それが社会に多くの窃盗罪を生み出していることから、その予防のために重い刑を科しており、伝統的な道義感情から道義的非難が大であるとする(14)。あるいは、財物からなんらかの効用を享受する意思により占有奪取行為が行われる場合には、法益侵害行為が強力な動機に基づき行われるため、責任が重いとされる(15)。しかしながら、利用処分意思が責任を加重する要素であるとすることには、首肯しえない。この場合、行為者が占有を確保した点については、利用処分意思の有無を問わず同じであり、利用処分意思により責任が加重されるということであれば、法益侵害と評価される実現事実をこえたところで責任を単純に加重するものであり、違法の実体の対応しない責任の加重を認めていることになるであろう。このことを考慮し、法益侵害に見合った刑の幅の内部で一定の責任関係的な量刑事情を構成要件化して責任の比較的重い犯罪類型と比較的軽い犯罪類型を設けることは許されるとの考え(16)が主張される。このような考えに従うならば、毀棄・隠匿の罪と奪取罪とが一般法特別法の関係にあることになる。これを前提に利用処分意思の内容を規定するならば、財物それ自体の効用を享受しようとする意思という限定を附すことはできず、もっぱら毀棄・隠匿の意思のみがある場合を除外するもの(17)としなければ一貫しないことになるであろう。例えば、万引き後窃取した物をもって直ちに交番に自首する意思であった場合、財物の効用喪失による損壊が認められないだけでなく、財物それ自体の

(13)　それゆえに、不法領得の意思における利用・処分意思は、財物の利用・処分により直接行為者に経済的利益が帰属するようなものでなければならないことになるであろう。詐欺罪における不法領得の意思に関する最決平成16年11月30日刑集58巻8号1005頁参照。

(14)　江家義男『増補刑法各論』(1963年) 274頁。

(15)　山口・前掲注 (3) 203頁。平野龍一「不法領得の意思をめぐって (一)」警察研究61巻5号 (1990年) 5頁、大谷實『刑法講義各論 (新版第4版補訂版)』(2015年) 196頁、西田・前掲注 (3) 158頁、松原・前掲注 (3) 207頁参照。さらに、林美月子「不法領得の意思と毀棄・隠匿の意思」立教法学75号 (2008年) 11頁以下参照。

(16)　松原・前掲注 (3) 207頁。

(17)　このように不法領得の意思を理解するものとして、例えば、仙台高判昭和46年6月21日高刑集24巻2号418頁、広島高松江支判平成21年4月17日高等裁判所刑事裁判速報集 (平21) 205頁など参照。こうした理解は、不法領得の意思の不存在が責任を減少される消極的要件とすることになる。

効用を享受しようとする意思も認められないため、財物の占有を確保したという法益侵害の事実はあるのに不可罰となってしまう。これは、財物それ自体の効用を享受する意思が積極的に処罰を基礎づけていることを示しており、法益侵害に見合った刑の幅での刑の加重減軽の問題を意味しているとはいえない。

権利者を排除して財物それ自体のもつなんらかの経済的価値または効用を自己のものとして利用するというところに領得罪の実質を認めるのであれば、これらを違法性評価の対象として取り込むことが必要であり、そのためには、行為者が財物に対する管理・支配を確立した後の当該財物の利用・処分行為による違法、すなわち不法領得行為そのものの利益侵害を先行行為に組み込む(18)ものとして不法領得の意思が違法要素として必要となると解すべきである。このような理解によって、奪取罪成立後に奪取した財物の利用・処分につきなんらかの財産犯の構成要件該当性が肯定されても、先行する奪取罪に吸収されて評価される(19)との合理的説明が可能となる(20)。

(18) 横領罪の場合は、横領行為それ自体が財物それ自体の利用・処分行為となっている場合が多く、この限りで、横領行為を不法領得行為とすることも可能であるかもしれない（例えば、松宮孝明『刑法各論講義（第4版）』(2016年) 286頁参照)。ただ、自己の占有物のコピー目的での一時的な持出行為などでは、横領行為と領得行為が乖離することもありえ、なお理論的に区別しておく必要がありうる。この点につきいずれに解すべきかということに関する詳細な検討は、別稿に委ねることとする。

(19) 一般には、不可罰的事後行為とされるが、包括一罪による吸収とみるのが適切であり（これをも含めて不可罰的事後行為というのであれば言葉の用法の問題にすぎない)、このような理解をするからこそ、奪取罪後の財物の返還請求権または代金支払請求権の免脱に対する二項強盗との関係で思い強盗罪への包括一罪の説明（最決昭和61年11月18日刑集40巻7号523頁参照）も可能となる。

(20) 同様の犯罪構造をもつものに、偽造罪がある。偽造罪における行使目的がまさに直接的な違法事態である行使を目的とすることで偽造行為それ自体の違法性を基礎づけ処罰するものである。偽造罪では、行使罪も処罰されているが、それが偽造行為後の有害行為が類型化され、かつ特定されうるからにすぎないし、結局、牽連犯とされることで科刑上一罪ではあるもの、一体的な可罰性の評価がなされる。財産犯の場合、財物の利用・処分は、多様であり、その一部が多様に他の財産犯として犯罪化されることから、あえて事後的な部分を処罰していないものと解される。

Ⅲ　盗品等に関する罪の実質

1　256条1項の法的性格

以上のような領得罪の理解を前提として、盗品等に関する罪の実質を検討することにする。まず、1項の盗品等の無償での譲受け行為であるが、1項にいう「無償の譲受け」(21) とは、無償で盗品等の交付を受け、取得する行為をいうものとされている。そして、このことが追求権の侵害ないし危殆化であるとともに、2項に比べて本犯助長性が小さいため2項より法定刑が軽くなっているものと説明される(22)。この説明には、二つの検討すべき事項が認められる。一つは、追求権の侵害ないし危殆化とは具体的にどのような実体があり、無償での譲受け行為とどのように関係するのかということ、もう一つは、小さいとはいえ、無償での譲受け行為がもつ本犯助長的性格とは具体的に何を意味し、これがどのように法定刑（おそらくその加重）に反映しているのかということである。

追求権の侵害ないし危殆化は、盗品等の取得をどのように解するかということに関わる形で議論されてきた。例えば、福岡高裁昭和28年9月8日判決（高刑集6巻9号1256頁）は、「例えばその情を知りながら贓物の贈与を受け又は無利息消費貸借によって借受ける場合のように無償でその所有権の取得することによって成立」するとし、所有権の取得を無償譲受け（当時の文言では「収受」）の構成要素としており、追求権の侵害と所有権の取得としての無償譲受けとが結びつけられる。学説上も、事実上の処分権の取得とするものがある(23)。事実上の処分権の取得が何を意味するのかは明らかでないが、追求権がそのすべてではないにしても所有権に基づく返還請求を主として念頭に置かれていることからすると、所有権の事実上の侵害(24) 及び取得を意味するものと考えられること、法的な意味での所有権の侵害は、盗品等の取得行為によってもありえないことからすると、事実上の処分権の取得とは、所有権の内容として理解さ

---

(21)　贓物収受に関する判例ではあるが、大判大正6年4月27日刑録23輯451頁は、「贓物タルノ情ヲ知リ無償ニテ取得シタ場合ニ限リ成立ス」としている。

(22)　例えば、松原・前掲注（3）355頁参照。

(23)　内藤・前掲注（1）563頁、大塚・前掲注（12）337頁参照。そのほか、松原・前掲注（3）358頁は、その占有及び処分権の取得とする。

(24)　内藤・前掲注（1）563頁は、所有権に基づく事実上の処分権の取得とする。

れている利用、処分、収益にかかる経済的利益の侵害と取得を意味することと理解するのが妥当であり、たんに約束や契約だけでは成立せず、実際に盗品等の受渡し行為が必要とされていること(25)にも相応する。これは、まさに領得罪の実質に相応するものである。したがって、無償の譲受けは、領得行為がその内実を形成し、処罰を基礎づけるものと考える方が素直であり、追求権の侵害ないし危殆化は、それ自体が直接処罰を基礎づけるものとはなっていないといえる。

無償の譲受け行為が領得行為をその内実としていることは、これを領得罪として位置づけることを意味し、不法領得の意思がその成立要件として要求されることになる(26)。前記福岡高裁昭和28年判決において、一時使用目的での盗品等の借用を収受でないとしたことは、そこに不法領得の意思がなく、領得行為が認められないことから説明されることになる。委託物の横領行為以外で占有侵害を伴わない領得行為のうち、占有離脱物に対する領得行為を犯罪とするのが占有離脱物横領罪であり、占有移転につき所持者の合意があるものの客体が盗品等であるためその占有の取得が領得行為として犯罪となるものが盗品等無償譲受け罪であることになる。いずれも単純な領得行為として比較的軽い法定刑が規定されているが、占有離脱物横領罪については、客体の占有がないことにより領得に対する誘惑等があり、領得行為を思いとどまる期待可能性が低いことにより刑が減軽されているにすぎない。また、無償譲受け罪を領得罪として理解し、不法領得の意思をその要件として要求するからこそ、もっとも追求権の行使を困難とする盗品等の損壊について、器物損壊罪または証拠隠滅罪の成立はあるものの、財産犯としての盗品等に関する罪が成立しないことの説明が可能となる。

盗品等無償譲受け罪を領得罪として理解することから、従来の学説にいう追求権は、盗品等に関する罪の法益として理解されるのではなく、むしろ領得行為によって侵害される（おそらくは本犯の）被害者の権利の要保護性の問題を意味していることになる。通常の奪取罪においても、本権説と所持説の議論において、一定の実質的に保護に値する占有侵害だけを処罰すべきかどうかが争わ

---

(25)　団藤・前掲注（3）566頁、大塚・前掲注（12）337頁、西田・前掲注（3）253頁、曽根・前掲注（3）184頁、松原・359頁など参照。

(26)　松宮・前掲注（18）311頁参照。古くは、小野清一郎『刑法講義各論』（1928年）267頁が所有権侵害とする前提から不法領得の意思を要求している。

れ、その際、所有権等本権に基づくか否かがその判断に影響を及ぼすことを認める見解がある(27)。これと同様に、追求権は、無償の譲受け行為による領得で侵害された本犯の被害者の利益が保護に値するか否かを決定する要素となっているにすぎない。追求権説に対して（新しい）違法状態維持説(28)が主張されるが、追求権説との対立点が例えば不法原因給付物の盗品（贓物）性など結局被害者の利益の要保護性の問題に帰することができるであろう(29)。

こうした理解からは、盗品等無償譲受け罪に本犯への利益関与的性格、事後従犯的性格または本犯助長的性格を認め、これらを処罰の基礎づけに用いることは必要でないし、またそのことがかえって盗品等無償譲受け罪の性格を歪曲することにつながる。本犯者から譲り受けることから、まったく本犯への利益関与的性格などがないということはできないが、そのことが積極的に犯罪の処罰を基礎づけ、構成要件要素の解釈に影響を及ぼしているとは認められない。事実上そのような性格があることと、構成要件要素の解釈や処罰の基礎づけに影響を及ぼす罪質や犯罪の性格とは、厳に区別して論じなければならないであろう。

盗品等に関する罪については、財産侵害の点から切り離して物的庇護としてその実質を理解し、その法益を財産領得罪を禁止する刑法規範の実効性とする見解(30)も主張されている。盗品等に関する罪（贓物罪）をなお財産犯として位置づける見解にあっても、本犯者の犯行後の協力や関与行為を禁止し、本犯者による財産犯の遂行を抑圧するものとの見解があった(31)が、こうした物的庇護の重視または一面的な強調は、盗品等に関する罪の社会的、実証的な機能のみに目をとられすぎているものである。また、刑法規範の実効性を刑法の保護法益として理解するとしても、これは、特に領得罪に焦点をあててより強くそ

(27) この点については、芝原邦爾「財産犯の保護法益」芝原邦爾ほか編『刑法理論の現代的展開各論』（1996年）163頁以下参照。

(28) 盗品等に関する罪を財産犯によって成立した違法な財産状態を維持存続させる行為を処罰するものとして理解するものをいう。大塚・前掲注（12）333頁、内田・前掲注（10）379頁、前田雅英『刑法各論講義（第6版）』（2015年）295頁など参照。

(29) 新しい違法状態維持説が奪取罪における占有説に相通じるものであることを指摘するものとして、松原・前掲注（3）354頁参照。

(30) 井田良「盗品等に関する罪」芝原邦爾ほか編『刑法理論の現代的展開各論』（1996年）257頁以下参照。

(31) 平野龍一『刑法の基礎』（1966年）208頁以下。なお、同「刑法各論の諸問題12」法学セミナー81号（1973年）54頁参照。

の実効性を確保すべき理由が必要となるが、他の違法な財産状態を作出する犯罪ではなく、領得罪のみだけを問題とするのかの理由は明らかでない。刑法の保護法益が刑法規範の実効性であるとするならば、むしろあらゆる犯罪についてその保護法益をそれぞれの犯罪で侵害・危殆化される利益の保護のための規範の実効性として理解することになるであろう(32)。盗品等に関する罪だけで刑法規範の実効性の確保を問題とするだけ(33) の十分な理由づけがなされていない。

2 256条2項の罪の法的性格

盗品等に関与する罪について、追求権という財産権侵害を問題とする見解においても、256条2項の各行為については、本犯助長的性格、事後従犯的性格などを根拠として刑の加重がなされているものと理解する(34)。問題は、ここでいう本犯助長的性格、事後従犯的性格の具体的な内容である。

例えば、2項に規定される各行為が、盗品利用行為を直接援助することによって高い本犯助長性が認められ、厳しい禁圧の対象となっているとされる。この本犯助長性は、盗品関与行為の諸類型の有する将来における、一般的・類型的な財産犯の助長・促進性であり、それが具体的な犯行の促進に結びつくことまでは要求されないとされる。そのため、本犯助長性は、具体的な法益と結びつけられず、法定刑の加重は、高度に刑事政策的な一般予防的考慮が反映されることになる(35)。しかし、一般予防的な考慮が反映されているとしても、それが犯罪の実質における違法性または有責性に反映されなければ、その処罰を基礎づけることはできないであろう。

これを庇護罪の側面から構成するのであれば、盗品等に関する罪が財産権のみならず、庇護罪で保護される国家的法益をも同時に保護していることになる。このように解することは、256条2項の罪が窃盗罪等の通常の領得罪より重い

(32) Vgl. *Urs Kindhäuser*, Strafe, Strafrechtsgut und Rechtsgüterschutz in: Klaus Lüderssen/Cornelius Nestler-Tremel/Ewa Weigend (Hrsg.), Modernes Strafrecht und ultima-ratio-Prinzip, 1990, S. 29 ff.

(33) 犯人隠匿等の罪、証拠隠滅等の罪では、とくに犯罪を限定するものとなっていないのであるから、物的庇護罪も財産犯に限定することは必要ないはずである。

(34) 山口厚『問題探求刑法各論』(1999年) 215頁参照。

(35) 山口・前掲注 (34) 215頁。

法定刑を規定していることの説明は可能となる。しかし、2項に有償の譲受け行為が規定されていることからすると、この立場からは、1項の無償の譲受け行為にも庇護罪の性格を認めざるをえなくなる。本稿の考えからすると、このような理解をとることは困難である上、これを肯定するのであれば、1項及び2項について全面的に物的庇護罪としての位置づけを認める方が理論的に一貫するであろう。また、2項の行為のうち有償の譲受けについては、譲受けについての領得行為性を認め、新たな財産侵害を認めうるが、そのほかの行為については必ずしも新たな財産侵害を肯定することができるのかはそれほど明らかでない。被害者の追求を困難にするといえばたしかにそうであるが、すでに述べたように、このような言明の具体的内実は明らかでなく、そのため、追求の困難化が本犯助長性だけを意味しているものともいえなくない。

盗品等に関する罪がともかく財産犯の一形態として立法されたことに立ち返るならば、まずは財産犯としての性格を明らかにすることが必要である。現行刑法制定当初においては、財産犯として一貫させることが主張されていた。例えば、前犯により財物の占有を失った被害者が有する返還請求権の行使すなわち原状回復を困難にすることが処罰根拠であるとし、違法な財産状態を維持し、多くの場合この状況を堅固にしかつ確保するものであり、すでに生じた財産侵害に参加し、権利者より奪われた財物に対する支配力を一層遠ざけるものとするものがある(36)。もっともこれだけでは、法定刑の重さを説明することはできないが、これは、2項の行為がほとんど営業的に行われることが通例であること、すなわちそれが利益を伴うことから反復継続されうる危険があることに求められた(37)。ただ、営利性による危険は、結局は、高度の刑事政策的な考慮に還元されることになり、違法ないし責任との関係は、なお不明確なままである。

財産犯的性格を維持しようとする試みとして、盗品等に関する罪を、直接領得罪である本犯の盗品等(贓物)処分行為に関与し、これを援助または利用する間接領得罪であるとし、本犯成立後の本犯による処分は、不可罰であるが、これに関与する者には共犯として処罰され、その一部を加重した特別規定が256

(36) 小疇・前掲注(4)6頁以下。前犯の幇助またはその目的を要しないとして事後従犯性を否定する。

(37) 泉二新熊『日本刑法論下巻(各論)』(1939年)920頁、高橋治俊・小谷二郎編『刑法沿革綜覧』(1923年)2215頁参照。

条２項であるとするものもある(38)。この見解は、本犯の事後共犯としてではなく、本犯の不可罰的事後行為に対する共犯とする点で本犯助長性を強調する事後従犯的理解とは異なっている。この考え方に対しては、256条に列挙される行為が必ずしも本犯の横領・毀棄の共犯である行為でなく(39)、またその侵害態様も本犯と異なる(40) との批判がなされている。

いわゆる不可罰的事後行為に対する共犯との説明が問題となるが、これは、すでに述べた領得罪の理解によりなお説明可能である。すなわち、領得罪は、財物に対する占有または支配を確立した後に、さらに当該財物を利用・処分することをも財物の権利者に対する財産侵害として評価するために、不法領得の意思を要件とすることでその財産侵害を前倒しして要件としており、そのため犯罪成立後の利用・処分行為については処罰がなされないにすぎない。そのため、本犯成立後の本犯による盗品等の利用・処分に第三者が加担する場合、本犯にとってはすでに評価された違法な事態であっても、新たに加担した第三者にとっては、新たな法益侵害に対する加担行為であるといえる。256条２項所定の各行為は、本犯者による財物の利用・処分による利益獲得(41) による被害者の財産侵害を惹起するものとして処罰されると解される。とりわけ有償譲受け、有償の処分のあっせんは、本犯による盗品等の処分による経済的利益の獲得に直接加担するものであり、いわば対向犯的に財物の処分に加担し、財物の利用に係る共同正犯的な行為としてその違法性が本犯の領得行為に相当するものとして評価されうる。有償の譲受け行為は、本犯の利欲に対する共同加功に加え、自己の財物領得もあわせて認められ、本犯より一層重い可罰性の評価が可能である。保管行為及び運搬行為は、本犯者による処分に向けられた前段階の行為であり、直接的な利用・処分でないもの、本犯者の利用処分の阻止に向けてその加担行為(42) を前倒しして利用・処分行為の共同加功と同等に評価し、処罰しているものといえる(43)。社会学的に考察し、２項について、交換経済を

(38)　宮本英脩「横領後の横領行為の性質」法学論叢33巻６号（1935年）823頁。
(39)　平野・前掲注（31）213頁。
(40)　中谷瑾子「贓物罪と本犯との関係（一）」法学研究33巻４号（1960年）343頁。
(41)　この点において、１項の無償譲受けと区別される。
(42)　このことから、盗品等（かつての贓物）の同一性が必要とされることになる。被害者の追求権とするならば、盗品等が加工され、あるいは換金されたとしても、これらについての権利性を主張することは可能である限り、盗品等（財産に当たる罪より領得された物）に客体を限定する必要はないはずである。
(43)　有償の処分のあっせんについて、あっせん行為によりすでに処罰できるとするのも、前倒し

前提とする近代的な犯罪類型であり、犯罪によって得た利益に関与する罪であるといわれる(44)が、これを実体法として理論構成するならば、本犯による財物の利用・処分という経済的利益確保に向けた行為にいわば共同正犯的に加担する行為を処罰するものが256条2項の罪であるといえる(45)(46)。

256条の主観的要件として、盗品等を不法に領得し、または本犯者の不法領得を安全にならしめる意思が必要であるとする見解(47)がある(48)が、1項については前者が問題となり、後者が2項について問題となると解すれば、基本的に妥当である。ただし、本犯者の不法領得を安全ならしめる意思は、通常の領得罪における不法領得の意思というよりは、本犯者の不法領得行為（取得した財物の利用ないし処分行為）それ自体に加担する意思であり、本犯者の不法領得行為への共同正犯的な加功を基礎づけるためのいわば正犯意思に相当するものであり、本犯者の不法領得それ自体の維持し、または不法領得それ自体を行わせる意思とすべきである(49)。

盗品を被害者宅へと運搬する行為について、最高裁昭和27年7月10日決定（刑集6巻7号876頁）は、運搬行為が「被害者のためになしたものではなく、窃盗犯人の利益のためにその領得を継受して賍物の所在を移転したものであって、これによって被害者をして該賍物の正常なる回復を全く困難ならしめるものである」として原審を肯定している。また、被害者を相手方とする有償の処分のあっせんについて、最高裁平成14年7月1日決定（刑集56巻6号265頁）は、「被害者による盗品等の正常な回復を困難にするばかりでなく、窃盗等の犯罪

処罰であるといえる。

(44)　平野・前掲注（31）211頁以下参照。

(45)　事後「従犯」という説明は、本犯の助長ということを説明する用語としては妥当であるが、256条2項の罪は、行為者が本犯者と対向犯的に有償の譲受け・有償の処分のあっせんをし、または自ら主体的に保管・寄蔵することそれ自体が惹起する法益侵害性により処罰されるのであり、この意味で、共同正犯的な構造を有するとの理解が妥当であろう。

(46)　以上のような理解は、事後従犯という説明ではあるものの、すでに谷口正孝「贓物罪について」法曹時報4巻4号（1952年）207頁以下で示されている。

(47)　小野・前掲注（26）282頁。

(48)　そのほか、無償ないし有償の譲受けについては、不法領得の意思が必要であるとし、運搬、保管、有償の処分のあっせんについては、他者の不法領得を維持し、または他者に不法領得させる意思が必要であるとするものとして、松宮・前掲注（18）311頁以下。

(49)　この限りで、松宮前掲書を支持するが、有償の譲受け行為については、通常の不法領得の意思ではなく、本文に述べた意味での意思内容が必要であると解すべきであり、単純な廃棄意思で有償で譲り受けた場合であってもなお有償譲受け罪が成立しうるものと解すべきである。

を助長し、誘発するおそれのある行為であるから」として、盗品等処分あっせん罪の成立を認めた原判断を維持している。これらの場合、追求権説からは、盗品等の正常な回復を妨げることが追求権の侵害ないし危殆化にあたると説明される(50)。本稿の立場からは、これらの行為は、本犯者の不法領得行為を維持ないしこれをなさしめる意思があるものとして、行為者と本犯者との共同加功行為を肯定することができることによって、最高裁の結論を肯定することになる。

こうして、256条2項の罪は、本犯者による不法領得による法益侵害またはその前段階の行為について、共働実現していることをその処罰の対象としているものといえ、従来、指摘されてきた本犯助長性、事後従犯性、利益関与性は、不法領得それ自体がもたらす財産侵害に対する共同加功、共働実現に解消して理解されるべきことになる。

Ⅳ　結びに代えて

以上をまとめると、256条の罪は、財物の権利者の利用・処分の可能性を侵害し、本来えられた利用ないし処分による経済的な利益を奪うという点で、この犯罪の前提とされる領得罪と異なることはないこととなる。その点で、盗品等に関する罪を間接領得罪とすることも正確性に欠くといえる。本稿では、盗品等に関する罪の罪質、法益侵害性に重点を置いたために、同罪の構成要件要素の細かな解釈論への展開、盗品等の権利者の要保護性問題（従来の追求権の要否の問題）など検討が不十分な点が多々あるが、これらは、別稿に委ねることとする。

(50)　追求権説本来の立場に立ち戻り、盗品等に関する罪の成立を否定すべきであるものとして、松原・前掲注（3）363頁。なお、内田幸隆「盗品移転の可罰性」『野村稔先生古稀祝賀論文集』(2015年）395頁は、正常な回復を妨げることの意味を盗品移転・返還に際して生じる利益に関与し、その「分け前」にあずかることに求めるが、これはまさに不法領得行為に対する共同正犯的関与として理解すべきものである。

〈想起〉としての陳述とその虚偽性に関するスケッチ

長谷川裕寿

Ⅰ　はじめに

増田豊は、自らの著書『法律学方法論と刑事法基礎理論Ⅰ・Ⅱ・Ⅲ』を、イマヌエル・カントの三批判書になぞらえて、刑事法基礎理論に関する三批判書と呼んでいる(1)。通俗的な見解に惑わされることなく、深い洞察の下、真・善・美すべての問題を原理から徹底的に検討し直し、それらについての新たな哲学的地平を切り拓いたカントの批判哲学の精神にならってのことであろう。著者の、刑事法に関する〈啓蒙の書〉たらんとする気概を感じ取ることができる。その第二批判書『刑事手続における事実認定の推論構造と真実発見』において、増田は、刑事訴訟法学の支配的見解と同様、刑事訴訟の目標が真実の発見にあることを受け入れつつ、そこでいう「真実とは何か」という問題をめぐって、哲学上の真理論と関連させながら、これまでの通俗的意見とは異なる、真理の合意説、より精確には真理のディスクルス説なる見解を擁護し、その刑事法学における妥当性について詳細に論証している(2)。これは、刑事手続における事実がいかに認定／構成され、真実として受容されうるのかという問題へ、ナラトロジー（物語り）という観点からアプローチするものともいえる。

こうした増田の批判的アプローチが、刑事法学にとってどのような意味を有するかは、刑事法の専門家を自認する者であれば、言を俟たないであろう。

(1)　増田豊『法倫理学探究』（勁草書房、2017年）の「まえがき」を参照。
(2)　増田豊『刑事手続における事実認定の推論構造と真実発見』（勁草書房、2004年）443頁以下。

わが国の刑事訴訟法第1条には、「この法律は、刑事事件につき、公共の福祉の維持と個人の基本的人権の保障とを全うしつつ、事案の真相を明らかにし、刑罰法令を適正且つ迅速に適用実現することを目的とする」と明記されている。ここでの「事案の真相」の究明こそが「真実」の発見であり、従来、私たちが刑事訴訟の目標として捉えてきたものである。これは、宣誓の方式について規定する刑事訴訟規則第118条が、「宣誓書には、良心に従って、真実を述べ何事も隠さず、又何事も附け加えないことを誓う旨を記載しなければならない。」として、証人らに「真実」を述べること、裏返せば「虚偽の陳述」をしないことを求めていることにも適う理解の仕方である。この見地からすれば、刑法第169条の偽証罪は、法律により宣誓した証人が—語るならば—「真実」を語ることを担保するための規定であるともいえよう。問題は、何事も隠さず、何事も附け加えないことが求められる「真実」とは何かである。

刑事法学において慣習的に用いられてきた用語法に注意を払うならば、正当にも増田が指摘するように、意識的にか無意識的にかはともかく、わが国の刑事手続においては、「真理」ではなく「真実」という語が使用されてきた。このことは、言明と事実との対応を真理として理解する対応説が、刑事手続においても暗黙の前提とされてきたことを推測させる。すなわち、客観的事実、証言との関係で言えば、大森荘蔵のいう「過去自体」なるものが想定され、それと言明(陳述)とが対応(合致)するがゆえに当該言明が真とみなされ、被告人の有罪あるいは無罪が宣告されるというものである。こうした推測が大過を犯すものでないならば、これは支配的見解が、素朴実在論に立脚していることにほかならない。

そうであれば、ドイツの思想家ユルゲン・ハーバーマスによって主唱され、増田が賛意を示す真理のディスクルス説(3)は、こうした支配的見解の誤謬を暴き出そうとする試みと捉えることができる。彼が〈批判書〉と称するゆえんなのかもしれない。

本稿は、こうした増田の問題意識を汲み取り、これを偽証罪に照準を合わせて、主観的及び客観的偽証説の主張可能性について批判的に吟味してみようと

(3) 増田・前掲注(2)447頁以下。増田は、刑事手続がディスクルスのプロトタイプと合致しないからといって、そのディスクルス的性格を完全に否定してしまうことは正しくないと主張する。むしろ、ディスクルス理論における肯定的な側面を刑事手続の改善あるいは理論化において十分に摂取していくことが、刑事手続論の重要な課題として設定されるべきだという(462-463頁)。

するものである。その際、歴史哲学の領野において一大論争を巻き起こしながら、最近はその評価が―否定的な形で？―落ち着いた感のある歴史の「物語り論」(ナラトロジー）を参照することになる。とりわけ大森の過去の制作（想起過去説、言語的制作説）や野家啓一の過去物語り論の知見を借用し、それらが刑事法学との関係でいかなる地平を切り拓きうるのか、若干立ち入った考察を加えてみようと思う。

II　刑事法学の独話―虚偽の陳述

標準的な刑法の教科書・体系書によれば、陳述が「虚偽」であることの意味をめぐって、学説上、〈客観的事実〉に反することをいうとする客観的偽証説(4)と、〈証人の記憶〉に反することをいうとする主観的偽証説(5)とが対立している。何も「虚偽」の意味の画定に限ったことではないが、刑罰法規の解釈については、類推解釈の禁止という解釈枠を堅持しつつ、なお複数の解釈が可能である場合には、当該刑罰法規の目的、すなわち法益保護という目的に最も適合した解釈（目的論的解釈）を選択することになろう。ところで、刑法第169条の保護法益については、国家の審判作用の適切さを確保する点にあることは、ほぼ争いなく承認されている(6)。したがって、問題の核心はさらにその先にあるといえよう。

(4)　平野龍一『刑法概説』(東京大学出版会、1977年）289頁、中山研一『刑法各論』(成文堂、1984年）537頁、中森喜彦『刑法各論〔第4版〕』(有斐閣、2015年）296頁、西田典之『刑法各論〔第6版〕』(弘文堂、2014年）472頁、山口厚『刑法各論〔第2版〕』(有斐閣、2012年）596頁、山中敬一『刑法各論〔第3版〕』(成文堂、2015年）816頁、堀内捷三『刑法各論』(有斐閣、2003年）326頁、内田文昭『刑法各論〔第3版〕』(青林書院、1999年）663頁、林幹人『刑法各論〔第2版〕』(東京大学出版会、2007年）468頁。

(5)　小野清一郎『新訂刑法講義各論』(有斐閣、1950年）40頁、団藤重光『刑法綱要各論〔第3版〕』(創文社、1990年）101頁、中義勝『刑法各論』(有斐閣、1975年）290頁、大塚仁『刑法概説（各論）〔第3版増補版〕』(有斐閣、2005年）608頁、福田平『刑法各論〔全訂第3版増補〕』(有斐閣、2012年）37頁、大谷實『刑法講義各論〔新版第4版補訂版〕』(成文堂、2015年）615頁、平川宗信『刑法各論』(有斐閣、1995年）552頁、伊東研祐『刑法講義各論』(日本評論社、2011年）397頁、橋本正博『刑法各論』(新世社、2017年）505頁。

(6)　高橋則夫『刑法各論〔第2版〕』(成文堂、2014年）657頁は、客観説と主観説とでは、国家の審判作用の捉え方に差異があることを指摘している。高橋によれば、「客観説は実体的な真実の発見として理解するのに対して、主観説は適正手続による司法作用の公正として理解するものと考えられる。」という。

まず主観的偽証説を大谷實に代表させて語らせるならば、「偽証罪は国家の審判作用の適正を害するために罰せられる」と、先の保護法益に関する共通了解の下で、「これを証人の陳述についてみるときは、証人の記憶自体確実な信憑性を有するわけではないから、証人がみずから実際に体験したことだけを信頼できるものとして扱うほかなく、したがって、体験しない事実を陳述すること自体が国の審判作用を誤らせるものとして有害とみるべき」だとする。この観点からすると、虚偽の陳述とは、体験した事実に関する自己の記憶と異なる事実の陳述をいうと解すべきこととなり、それゆえ、自己の体験した事実を自己の記憶に従って陳述した以上、たとえそれが「客観的真実」に反していても本罪に当たることはない。逆に、自己の記憶とは異なる陳述をした以上、たまたまそれが「客観的真実」に合致していた場合でも、本罪を構成することになるであろう(7)。

確かに、証人らは、証言するにあたり「良心に従って、真実を述べ何事も隠さず、又何事も附け加えない」ことを、証言との前後はともかくも、宣誓しているわけであるから、自己の記憶に反した陳述は、たとえそれが「客観的真実」に合致する場合でも、当該証人らに課された〈誠実〉義務に背くものである(8)。しかしながら、誠実義務違反を強調するや、陳述が審判を下すにあたって重要な事項に係るものであるか否かを問わず、義務違反をもって偽証罪を問擬するという傾向をもたらす。

ありていに言えば、主観的偽証説の構想は、陳述の「真実性」の問いを陳述の「信憑性」、ひいては「陳述者への信頼性」の問いと捉え返しているように思われる。すなわち、義務を誠実に履行しないような者の陳述など信頼するに値しないとし、誠実義務への違背の中に国家の審判作用の適正を根本から動揺させる虞れを看取するのである。そうであれば、かかる事態を回避するためにも「陳述の信憑性」(陳述者への信頼性を含む。)を担保することが必要である。これこそが偽証罪の本質なのである、と。こう観念することは、ことの是非は別として、それほど突飛なことではないであろう。だが、この結果もたらされるのは、刑罰過剰の危険である。

この懸念は同じく主観説に与する小野清一郎が示した謙抑的な姿勢の中に端的に表れている。彼は、「虚偽」概念については〈証人の記憶〉に照準を合わせ

(7) 大谷・前掲注(5)614頁以下。
(8) 佐久間修『刑法各論〔第2版〕』(成文堂、2012年)439頁。

ざるを得ないとしても、結果的に事実に合致していたというならば、審判作用に対する抽象的危険すらないのであるから、偽証罪の定型性を欠くとして処罰する必要性を認めない(9)。穿った見方をすれば、小野は、主観説から導出される刑罰過剰の不都合を、構成要件・行為の定型性にしりぬぐいさせたのだともいえるであろう。いずれにせよ、こうした修正を加えること自体が、誠実義務違反と、国家の適正な審判作用の阻害とを直結させる危うさを示しているように思われる。

もっとも、判例は、大審院時代から主観説的なアプローチを堅持している。陳述の虚偽性を思想的地平まで視野に収めつつ、正面から「虚偽」概念の明確化を試みた判例については寡聞にして知らない。事案解決に必要な限度で言及するという裁判システムそのものの持つ限界なのであろう。実際、最高裁の取り扱った事案数はそれほど多くないようである。たいていは刑事被告人が自らの刑事事件に関連し、偽証を教唆した事案に付随して争点化された程度であるようにも感じられる。たとえば、しばしば「虚偽の陳述」の意義をめぐる判例として引き合いに出される大正3年4月29日の大審院判決もそのような事案である(10)。そこでは、陳述の虚偽性に関し、「証言ノ内容タル事実カ真実ニ一致シ若クハ少クトモ其不実ナルコトヲ認ムル能ハサル場合ト雖モ苟クモ証人カ故ラニ其記憶ニ反シタル陳述ヲ為スニ於テハ偽証罪ヲ構成スヘキハ勿論ニシテ即チ偽証罪ハ証言ノ不実ナルコトヲ要件ト為スモノニ非サルカ故ニ裁判所ハ一面偽証ノ犯罪事実ヲ認メ他面証言ノ内容カ不実ナラサルヲ認ムルモ二個ノ認定ハ必スシモ相抵触スルモノト謂フヲ得ス」と判示しているところである。戦後も、この主観説的理解は踏襲されている(11)。

これに対して、証人らの陳述時の内心がどうであろうと、その陳述内容が、裁判所の認定する「客観的事実」と合致しているのであれば、たとえ体験した事実に関する自己の記憶と異なる陳述をしたとしても、およそ「国家の審判作

(9)　小野・前掲注（5）41頁、団藤・前掲注（5）102頁。

(10)　大判大3・4・29刑録20輯654頁。本判決は、証人が「其記憶ニ反シタル陳述」を行った以上は偽証罪が成立し、証言と真実との不一致はその要件ではないことを明確にした点で、先行判例にはない大きな意味を持っている。

(11)　最決昭28・10・19刑集7巻10号1945頁が主観説を確認している。下級審の裁判例にも「証人がその認識、記憶するところと異なることを故意に陳述したときは、仮にその陳述にかかる事実が偶々真実に合致していたとしても虚偽の陳述をしたものとして、偽証罪が成立する」としたものがある（東京高判昭和34・6・29下刑集1巻6号1366頁）。

用を害する危険性」はないともいえる。国家の審判作用を害する危険性なき行為を、虚偽の陳述として概念化することは困難であろう。この観点からすると、虚偽の陳述とは、客観的事実に反することをいうと解するべきこととなる。

これを主観面に投影すれば、自己の陳述が客観的事実に反していることの認識・認容こそが、偽証罪の故意の内実であると理解されることになろう。となれば、自己の記憶に反する事実を真実と誤信して陳述したときは、たとえそれが真実でなかったとしても、故意を欠くことになる。この点に、過失による偽証を処罰していないわが国の刑法においては、不当な結論を招くと批判されるゆえんがある(12)。もちろん、西田典之も指摘するように、「人間の記憶は必ずしも確実なものではないから、たとえ自分の体験や記憶に反してはいても、それが自分の思い違いであると思ったときは、自分が真実だと確信する内容の証言が許されてしかるべきであろう」(13) との価値判断の下、特に不都合ではないとする向きもあることは、周知のとおりである。

上記の結論からして客観的偽証説では、誠実義務違反の強調による刑罰過剰の問題点を回避する可能性を見出しうるのかもしれない。西田らの判断が〈価値〉判断であってみれば、そこには判断者個人の選好が強く反映されることとなり、その正否を論ずることは難しい。ただし、近時の客観的偽証説の論者が試みるように、「虚偽性の判断は、審判対象たる事件全体との関係だけでなく、個々の陳述自体との関係でも判断されなければならない。たとえば、目撃していない事実を目撃したと証言する場合や伝聞の事実を自分で体験した事実として証言する場合には、やはり虚偽の陳述にあたる」(14) との主張が、自らの客観説の中に包摂されうるのかは、論理の問題であり、その妥当性については改めて検証する必要があろう。

私の見るところ、これが可能となるのは、一致／不一致が問われるところの「客観的事実」を加工することによってしかありえない。事実、松原芳博は「陳

---

(12) 団藤・前掲注 (5) 100 頁以下。

(13) 西田・前掲注 (4) 472 頁。

(14) 西田・前掲注 (4) 472 頁、平野龍一「偽証罪における客観説と主観説」判時 1557 号 5 頁。また平野は別の個所でも「自分の記憶がまちがっていたと思っても、その誤った記憶に従い虚偽だと思う事実を陳述しなければ処罰するというのは不当である」と指摘する（平野・前掲注 (4) 289 頁）。この点について、岡本昌子は、自由心証主義下での裁判官の心証形成に対する影響を考慮し、「人間の記憶が必ずしも確実ではないからこそ、証人は体験したままを述べるべきであり、証人が体験していないこと（記憶に反すること）を陳述することにより審判作用の適正を害する危険が発生すると解すべきであろう」とする（岡本昌子・刑法判例百選Ⅱ各論［第 7 版］248-249 頁）。

述の一致が問題となる『事実』とは、当該裁判における最終的な審判対象たる事実ではなく、それぞれの陳述の対象たる事実」[15]だと明言しているところである。松原の主張の意味するところは、結局、前田雅英[16]の主張と帰一する。すなわち、従来の客観説が暗黙のうちにも前提としていたはずの「客観的事実とは裁判を通して最終的に認定／構成される客観的真実のことである」という共通了解を反故にして、行為時、つまり陳述時の〈暫定的〉真実―そのようなものがあればの話であるが―を基準として、その真否が判断されることを意味するであろう。

現実の裁判において、客観的事実（真実）なるものがあるとすれば、それは、神の視点を先取りでもしない限り、裁判終了をもって確定／構成される事実をおいて他にない。この考えを受け入れるなら、虚偽の陳述かどうかは結審するまで確定しないことになり、また結審後においても、再審の可能性までも視野に収めるならば、裁判結果なるものは常に暫定的性格を免れることができず、したがって偽証の成否（陳述の虚偽性の認定）も暫定的なものにならざるを得ないであろう。虚偽性が「真実」によってではなく、むしろ「真実らしきもの」によって判断されると批判されるゆえんは、ここにある[17]。この帰結を、客観的偽証説の支持者が受け入れるとは、私には思えない。客観的真実との対比という基準を捨てる代償は大きいように思う。

以上は、「虚偽の陳述」をめぐる刑事法学上の討議である。主観説も客観説も、論理一貫させる場合の自らの不都合を、何らかの形で補修しようとしている。すなわち、主観説においては刑罰過剰の問題を構成要件・行為の定型性を持ち出すことで、また客観説においては、客観的事実の意味内容を変容させることで、自らの立場から生じる不都合を回避する戦略をとっているのである。このことは、上に論じたとおりである。

では、いずれに与すべきか。確かに、どちらの所説にも不都合があるならば、

(15)　松原芳博・刑法判例百選Ⅱ各論［第5版］245頁。同様な指摘をするものとして、中森・前掲注（4）297頁、西田・前掲注（4）472頁、山口・前掲注（4）596頁。

(16)　前田雅英『刑法各論講義〔第6版〕』（東京大学出版会、2015年）472頁。前田は、「刑事裁判の公正の侵害の危険は、公務執行妨害罪の適法性・要保護性の場合と同様に、証言時に存在した事情を基礎に、証言時を基準に判断されなければならない。裁判は動的な構造を持ち裁判上の『真実』は変化していく。」と明言している。

(17)　松宮孝明『刑法各論講義〔第4版〕』（成文堂、2016年）480頁以下は、いわゆる八海事件の教訓をもとに、嘘に耐えきれず本来なすべき証言をした者が偽証罪で逮捕されたという事態を憂慮し、「証言の対象となった事件が確定してから起訴すべきではないかと思われる。」と主張している。

いずれの不都合がより本質的でないかとの判断の下、いずれか一方の陣営に与することはよくあることである。しかし、思うに、この問いは二者択一を迫るものであり、それ自体がある意味不当な問いであるように思われる。いずれにも与せず、改めて根本から考え直すという手もあるはずである。どちらの学説がより共感できるか、ではない。より適切な構想案―もしかしたら別の不都合を抱え込む可能性が否定できなくとも―を求めて練り直すのである。本稿でとろうとする方法は、これである。

藤岡一郎は、偽証の意義に関する大審院判例の評釈を締めくくるにあたって、両説の対立の基盤には「証人の役割についてどのように考えるのかという訴訟観（哲学的・思想的・法技術的見方）の相違がある」ことを指摘した上で、次にように述べ、主観説の現実的妥当性を説いている。長文ではあるが、ここに引用しておきたい。

> 「証人がそれぞれに実際に体験した事実の記憶を持ち寄り、つき合わせて形成された実体を客観的事実（真実）と推認するのが裁判所であると考えるか、あるいは裁判所は、証人に自己が体験した客観的事実の再現像を正しく再現し語らせ、客観的真実の発見に促進・協力することを求め、訴訟外にある真実を発見するものであると考えるかである。証拠裁判主義との関係から訴訟法上の真実が限りなく客観的真実に近づく志向は妥当としても、人知の能力の現時点での限界を認めざるをえないという謙虚さが、多くの訴訟当事者が参加する訴訟形態を生み出しているのであるから、自己の体験した事実の記憶について誠実に陳述することを証人に求めることになお現実的妥当性があるように思われる。」(18)

このような藤岡の指摘は「虚偽の陳述」概念を省察する上で、重要なヒントを与えてくれるものである。

偽証罪の構成要件上の行為、「虚偽の陳述」とは何か。これがそもそもの問いであった。従来、刑法学における議論は〈虚偽の〉に照準が合わせられ、〈陳述〉そのものが省みられることは、ほとんどなかったように思われる。「陳述」とはなにか。これをいかなるものと捉えるか。この点を確定せずしてその虚偽性が

(18)　藤岡一郎・刑法判例百選Ⅱ各論［第6版］259頁。

問いうるものであろうか。ここではまずこの点が等閑視されてきた点を指摘しておきたい。藤岡のいう「記憶の持ち寄り」としての「陳述」を議論の俎上に載せようとするものである。そして、また客観説が遂行しようとする〈照らし合わせ〉、その原本たる客観的事実（真実）を観念することの可否である。これは、藤岡によれば、近づこうと志向することが妥当だとされる「訴訟外にある真実」を問い直すことである。

「陳述」と「客観的事実」。これらを想起過去説や過去物語り論の知見を借用しながら、解明を試みてみることにしよう。

Ⅲ　哲学の独話—想起過去説・過去物語り論

いわゆる「想起過去説」は、わが国を代表する思想家・哲学者大森荘蔵の時間論、とりわけ「過去」という概念に関する考察から導かれる構想である。「過去の制作」や「言語的制作としての過去」など、過ぎ去った出来事を〈制作〉するという独特の言い回しが、過去をでっち上げる、捏造するかのイメージと相まって、主張内容とは関係のないところで、無用の反発を引き起こしているように思われる。ただし、賛同者が少ないということが、必ずしも主張内容が間違っていることを意味しない。このことは、経験的にも私たちのよく知るところである。素朴実在論的発想に馴染んだ私たちにとってなかなか理解しづらい面があるのは事実であるが、その論旨を根気よく追うならば、用語から受ける印象ほどに実体験と齟齬しているわけではない。私の見るところ、むしろ私たちの実体験をどのように言語化するのかに心を砕いているとさえいえる。

この想起過去説が、私たちの主題にとっていかなる意味を持ちうるのか。まずは想起過去説が主張するところを素描してみたいと思う。

大森はまず、「過去を想起する」ことにまつわる根強い誤解を解くことから始めている。その誤解とは、〈想起とは過去経験の再現または再生である〉というものである。彼は去年の夏の旅行を想い出すという例を挙げ、そこで見た海の青さがいま見えていようか、汽笛の音が耳に響いていようかと問う。もちろん、海の色や汽笛のことはよく覚えているだろうが、まざまざと想い出すということは、それらを再び知覚することではない。この単純な事実から、想起とは過去の知覚を繰り返すことではない、想起とは知覚と並ぶ、全く別種の経験様式であると結論付けている(19)。

そして、この想起過去説が、「過去はかくかくであったということの中に一切誤謬というものがありえない」という事実を内含していることを、彼は〈昨夜の夢の想起〉を足掛かりとして示そうとしている（想起無謬論）(20)。

私が夢の中で高いビルから鳥のように飛び降りたと想起する。このとき、いやそれは間違いだ、飛び降りたではなくただ墜落したというのが本当だといったとしよう。想起過去説によれば、「墜落した」ということは「墜落したと想起する」ということに他ならないが、私は飛び降りたと想起しているのだから墜落したと想起することはありえない。したがって「墜落した」ということもありえない。それゆえ誤っているのはこの夢想起批判の方であって夢想起の方ではない。だから夢はまさに想起されるとおりの夢でしかありえず、その想起が誤るということはありえない。夢を想い出すというそのことの中に「夢をみた」という過去形の夢見の意味がすべて含まれているのである。夢を想い出す、ということ、その想起体験こそ実は過去の「夢をみた」という経験にほかならない。一旦まず夢をみる、そして後刻それを想い出す、というのではなく、夢を想い出すこと、それが夢をみた、ということなのである。

以上、夢について述べたことは、大森によれば、覚醒時の経験についてもあてはまるという。半年前に海で泳ぐ、それは「泳ぐ経験」を半年前に持ったということであり、その意味でその「泳ぐ経験」は過去の経験である。そしてその過去の経験を今想起する。だがこの今想起されている過去の経験とはすなわち「泳いだ経験」ではないか。つまり、過去形の経験ではないか。すなわち少なくとも想起体験にあっては、過去の経験と過去形の経験とは同義同一のものなのである(21)。こうして、大森にとって、想起とは過去形の知覚・行動の経験を意味するのである。

想起された過去形の経験についての真理性は、真偽判定の基準となるべきものは想起以外にはありえないがゆえに、「想起された通り」となる。大森の想起過去説によれば、自分自身の経験である限りにおいては現在形過去形を問わず、経験されるがままであって誤りはありえないのである。

もっとも、想起無謬論が否定するのは、想起正誤の基礎となるような想起か

---

(19)　大森荘蔵『時間と自我』（青土社、1992 年）40 頁以下。
(20)　大森・前掲注（19）44 頁。
(21)　大森・前掲注（19）47 頁。

ら独立した過去経験というものであって、海で泳いだと記憶していたが、実はそうではなかったと自分で気づくような単純な記憶違い（想起相互間の食い違い）をも否定するものではない点については、注意を促しておきたい。知覚の場合にも、ともすれば知覚とは全く独立な世界を想定し、それによって知覚された風景の正誤を判定するという考えに引きずられるのと同様に、想起の場合にも想起と全く独立な過去経験という実は無意味なものを想定し、今度はその過去経験に照らして想起の正誤を判定するという考えに誘われてしまう。大森の意図は、想起から独立した過去経験という不当な想定の誘惑を断固拒否するという点にあるのである[22]。

過去の一切が想起経験の中にあるとすると、想起内在的過去の内部で、いかなるものを偽なる過去とし、いかなるものを真なる過去と判別することになるのであろうか。想起という意識の中で経験される過去性を超越的に外在する過去の実在性に祭り上げるならば（大森はこれを「超越化の誤り」と呼んでいる。）、想起される過去をこの超越化された過去の記憶像（コピー）と観念する余地があり（大森はこれを「記憶像の誤り」と呼んでいる。）、素朴な対応論的真理論によって決着をつけることも可能であるかもしれない。しかし、超越的過去を拒絶したいま、残される方途は、想起経験の中で真なる過去を選び出す方法を編み出す以外にはない。どのような方法をとりうるのか。この点が次に問われることになろう。

この点につき、大森は、私たちが何かを想起しようとするとき、知覚的なものが思い浮かんでくるように感じるかもしれないが、想起とは概して命題の形をとることに注意を喚起している。想起されるのは過去の知覚風景などではなく過去の命題なのであり、したがって想起される過去とは命題集合なのである[23]。そうだとすれば、真なる過去かは想起命題の真理性によって決定されることになるが、これが当事者の単なる主観的所与にとどまらないというためには、社会的に共有されている歴史（社会公認の歴史）に照らして現に受容済みであるか受容可能であるか、いずれかでなければならないであろう。過去の真理性とは社会的合意を維持するために制作された一つの社会制度なのであり、この意味で、過去とは社会的に合作された言語的制作物なのである。過去真理が、このような実用的なものであってみれば、実生活への回帰という視座の転

(22)　大森・前掲注（19）51頁。

(23)　大森荘蔵『時は流れず』（青土社、1996年）21頁以下。

換は必然的であり、この意味で裁判所での証言調べはまさにその範例ともいえる。そこで、過去の真理性の基準は、大森によると、次のようなものとなる。

「(a) 証言の一致。すなわち複数の人の想起命題の一致、少なくともその整合。
(b) 想起命題の自然法則、心理法則、経済法則等の法則との合致。つまり、命題内容が法則外れではない。
(c) 物証。物理的世界の現在に円滑に接続する。」(24)

この真理概念によって真とされる過去命題を系統的に接続すれば一つの物語りができあがる。この物語りこそ、私たちが想起による過去と呼ぶものにほかならない。過去とは過去物語りなのである。しかし、それは虚構としての小説等とは違って、真なる(制度的な真理性を持つ)過去物語りなのである(25)。何か超越的実在があってそれに対応(表現)するというのではなく、過去物語り内部での整合性によって定義される真理概念なのである。

大森の想起過去説、そこから導出される想起過去の真理性や過去の実在性の意味は、従来の素朴実在論的アプローチからの諸帰結とは—哲学、物事の見方という次元において—鮮やかな対比を示すものである。〈過去〉にまつわる問題を徹底的に考え抜いた大森ですら、過去を、個人的な想起経験から意味づける視座から、社会的な言語実践から意味づけようとする視座へと転回を見せるだけでも、10年という歳月を要したようである。とあれば、過去物語り性という彼の到達した世界観に、私たちが腑に落ちるという境地に至るには、大森自身の言うように「よほどの鍛錬が必要」なことだけは確かなようである。

時間論を基軸に哲学と刑事法学をつなぐ試みを精力的に探究してきた吉田宣路も、こうした大森の構想化する過去概念、過去実在を受け入れがたいようである。とりわけ、大森が過去の実在性を、人間の社会生活のなかでの実用的概念の下で捉えようとする点について、吉田は、次のように述べて批判を加えている。すなわち、「実生活的に構成された想起過去の真理性について、実用的概念として万人熟知の『真』の意味と捉えることで、問題なしといえるのか。矛盾や不明を抱えながら、大混乱が惹起されることを回避するとの理由で過去問

(24) 大森・前掲注(23)23頁以下。
(25) 大森・前掲注(23)25頁。

題を実務上で追認するだけでは問題をとらえたことにならない。刑罰が科せられる犯罪行為が過去の行為であるならば大森の示すように法廷で証拠調べがなされようと、また真理性を実用的概念でとらえようと、結果は過去実在としての犯罪行為事実ではないことになる。しからば犯罪事実と刑罰との関係を大森はどのようにとらえているのであろうか。」(26)、と。おそらく大森であれば、こうした吉田の批判に対し、「過去の実在性を何か物的な世界が仁王立ちをしているように想像してしまう」ことからくる、払しょくされるべき素朴な捉え方と一蹴することであろう。大森によれば、「押してもついてもビクとも動かない頑丈きわまる構造物こそ実在の名にふさわしい、という思いに支配されてしまう」(27) 観方そのものが、克服されるべき対象であったことからすると、吉田の批判はおそらく大森にとって有効性を持ちえないように思われる。とはいえ、吉田の「過去実在としての犯罪行為事実ではないことになる」との点には、過去物語りの構想に賛意を示すならば、真摯に回答しなければならないであろう。

大森荘蔵の想起過去説（言語制作説）の基本線を踏襲しつつ、それを下敷きとしながら、新たに過去物語り論を展開しているのが野家啓一である。彼の歴史哲学に対するアプローチは、私たち刑事法学者にとっても非常に示唆に富むものであるが、そのすべてをこの小論で網羅できるわけもないし、また本稿の問題関心からしてもその必要もないであろう。そこで、大森の想起過去説との関係を視界に収めながら、虚偽の陳述という私たちの問題意識にまつわる論点に絞って、論及しようと思う。

野家は、その主著『物語の哲学』(28) や『歴史を哲学する』(29) において、起源と目的をもつ「大文字の歴史」が終焉した後の、歴史（学）の可能性を探究する中で、「小さな物語」のネットワークという歴史構想、また〈歴史的出来事は

(26)　吉田宜路『罪と罰の哲学的考察―刑事裁判の時間論について』（晃洋書房、2015 年）408 頁。同書から読み取れる吉田のアプローチは素朴実在論的であり、本稿の立場とは相いれないようであるが、同書「第Ⅳ部　刑事裁判論のための時間論小史」は、過去問題を省察する上で外すことのできない泰斗による時間論が手際よくまとめられ、1 つの読み方を示してくれている。

(27)　大森・前掲注（23）34 頁。

(28)　野家啓一『物語の哲学〔増補新版〕』（岩波現代文庫、2005 年）。同書は旧版『物語の哲学―柳田國男と歴史の発見』（岩波書店、1996 年）を増補し、改題した新編集版とのことである。追補した 2 篇の論文及びあとがき（旧版が引き起こした議論へ応答したもの）は、同書を理解する上で、不可欠のテクストとなっている。野家の物語り哲学に限らず、「歴史の物語り理論」全般の意義やその可能性については、鹿島徹『可能性としての歴史―越境する物語り理論』（岩波書店、2006 年）に詳しい。

(29)　野家啓一『哲学塾・歴史を哲学する』（岩波書店、2007 年）。

「物語り行為」によって構成される〉という「歴史の物語り論」なる構想を提出している。野家は、そうした構想を基礎づける中で、大森の時間論や過去論が、歴史の問題を考える上でもさまざまな示唆を与えてくれると素直に認め、基本的な方向として支持できると賛意を表明している。しかしながら、その一方で、大森の想起過去説には次の二つの点において、納得しがたい面があるともいう[(30)]。

まず一点目は、記憶・想起の身体的次元の欠落である。つまりは、「記憶や想起が本質的に言語的であり、すべて『命題』の形で表現できると言い切れるかどうか」という点である。野家によれば、私たちは、言語的記憶のほかに、習慣や儀礼的行為、あるいは暴力に晒された恐怖のような「身体的記憶」というべきものをもっていると指摘する。そして、「この身体的記憶こそは『行為』の基盤であり、現在と過去をつなぐ媒介環となるもの」なのだという。これは、野矢茂樹がベルクソンの顰に倣って「習慣記憶」と呼び、まさにこの習慣記憶を大森は顧みないと批判したことと帰一するものであろう[(31)]。

そして第二に、想起過去説は、「個人の想起体験を基盤にしており、過去の範囲が『体験的過去』に限られている」という点である。野家の指摘にもある通り、私たちが想起できる過去は、せいぜいのところ生まれてこの方体験した過去のごく一部にとどまる。以前に体験したはずなのにどうしても思い出せないことも、またすっかり忘れていたことを、他人の問いかけをきっかけに鮮やかに思い出すこともある。しかし、こうした個人的想起を手掛かりにするだけでは、私たちが手にできる過去は「極めて貧弱な過去」でしかないであろう。そこで、野家は、個人が想起することのできる「体験的過去」と、個人が体験することの不可能な「歴史的過去」と架橋する必要性を論じ、その通路を開こうと、「想起」と「記憶」との区別というストラテジーを示す。

私の見るところ、この二点目の指摘は、大森の想起過去説の説明戦略の一面だけを捉えたものであるように思われるが、そうだとしても、野家の指摘する「体験的過去」と「歴史的過去」とを切り結ぼうとする試みは、私たちの〈虚偽の陳述とは何か〉を解明するという問題関心にとって非常に重要であると考え

(30) 野家・前掲注（29）98 頁以下。

(31) 野矢茂樹『大森荘蔵―哲学の見本』（講談社学術文庫、2015 年）211 頁以下。特に 223 頁。なお同書には、大森テキストの読解に関する野家（「解説・『全身哲学者』の肖像」で問題提起）と野矢（「学術文庫版あとがき」の部分で応答）のちょっとした論争が掲載されており、大森哲学の魅力を引き立てている。

る。なぜなら、刑事被告人や犯罪被害者、証人らにとって、過去の犯罪事実は「体験的過去」の延長線上にあるものと想定できるのに対し、起訴する検察官や判決を下す裁判官らにとっては、体験不可能な過去、すなわち「歴史的過去」に類するものであると想定できるからである。

野家は、田中美知太郎の「われわれは記憶と想起を直ちに同じ現在におくことは出来ない。所有としての記憶が現在にあっても、所持としての想起は未来のことになるであろう。所持が現在なら、その所有は過去に溯られるであろう。」(32) との言葉を手掛かりとしつつ、「体験的過去」に関連して、記憶は「集蔵庫（アーカイブ）」であり、想起はそこからの「蔵出し」とのイメージをつかみ取り、両者の関係を説明しようとしている。そして、この「記憶」の概念を意識の内部のみならず、外部にまで拡張する（これを「記憶の外部化」と野家は呼ぶ。）ことで、このイメージをアナロジカルに「歴史的過去」にまで推及する。外部化された記憶はそのままでは「歴史的事実」にはならず、想起される必要があるが、歴史的過去は「物語り」という言語行為を不可欠の媒体として想起されるものであり、これによって記憶の収蔵庫に収められた史料は、「歴史的事実」として現実化されるのである(33)。つまり、「物語り文」こそが、知覚的現在と歴史的過去とを結びつける働きをするのである。つまり、過去を過去たらしめ、それを単なるフィクションから区別しているものは、他ならぬ「知覚的現在への整合的接続」という時間的統合の働きなのである。

Ⅳ　刑事法学と哲学との対話

以下では、これまで素描してきた大森荘蔵及び野家啓一の概念装置を借用し、刑事法学への転用を試みてみようと思う。

偽証罪では、その構成要件的行為として「虚偽の陳述」が必要であるところ、陳述の「虚偽性」の意味をめぐって、学説上、陳述が〈客観的事実〉に反することをいうとする客観的偽証説と、〈証人の記憶〉に反することをいうとする主観的偽証説とが対立している点は、先述したとおりである。

(32)　田中美知太郎「ロゴスとイデア」『田中美知太郎全集第1巻〔増補版〕』（筑摩書房、1987年）66頁。

(33)　野家・前掲注（29）100頁以下。

この点に関しては、実は高橋則夫のように、主観説の理解が基本的に妥当としながら、陳述が客観的に真実でないことと記憶に反することとの両者が存在することによって、虚偽の陳述になると論ずる者もいる。これをもって高橋は自らの唱える学説を折衷説と称しているところである[34]。

思うに、私の想定が大過を犯すものでなければ、この論点の解決は、「虚偽の陳述」の属性たる〈虚偽〉を定義するところの、〈陳述〉・〈客観的事実〉・〈証人の記憶〉の三つのファクターの意味とそれらの関係性の把握に係っている。客観的偽証説は〈陳述〉と〈客観的真実〉との対応が、主観的偽証説は〈陳述〉と〈証人の記憶〉との対応が問われているのであり、また高橋のような折衷的偽証説では、そのすべての要素が定義中に含まれていることからして、この想定は自然ではあろうと思う。もっとも折衷説は、〈客観的事実〉と〈証人の記憶〉が異なるものであることを当然の前提としている点は、あえてここで指摘しておきたい。

そこで、まず〈陳述〉であるが、私は、これを「想起」との関連で捉えたいと思う。陳述は、過去を想起することによってなすものだからである。このように述べるや否や、陳述が想起であるとなると、想起は無謬であるがゆえに、陳述は無謬である、との結論を導出し、ならば偽証罪の成立余地などないのではないかとの疑問も湧いて来よう。だが、これは無謬の内容を等閑視した誤解の類である。ここにおける「無謬」とは、過去形の経験についての真理性を語るものであり、想起から全く独立した過去経験という想定を拒絶することを示唆したものだからである。したがって、証人らの陳述内容から独立して、彼（ら）／彼女（ら）の過去の経験、過去形の経験が制作されることはありえないという意味で捉えるべきものである。想起される過去とは命題集合であってみれば、陳述によって構成される過去が真なる過去か偽なる過去かは、想起命題の真理性によって決せられることになろう。想起の中に非言語的な部分を認める野家や野矢の立論もあるものの、これは哲学の次元では問題となりえても、刑事法学の次元では、とりあえず視野の外に置くことが許されるであろう。というのも、偽証罪の主体要件との係わりで、証言拒絶権を有する者がこれを行使せず、宣誓の上、虚偽の陳述をしたとき、その偽証罪の成否が論じられていることは周知の通りであるが、これが討議されていること自体、陳述が証言拒

(34)　高橋・前掲注（6）656頁以下。

絶（沈黙）の裏返し、すなわち言語化されたものと推察でき、私にはこれが不当であるとは思えないからである。

次に〈客観的事実〉と〈証人の記憶〉の概念化についてである。結論から言えば、いずれも適正な裁判手続によって、「相互主観的に構成された事実」の中に回収されるものであり、両者は一体のもの、一つの事実の別の側面を言い当てたに過ぎないと捉えるべきではないかというのが、私の意見である。なおここでいう「構成」とは「無からの創造」や「恣意的な解釈」という意味でないことは、言を俟たないであろう。この点に注意を払っておかないと、関係当事者が「ありもしない事実をでっち上げる」とか「事実を曲解するものである」とかいう、それこそでっち上げ・曲解の批判を生むことになりかねない。「構成」とは意味形成の働きのことである。

思うに、これらは刑事裁判における要証事実の問題である。主観的偽証説の主張するところの、陳述と証人らの記憶・体験との一致／不一致を論ずるにしても、証人らの陳述をそのまま彼（ら）／彼女（ら）の記憶・体験とみなすならば—もちろんのこと、このとき、主観説による限り、偽証罪の成立余地はなくなる—話は別であるが、証人らが何を記憶し体験していたのかは結局のところ裁判手続の中で明らかにしていかざるをえない。そうだとすれば、証人らの記憶・体験は考えられているようには主観的なものではなく、実は客観的、より正確を期すなら、相互主観的に構成される事実なのである。

他方で、客観説が内含する「客観的事実」であるが、これは過去の出来事の実在をめぐる議論と関連する。記憶の持ち寄りにより、つき合わせて形成された実体、増田の言葉を借りるならば、これこそが真理のディスクルス説から導かれる真実であろうが、こうした過去の出来事は実在するとしても、それは証人らによる陳述という形で持ち出される想起命題から相互主観的に構成される過去物語りなのであり、私たちの想起過去から遊離していずこかに存在するような実体、いわゆる「過去自体」と想定すべきではない。誤解を誘発することを懼れず言えば、真実（客観的事実）は発見すべきものではなく、相互主観的に構成されるべきものなのである。

とすれば、虚偽とは、陳述という想起から構成されるところの過去（想起命題）と刑事裁判を通して相互主観的に構成される過去物語り（相互主観的命題）との不一致をいうのではなかろうか。

V　結びに代えて

いまや与えられた紙幅も使い果たした。省みるに、本稿で摘み残した課題はあまりにも多い。自白すれば、詰め切れないまま自分を説き伏せるかのように論証した部分も少なからずある。

私が共感する物語り理論では、物語り行為による過去の出来事の構成、すなわち意味付け作業には終わりがないのだという。これから生起する未来の出来事をも勘案するならば、意味生成の過程が完結することなどないのは、当然のことであろう。公認を得た〈歴史〉ですら改訂・修正を免れないのである。いわんや相互主観性を持たない一個人の見解をや。

修正は思索深化の証しとポジティブに受け止め、そのときそのときの思索を言語化する努力を怠らぬことをお誓い申し上げ、これまで増田豊先生から頂戴した学恩に報いる所存です。

「目的犯」と危険運転致死傷罪における「通行妨害目的」

松宮孝明

Ⅰ　問題の所在

犯罪の故意とは別に「目的」が成立要件とされている犯罪は、一般に「目的犯」と呼ばれている。しかし、ここにいう「目的」の意味ないし位置づけは多様である。加えて、「目的」とは、一般に「成し遂げようと目指す事柄。行為の目指すところ。意図している事柄(1)」と解されているが、裁判例には、これを「未必的な認識」でも足りるとしたものがある。

そのような裁判例の一つとして、大阪高裁は、その平成 28 年 12 月 13 日の判決(2) において、「通行妨害目的危険運転致死傷罪」(2013（平成 25）年改正前の刑法 208 条の 2(3)）における「通行を妨害する目的」につき、これは通行を妨害する未必的な認識（および認容）の場合でも充たされるとする判断を示した。

すなわち、「危険回避のためにやむを得ないような状況等もないのに、人又は車両の自由かつ安全な通行を妨げる可能性があることを認識しながら、あえて危険接近行為を行うのもまた、同様に危険かつ悪質な運転行為といって妨げない」ので、「そのような場合もまた、通行妨害目的をもって危険接近行為をしたにあたると解するのが合目的的である。」としたのである。

---

(1)　新村出編『広辞苑（第 6 版）』（岩波書店、2008 年）2783 頁参照。

(2)　大阪高判平成 28・12・13 高刑集 62 巻 2 号 12 頁。以下、「本判決」と呼ぶことがある。

(3)　当時の刑法 208 条の 2 第 2 項は、「人又は車の通行を妨害する目的で、走行中の自動車の直前に侵入し、その他通行中の人又は車に著しく接近し、かつ、重大な交通の危険を生じさせる速度で自動車を運転し、よって人を死傷させた者」と規定していた。

しかし、この判断は、少なくとも、この規定に関する平成25年2月22日の東京高裁判決(4)の判断や通説的見解と矛盾する。というのも、平成25年東京高裁判決は、この目的につき、「人や車に衝突等を避けるため急な回避措置をとらせるなど、人や車の自由かつ安全な通行の妨害を積極的に意図することをいうものと解される。」だけでなく、「自分の運転行為によって上記のような通行の妨害を来すのが確実であることを認識していた場合も、同条項にいう『人又は車の通行を妨害する目的』が肯定されるものと解するのが相当である。」と判示し、いわゆる「意図」と「確定的認識」はここに含まれるとした。しかし、その理由は、「自分の運転行為によって上記のような通行の妨害を来すのが確実であることを認識して、当該運転行為に及んだ場合には、自己の運転行為の危険性に関する認識は、上記のような通行の妨害を主たる目的にした場合と異なるところがない。」ことに求められており、「未必的な認識(および認容)」の場合は除外されるとする趣旨と解されるからである(5)。

また、実務家の見解においても、「本罪の場合、未必的な認識、認容があるだけでは足りないと解すべきである。(6)」と述べられている。

さらに、「『通行を妨害する目的』とは、相手方に対して自車との衝突を避けるために急な回避措置(歩行者であれば車両をかわして避けようとすること、車両であれば急ブレーキ、急ハンドルなどで衝突を避けようとすること)を取らせるなど、相手方の自由かつ安全な通行を妨げることを積極的に意図することである。(7)」として、「確定的認識」も除外するように見える見解もある。

ゆえに、少なくとも、本判決が「被告人が被害車両の通行を妨害する積極的意図を有していたと認めることは困難」と認定しながら、「危険回避のためやむをえないような状況等もないのに、被害車両の自由かつ安全な通行を妨げる可能性があることを認識しながら、あえて危険接近行為を行った」という認定で通行妨害目的を認めたのは、刑事訴訟法405条3号が定める上告理由である

(4) 東京高判平成25・2・22高刑集66巻1号3頁。以下、平成25年東京高裁判決と呼ぶ。なお、この判決は、警察車両に追われていた被告人が、これから逃げるために先行車両を追い越そうとして、対向車線を対向してくる車両のあることを認識しながら対向車線にはみ出して走行したため、衝突死傷事故を起こしたという事案に関するものである。

(5) なお、本判決の原判決(神戸地判平成28・2・2公刊物未登載)も、平成25年東京高裁判決の見解に依拠していた。

(6) 前田雅英編集代表『条解刑法(第3版)』(弘文堂、2013年)601頁。

(7) 大塚仁ほか編『大コンメンタール刑法(第二版)第10巻』(青林書院、2006年)511頁。

「高等裁判所の判例……と相反する判断をしたこと。」に当たる可能性があろう。

そこで、本稿では、このように、「目的」には、いわゆる意図や動機ばかりでなく、「確定的認識」や、さらには「未必的認識」も含まれるのか、という問題を扱うことにする。

Ⅱ 「目的犯」における「目的」

1 意図・確定的認識・未必の故意

「目的犯」(Absichtsdelikt)における「目的」の内容については、故意、それも――未必の故意に対置される――「直接的故意」ないし「確定的故意」の一種である「意図」と比較して論じられることがある(8)。語源的にも、「目的」はドイツ語の Absicht に由来しており(9)、かつ、「意図」もまた Absicht(10) だからである。そして、日本語の「目的」は、この文脈においては、前述のように、「成し遂げようと目指す事柄。行為の目指すところ。意図している事柄(11)」であり、ゆえに「目的」の内容は当該行為の目指すところであるが、「意図」もまた、「行おうと目指していること。また、その目的(12)」である。ゆえに、両者の内容は同じである(13)。

ところで、問題は、故意にいう「意図」と「確定的認識」および「未必の故意」の区別につき、一部には混乱がみられることにある。というのも、「直接的故意」ないし「確定的故意」と未必の故意との相違を犯罪事実実現(ないし結果発生)の確定的認識と可能的認識の相違に求める見解があるからである。たとえば「犯罪事実の実現を確定的なものと認識して認容している場合が確定的故

(8) 近年の文献として、伊藤亮吉『目的犯の研究序説』(成文堂、2017年)がある。

(9) たとえば、団藤重光『刑法綱要総論[第3版]』(創文社、1990年)132頁参照。

(10) ユルゲン・シュタルフほか編『和独大辞典』(IUDICIUM Verlag, 2009)2473頁参照。さらに、『独和大辞典』(小学館、1985年)41頁では、Absicht は「1 意図、もくろみ、計画、2 見地、観点」とされている。

(11) 新村編・前掲注(1)2783頁参照。

(12) 新村編・前掲注(1)183頁参照。

(13) ドイツ語の Absicht と日本語の「目的」の意味は異なるとする見解もあるが、少なくともドイツの Absichtsdelikt をモデルとして作られた「目的犯」が日本刑法に多数存在することからすれば、「異なる」のは、そう解するやむを得ない事情がある場合に限られると考えるべきであろう。

意であり、犯罪事実の実現を可能なものと認識している場合が未必的故意[14]」とする説明がそれである。

このような理解をすると、行為者に結果発生の目的はあるが、その発生可能性については確実性ではなく可能性の認識があるにすぎない場合に、「犯罪事実の実現を確定的なものと認識して」いないので、この行為者には未必の故意しかないという結論に至ってしまう[15]。これは、故意が、まず、犯罪事実実現（ないし結果発生）を意図していたか（「意図」）否かで分けられ、次に、犯罪事実実現（ないし結果発生）を意図していないけれどもその実現を確実と思っていたか（「確定的認識」）、可能性があるにすぎないと思っていたか（「未必の故意」）で分けられることを正確に理解していないために生じた矛盾である。

ゆえに、「目的」においては、その実現が行為者に確実なものとして認識されている必要はない。認識されるべき実現可能性は、いわゆる「許される危険」を超える程度のものであれば足りるのであり、その点では、「目的」における認識は「未必の故意」におけるそれと異なるところはないのである[16]。

2 「確定的認識」の意味

以上から明らかなように、「直接的故意」ないし「確定的故意」の一種とされる「意図」では、犯罪事実実現（ないし結果発生）が確実であると認識されている必要はない。しかし、そうなると、平成25年東京高裁判決のように、「確定的認識」を「意図」ないし「目的」と同列に扱う根拠がなくなってしまう。なぜなら、「意図」に確実性の認識が不要だとすれば、両者の間に認識面での同一性がなくなってしまうからである。それでは、平成25年東京高裁判決には正

(14)　前田編集代表・前掲注（6）130頁。しかし、この種の理解は、広く蔓延している。

(15)　ゆえに、「通行妨害目的」に関してではあるが、本判決も、この矛盾を指摘している。「嫌がらせ目的で危険接近行為をしたが、通行妨害についての認識は未必的であったという場合、本件罪は成立しないことになりそうである」という判示部分がそれである。なぜなら、「通行妨害の意図」があれば、「通行妨害結果」に関する確定的認識は不要だからである。「嫌がらせ目的」が「通行妨害の意図」と同義であれば、この場合には「通行妨害目的」が認められる。認識の未必性は、別途、認識対象である行為の客観的危険性の問題として検討すべきであろう。

(16)　結果を意図する場合には、その実現可能性は結果を意図しない場合に比べて小さくてもよいとする見解もある。しかし、そうなると、「意図」では、「許される危険」しか認識していない場合でも故意が認められることとなって、単なる「願望」との区別が不可能になってしまうであろう。たとえば、危険だが許される手術をする医師が、心中では患者の死を願っていた場合を想起すればよい。願っているだけでは殺人罪の故意があるとは言えないであろう。

当性がないことになってしまう[17]。

しかし、この点については、従来の通説的理解に問題があるのである。というのも、「確定的認識」(Wissentlichkeit) とは、実は、犯罪事実実現（ないし結果発生）の直接的な確実性の認識を言うのではないからである。

このことを、「確定的認識」の具体例としてしばしば言及される保険金目的での船舶爆破事例を用いて説明しよう。この事例では、行為者は保険金目的で船を爆弾で沈没させようとするのだが、沈没させれば、その際に、乗組員が溺死する極めて高い蓋然性があると認識していた。しかし、保険金目的からみれば、行為者にとって乗組員の死亡は余計な、さらにはできれば避けたい結果であったというのである。しかし、乗組員の死亡は、船舶の沈没という行為者の目的[18]が達成されれば必然的に、あるいはほぼ必然的に発生する「付随結果」ないし「随伴結果」である。ゆえに、このように「目的を達成すれば、それに確実に、ないしほぼ確実に結果が付いてくるという認識」が行為者にあれば、行為者は――好むと好まざるとにかかわらず――当該結果も「意図」したのだとみなすという解釈が行われる。これが、「確定的認識」も「直接的故意」に含まれるとするロジックである。

ドイツでこれを明確に指摘したのは、インゲボルグ・プッペであるが、その考え方は、近年、クラウス・ロクシンやギュンター・ヤコブス等によって次第に広く支持されてきている。プッペは次のように述べる。

「直接的故意Ⅱ――「確定的認識」のこと（筆者注）――の標準事例であるトーマス事例――行為者が保険金目的で船を爆弾で沈没させようとするのだが、その際、乗組員が高度の蓋然性で溺死するというもの――においても、そのような確定的認識は存在しない。行為者は、単に、彼の計画通りに爆弾が船を沈没させれば、乗組員が極めて高度の蓋然性で溺死することを知っていただけである。つまり、正しくは、直接的故意Ⅱは、以下のように特徴づけられるべきものである。すなわち、行為者は、彼がその目的のひとつを達成すれば、構成

(17)　誤解を避けるためにいえば、筆者は、平成25年東京高裁判決の見解は支持しうると考えている。

(18)　誤解を避けるために言えば、「目的」の内容は、行為者の最終目標である必要はなく、それに至る「中間目標」でもよい。その「中間目標」には、意図した挙動によって生じる外界の変動も含まれる。たとえば、拳銃でAを射殺しようとしたところ、発射された弾丸はAに命中せずに隣にいたBに命中したという場合、これによるBの死亡は、「意図したAの射殺」ではなく、「意図したAに向けての発砲行為」に付随する結果である。

要件該当結果が確実にまたは極めて高度の蓋然性で発生することを知って行動するものだと。[19]」

このように、「意図した事態が実現すれば（ほぼ）必然的に付随結果も発生することを認識している場合には、行為者は付随結果も意図したものとみなす」という解釈ルールがあることを理解して初めて、「確定的認識」が「意図」と同列に扱われることが理解される[20]。それは、けして、犯罪事実実現（ないし結果発生）の直接的な確実性の認識を言うのではない。なぜなら、この場合、行為者は、自己の意図した事態が発生することを確実であると認識している必要はなく、単に、「自己の意図した事態が発生すれば」付随結果（ないし随伴結果）が（ほぼ）確実に発生すると認識していればよいからである。その結果、「意図した事態」の発生が確実でないと認識されている場合、付随結果の発生も確実でないと認識されていることになる。ゆえに、行為者は、この付随結果が確実に発生すると認識している必要はないのである。

以上の「確定的認識」の定義と対比すれば、「未必の故意」は、次のように定義される。すなわち、「未必の故意とは、意図した事態に随伴して犯罪事実が発生する相当な可能性があると認識されているのに、行為者があえて行動に出る場合をいう」と[21]。もちろん、ここにいう「相当な可能性」は、「あえて」という評価が妥当するような「可能性」をいうのであるから、当該犯罪事実を起こしたくないと考えている標準的な市民であれば、その行動に出ない動機となるような「可能性」でなければならない[22]。

3 「未必の故意」と「条件付故意」

なお、「未必の故意」と区別すべきものに「条件付故意」がある。「条件付故

(19) *I. Puppe*, Nomos Kommentar StGB 4. Aufl. Bd. I, 2013, § 15 Rn, 110.

(20) ゆえに、「嫌がらせ目的で危険接近行為をしたが、通行妨害についての認識は未必的であったという場合、本件罪は成立しないことになりそうである」という本判決の批判は、的外れとなる。

(21) ゆえに、プッペのように理解すれば、未必の故意に関する「蓋然性説」も、正確には、「意図」した事態に付随して犯罪事実が発生する蓋然性があるという認識がある場合に未必の故意を認める見解ということになる。なお、これに関しては、筆者は、中山研一＝浅田和茂＝松宮孝明『レヴィジオン刑法３　構成要件・違法性・責任』（成文堂、2009 年）336 頁以下で指摘している。

(22) 最判昭和 23・3・16 刑集 2 巻 3 号 227 頁のような判例が用いる「あえて」という言葉が、行為者の心理ではなく、裁判官側の評価を表すものであることについては、松宮孝明『刑法総論講義〔第 5 版〕』（成文堂、2017 年）182 頁を参照されたい。

意」とは、未必の故意のような意図した事態の発生に伴って犯罪事実が発生する可能性があるという認識（およびその可能性の認容）ではなくて、最高裁も「条件付故意とは、故意は単純に存在し、これに基づく実行行為だけが条件にかかっている場合を指している[(23)]」と述べているように、一定の条件が成就すれば犯罪を実行しようとする故意を意味するからである[(24)]。そして、この故意は、「意図」、「確定的認識」、「未必の故意」のいずれであってもよい。たとえば、殺害を依頼した殺し屋が実行しない場合に備えて、自らが被害者を殺害するための準備をするような場合は、殺人予備罪の「条件付故意」、より厳密に言えば、刑法199条の罪を犯す「条件付目的」があることになる。

4　共犯における「目的の認識」

このように、「目的」という言葉は、一般には「意図」と同義であり、また、刑法理論によってそれを拡張した場合でも、せいぜい、上述した「確定的認識」までしか含むことはできない。しかし、危険運転致死傷罪における「通行妨害目的」以外の「目的」に目を転ずれば、背任罪や通貨・文書等の偽造罪、爆発物取締罰則1条および3条の罪などについて、それぞれの「目的」を未必的なものでよいとした裁判例が散見される。その理由のいくらかは個別的・各論的な検討を要するが、総論的には、「目的犯」に対する共犯の故意ないし主観的要素の特性を検討しておく必要がある。

まず、従犯のような狭義の共犯における場合を考えてみよう。この場合、正犯を幇助する従犯者は、正犯が「目的」を有していることを知りながら加担する意思があればよく、みずからは「目的」を持っていなくてもよいと思われる。なぜなら、この状況は、──「目的」を刑法65条にいう「身分」と解するか否かは別にしても──身分犯に対する非身分者による共犯の可能性という問題に類似しているからである[(25)]。事情は教唆犯でも同じであり、教唆者は、正犯に

---

(23)　最決昭和56・12・21刑集35巻9号911頁。

(24)　「条件付故意」が「未必の故意」と異なるものであることは、すでに判例によって認められている。前掲最決昭和56・12・21のほか、最判昭和59・3・16刑集38巻5号1961頁。他方、正犯者が依頼されたら犯罪を実行しようと考えていた段階では故意を否定して依頼者に教唆犯を認めた裁判例として、最決平成18・11・21刑集60巻9号770頁がある。

(25)　現に、薬物事犯における「営利の目的」は、刑法65条2項にいう「身分」に含まれるとするのが判例である。

「目的」を抱かせて犯罪を実行させればよいのであって、自らが「目的」を有している必要はない。窃盗罪における「不法領得の意思」を例にとれば、窃盗罪に対する狭義の共犯は自らが「不法領得の意思」を持っている必要はなく、正犯にこれがあることを認識し、あるいは正犯にこれを抱かせればよいのである。この場合、正犯者が有する「目的」は、共犯者にとってはその故意の対象となる。この場合、狭義の共犯の成立には、正犯の「目的」の未必的認識で足りるとする余地があるかもしれない。

次に、予備罪的正犯ないし共同正犯の「目的」はどうであろうか。ここでは、まず、通貨や文書等の偽造罪のように、行使罪に対して予備罪的関係に立つ構成要件では、偽造罪の正犯は、ときに、行使罪の予備段階での共犯という性格を持つことを指摘しておかなければならない。この種の偽造罪は、旧刑法がそうであったように、もともとは「偽造して行使した」ことが構成要件とされたにもかかわらず、既遂時期を「偽造」時点に早めるために「行使の目的」を要する目的犯とされたという経緯を有する(26)。このように、既遂時期を早めるために後の行為を「目的」にとどめてしまったタイプの罪を「短縮された結合犯」ないし「切り縮められた二行為犯」と呼ぶ(27)。

この場合、単独犯であれば、実行された行為(「偽造」)と目的とされた行為(「行使」)は手段・目的の関係に立つ。ゆえに、偽造行為者には「意図」としての「行使の目的」がなければならない(28)。しかし、行使を意図している他者から偽造を依頼され、その報酬を得ることが「目的」であるような偽造行為者には、「意図」としての「目的」は認められない。この場合は、実質的には、偽造行為者は、行使予定者の「事前共犯」として、その「目的」の「認識」で足りるとしなければならない。しかも、偽造行為者が実質的事前共犯の場合、偽造依頼者が偽造物を行使する前に偽造罪が既遂に達する――つまり、行使の正犯が存在しなくても偽造の正犯が成立しうる――ことを考慮すれば、身分犯に対する非身分者の共犯という思考方法ではなく、偽造罪における「行使の目的」自体が、端的に、他者の「行使の目的」に関する認識をも含むとしなければな

(26) 倉富勇三郎監修、松尾浩也増補解題『増補刑法沿革総覧』(信山社、1990年) 2180頁、2182頁参照。

(27) 「後の行為を目的とする犯罪」あるいは「二つの行為が一つにちぢめられている犯罪」と呼ばれることもある。平野龍一『刑法総論Ⅰ』(有斐閣、1972年) 124頁参照。

(28) 「行使」は挙動であって「挙動に付随する結果」ではないので、「行使」の「確定的認識」というものは想定しづらい。

らない。ゆえに、この場合でも、未必的認識で足りるとする余地はあるかもしれない。

この事情は、共同正犯にも当てはまる。上記の状況を、偽造依頼者が偽造を共同して実行する者でもあったという形に変形すれば、これは自ずと理解できるように思われる。しかし、これは、共犯ないし実質的事前共犯という特殊事情に由来するものであり、単独正犯への一般化はできないことに注意しなければならない。

なお、以上の事情は、実質的な事前共犯に関する部分を除けば(29)、後述する虚偽告訴罪のような「切り落とされた結果犯(30)」や、加害目的背任罪のような「結果を目的とする目的犯」にも当てはまる。なぜなら、正犯にこれらの罪の目的があり共犯者にその認識があれば、これらの罪の共犯が成立し得るからである。

Ⅲ 「目的犯」の多様性に応じた「目的」の多様性

1 後の行為を目的とするもの（「短縮された結合犯」）

「超過的内心傾向」としての「目的」を要素とする目的犯は、二種類に分けられる。「短縮された結合犯」と「切り落とされた結果犯」である。前者の代表は、通貨や文書等の偽造罪さらには各種の予備罪であり、これらの犯罪では、既遂後に予定されている「行使」などの行為をする「目的」が要求される。後者の代表は虚偽告訴罪であり、ここでは、「人に刑事又は懲戒の処分を受けさせる目的」といった、後に生じる「結果」への「目的」が要求される。これらいずれの罪についても、裁判例には、各「目的」を未必的認識で足りるとしたものが見受けられる。

まず、通貨・文書等の偽造罪における「行使の目的」については、「未必的認識」とは述べていないが、最判昭和34・6・30刑集13巻6号985頁は、被告人

(29) 「切り落とされた結果犯」では、後の行為は予定されていないのであるから、これに対する事前共犯という事態を想定することはできない。

(30) 平野・前掲注(27) 124頁は、これを「結果を目的とする犯罪」あるいは「変形された結果犯」と呼ぶ。しかし、ここでの「結果」は構成要件要素から切り落とされているので、正確には「切り落とされた結果犯」と呼ぶべきであろう。ドイツ語ではkupiertes Erfolgsdeliktである。

Aらが共謀の上、国内に流通する米軍軍票を偽造し、Bに対し前記偽造米軍軍票の売却方を依頼して行使の目的をもって交付し、被告人Cらが、オフセット印刷機にかける刷板の制作を手伝い、以って被告人Aらの偽造行為を容易ならしめて之を幇助した事案につき、米国軍票は刑法148条1項の「国内ニ流通スル外国ノ紙幣」に該当するとした際に、「行使の目的は自己が行使する場合に限らず他人をして真正の通貨として流通に置かせる目的でもよいのであって、判示事実によればかかる目的が認められるので原判決の判断は正当である。」と述べている。

また、有価証券偽造罪につき、大判大正15・12・23刑集5巻584号は、未必的認識で足りるとは述べていないが、「自ラ偽造ノ株券ヲ行使スルノ意思ナキモ他人カ行使ノ目的ヲ以テ株券ヲ偽造スルモノナルコトヲ知リナカラ其ノ他人ノ依頼ニ応シテ株券ヲ印刷スルハ株券偽造ノ実行ニ加功シタルモノニ外ナラサレハ其ノ印刷者ハ縦令右他人ト共ニ株券ヲ偽造行使センコトヲ謀議セス又右株券ニ税印判等ヲ押捺スルコトニ付関与セサルモ有価証券偽造罪ノ正犯ヲ以テ論スヘキモノナルコト勿論」であると述べている。

注目すべきことは、これらがいずれも、前述した共犯ないし実質的な事前共犯の故意ないし主観的要素に関わるものだということである。それゆえ、実質的共犯者には「意図」までは要求されないのである。これを言い換えれば、これらの裁判例は、そのような事情のない単独正犯ないし実行正犯についてまで、未必的認識で足りるとしたものではない。

条件付意図で足りるとした裁判例としては、文書偽造罪に関する大判大正11・4・11新聞1984号19頁が、文書偽造罪における「行使の目的」につき、未必条件付行使の目的で足りるとしている。この裁判例は、一部には、「行使の目的」を「未必的認識」でも足りるとした裁判例と受け止められているが(31)、前述のように、「条件付故意」と「未必の故意」は異なるものであって、条件が成就すれば予定した行動に出るつもりがあるという場合には、これは「条件付意図」であり、条件成就の現実的可能性があるのであれば、「意図」に含まれるものと解される。実際にも、大判大正11・4・11の扱った事案は、被告人が偽造した文書（承諾書）二通のうち一通は書き直したものであり、これは警察官が最

(31)　伊藤・前掲注（8）119頁以下。以下で検討する爆発物取締罰則1条及び3条の「目的」に関する最決平成3・2・1刑集45巻2号1頁の原判決である東京高判昭和61・12・15高刑集39巻4号511頁も、この大審院判決をして、未必的なもので足りるとしたものと評している。

初の一通を受理しない恐れがあったためその予備として作ったものであった。大審院は、このように条件付きで行使する予定であった二通目の文書についても、「文書偽造罪ノ成立スルガ為ニハ必ズシモ之ヲ行使スル確定ノ目的アルコトヲ要セズ未必条件付ニテ之ヲ行使スル目的ヲ有スル場合ト雖モ亦刑法第159条ニ所謂行使ノ目的ヲ以テ文書ヲ偽造シタルモノト称スルニ何等妨ゲアルコトナシ」と述べたのである。殺人予備罪につき、「苟モ殺害ノ意思ヲ確定シ之カ予備ヲ為シタル以上ハ其殺意ノ条件附ナルト否トヲ問ハス人ヲ殺害スノ目的ヲ以テ其予備ヲ為シタルモノナレハ其所為ノ刑法第201条ニ該当スルコト論ヲ俟タス」と述べた大判明治42・6・14刑録15輯769頁も、「条件付意図」に関するものである。なぜなら、この判決の扱った事案も、相手方が被告人の殺害を引き受けてくれなければ自分が被害者を殺害するつもりでその予備をしたものであり、被告人は被害者の殺害を条件付きで決意していたからである。

被害者の行動の自由を制約しこれを搾取することに違法性の実質を有する営利目的拐取罪（刑法225条）もまた、「短縮された結合犯」の一種である(32)。ゆえに、この罪でも、実質的な共犯者の主観的要件としては、依頼者の「営利目的等」についての「認識」で足りることになる。しかし、従来の裁判例では、実行正犯が行為の報酬を目的としていた場合に、これをして「営利の目的」と解する傾向にあった。大判大正9・3・31刑録26輯223頁や大判大正14・1・28刑集4巻14頁(33)、大判昭和9・3・1刑集13巻166頁、最高裁では最決昭和37・11・21刑集16巻11号1570頁がそれである。しかし、成人の誘拐自体は犯罪でも何でもないのであるから、これに報酬が伴ったことをもって犯罪とする

(32) 佐伯千仭『刑法における違法性の理論』（有斐閣、1974年）269頁参照。そのような理解をしていない見解も散見されるが、成人に対する営利目的誘拐罪を考えれば明らかなように、成人を誘惑するだけでは、犯罪にならないばかりでなく――不貞行為の手段として相手方の配偶者に対する不法行為となる場合を除けば――それ自体を違法とすることもできないであろう。なお、山口厚『刑法総論［第3版］』（有斐閣、2016年）99頁は、本罪の「営利の目的」を責任要素と解する見解があり得るとするが、行為自体には可罰的違法性があり故意もあるのに、当該行為に対する報酬の有無で可罰的責任の有無が異なるという構成には無理がある。現に、山口厚『刑法各論［第2版］』（有斐閣、2010年）95頁は、「被拐取者の自由を侵害することにより利得する場合に限るべき」だとしている。

(33) この判決は、「営利の目的」を刑法65条にいう「身分」に当たらないとしたことでも知られた裁判例である。その意図するところは、被害者が未成年者であったこの事件において、自己が「営利の目的」を持っていない実行正犯につき、未成年者拐取罪を営利目的拐取罪の減軽類型とみて刑法65条2項を適用する見解を否定することにあった。しかし、実行正犯自身に「営利目的」を認定してしまった以上、この判示部分は傍論である。

のは不合理であろう。実は、上記の裁判例は、いずれも、拐取された被害者（いずれも女性）を、売春を伴うような醜業等に半強制的に就かせることを目的とする依頼者が、実行正犯に報酬を支払って拐取を依頼した事案に関わるものなのである。ゆえに、実質的には、実行正犯が背後者のこのような意図を認識していたことが決定的に重要なのである(34)。

2　結果を目的とするもの（「切り落とされた結果犯」）

ここには、虚偽告訴罪が含まれる。これに関して大判大正6・2・8刑録23輯41頁は、刑法172条にいう「人に刑事又は懲戒の処分を受けさせる目的で」とは、「不実ナル申告カ其性質上他人ヲシテ刑事又ハ懲戒ノ処分ヲ受ケシムル結果ヲ発生スヘキコトノ認識ヲ以テスルノ意ナレハ誣告罪ノ成立ニハ右認識ノ下ニ不実ノ申告アルヲ以テ足リ必シモ上叙結果ノ発生ヲ欲望スルコトヲ要セス」と述べている。行為者の真の「意図」は別のところにあっても、被害者が「刑事又は懲戒の処分」を受けることにつき「認識」があれば足りるとされたのである。

もっとも、大判大正6・2・8は、続けて、「原判決援用ノ各証拠ヲ綜合スレハ所論事実ヲ認ムルニ難カラス」とも述べており、ゆえに、この判決をして、「刑事又は懲戒の処分を受けさせる目的」に未必的認識が含まれるとした裁判例とすることはできない。加えて、本罪については、この「目的」に未必的認識が含まれるとすることには問題があろう。というのも、嫌疑の段階で捜査に協力して情報を提供する行為には、常に、無辜の他人に「刑事又は懲戒の処分を受けさせる」リスクはあるからである。この点は、「目的」を「意図」および「確定的認識」に限定することに合理性があると思われる。もちろん、これは、申告の「虚偽性」につき確定的認識を要することでも解決できるのであるが。

(34)　このような背後者の意図を知らずに実行した人物に、報酬目当てであることを理由に営利目的拐取罪の成立を認めることが不合理であることは、本文に述べた通りである。加えて、背後者の意図を知って実行したのであれば、そのような人物が報酬目当てでなかった場合に営利目的拐取罪を認めないこともまた、不合理な結論といわなければならない。

3　結果に対する故意を制約するもの

学説では、「本人に損害を加える目的」で行われる背任罪ないし特別背任罪（「加害目的背任罪」）における「目的」は、客観的構成要件要素を超過するものではなく、単に、結果である「財産上の損害」についての故意を「意図」ないし「確定的認識」に限定する趣旨のものと解されている[35]。しかし、裁判例では、たとえば、最決昭和63・11・21刑集42巻9号1251頁は、「特別背任罪における図利加害目的を肯定するためには、図利加害の点につき、必ずしも所論がいう意欲ないし積極的認容までは要しないものと解するのが相当」と述べている。この判示部分は、一般に、「確定的認識」も要しない趣旨のものと解されている。

ところで、背任罪は「自己若しくは第三者の利益を図」る目的（「図利目的」）でも成立するのであるから、この判示事項が意味を持つのは、行為者に「図利目的」がなく、かつ「加害目的」についても「意図」や「確定的認識」が認められない事案に対してである。しかし、「図利目的」がなく、かつ、本人に加害する「意図」もないまま故意に背任行為に出るという行為者は現実に想定できるのであろうか。

この疑問を解くためには、最決昭和63・11・21の扱った事案を知らなければならない。結論を言えば、その事案は、いわゆる「自己保身目的」の認められるものである。というのも、最決昭和63・11・21の前提とした事実は、被告人Nが右任務違背行為に出たのは、同銀行の利益を図るためではなく、「従前安易に行っていた過振りの実態が本店に発覚して自己の面目信用が失墜するのを防止するためであった」（下線筆者）というものであったからである。

これは、後の最決平成15・2・18刑集57巻2号161頁や最決平成20・5・19刑集62巻6号1623頁が「自己保身の目的」も「自己の利益を図る目的」に含まれるとした判断からみるなら、まさに「図利目的」が認められる事案だったのである。ゆえに、自己保身目的でも自己図利目的となりうるという今日の判例理論からみれば、最決昭和63・11・21をして、「加害目的」を未必的認識で足りるとした先例と考えるのは早計である[36]。

（35）　団藤・前掲注（9）654頁参照。

（36）　なお、最決昭和63・11・21に従いつつ、「加害目的」の存在を否定して無罪を言い渡した裁判例として、大阪地判平成13・3・28無罪事例集7集194頁がある。それは、「本人の利益を図る目的が当該行為の主目的であったと認められる」ことを理由としている。

4 行為の意味づけとしての目的（＝傾向犯）

超過的内心傾向でも結果に対する故意を制約するものでもなく、また、後述する純粋な行為動機でもなく、実行される行為を意味づける主観的要素を持つ犯罪を「傾向犯」と呼ぶ。その中には、強制わいせつ罪（刑法176条）ばかりでなく、贈収賄の罪や外国国章損壊罪（刑法92条）、凶器準備集合罪（刑法208条の2）のようなものも含まれる[(37)]。贈賄罪における「職務の対価」という賄賂の定義は当事者の主観的意味付けを必要とするし、外国国章損壊罪における「外国に対して侮辱を加える目的」も、それがなければ単なる器物の損壊にすぎない行為に意味を与える主観的要素であり[(38)]、また、「共同して害を加える目的」がなければ、凶器準備は「集合罪」にならない。

このような場合には、正犯者には「意図」または「意図と同視できる確定的認識」としての各目的が必要であると解する。つまり、「未必的認識」では足りないのである。これに対して共犯者には、正犯者に「意図」があることの認識で足りよう。

この点では、爆発物取締罰則１条および３条にいう「治安ヲ妨ケ又ハ人ノ身体財産ヲ害セントスルノ目的」につき、「人の身体を害するという結果の発生を未必的に認識し、認容することをもって足り、右結果の発生に対する確定的な認識又は意図は要しない」と述べた最決平成３・２・１刑集45巻２号１頁[(39)]でも、事情は変わらない。

まず、ここにいう「治安ヲ妨ケ又ハ人ノ身体財産ヲ害セントスルノ目的」は、後の行為を実行する目的ではなく、かつ、後に発生する結果でもない。他方で、純粋な行為動機ないし心情要素でもない。つまり、これもまた、客観的な行為

(37) 佐伯・前掲注（32）225頁以下、266頁以下参照。

(38) たとえば、紙製の外国国旗を、暖をとるための焚き付けに使う場合は、必ずしも本罪に当たるものではない。誤解を避けるために言えば、これは「その国の国旗その他の国章を損壊し、除去し、又は汚損した」という行為だけでは、行為の意味は決まらないという趣旨であって、行動の脈絡を客観的に観察して「外国に対して侮辱を加える」という意味が見出せない行動については、たとえ行為者が「外国に対して侮辱を加える目的」を持っていたとしても、本罪は成立しないものと解する。

(39) この事件の事案は、武装闘争を先鋭化することにより暴力革命の先駆的状況を作り出そうとした被告人が、自らをリーダーとするグループの仲間と共に、警察官を殺傷しまたは警察施設等を爆発させるため、治安を妨げ、かつ、人の身体財産を害する目的をもって、連続的に爆発物の製造、使用等を行ったというものであるから、被告人自身にも「治安ヲ妨ケ又ハ人ノ身体財産ヲ害セントスルノ目的」が直接に認められるものであった。

に意味を付与する「傾向犯」としての「目的」なのである。

そして、爆発物取締罰則3条にいう爆発物の製造等の行為は、製造された爆発物の使用が他人によってなされる場合、使用罪の事前共犯という性格を帯びる。ゆえに、この場合には、製造者は使用者に「治安ヲ妨ケ又ハ人ノ身体財産ヲ害セントスルノ目的」があることを認識していればよい。

これに対して、爆発物取締罰則1条の行使罪では、その行使行為に「治安ヲ妨ケ又ハ人ノ身体財産ヲ害セントスル」意味を付与しない正犯者には、その「目的」は認められないであろう。もっとも、ここにいう「意味付与」には、当該行為が客観的には「治安ヲ妨ケ又ハ人ノ身体財産ヲ害セントスル」意味を持つものと評価されるであろうという認識でも構わないであろう。ここでは、本人の特異な評価は重要でないのである(40)。

なお、この最決平成3・2・1の原原判決である東京地判昭和58・10・18刑集45巻2号10頁は、「通行妨害目的」危険運転致死傷罪に関する本判決と同様に、「右の認識が未必的な場合であっても、結局はその事実の発生を認識していることに変わりはなく、かつまた、事実発生の認識が確定的か未必的かはその事実の発生を目的とする行為の危険性、違法性の大小に直接結びつくものではないから、未必的認識に基づく目的と確定的認識に基づく目的とを区別すべき理由はないというべきである。」と述べる。しかし、これは、「治安ヲ妨ケ又ハ人ノ身体財産ヲ害セントスルノ目的」が、具体的な結果を目指すものではなく、客観的な行為に「治安妨害」という意味を付与するものであることを看過したものである。

5　行為の動機・心情要素としての目的

以上の主観的不法要素としての「目的」とは別に、「行為の動機・心情要素としての目的」が存在する。薬物事犯における「営利の目的」がこれに当たる。周知のように、最判昭和42・3・7刑集21巻2号417頁は、麻薬密輸入罪について、他の共犯者の「営利の目的」は知っていたが、みずからはこの目的をも

(40) この点では、強制わいせつ罪における「性欲を刺激興奮させまたは満足させるという性的意図」につき、「自らを男性として性的に刺激、興奮させる性的意味を有した行為であること」の「認識」に還元した東京地判昭和62・9・16判時1294号143頁の手法は、爆発物取締罰則1条および3条の「目的」に関しては、妥当性を有するように思われる。

っていなかった被告人に、65条2項を適用して、軽い単純麻薬密輸入罪を認めた。これは、「営利の目的」による刑の加重が、単なる心情要素として、行為者の責任を高めるにすぎないという理由から説明できる(41)。ゆえに、このような場合には、共犯者といえども、正犯者の「営利の目的」を認識しているだけで自身にも「営利の目的」があるとはいえず、共犯者固有の「動機・心情要素」としての「営利の目的」が必要だと解される(42)。

Ⅳ 「通行妨害目的」危険運転致死傷罪の位置づけ

1 行為の意味づけとしての「通行妨害目的」

以上の分類からみれば、「通行妨害目的」危険運転致死傷罪は、4の行為を意味づける「目的」を有する傾向犯に属するものと考えられる。なぜなら、「人又は車の通行を妨害する目的」は、後の行為を目的とするものではなく、また、後の結果を目的とするものでもなく、さらには純粋な行為の動機・心情要素でもなく、「走行中の自動車の直前に侵入し、その他通行中の人又は車に著しく接近し、かつ、重大な交通の危険を生じさせる速度で自動車を運転」するという行為に「人又は車の通行を妨害する」という意味を付与する要素だからである。ゆえに、この「目的」は、「未必的認識」では足りないと解される。もっとも、共犯の場合には、正犯者にこのような「目的」があることの未必的認識で足りると解する余地はあるかもしれない。

しかし、本稿で検討している冒頭の事案は運転者の単独正犯の事案であるから、その「目的」は、やはり「未必的認識」では足りない。

2 「通行妨害目的」の内容

以上の解釈は、危険運転致死傷罪の導入を審議した法制審議会刑事法（自動

(41) 平野・前掲注（27）129頁参照。

(42) 最決昭和57・6・28刑集36巻5号681頁は、ここに、他の共犯者に財産上の利益を得させることを動機・目的とする場合も含まれるとする。そうではなくて、他者の「営利の目的」を認識しつつ、薬物事犯をいやいやながら行ったというのであれば、その行為者に「営利の目的」を認めるべきでない。

車運転による死傷事犯関係）部会における事務局側の説明とも符合する。その議事録では、当初原案のような「通行を妨害する方法で」というものを「人又は自動車等の通行を妨害する目的で」としたことによる意味の相違について、以下のように説明されている(43)。すなわち、「これは、従前の案に比べてかなり絞り込んでいると理解しております。具体的には、従来のものは未必的な認識のものも完全に含んでいたわけでありますところ、今回のものはそのような妨害を積極的に意図するものに限定しておりますので、そういう意味でまず絞り込めています。」とされ、「今度は積極的な目的を要求しますので、その意味で非常に絞り込めているだろうと思う」というのである。

また、背任罪における「目的」が未必的な認識にも広がっているという懸念からなされた質問に対しては、「背任などの場合には背任という犯罪の性質上、そういう解釈になっている。一方、こちらの話というのは、結果的に妨害となるような形でというのは様々ある、その中で特にそういう目的を要求しているということからいたしますと、それは積極的な意図ということにおのずと限定されていくものだろうと思うわけです。」と説明されている。ここでは、本罪の「目的」は背任罪のそれのように広げるべきではないという見解が示されているのである。

この説明は、冒頭に示した実務家による現在の解釈とも符合する。「『通行を妨害する目的』とは、相手方に対して自車との衝突を避けるために急な回避措置（歩行者であれば車両をかわして避けようとすること、車両であれば急ブレーキ、急ハンドルなどで衝突を避けようとすること）を取らせるなど、相手方の自由かつ安全な通行を妨げることを積極的に意図することである。(44)」とか、「本罪の場合、未必的な認識、認容があるだけでは足りないと解すべきである。(45)」といった見解がそれである(46)。

---

(43) 以下の説明については、次の法務省ホームページを参照した。http://www.moj.go.jp/shingi1/shingi_010725-1.html（2017年4月13日参照）。

(44) 大塚ほか編・前掲注（7）511頁。

(45) 前田編集代表・前掲注（6）601頁。

(46) 繰り返しになるが、これらの見解は、共犯者の認識問題を考慮していない点では、なお不十分なものである。しかし、少なくとも単独正犯の「目的」の解釈としては、妥当なものであろう。

3 本判決の問題点

これに対して本判決は、冒頭で示したように、本罪の「目的」につき、「危険回避のためにやむを得ないような状況等もないのに、人又は車両の自由かつ安全な通行を妨げる可能性があることを認識しながら、あえて危険接近行為を行う」場合をも含むと解した。つまり、通行を妨害する未必的な認識（および認容）の場合でも本罪の「目的」は充たされると解したのである。

これは、平成25年東京高裁判決の見解と矛盾するだけでなく、上述したように、立法当時の見解とも異なるものである。加えて、これまでの検討から明らかなように、単独正犯である本件に関しては、妥当な解釈とは思われない。

ところで、本判決は、このような解釈を採用する理由として、本罪の立法趣旨を次のように解している。すなわち、「本件罪において通行妨害目的が必要とされたのは、外形的には同様の危険かつ悪質な行為でありながら、危険回避等のためやむなくされたものを除外するためなのであるから、目的犯の構造としては、背任罪における図利加害目的の場合に類似するところが多いように思われる。」と。

しかし、法制審議会の議事録から明らかなように、「通行妨害目的」は単に「危険回避等のためやむなくされたものを除外する」ために設けられたものではない。それどころか、やむなくなされたものであれば、「目的」よりも緊急避難として不処罰とするほうがふさわしい。

さらに、本判決は、「確定的認識と未必的認識は、認識という点では同一であり、ただその程度に違いがあるにとどまるに過ぎない上、その判定は、確定的認識について信用できる自白がある場合や、犯行の性質等からこれを肯定できる場合はともかく、当時の状況等から認識自体を推認しなければならない場合には、はなはだ微妙なものにならざるを得ないから、そのような認識の程度の違いによって犯罪の成否を区別することが相当とも思われない。」とまで述べる(47)。しかし、これは、一方において「確定的認識」に対する無理解に基づく

(47) なお、本判決のこの主張は、爆発物取締罰則1条および3条の「目的」に関して先に触れた東京地判昭和58・10・18刑集45巻2号10頁にも見られたものである。そこでは、「事実発生の認識が確定的か未必的かはその事実の発生を目的とする行為の危険性、違法性の大小に直接結びつくものではないから、未必的認識に基づく目的と確定的認識に基づく目的とを区別すべき理由はないというべきである。」と述べられていた。これは、「意図」については犯罪実現の確実性の認識が不要であることや「確定的認識」が「意図した事態に犯罪事実が（ほぼ）確実に随伴するとい

ものであるとともに、他方において「目的犯」というカテゴリー自体を否定する主張であって、解釈論としては到底是認できるものではない。

なお、本判決の事案が「危険回避のためやむをえないような状況等もないのに、被害車両の自由かつ安全な通行を妨げる可能性があることを認識しながら、あえて危険接近行為を行った」というものであるなら、これに対して本罪の成立を認める結論自体が、従来の高裁レベルの判例と矛盾することになる。ゆえに、冒頭で述べたように、この場合には、刑事訴訟法405条3項に示された上告理由が存在することになろう。そして、その場合には、これまでの検討から、本判決は破棄されるべきである。

V　結論

以上の検討から明らかになったことを、再度まとめれば、以下のようになる。

(1)　大阪高判平成28年12月13日（「本判決」）は、「通行妨害目的」危険運転致死傷罪にいう「通行を妨害する目的」を、通行を妨害する「未必的認識」で足りるとした点で、平成25年東京高裁判決と異なる見解を述べている。

(2)　それは、「危険回避のためやむをえないような状況等もないのに、被害車両の自由かつ安全な通行を妨げる可能性があることを認識しながら、あえて危険接近行為を行った」という認定事実に基づいて本罪の成立を認めた可能性がある点で、刑事訴訟法405条3号にいう高裁レベルの判例に違反したという上告理由を満たす可能性のあるものである。

(3)　本判決が述べる理由は、「目的」の内容となる「意図」ないし「確定的認識」に関する誤解に基づくものである。

(4)　「意図」には、犯罪事実実現が（ほぼ）確実であることの認識を要しない。行為の反対動機となるべき、犯罪事実実現の「許されない危険」を認識しながらそれを「意図」して行為に出れば足りる。

(5)　「確定的認識」は、犯罪事実実現が「意図」されていない場合における、行為者が「意図」した事態に犯罪事実が随伴することが（ほぼ）確実であることの認識を意味する。ゆえに、「意図」した事態の発生が確実だと認識されていな

う認識」を意味することが理解されていないことに由来する誤解である。

い場合には、それに随伴する犯罪事実の発生も確実だと認識される必要はない。

(6)「目的犯」の要素である「目的」の内容は、それが共犯ないし――「短縮された結合犯」では――実質的な事前共犯の場合には、共犯の故意として「未必的な認識」で足りると考える余地はあるかもしれない。しかし、そのような事情がない場合には、「目的」は「未必的な認識」では充たされないと解するべきである。

(7)「通行妨害目的」危険運転致死傷罪は、「目的」によって行為に意味が付与される「傾向犯」に属する。それが単独正犯で実現される場合には、「目的」は「未必的な認識」では充たされない。

(8) ゆえに、本件に関し本判決が「未必的な認識」で足りるとするのは妥当でない。

(9) 加えて、本判決の事案が「危険回避のためやむをえないような状況等もないのに、被害車両の自由かつ安全な通行を妨げる可能性があることを認識しながら、あえて危険接近行為を行った」ものであるなら、これに対して本罪の成立を認める本判決には、刑事訴訟法405条3項に示された上告理由が存在する。

(10) しかも、以上の検討から、その場合には、本判決は破棄されるべきである。

＊本稿脱稿後、最高裁は、平成29年11月29日の大法廷判決（裁判所ウェブサイト）において、「刑法176条にいうわいせつな行為と評価されるべき行為の中には、強姦罪に連なる行為のように、行為そのものが持つ性的性質が明確で、当該行為が行われた際の具体的状況等如何にかかわらず当然に性的な意味があると認められるため、直ちにわいせつな行為と評価できる行為がある一方、行為そのものが持つ性的性質が不明確で、当該行為が行われた際の具体的状況等をも考慮に入れなければ当該行為に性的な意味があるかどうかが評価し難いような行為もある。」という二分法を前提にして、刑法176条にいうわいせつな行為に当たるか否かの判断を行うためには「故意以外の行為者の性的意図を一律に強制わいせつ罪の成立要件とすることは相当でなく、昭和45年判例の解釈は変更されるべきである。」と述べた。客観的にわいせつ性が明らかでない行為については、なお、行為者の「性的意図」を考慮するというのであろう。このような二分法は、ドイツ刑法における「性的行為」の判断に影響を受けたも

ののように思われる。Vgl, *T. Fischer*, StGB, 64. Aufl. 2017, § 184h Rn. 4a.

営業秘密侵害罪の基本的性格とその課題について

内田幸隆

Ⅰ　はじめに

従来から「情報」をいかに保護するかが議論されてきたが、刑法における財産犯によって「情報」それ自体を保護することには限界がある。というのも情報は、財物とはいえないのではないかとの疑問があるだけでなく、情報それ自体が不正に取得、開示、使用されたとしても、それは被害者の手元に残るからである。このような情報の非移転性[(1)]に着目すると、財産の滅失、移転を前提とする財産犯でもって情報それ自体を保護することは困難であろう[(2)]。したがって、情報の不正取得については、書類等のファイル、USB メモリといった記録媒体に情報が化体されている限りにおいて窃盗罪、横領罪などの成否を問題にするほかなく、情報の不正開示、使用については、行為者が事務処理者といえる限りにおいて背任罪の成否を問題にするほかないと解される。

もちろん解釈論として、あるいは立法論として情報それ自体を例えば窃盗罪の客体に含めることにより情報の保護を図ることも考えられる。しかし、他者の会話の盗み聞きや他者の書類の盗み見もまた可罰的となるおそれがあり、財産犯によって情報を一般的に保護することには慎重にあるべきである。とはい

(1)　我々は「記憶」を意識的に消去（忘却）することができず、また、電磁的なデータを消去しても技術的に復元できる場合もあることを考えると、情報には非移転的な性質があるというよりも、非喪失的な性質があるからこそ、その保護のあり方が問題になるというべきである。

(2)　松原芳博『刑法各論』（日本評論社、2016 年）216 頁参照。さらに、山口厚編『経済刑法』（商事法務、2012 年）56 頁参照〔山口厚〕。

え、財産的な価値のある情報について、無断で取得、開示、使用されてしまうと、その保有者に損害が生じることも確かである。とりわけ企業が保有する技術上または営業上の情報については、それが外部に漏洩するとその企業に甚大な損害をもたらすおそれが生じることになる。それゆえ、技術上または営業上の情報に対しては、民事上の保護だけでなく刑事上の保護もどのように及ぼすべきかにつき検討する必要があろう。この点につき、今日では、不正競争防止法（以下、本法という）によって、技術上または営業上の情報のうち「営業秘密」(3) といえる範囲において、その不正取得、開示、使用類型が処罰の対象となっている。ただ、それら営業秘密侵害罪の規定についてみてみると、当初新設されたものと改正を経た現行のものとの間には大きな変遷が生じている。そこで、本稿は、その変遷をたどることによって、営業秘密侵害罪の基本的性格を確認するとともに、その現状における課題がどのようなものか明らかにしたい。

Ⅱ　営業秘密侵害罪の規定の変遷

1　営業秘密侵害罪の新設

本法の沿革は、1934（昭和 9）年の制定から始まるが、その当初から営業秘密の侵害行為が可罰的であったわけではない。2003（平成 15）年の改正により、営業秘密は本法において刑事上もはじめて保護されることになった。この改正により可罰的になったのは、営業秘密不正取得後使用・開示行為（本法旧 14 条 1 項 3 号）、営業秘密記録媒体等不正取得・複製行為（同項 4 号）、営業秘密記録媒体等領得後使用・開示行為（同項 5 号）、営業秘密管理任務違背による不正使用・開示行為（同項 6 号）という 4 つの行為類型であり、その法定刑は 3 年以下の懲役または 300 万円以下の罰金とされた。これらの営業秘密侵害罪において特徴的なのは、原則的に営業秘密の不正使用・開示が処罰の対象とされ、その不正使用・開示は共通して「不正の競争の目的」が伴ってはじめて可罰的とさ

(3)　本法 2 条 6 項の定義規定によると、営業秘密とは、秘密として管理されている生産方法、販売方法その他の事業活動に有用な技術上または営業上の情報であって、公然と知られていないものをいう。この定義によると、営業秘密というためには、秘密管理性、有用性、非公知性という 3 要件を満たす必要がある。

れた点である。立案当局者によると、営業秘密侵害罪の保護法益は、事業者の営業上の利益という私益（個人法益）と、公正な競争秩序の維持という公益（社会法益）であると理解されており(4)、また、「不正の競争の目的」とは、行為者自身を含む特定の競業者を競争上優位に立たせる目的をいうとされている(5)。事業者の営業上の利益と公正な競争秩序が侵害される危険は、営業秘密の不正使用・開示があってはじめて具体化すると考えられることからすると(6)、営業秘密の不正使用・開示という段階で可罰性を認める立法態度は、基本的に謙抑的なものであるといえよう。ただし、事業者の経済活動において営業秘密が使用・開示されることは日常的なものであるがゆえに、可罰的な使用・開示行為と不可罰的なそれらを区別することが必要となる。営業秘密侵害罪において「不正の競争の目的」という主観的な成立要件が付加されていたのは、この点から理解するべきであろう。すなわち、ある一定の営業秘密の使用・開示が可罰的であるというためには、（営業上の利益が侵害される危険に伴って）公正な競争秩序が侵害される（抽象的）危険の発生が必要であると解した上で、このことを主観的に裏付けるために「不正の競争の目的」が成立要件として規定されることになったとみるべきである。以上から、2003年に新設された営業秘密侵害罪は、公正な競争秩序に対する危険犯的性格を有するものと理解できよう。

2　営業秘密侵害罪の規定の改正

当初新設された営業秘密侵害罪については、本法に対する2005（平成17）年、2006（平成18）年の改正を経て法定刑が引き上げられ、10年以下の懲役もしくは1000万円以下の罰金、またはこれらの併科となったが、2009（平成21）年の改正に至って3つの大きな変更が加えられた。すなわち、(1) 営業秘密の不正取得類型について、それまでは記録媒体等の「取得」、記録媒体等の記載または記録の「複製作成」という2つの場合に限定されていた点が変更となり、詐欺

(4)　経済産業省知的財産政策室編『逐条解説不正競争防止法（平成15年改正版）』（有斐閣、2003年）144頁。

(5)　経済産業省知的財産政策室編・前掲注（4）149頁。

(6)　より正確にいえば、営業秘密の不正「使用」によって法益侵害の具体的危険が生じるのであり、その不正「開示」は不正「使用」の前段階に位置付けられることになる。このことにつき、一原亜貴子「営業秘密侵害罪に係る不正競争防止法の平成21年改正について」岡法60巻3号（2011年）486頁参照。

等行為、管理侵害行為によって営業秘密を取得する行為が広く処罰の対象となった。また、(2) 営業秘密を保有者から示された者について、それまでは営業秘密を不正に使用・開示した段階ではじめて処罰の対象になっていた点が変更となり、この者が営業秘密の管理任務に背いて営業秘密を領得した段階に至れば処罰の対象とすることになった(7)。さらに、(3)「不正の競争の目的」という要件が変更となり、それぞれの営業秘密侵害罪において「不正の利益を得る目的、又は営業秘密の保有者に損害を加える目的」が主観的な成立要件として付加されることになった。

これら (1) と (2) の改正の背景にあるのは、営業秘密の不正使用・開示行為があったとしても、その保有者にとっては捕捉困難であり、また、営業秘密が外部に持ち出され、流出すると原状に戻すことが困難であることから、不正使用・開示に先立って早期に刑事上の介入が図られるべきであるとの観点である(8)。また、(3) の改正の背景にあるのは、「不正の競争の目的」が成立要件とされたため、本来であれば処罰に値する行為、例えば、多額の報酬を得るために外国政府の職員に営業秘密を開示することや、愉快犯として、あるいは営業秘密の保有者に対する恨みの気持ちから営業秘密をインターネット上に流出させることについて、行為者に特定の競業者を有利に扱おうとする動機・意図が存在しないがゆえに、不可罰にせざるを得なかったという観点である(9)。このような観点から、営業秘密の不正使用・開示の段階から前倒ししてその不正取得・領得の段階から早期に処罰することを認め、また、利益取得目的、加害目的を成立要件とすることによって、後述するように、ある一定の場合をその処罰範囲から除外しつつも、営業秘密侵害罪が新設された当初と比較して、その処罰領域を拡張することが図られたといえよう。

3　営業秘密侵害罪の現行規定

本法に対する2009年の改正の後は、2011（平成23）年、2012（平成24）年の

(7)　ただし、その領得の態様については、営業秘密記録媒体等の横領、営業秘密記録媒体等の記載・記録などの複製作成、営業秘密記録媒体等の記載・記録の不消去かつそれらの消去仮装という3つの行為類型が規定されている。

(8)　土肥一史「営業秘密侵害罪に関する不正競争防止法の改正について」ジュリ1385号（2009年）82頁。

(9)　土肥・前掲注（8）81頁参照。

改正を経て、2015（平成27）年の改正により、営業秘密侵害罪の現行規定は次のようなものになっている。すなわち、詐欺等行為または管理侵害行為による営業秘密の不正取得行為（本法21条1項1号）、不正取得された営業秘密の不正使用・開示行為（同項2号）、営業秘密を保有者から示された者による、管理任務違背に基づく営業秘密の領得行為（営業秘密記録媒体等の横領、営業秘密記録媒体等の記載等の複製作成、営業秘密記録媒体等の記載等の不消去かつ消去仮装という3つのいずれかの方法による）（同項3号）、営業秘密を保有者から示された者による、管理任務違背に基づく、領得された営業秘密の不正使用・開示行為（同項4号）、営業秘密を保有者から示されたその役員または従業者による、管理任務違背に基づく営業秘密の不正使用・開示行為（同項5号）、営業秘密を保有者から示されたその元役員または元従業員による、退職後における営業秘密の不正使用・開示行為（ただし、その在職中に管理任務違背に基づく開示申込み、使用・開示について請託を受けている場合に限る）（同項6号）、不正開示による営業秘密の取得後における、当該営業秘密の不正使用・開示行為（同項7号）、不正開示が介在した営業秘密の取得後における、当該営業秘密の不正使用・開示行為（同項8号）、営業秘密の不正使用によって生じた品（営業秘密侵害品）の譲渡・輸出入等行為（同項9号）といった9つの行為類型が規定されており、それぞれの営業秘密侵害行為について法定刑は10年以下の懲役もしくは2000万円以下の罰金、またはこれらの併科とされ、利益取得目的または加害目的がその主観的な成立要件として付加されている。また、海外重罰化、未遂処罰化（領得行為の場合を除く）、営業秘密侵害罪の非親告罪化も2015年の改正によって規定された。

さて、2015年の改正により、営業秘密侵害罪の処罰対象となる各行為の時系列的な関係性については、不正取得・領得→不正開示→不正使用→二次的（三次以降も含む）不正使用・開示、営業秘密侵害品の譲渡等のように展開すると整理することができるが、当初から処罰対象とされた不正使用・開示行為を基点とすると、不正取得・領得はその予備行為（不正取得の未遂は予備の予備）であり、二次的不正使用・開示、営業秘密侵害品の譲渡等は可罰的事後行為であると位置付けられるのであり、営業秘密侵害罪の処罰範囲は大きく拡張されたといえよう。ただし、不正使用・開示行為は営業秘密の保有者にとって把握しがたく、そのため不正取得・領得自体が新しく処罰対象になったという改正の経緯を踏まえると、営業秘密侵害罪の基点となる行為はむしろ不正取得・領得となったと理解するべきではないだろうか[10]。そうでなければ、本来は予備行為であるはずの不正取得・領得行為の法定刑が不正使用・開示行為のそれと同一であることについて説明が困難となる。しかし、不正取得・領得が営業秘密侵害罪の基点であると解することになると、その基本的性格が公正な競争秩序に対する危険犯であるとの理解も変容することになるかもしれない。しかも、条文の用語についてみると、本法21条1項1号の不正取得罪では、刑法上の詐欺罪、強盗罪、恐喝罪、窃盗罪の実行行為がその手段として規定され、同項3号の領得罪では、横領による管理任務違背が問題となっており、それらの罪の主観的要件である利益取得・加害目的規定は背任罪の図利加害目的規定に近似している。以上からすると、営業秘密侵害罪は、社会法益に対する危険犯的性格よりも財産犯的性格を強めたともいえる(11)。また、2015年の改正により営業秘密侵害品の譲渡等が処罰されるようになった点について、立案当局者は、営業秘密侵害品の譲渡等の規制を行うことにより営業秘密侵害に対する抑止力の向上を図ったと指摘するが(12)、それだけでは当該行為が単独で可罰的なものになった根拠を説明できないと思われる。というのも、営業秘密侵害品を生み出す営業秘密の不正使用は既に可罰的なものとされており、それ以降の段階については民事上の措置に委ねるという選択肢も考えられるからである。また、営業秘密侵害品が流通したとしても、当初の不正使用によって生じた、公正な競争秩序を害する危険とは別個の危険発生を付加するとは必ずしもいえないからである。そこで、営業秘密侵害罪の危険犯的性格を考慮するだけでなく、その財産犯的性格を踏まえて営業秘密侵害品の譲渡等の可罰性を検討する必要が出てくる。すなわち、当該行為は、営業秘密の不正取得・領得、不正使用・開示に対する可罰的事後行為として理解することができるかが問われると思われる。

以上からすると、度重なる改正を経て、営業秘密侵害罪の基本的性格が変容してしまった可能性があるのであり、改めてその法益がどのようなものであるか、さらにその法益に対するどのような侵害・危殆化行為を処罰範囲に含めるべきかにつき、確認する必要があると思われる。

---

(10)　例えば、近時の下級審判決において、営業秘密の不正使用・開示には至らなかったものの、その領得罪の成否が問題となったものとして、名古屋地判平成26年8月20日 LEX/DB25504719がある。

(11)　一原・前掲注(6)485頁以下、石井徹哉「保護客体としての情報」川端博ほか編『理論刑法学の探究8』(成文堂、2015年)152頁参照。

(12)　経済産業省知的財産政策室編『逐条解説 不正競争防止法』(商事法務、2016年)90頁。

Ⅲ 営業秘密侵害罪の法益

1 営業秘密侵害罪における法益保護の2つの側面

前述したように、立案当局者によると、営業秘密侵害罪の法益は、事業者の営業上の利益（個人法益）と、公正な競争秩序の維持（社会法益）であると理解されており、このことを学説においても支持するものがある(13)。しかし、事業者の営業上の利益と公正な競争秩序の維持がどのような関係にあるのかについては十分な検討がなされていないように思われる。まず、問題になるのは、営業秘密侵害罪の規定の改正過程でみたように、事業者の財産的利益の保護が全面に出てきたといえども、社会法益に対する危険犯としての性格が失われたとみるべきなのかということである。さらに、問題になるのは、社会法益に対する危険犯的性格を維持するにせよ、事業者の営業上の利益と公正な競争秩序の維持という、この2つの法益は、営業秘密侵害罪において並行的に保護されているのか、それとも、この2つの法益のうち1つでも危殆化されることになれば、営業秘密侵害罪の成立にとって十分といえるのかということである。

2 営業秘密侵害罪における財産犯的性格

営業秘密侵害罪の基本的性格についてみてみると、前述したように、2009年の改正を経て、その財産犯的性格を強めたと解される。特にその主観的要件であった「不正の競争の目的」が削除され、新たに「利益取得・加害目的」が付加されたことにより、営業秘密侵害罪の成否と公正な競争秩序に対する危険性の有無との関連性が条文上は不明確なものになったといえよう。そこで、学説の中には、現行の営業秘密侵害罪が専ら個人法益に対する罪となったと指摘するものが現れた(14)。ただし、営業秘密侵害罪には財産犯的性格しかないと仮定すると、その規定をわざわざ本法に置く意義がなくなってしまう。すなわち、本法はその1条において、「事業者間の公正な競争及びこれに関する国際約束

(13) 例えば、小野昌延編『新・注解 不正競争防止法 下巻』〔第3版〕（青林書院、2012年）1329頁以下〔佐久間修〕、只木誠「営業秘密侵害の罪」法教397号（2013年）95頁など。
(14) 一原・前掲注（6）486頁。

の的確な実施を確保するため、不正競争の防止及び不正競争に係る損害賠償に関する措置等を講じ、もって国民経済の健全な発展に寄与すること」を目的としている。このような本法の体系上、本法による営業秘密の保護は、最終的には、競争関係にある企業間の不当な競争力の増加・減殺の問題として位置付けられるべきである(15)。それゆえ、営業秘密侵害罪の財産的性格が強まったとしても、同罪においては、公正な競争秩序に対する危険犯的性格がなお残っているというべきである。

以上から、営業秘密侵害罪における保護法益の内容と刑法上の財産犯のそれとの間には異なる側面があり、この両罪が1個の行為で同時に成立するようにみえる場合には、この両罪の罪数関係は観念的競合として処理されるべきであろう(16)。これに対して、営業秘密侵害罪の財産犯的性格を強調すると、これと刑法上の財産犯とは法条競合（一般法・特別法）の関係にあるのであって、この両罪が1個の行為で同時に成立するようにみえる場合にも、営業秘密侵害罪の一罪の成立を認めれば足りることになる(17)。しかし、この結論については、営業秘密侵害罪の規定が「刑法その他の罰則の適用を妨げない」と規定する本法21条9項に反することの意義が問われよう。

とはいえ、営業秘密侵害罪の財産犯的性格を強調したとしても、同罪における財産的侵害の内容と、刑法上の財産犯におけるそれを比べてみて、異なる側面があるとすれば、なおこの両罪が観念的競合になる余地は十分にあると思われる。すなわち、刑法上の財産犯においては、その行為客体の移転性を前提としており、行為客体の直接的・間接的な利用可能性が阻害される点が主に問題となる。これに対して、営業秘密侵害罪においては、技術上・営業上の「情報」を行為客体としているために、その行為客体の非移転性を前提としており、その行為客体それ自体の利用可能性が直ちに阻害されるわけではない。むしろ営業秘密の不正取得・領得、開示の局面において、行為者（あるいは開示の相手方）は、情報としての営業秘密を獲得するために必要とする費用を負担せずにすませてしまうこと、その反面として営業秘密の保有者は、その情報を開示する際に本来なら得られるはずの対価を得ることができないことが問題になる。また、

(15) 石井・前掲注（11）152頁参照。

(16) 只木・前掲注（13）99頁、同「営業秘密の侵害」『刑事法学における現代的課題』（中央大学出版部、2009年）191頁。さらに、佐久間・前掲注（13）1339頁以下参照。

(17) 一原・前掲注（6）488頁。

営業秘密の不正使用の局面において、行為者は、情報としての営業秘密を活用することによって将来的な収益を見込むことができるようになり、その反面として営業秘密の保有者は、本来ならその情報を独占することにより生じる将来的な収益を期待することができないことが問題になる(18)。こうしてみると、営業秘密侵害罪において問題となる財産的侵害の内容と刑法上の財産犯において問題となるそれとの間には、異なる側面があるというべきであり、この両罪が同時に成立するようにみえる場合には、なお観念的競合が認められる余地があると思われる(19)。もちろん、現在では、刑法上の財産犯と比較して営業秘密侵害罪の法定刑は同等かより重く、また、営業秘密侵害罪に係る刑事訴訟手続きにおいては営業秘密の秘匿決定も認められていることから、この両罪を観念的競合とすること、あるいは刑法上の財産犯を単独で起訴することの実際的意味はほぼない。

ところで、営業秘密侵害品の譲渡等の可罰性については、以上のような営業秘密侵害罪の財産犯的性格を考慮した上で、どのように基礎付けられるであろうか。営業秘密の独占から生じる競争上の優位性という観点からみると、営業秘密侵害品が実際に流通している事態は、そもそも営業秘密の保有者にとって、自らの競争力が減殺され、将来的な収益が減少する危険をより現実化するものであるから、当該事態の作出段階も単独で可罰的なものになると理解することができる。当該段階を刑法上の財産犯の問題にひきつけてみてみると、例えば、刑法上の盗品関与罪においては、盗品の回復を求める追求権が問題となっているが、営業秘密侵害品の譲渡等においては、これと類似して、営業秘密が不正使用される以前の原状に復帰させることが問題になっていると理解し得るのではないだろうか(20)。

---

(18) 以上につき、山口厚「営業秘密の侵害と刑事罰」ジュリ962号（1990年）47頁以下参照。

(19) ただし、刑法上の財産犯においても、利用可能性の阻害という側面だけでなく、財物の移転・使用によって得られるはずの相当の対価を得ることができなかったという側面が財産的侵害の具体的内容として問題になり得る（この点につき詳しくは、内田幸隆「財産犯における可罰性の根拠」刑法50巻2号（2011年）176頁以下参照）。他方で、営業秘密侵害罪においても、情報が財物に記録・記載されている場合には、当該財物の利用可能性の阻害が財産的侵害の具体的内容として問題になり得る。それゆえ、結局のところ、営業秘密侵害罪が刑法上の財産犯を吸収した上で、あるいはせいぜいこの両罪が混合的包括一罪となるとした上で犯罪評価をすれば足りるとも解される。

(20) 実際に本法3条では、不正競争によって営業上の利益が侵害される事態に対して、民事上の措置として差止請求が認められている。

3　営業秘密侵害罪における危険犯的性格と財産犯的性格の関係

以上でみたように、近時、営業秘密侵害罪の財産犯的性格は強まっているとはいえるが、だからといって、公正な競争秩序に対する危険犯的性格を無視することもできない。この観点からすると、「不正の競争の目的」という主観的要件を削除することにより、営業秘密侵害罪の処罰範囲を拡張しようとするにせよ、公正な競争秩序を害する危険が生じていないにもかかわらず、営業秘密侵害罪の成立を認めることは疑問である。例えば、外国政府の職員や名簿業者に営業秘密を売り渡すために、営業秘密を不正に取得・領得し、あるいは実際にそれらの者に営業秘密を売り渡したとしても、それらの行為から直ちに公正な競争秩序が害される危険が認められるわけではない。外国政府の支配下にある企業や外国政府と懇意にする企業に対して当該営業秘密が伝わるという状況(21)、あるいは名簿業者から（転々として）競合企業に対して当該営業秘密が伝わるという状況があってはじめて公正な競争秩序が害される（抽象的）危険が生じるとみるべきである。同様に、営業秘密を保有する企業に嫌がらせをするために、その保有する営業秘密を外部に持ち出した、あるいはインターネットを通じて流出させた場合においても、営業秘密の持ち出し、流出によって競合企業に当該営業秘密が伝わる状況があってはじめて営業秘密侵害罪の成立を認めるべきであろう。これに対して、営業秘密を外部に持ち出したとしても、単に自宅に隠匿しているだけであって、競合企業に当該営業秘密が伝わる状況がない場合には、営業秘密侵害罪の成立を認める意義はないと思われる。

以上の場合とは逆に、営業秘密侵害行為によって営業上の利益の侵害・危殆化は生じていないけれども、公正な競争秩序が害される危険が生じる場合については具体的に想定することができない。というのも、この危険は、営業秘密の保有者の営業上の利益の侵害・危殆化を通じて生じるものと解するべきだからである。すなわち、営業秘密は、その保有者と競争者との競争関係において、保有者に独占的に保持・利用されることにより、保有者に営業上の利益をもたらすものである。しかし、営業秘密が競争者に取得・開示され、競争者によっ

(21)　外国政府が自国の企業にとって有利になるように政策を変更するという状況が生じる場合にも、営業秘密の保有企業にとって不利となり得るが、ここでは、公正な競争秩序を成り立たせるルールそれ自体の変更が妥当なものかという視点が問題になるのであり、その解決は不正競争防止法によるというよりも、国同士の交渉による方がより適切であろう。

て利用されると、保有者の競争上の優位性が損なわれ、将来的な収益を期待することができなくなってしまうのであり(22)、まさにこのような事態が公正な競争秩序を害する危険を生じさせると考えられる。具体的には、営業秘密が不正取得・領得され、開示されることにより現に競争者に伝わること、あるいは競争者に伝わるおそれがあることによって、公正な競争秩序を害する危険が生じるのであり、さらに、営業秘密が不正に使用され、また、営業秘密侵害品が流通することによって、当該危険が具体化・現実化するがゆえにそれらの行為の可罰性が基礎付けられるのである。

こうしてみると、営業上の利益（個人法益）と公正な競争秩序の維持（社会法益）は、営業秘密侵害罪において独立して並行的に保護されるのではなく、互いに関連づけられるものとして保護されているのであり、また、どちらか一方の法益に対する侵害・危険が生じれば営業秘密侵害罪の成立を認めるという結論にもならない。あえていえば、事業者の競争力から生じる「営業上の利益」が中間的保護法益となり、「公正な競争秩序の維持」が最終的保護法益となると理解した上で、営業秘密の不正取得・領得などによって直接的に「営業上の利益」が侵害・危殆化されることによって、間接的に「公正な競争秩序の維持」が害される抽象的危険が生じるという関係が問題になっているといえよう(23)。それゆえ、近時の本法改正において、営業秘密侵害罪の目的要件を修正することにより、その処罰範囲の拡張が企図されたとはいえ、営業上の利益が侵害・危殆化されたとしても例外的に公正な競争秩序が害される危険が生じない場合、及びそもそも営業秘密の不正取得・領得、不正使用・開示といった行為があっても、例外的に「営業上の利益」に対する危険が生じない場合には、営業秘密侵害罪の成立を否定し、その処罰範囲の適正化を試みるべきであると思われる。

(22) 一原・前掲注（6）486頁以下参照。さらに、佐藤力哉＝海野圭一朗「営業秘密をめぐる刑法上の保護について」ジュリ1469号（2014年）52頁参照。

(23) このような構造をもつ危険犯として、他には金融商品取引法における「風説の流布」罪が想定される。この罪においては、「取引の公正さ」が侵害・危殆化されることによって、間接的に「一般投資家の経済的利益」が危殆化されるという関係が問題になる。詳しくは、内田幸隆「金融商品取引における『風説の流布』」奈良産20巻3＝4号（2008年）101頁以下参照。

Ⅳ　営業秘密侵害罪の目的要件

1　目的要件が果たすべき機能

営業秘密侵害罪の保護法益については、以上のように理解するにせよ、このことと関連して、営業秘密侵害罪における目的要件がどのような機能を果たしているのかを明らかにする必要がある。営業秘密侵害罪において特に目的要件が付加された背景には、以下のような事情があるのであろう。すなわち、企業の従業者など、営業秘密を保有者から示された者がその職務に関連して営業秘密媒体を外部に持ち出すこと、営業秘密記録媒体に記録されたものの複製を作成すること、営業秘密を使用することや第三者に開示することは、日常的な経済活動として想定されるのであり、それらの中から可罰的な行為を選び出すためには、行為者の主観的態様にも着目せざるを得ないということである(24)。あるいは、営業秘密の取得・領得、使用・開示につき、客観的には正当化が困難な事情があっても、行為者の主観的態様に照らせば、ある一定の場合を処罰範囲から除外する必要があるということである。このような観点からは、営業秘密侵害罪の処罰範囲を適正なものにする上で、その目的要件は重要な意義を有する。

2　目的の意義と処罰範囲から除外されるべき事例

立案当局者によれば、現行規定において営業秘密侵害罪の主観的要件である目的の意義は以下のようなものとされている。すなわち、「不正の利益を得る目的」とは、公序良俗または信義則に反する形で不当な利益を図る目的のことをいい、自己図利目的の場合だけでなく、第三者図利目的の場合も含むとされ、また、その利益は経済的なものに限らず、非経済的なものも含まれるのであり、さらに、営業秘密の保有者と自己、第三者が競争関係にある必要もないとされている。他方で、「保有者に損害を加える目的」とは、営業秘密の保有者に対し、財産上の損害、信用の失墜その他の有形無形の不当な損害を加える目的のこと

(24)　帖佐隆「不正競争防止法平成 21 年改正法の危険性と問題点」知的財産法研究 51 巻 1 号（2010 年）10 頁参照。

をいい、現実に損害が生じることは要しないとされている(25)。このような目的の定義は、刑法上の背任罪の主観的要件である図利加害目的のそれとよく似ている。それゆえ、背任罪における図利加害目的にまつわる議論は、営業秘密侵害罪の目的要件を検討する上でも有益であろう(26)。ただし、本稿では、紙幅の都合上、背任罪におけるその議論を詳細に述べる余裕はない(27)。

さて、営業秘密侵害罪の利益取得・加害目的について、前述の定義に従うならば、ほとんど限定がないといってもよいかもしれない(28)。行為者があえて不正に営業秘密を取得、領得などをしようとしているからには、その際に何らかの利益を自ら得よう、あるいは第三者に得させようという主観的態度か、営業秘密の保有者に何らかの害を与えようという主観的態度が行為者にあるだろうといえるからである。実際のところ、立案当局者は、利益取得・加害目的に当たらない具体例として、（1）公益の実現を図るために、事業者の不正情報を内部告発する場合、（2）労働者の正当な権利の実現を図るために、労使交渉により取得した営業秘密を労働組合において開示する場合、（3）残業するために、許可を得ることなく営業秘密記録媒体等を自宅に持ち帰る場合をあげるに過ぎない(29)。このような利益取得・加害目的をめぐる理解は、「本人の利益を図る目的」がある場合に背任罪の成立を否定することを認める議論状況とパラレルなものといえるかもしれない。例えば、そのような背任罪における議論状況を参照した上で、管理任務の違背があったとしても、「主として営業秘密保有者のために」営業秘密の開示等をしたのであれば不処罰にするべきとの指摘がなされている(30)。

ところで、立案当局者によると、営業秘密侵害罪の目的要件は、当該行為の違法性を基礎付けるものと理解されているが、必ずしもそうとはいえない。と

(25)　経済産業省知的財産政策室編・前掲注（12）220 頁。

(26)　玉井克哉「営業秘密侵害罪における図利加害の目的」警論 68 巻 12 号（2015 年）35 頁以下。

(27)　その議論の詳細については、近時の文献として、伊藤亮吉『目的犯の研究序説』（成文堂、2017 年）278 頁以下、橋爪隆「背任罪の成立要件について（2）」法教 442 号（2017 年）87 頁以下参照。

(28)　加藤佐千夫「刑事罰による営業秘密の保護と不正競争防止法の変遷」中京 44 巻 3=4 号（2010 年）282 頁。他方で、営業秘密保護の強化を訴える企業側からは、そもそも営業秘密侵害罪の目的要件を外し、処罰に値しないケースを「違法阻却事由」「責任阻却事由」に分けて類型化して規定するべきであるとの主張もある（実原幾雄「営業秘密保護強化のための法制について」日本知財学会誌 11 巻 2 号（2014 年）19 頁以下）。

(29)　経済産業省知的財産政策室編・前掲注（12）221 頁。

(30)　玉井・前掲注（26）38 頁以下。

いうのも、利益取得目的においてその利益は、営業上の利益に限定されるどころか、非経済的なものであっても足りるとされ、また、加害目的における損害も、営業上のそれに限定されていない以上、それらの目的が行為者にあったとしても、事業者の営業上の利益が害される危険が生じる、あるいはその危険が高まると一般的に解することはできない。せいぜい営業秘密侵害罪の成否を検討するに当たって、責任を基礎付ける、あるいは非難の程度を高めるものと理解するべきであろう。それゆえ、営業秘密侵害罪の成否を検討する上では、利益取得・加害の点につき、確定的認識あるいは積極的動機が必要になると解される。このような帰結は、営業秘密侵害罪の処罰範囲を限定することになるから、立案当局者の企図に沿うものではないかもしれない。しかし、行為者の目的が違法性を基礎付けるとした上で、目的の対象事項につき（未必的）認識があれば足りると解するのであれば、営業秘密侵害罪の新設当初の目的要件であった「不正の競争の目的」を問題にせざるを得ないであろう。

以上の点はさておき、現行の規定を前提として、利益取得・加害の点につき認識あるいは動機があれば足りると解すると、立案当局者があげた、以上の3つの場合において、また、「営業秘密保有者の利益を図る目的」がある場合において、利益取得・加害目的が欠けるとは直ちにいえないように思われる。というのも、内部告発や労働組合における活動、さらには取材活動を目的とする場合であっても、営業秘密の保有者に何らかの損害を与える認識、動機を排除することはできないからである[31]。また、残業や自らの知識・技術の向上を目的とする場合であっても、利益取得・加害の認識、動機を必ず排除できるとは断言できない。その目的には、立身出世、自らの失敗の隠蔽という意図が付随する場合があるからである。もとより、立案当局者は、「退職の記念」、「思い出のために」といった自己の満足を得る目的の場合であっても、非経済的な利益の取得目的、あるいは加害目的に当たり得ることを認めている[32]。しかし、法益侵害を直接的に志向するとはいえない行為者の内心的態度を処罰の決定的基準とするのであれば、心情刑法であるとの批判は免れ難いであろう。他方で、「営業秘密保有者の利益を図る目的」がある場合も、その目的は自己図利や第三者図利の目的、あるいは加害目的と併存し得るのであるから、利益取得・加害目的が直ちに欠けるとはいえない。ここでは目的要件を動機の問題と理解するこ

(31)　一原・前掲注（6）483頁、加藤・前掲注（28）283頁以下参照。
(32)　経済産業省知的財産政策室編・前掲注（12）220頁。

とによって、その動機の主従によって営業秘密侵害罪の成否を決することが考えられる。しかし、「営業秘密保有者の利益を図る目的」が主たる動機である場合に、なぜ営業秘密侵害罪の成立を否定することができるのかについては、理論的に明らかとはいえない。

3　目的の存否とは異なる観点による解決

営業秘密侵害罪の処罰範囲から除外されるべき事例について、利益取得・加害目的の存否という観点から解決が困難であるとすると、これとは異なる観点から解決を目指さざるを得ない。まず、内部告発、労働組合における活動、取材活動に基づく事例について検討すると、犯罪行為など反社会的行為に関する情報は、そもそも「有用性」に欠けるのであって営業秘密とはいえないと指摘されてきた(33)。また、それらの事例における行為が営業秘密の取得、領得、開示に当たる場合であっても、正当業務行為として認められ、刑法35条によって正当化されることも考えられる(34)。ただし、行為者が自らの行為を正当なものだと考えていたとしても、結果的に35条による正当化が困難な場合もあり得る。このような場合において、情報の営業秘密性を基礎付ける事実など、犯罪事実につき誤認があるとき、あるいは正当化そのものを基礎付ける事実につき誤認があるときは故意を阻却し、事実の誤認はないがその評価に誤りがあって正当であると考えたときはその誤りが生じたことに相当な理由があったか否かによって営業秘密侵害罪の成否を検討すれば足りるであろう。

残業や自らの知識・技術の向上のために、企業の従業者などが営業上・技術上の情報を外部に持ち出す事例についてはどうだろうか。具体的にみて、当該情報の外部への持出しが企業のルールに形式的に反しているようにみえても、従業者による一時的な持出しが横行し、黙認されている状況であるならば、そもそも当該情報について秘密管理性が否定されて営業秘密とはいえない、あるいは実質的には管理任務に反したとはいえないとして、営業秘密侵害罪の成立を否定することが考えられる。当該情報が営業秘密と認められ、外部持出しが管理任務に反するといえる場合であっても、一時的に自宅に持ち帰ったに過ぎない事例では、公正な競争秩序を害する危険が生じていないとして、あるいは

(33)　経済産業省知的財産政策室編・前掲注（12）42頁。
(34)　一原・前掲注（6）483頁、加藤・前掲注（28）284頁。

そもそも保有者の営業上の利益を侵害・危殆化したとはいえないとして、営業秘密侵害罪の成立を否定するべきであろう。また、営業秘密性や任務違背性につき錯誤に基づく故意ないしは責任の阻却が考えられる。さらに、立案当局者の見解とは異なり、目的要件における利益、損害を営業上のそれと限定することによって、一時的な外部持出しの際には、利益取得・加害目的が認められないとして営業秘密侵害罪の成立を否定することも検討するべきではないだろうか。

さて、企業の従業者などが「営業秘密保有者の利益を図る目的」で営業秘密を開示する事例については、いかなる根拠により処罰範囲から除外されるというべきであろうか。具体的には、領得、開示行為によって営業上の利益が損なわれたとしても、将来的には開示の相手方から保有者に対して経済的な見返りがあると見込まれる場合が問題となろう。経済的見返りの規模と可能性は保有者にとってリスク管理の問題になるのであり、そのリスクが保有者にとって許容範囲内にあるのであれば、営業秘密の開示とそれに先立つ領得は管理任務に反するものではないとして営業秘密侵害罪の成立を否定するべきであろう。他方で、そのリスクが保有者の許容範囲を超える場合には、営業秘密の開示行為に管理任務違背性を認めざるを得ない。この場合、「営業秘密保有者の利益を図る目的」をめぐる問題は、営業上の損害を上回る利益が保有者に生じる見込みが低いにもかかわらず、これを高いと誤認したことによって生じるものである。ここでは、管理任務違背性を基礎付ける事実につき誤認があるとして故意の阻却を認めるべきかを検討することになる(35)。

V　結びにかえて

営業秘密侵害罪に関して、本稿が至った見解は以下のようなものである。まず、その基本的性格については、規定の数度の改正を経て、財産犯的性格を強めたといえても、不正競争防止法の目的からみて、公正な競争秩序に対する危険犯的性格を無視することはできない。また、営業秘密侵害罪における法益保

(35)　玉井・前掲注（26）38 頁以下参照。また、以上のような、客観的な成立要件と正当化事由の充足を検討した上で、主観的な成立要件については錯誤の問題として検討する枠組みについては、既に背任罪における議論において示したところである。詳しくは、内田幸隆「判批」高橋則夫＝松原芳博編『判例特別刑法』（日本評論社、2012 年）144 頁以下参照。

護の構造は、営業秘密保有者の営業上の利益を保護することを通じて間接的に公正な競争秩序の維持が図られているというものである。したがって、営業上の利益が侵害・危殆化されていない場合はもちろんのこと、営業上の利益が損なわれているようにみえても、公正な競争秩序を害する危険がない場合には、営業秘密侵害罪の成立は否定されるべきである。また、従来から利益取得・加害目的がないという観点からその処罰範囲から除外されるべき事例があると指摘されてきたが、その目的に関する従来の議論を整理すると、その事例において当該目的が欠けるとは必ずしもいえない。むしろ目的の存否とは異なる視点から処罰範囲の適正化を図るべきであって、まずは、当該情報における営業秘密性、具体的には秘密管理性、有用性の要件を検討し、さらに、刑法35条による正当化を試みなければならない。その上で、営業秘密侵害罪の客観的要件を満たす行為であっても、行為者に錯誤があることによって故意ないしは責任の阻却が認められないかを検討するべきことになる。このように、営業秘密侵害罪にとって当初の課題になるのは、それぞれの行為類型にとって共通の問題となる法益保護のあり方、さらに目的要件の検討を通じて、その処罰範囲の適正化を図ることである。

さて、わたくしがみるところ、営業秘密侵害罪をめぐる立案当局者の見解は揺るぎない「制度的事実」として存在しており、これとは異なる視点から見解を述べることはさほど意味がないのかもしれない。とはいえ、営業秘密侵害罪の処罰範囲について、理論刑法学の枠組みから適正化をはかる試みは途半ばであって、今後の課題としては、その個別の成立要件を詳細に検討しなければならないと思われる。

オーストリアの刑事訴追制度についての予備的考察

黒澤　睦

Ⅰ　はじめに(1)

筆者は、別稿において、我が国におけるTPPをめぐる著作権等侵害罪の一部非親告罪化（の動き）を踏まえて、ドイツ、スイス、オーストリア、リヒテンシュタインにおける著作権法違反の取扱いを、比較法制史の観点から考察を行っているところである(2)。オーストリアにおける著作権法違反の刑事手続上の取扱いについての詳細な紹介・検討に関する部分は未公表であるが、既に公表した部分で述べたように、オーストリア著作権法における著作権侵害等は、そのすべてが検察官による刑事訴追が排除された「私人訴追犯罪」〔Privatanklagedelikte〕となっている（オーストリア著作権法91条3項）(3)。この私人訴追制度は、刑事訴追に対する「公益」が認められた場合に検察官訴追が認められるドイツの私人訴追制度〔Privatklage〕（ドイツ刑訴法376条）と名称は似ているが、刑事訴追制度上の意義・機能は大きく異なる。

また、我が国では、現在、法制審議会の「少年法・刑事法（少年年齢・犯罪者処遇関係）部会」において、「起訴猶予等に伴う再犯防止措置の在り方」が検討

(1)　本論文は、本テーマに関連する研究会・話題提供会（非公開）での口頭報告のために準備した草稿を、そこでの議論を踏まえて加筆・修正したものである。

(2)　拙稿「親告罪・私人訴追犯罪・職権訴追犯罪としての著作権法違反（1）――TPPをめぐる著作権等侵害罪の一部非親告罪化の動きを踏まえたドイツ・スイス・オーストリア・リヒテンシュタインとの比較法制史的考察――」法律論叢89巻6号（浦田一郎教授古稀記念号）（2017年）89頁以下。この既刊の連載（1）では、日本とドイツの著作権法違反について紹介・検討を行った。

(3)　拙稿・前掲注（2）91頁、105頁、109頁。

されており、その中で、いわゆる「入口支援」のほかに、検察官による起訴猶予処分に関連付けた「誓約事項（違反）」制度（仮称）の導入の是非が検討されている(4)。これは、端的に言えば、検察官による積極的なダイヴァージョン制度を構築することを意味する。ところで、オーストリアは、1999年の刑事訴訟法改正によって、検察庁によるかなり広範かつ積極的な「ダイヴァージョン」制度〔Rücktritt von der Verfolgung（Diversion）〕を導入しており（オーストリア刑訴法198条以下〔以下では、オーストリア刑事訴訟法の条文であることが明白である場合、単に条文数のみを示す〕）、既にその制度が定着し、実務上の経験も蓄積されている。

さらに、筆者が特に関心を持っている親告罪制度に目を転じると、オーストリアにも我が国の親告罪制度に相当する制度が存在している。もっとも、オーストリアの制度は、2004年の刑事訴訟法改正（2008年施行）によって、それまで類似の制度として存在していた「請求犯罪」〔Antragsdelikte〕を廃止し、同様にそれまで存在していた「授権犯罪」〔Ermächtigungsdelikte〕に体系的に整理統合（92条）して現在に至っており、非常に興味深い制度変更が行われている。

以上の3つの現代的課題を検討するにあたって共通して重要となるのは、その国の全体の刑事司法制度、特に刑事訴追制度の中での各制度の位置付けに留意することである。たとえ名称や外形が似た制度であっても、その国の全体の刑事司法・刑事訴追制度の構造によって、その制度が設けられた目的や果たしている機能はまったく異なりうるからである。本論文では、このような観点から、問題の共通基盤であるオーストリアの刑事訴追制度を整理・概観することで、上述の3つの現代的課題を近い将来により深く検討するための予備的考察を行うこととしたい(5)。以下では、まず、Ⅱで、オーストリアの刑事訴追制度

---

(4) 脱稿時までの最新の資料として、法制審議会－少年法・刑事法（少年年齢・犯罪者処遇関係）部会第3分科会第3回会議（平成29年11月17日開催）参考資料「『起訴猶予等に伴う再犯防止措置の在り方』についての意見要旨」〈http://www.moj.go.jp/content/001240625.pdf〉を参照。

(5) オーストリアの法令・立法資料・判例等については、オーストリア連邦総理府による「法情報システム」〔*Bundeskanzleramt Österreich*, Rechtsinformationssystem〕〈https://www.ris.bka.gv.at/〉を利用した（同システムは、現行法令のほか過去の特定の時点の法文の閲覧も可能である。官報や法案・議会議事録等も整理され、原文にリンクされている。主要判例も全文の閲覧が可能である。）。

オーストリア刑法について、特に、概説書として、*Diethelm Kienapfel/ Frank Höpfel/ Robert Kert*, Grundriss des Strafrechts Allgemeiner Teil, 15. Aufl., 2016を、注釈書として、*Ernst Eugen Fabrizy*, Strafgesetzbuch - Kurzkommentar, 12. Aufl., 2016; *Frank Höpfel/ Eckart Ratz* (Hrsg.), Wiener Kommentar zum Strafgesetzbuch［WK-StGB］を、また、邦語文献として、金子正昭「オ

の大きな枠組みを確認する。次に、Ⅲで、原則としての職権主義・国家訴追主義と、それを修正する諸制度を確認する。そして、Ⅳで、原則としての起訴法定主義と、それを修正する諸制度を確認する。

なお、オーストリア刑事法の専門用語はドイツ語圏の他の国々の刑事法のものと異なるものが少なくなく、また、他の国々と同じ専門用語を用いていても異なる制度等を指すものが存在するため、誤解を招くおそれのあるものにはできる限り原語を併記する。

ーストリア犯罪論（1）〜（8・完）」第一経大論集（1）25巻3・4号（1996年）77頁以下／（2）26巻1号（1996年）37頁以下／（3）26巻2号（1996年）75頁以下／（4）26巻3号（1996年）75頁以下／（5）26巻4号（1997年）41頁以下／（6）27巻1号（1997年）69頁以下／（7）27巻2・3合併号（1997年）95頁以下／（8・完）27巻4号（1998年）59頁以下〔同資料は、*Otto Triffterer*, Österreiches Strafrecht Allgemeiner Teil, 1985; 2. Aufl., 1994の翻訳紹介である〕、外山美砂子＝宮澤浩一「オーストリアの刑法改正」捜査研究50巻4号（2001年）40頁以下を参考にした。

オーストリア刑事訴訟法について、特に、概説書として、*Christian Bertel/ Andreas Venier*, Strafprozessrecht, 10. Aufl., 2017; *Stefan Seiler*, Strafprozessrecht, 16. Aufl., 2017を、注釈書として、*Ernst Eugen Fabrizy*, Die österreichische Strafprozessordnung - Kurzkommentar, 12. Aufl., 2014 ; *Helmut Fuchs/ Eckart Ratz* (Hrsg.), Wiener Kommentar zur Strafprozessordnung〔WK-StPO〕を、刑事訴訟法大改正（2004年成立、2008年施行）前後の変化について、*Friedrich Alexander Koenig et al.*, StPO-NEU Teil 1-26, Österreichische Juristen-Zeitung〔ÖJZ〕, 2008-2009の特集連載を、私人訴追手続の改正について、*Michael Horak*, Das neue Privatanklageverfahren : Schwierigkeiten in der Praxis und neue Reformpläne, Österreichische Juristen-Zeitung 2009, S. 212 ff.を参考にした。従前のオーストリア刑事訴訟法について、Frank Höpfel／山名京子訳「1975年以降のオーストリア刑事訴訟法の展開」ノモス7号（1996年）30頁以下、横山潔「1975年オーストリア刑事訴訟法典（その1）〜（その6・完）」外国の立法（1）24巻6号（1985年）251頁以下／（2）25巻1号（1986年）10頁以下／（3）25巻2号（1986年）78頁以下／（4）25巻3号（1986年）152頁以下／（5）25巻4号（1986年）215頁以下／（6・完）25巻5号（1986年）264頁以下、同「オーストリア刑事訴訟法典――1985年から1989年までの改正分――（その1）・（その2・完）」外国の立法（1）32巻4・5・6号（1994年）165頁以下／（2・完）33巻1号（1994年）144頁以下、吉田敏雄「オーストリア『一九九九年刑事訴訟法改正』」北海学園大学法学研究35巻2号（1999年）377頁以下等も参照。

オーストリアの刑事訴追制度、刑事司法における犯罪被害者の法的地位について、吉田敏雄「刑事手続きにおける被害者の参加形態――ドイツ、オーストリアの法制度――」北海学園大学法学研究43巻1号（2007年）1頁以下（オーストリアについて、26頁以下）を参照。オーストリアにおける刑訴法等大改正（2004年成立、2008年施行）以前の軽微事犯の取扱いについて、丹羽正夫「オーストリアにおける軽微事犯論の展開（一）〜（三）――刑法四二条（所為の当罰性の欠如）をめぐる議論を中心に――」法政理論28巻2号（1995年）1頁以下／29巻1号（1996年）1頁以下／29巻4号（1997年）68頁以下を参照。同時期のオーストリアの損害回復論・和解論について、高橋則夫「オーストリア刑法における損害回復論」東洋法学38巻1号（1994年）181頁以下を参照。

Ⅱ　オーストリアの刑事訴追制度と刑事訴訟法等の大改正

オーストリアの刑事訴追制度は、ドイツ語圏の他の国々と同様に、国家訴追主義かつ起訴法定主義を原則としている（2条）。他方で、様々な形で例外が存在し、長期的には起訴法定主義の例外が拡大傾向にある。両者の主要な例外として挙げられるのは、①検察官の職権訴追を排除する「私人訴追犯罪」〔Privatanklagedelikte〕（71条）、②被害者等による授権がなければ検察官が職権訴追をすることができない「授権犯罪（親告罪）」〔Ermächtigungsdelikte〕（92条）、③軽微犯罪領域における「起訴便宜主義」〔Opportunitätsprinzip〕（191条）である。

2008年1月1日施行の刑事訴訟法等大改正（主たる部分は2004年改正、さらに2007年改正）(6) によって、従前の刑事法制度から大きな変更があった。上述の①〜③のすべてにおいて変更が行われているが、全体とすると刑事実体法と刑事手続法の峻別（特に実体法的処理から手続法的処理への移行）を意識したものが少なからず含まれている。例えば、②との関係では、「請求犯罪」〔Antragsdelikte〕を廃止して「授権犯罪」に整理統合している。また、③との関係では、「所為の当罰性の欠如」〔Mangelnde Strafwürdigkeit der Tat〕に関する刑法42条が削除されている(7)。これらについては、後で詳しく触れる。

Ⅲ　職権主義・国家訴追主義とその修正

1　原則としての職権主義・国家訴追主義（刑訴法2条）(8)

オーストリアにおいても、刑罰権は国家のみに属する。また、刑事訴追権も、原則として国家に属し、行為者は職権により訴追される。これを「職権主義」〔Amtswegigkeit / Offizialprinzip〕という。

---

(6)　Bundesgesetz, mit dem die Strafprozessordnung 1975 neu gestaltet wird vom 23.03.2004 (BGBl. I Nr. 19/2004); Bundesgesetz, mit dem die Strafprozessordnung 1975, das Strafgesetzbuch und das Jugendgerichtsgesetz 1988 geändert werden vom 04.12.2007 (BGBl. I Nr. 93/2007).

(7)　Bundesgesetz vom 04.12.2007, a.a.O. (Anm. 6), Art. II Nr. 2, BGBl. I Nr. 93/2007, S. 39.

(8)　本項目について、*Fabrizy*, a.a.O. (Anm. 5), StPO § 2 Rn. 1ff. und § 4 Rn. 3ff.; *Horak*, a.a.O. (Anm. 5), S. 212 f.; *Seiler*, a.a.O. (Anm. 5), Rn. 24 ff. [S. 26] und Rn. 243 [S. 80] を参照。

「職権犯罪」〔Offizialdelikte〕の場合、捜査手続では警察と検察庁が犯罪行為を解明する責務を負い、公判手続では裁判所が起訴の基礎となっている行為と被告人の罪責を解明する責務を負う（職権解明義務〔Untersuchungsgrundsatz〕）（2条）。

2 職権主義・国家訴追主義の修正

(1) 職権主義・国家訴追主義の例外――私人訴追犯罪（刑訴法 65 条 3 号、71 条）(9)

(i) 私人訴追犯罪の概要、手続の特徴

職権主義・国家訴追主義の例外として、「私人訴追犯罪」〔Privatanklagedelikte〕がある（65 条 3 号、71 条）。私人訴追犯罪の場合、訴追権は排他的に被害者に属するため、検察庁はその犯罪を訴追することができない。刑法等の条文上は、被害者・権限者の「要求に基づいてのみ」〔nur auf Verlangen〕訴追されうる、と表現される。

私人訴追犯罪の場合、被害者等が私人訴追人〔Privatankläger〕として起訴と公判維持の役割を担う（65 条 3 号、71 条）が、判決は共和国の名において言い渡され、刑罰は国家によって執行される。他方で、私人訴追犯罪では、警察及び検察庁による犯罪捜査は行われない（71 条 1 項 2 文後段）。また、私人訴追人は、原則として検察官と同等の権限を持つとされている（71 条 5 項 1 文）。もっとも、警察官に証拠収集活動等を直接命令することはできず、裁判所に必要な強制処分を請求する形をとる必要がある(10)。具体的には、証拠と刑訴法 445 条による財産権に対する命令〔vermögensrechtliche Anordnung〕（没収等）の保全のために必要な範囲に限ってその保全を請求する権限がある（71 条 5 項 2 文、同条 1 項 2 文前段）。その一方で、被疑者・被告人の逮捕・勾留を請求する権限はない（71 条 5 項 3 文）。

少年事件に対する私人訴追は認められない（少年裁判所法 44 条）。そのため、私人訴追犯罪の少年事件では、検察庁が、教育上の理由又は応報要求を超える被害者の利益から必要不可欠と思料される場合、被害者等の授権〔Ermächti-

(9) 本項目について、*Fabrizy*, a.a.O.（Anm. 5）, StPO § 71 Rn. 1ff.; *Horak*, a.a.O.（Anm. 5）, S. 212 ff.; *Seiler*, a.a.O.（Anm. 5）, Rn. 27 ff. 〔S. 26 f.〕; *Roland Kier/ Peter Zöchbauer*, in: WK-StPO, a.a.O.（Anm. 5）, 2010, § 65 Rn. 38; *Gottfried Korn/ Peter Zöchbauer*, in: WK-StPO, a.a.O.（Anm. 5）, 2013, § 71 Rn. 1ff.; 吉田・前掲注（5）被害者 30 頁以下を参照。

(10) *Seiler*, a.a.O.（Anm. 5）, Rn. 251 〔S. 82〕.

gung〕を受けた上で訴追する（刑訴法 92 条）。

私人訴追犯罪は、2004 年 3 月 23 日（2008 年 1 月 1 日施行）の刑事訴訟法大改正以前は、可罰的行為と被疑者を知ったときから 6 週間以内に訴追請求しなければならなかった（刑訴法旧 46 条 1 項）が、現在は、原則として、特別な期間制限がなく、公訴時効（刑法 57 条、58 条を参照）が完成するまで起訴が可能である(11)。

(ii) 私人訴追犯罪制度の趣旨

以上のように職権主義・国家訴追主義に例外が認められ、検察官による訴追が排除され、しかも、捜査機関による犯罪捜査も行われない理由は、私人訴追犯罪の保護法益は排他的ないし大部分が私的領域に関わるものであり、その犯罪が「公益」〔öffentliches Interesse〕に関わるものではなく、職権訴追が必要ないということに基づいている(12)。また、違法の程度が職権犯罪よりも通常は小さい(13)。そして、刑罰は必要不可欠な場合にのみ用いられるべきという「刑罰による威嚇の経済性」〔Ökonomie der Strafdrohungen〕の観点から、職権犯罪として職権による強制訴追がなされるべきなのは、被害者が訴追しないために犯罪が不訴追になること、又は私人に訴追を任せるということが、事件が重要であるために公衆にとって耐えがたいであろう場合のみであるとされる(14)。つまり、公衆から見て、被害者の裁量によってその行為が不訴追になることが容認でき、かつ、事件が重要でないため訴追を私人に任せてもよいものが、私人訴追犯罪の対象になることになる。

これに対して、私人訴追犯罪は、刑事訴追に対する公益は存在するが、何よりも私的な関心事に関わるため、その訴追は被害者の意思と実行にゆだねるべきであるとする見解(15) もある。

---

(11) ただし、現在でも、メディアの内容に関する犯罪では、特別に 1 年という短期の公訴時効が設定されている（メディア法 32 条）。本文の本段落の記述を含めて、*Korn/ Zöchbauer*, in: WK-StPO, a.a.O. (Anm. 5), § 71 Rn. 22 を参照。旧条文と新条文の比較について、*Friedrich Alexander Koenig/ Christian Pilnacek*, Das neue Strafverfahren - Überblick und Begriffe (StPO-NEU Teil 1 und Teil 2), a.a.O. (Anm. 5), ÖJZ 2008, S. 10 ff. (Teil 1) und S. 56 ff. (Teil 2)（私人訴追制度について、62 頁以下）を参照。

(12) *Fabrizy*, a.a.O. (Anm. 5), StPO § 71 Rn. 1; *Kier/ Zöchbauer*, in: WK-StPO, a.a.O. (Anm. 5), § 65 Rn. 38; *Seiler*, a.a.O. (Anm. 5), Rn. 28 [S. 26].

(13) *Kier/ Zöchbauer*, in: WK-StPO, a.a.O. (Anm. 5), § 65 Rn. 38.

(14) *Fabrizy*, a.a.O. (Anm. 5), StPO § 71 Rn. 1.

いずれにしても、私人訴追犯罪の場合、私人訴追人には訴追義務がなく、訴追裁量がある。そのため、私人訴追手続は、実際上は、刑事手続と民事手続の中間に位置付けられるとも評価されている(16)。

(iii) 私人訴追犯罪の具体例

私人訴追犯罪の具体例として、刑法典では、専断的治療行為（110 条）、一般的な名誉に対する可罰的行為（117 条 1 項 1 文・111 条、113 条、115 条）、一般的な信書の秘密の侵害及び信書の隠蔽（118 条 4 項 1 文）、職業上の秘密の侵害（121 条）、業務又は営業の秘密の侵害（122 条）、業務上又は営業上の秘密の探知（123 条）、信用毀損（152 条）、家族内の器物損壊・データ損壊・コンピューターシステム機能妨害・窃盗等（166 条）、欺罔による婚姻（193 条）、欺罔によるパートナー関係（193a 条）がある（なお、酩酊状況下の行為（287 条 2 項）も参照）。

また、特別刑法では、著作権法 91 条のほかに、特許法 159 条、商標保護法 60a 条 1 項・60 条、68i 条 1 項・68h 条、意匠保護法 35 条、実用新案法 42 条、半導体保護法 22 条、品種保護法 25 条、不正競争防止法 4 条、10 条、11 条、12 条、会計検査院法 14 条 2 項、金融刑法 252 条、アクセス・コントロール法 10 条等がある。このように、知的財産法領域の罰則には広く私人訴追犯罪規定が置かれている。

(2) 職権主義・国家訴追主義の制限——授権犯罪（親告罪）（刑訴法 92 条）(17)

(i) 授権犯罪（親告罪）の概要、手続の特徴

職権主義の制限として、「授権犯罪（親告罪）」〔Ermächtigungsdelikte〕（92 条）がある。刑法等の条文上は、被害者・権限者の「授権がある場合にのみ」〔nur mit Ermächtigung〕訴追されうる、と表現される。

この授権犯罪は、その対象犯罪及び機能から見ると、日本の親告罪に近いものといえる。ドイツ及びスイスに日本の親告罪と同等のものとして存在している「Antragsdelikte」は、オーストリアではかつて日本の「請求犯罪」（日本刑法

(15) *Horak*, a.a.O. (Anm. 5), S. 213.

(16) *Kier/ Zöchbauer*, in: WK-StPO, a.a.O. (Anm. 5), §65 Rn. 38. Horak も、中間に位置付けるが、何年もの自由刑を科しうる純粋な刑事手続であることを念押ししている（*Horak*, a.a.O. (Anm. 5), S. 213）。

(17) 本項目について、*Fabrizy*, a.a.O. (Anm. 5), StPO § 91 Rn. 1ff.; *Seiler*, a.a.O. (Anm. 5), Rn. 31 ff. [S. 27 f.]; *Mathias Vogl*, in: WK-StPO, a.a.O. (Anm. 5), § 92 Rn. 1ff. を参照。

92条）に近いものとして存在していた。しかし、2004年（2008年施行）の刑事訴訟法大改正によって廃止され、それまでも存在していた「Ermächtigungsdelikte」に統合された[18]。

授権犯罪の場合、刑事訴追機関がそれを認知すると同時に、職権により刑事手続が開始される。しかし、捜査機関は、犯罪の嫌疑の調査後、遅滞なく、さらなる訴追の授権をその権限者から受けなければならない（92条1項1文）。授権が拒否されれば、被害者に対するさらなる捜査は認められず、手続が打ち切られる（同2文）。授権は、捜査機関から問合せを受けてから14日以内になされなければ拒否されたものとみなされる（同3文）。憲法に基づく代表機関の公的侮辱の場合、その期限は6週間以内である（同4文）。私人参加人〔Privatbeteiligter〕として手続に協力することの表明（67条）[19]は授権とみなされる（92条2項3文）。

授権は、遅くとも、ダイヴァージョンの開始又は公訴の提起までに得られなければならない（92条2項1文）。授権は第1審の証拠調べ手続の終了時まで撤回することができる（同2文）。授権の欠如又は事後的撤回は訴追障碍〔Verfolgungshindernis〕となり、手続が打ち切られる。この場合、授権の撤回の撤回は許されず、また、授権の撤回後に再授権することは許されないと理解されている[20]。授権なく起訴が行われた場合や授権が公判審理で初めて撤回された場合、裁判所は「形式裁判」〔Formalurteil〕としての「無罪判決」〔Freispruch〕（259条3号）を言い渡さなければならない[21]。

---

(18)　Strafprozessreformgesetz vom 23.03.2004, a.a.O.（Anm. 6）; Erläuterungen zur Regierungsvorlage - Entwurf eines Strafprozessreformgesetzes, 2003, S. 120 f. 請求犯罪から授権犯罪（親告罪）に統合されたものについては、後掲注（26）を参照。従前の2つの制度について、丹羽・前掲注（5）（三）87頁注（1）及び88頁注（2）を参照。

(19)　私人参加は、①強化された公訴参加権限と②付帯私訴（刑事訴訟を通しての民事損害賠償請求）の両者の性質を持ったものに近い（*Seiler*, a.a.O.（Anm. 5）, Rn. 266 ff. [S. 87 f.]、吉田・前掲注（5）被害者28頁以下を参照）。なお、本文Ⅲ2（3）を参照。

(20)　*Fabrizy*, a.a.O.（Anm. 5）, StPO § 92 Rn. 6.

(21)　EvBl 1980/74; *Fabrizy*, a.a.O.（Anm. 5）, StPO § 92 Rn. 6, § 259 Rn. 5 und Rn. 7; *Seiler*, a.a.O.（Anm. 5）, Rn. 34 [S. 28] und Rn. 844 [S. 225]. なお、2004年及び2007年の法改正によっても、「無罪判決」が言い渡される点については変更が加えられていない。また、形式裁判としての無罪判決の場合に再訴遮断効があるかについて、刑訴法17条が「法的に有効な刑事手続の終了」によって同一の所為についての再度の訴追は許されないとしており、無罪判決の場合がこの「法的に有効な刑事手続の終了」にあたる旨の説明が見られるほか、これに190条や191条の検察官による手続打切りなども含まれるとされているため、再訴遮断効があることを前提に運用がなされているようである（Vgl. *Bertel/ Venier*, a.a.O.（Anm. 5）, Rn. 67 [S. 20]; OGH 16.11.2011, 15 Os 143/11k;

(ii) 授権犯罪(親告罪)の趣旨——廃止統合された請求犯罪との比較

「Ermächtigungsdelikte」(授権犯罪(親告罪))は、国家の刑事訴追権は犯罪行為の実行によって既に発生しているが、検察庁によるその刑事訴追権の行使は、権限者の授権〔Ermächtigung〕、すなわち同意に左右される、という可罰的行為である(22)。これに対して、かつて存在していた「Antragsdelikte」(請求犯罪)は、「請求」〔Antrag〕によって初めて国家の刑事訴追権が生じるものと理解されていた(23)。

オーストリア刑事法における授権犯罪(親告罪)制度の目的は、法政策・理論・構造上の考慮と並んで、一定の犯罪について、個人又は職業上の秘密を開示しない、又はその秘密の侵害を裁判外で調整するという、個人の利益を図ることにある(24)。また、権利侵害がほとんどの場合に些細であることから、国家による刑事訴追がやむを得ないとはいえないためである(25)とされている。

(iii) 授権犯罪(親告罪)の具体例

授権犯罪(親告罪)の具体例として、刑法典では、欺罔(108条)、住居侵入(109条2項)、連邦大統領ほか公的機関等の名誉に対する可罰的行為(117条1項3文・同2文、117条2項、117条3項・111条、113条、115条、116条)、公務員による公用信書の秘密の侵害及び信書の隠蔽(118条4項2文)、コンピューター・システムへの違法アクセス(118a条3項、犯罪組織によるもの(同4項)を除く)、通信の秘密の侵害(119条)、データの濫用的傍受(119a条)、録音装置又は盗聴装置の濫用(120条)、密猟又は密漁(139条・137条、138条)、困窮・無思慮・満足欲求による低価値物の財産犯(141条・129条、131条、138条2号・3号、140条、親族間等の場合は不可罰(同3項))、給付不正取得(149条)、困窮による小損害の詐欺(150条、親族間等は不可罰(同3項))、困窮等による盗品罪(164条6項・5項)、児童拐取(195条)、公的教育措置からの未成年者の剝奪(196条)、セクシュアル・ハラスメント(218条3項・1項、1a項)、外国国家に対する大逆罪・

OGH 21.08.2013, 15 Os 94/13 g usw.)。

(22) OGH 19.6.1980, 12 Os 86/80; *Fabrizy*, a.a.O. (Anm. 5), StPO § 91 Rn. 1; *Triffterer*, a.a.O. (Anm. 5), 2. Aufl., S. 104; *Vogl*, in: WK-StPO, a.a.O. (Anm. 5), § 92 Rn. 2 und Rn. 4.

(23) *Triffterer*, a.a.O. (Anm. 5), 2. Aufl., S. 104.

(24) Erläuterungen zur Regierungsvorlage, a.a.O. (Anm. 18), S. 121; *Seiler*, a.a.O. (Anm. 5), Rn. 31 [S. 27]; *Vogl*, in: WK-StPO, a.a.O. (Anm. 5), § 92 Rn. 1.

(25) *Vogl*, in: WK-StPO, a.a.O. (Anm. 5), § 92 Rn. 1.

外国国章侮辱罪（318条・316条、317条）がある[26]（なお、酩酊状況下の行為（287条2項）も参照）。

また、特別刑法では、銀行業法101条、電子マネー法28条、有価証券監督法94条3項、支払業務法66条2項等がある。

(3) 参考――私人参加制度（刑訴法65条2号、67条以下）

2004年（2008年施行）の刑事訴訟法改正により、新たに私人参加制度〔Privatbeteiligung〕が導入された。私人参加人〔Privatbeteiligter〕の権利として、証拠調べ請求権（67条6項1号）、検察官が公訴を取り消した場合の公訴を維持する権限（同2号）、裁判所による手続打切りに対する異議申立て権（同3号）、公判に召喚され検察官の論告の後に自己の請求権を説明し理由付ける権利（同4号）、自己の民法上の請求権のために控訴する権利（同5号）が認められているため、職権主義・国家訴追主義と関連させて論じることも不可能ではない。

しかし、その本質は、損害賠償ないし補償の請求権にあるとされており（67条1項1文、同条2項を参照）、職権主義・国家訴追主義と直結させて論じられてはいないようである[27]。

Ⅳ　起訴法定主義とその修正

1　原則としての起訴法定主義（刑訴法1条3項、2条1項）[28]

刑訴法2条1項は、連邦憲法18条1項に定められた法律主義を強調する。警察及び検察庁は、法律上の責務の枠組みの中で、可罰的行為の認知した端緒となる疑い〔Anfangsverdacht〕（刑訴法1条3項）を職権で調査する義務を負う。

---

(26)　これらの授権犯罪（親告罪）〔Ermächtigungsdelikte〕のうち、かつては、195条、196条、316条、317条が、請求犯罪〔Antragsdelikte〕であった。

(27)　*Bertel/ Venier*, a.a.O. (Anm. 5), Rn. 153 ff. [S. 50 f.]; *Fabrizy*, a.a.O. (Anm. 5), StPO § 67 Rn. 1; *Seiler*, a.a.O. (Anm. 5), Rn. 24 ff. [S. 26 ff.] und Rn. 266 ff. [S. 87 f.]. なお、オーストリアの私人参加制度及び被害者の権利全般については、吉田・前掲注（5）被害者26頁以下を参照。ただし、前掲注（19）も参照。

(28)　本項目について、*Bertel/ Venier*, a.a.O. (Anm. 5), Rn. 11 [S. 3 f.]; *Fabrizy*, a.a.O. (Anm. 5), StPO § 2 Rn. 1; *Seiler*, a.a.O. (Anm. 5), Rn. 36 ff. [S. 28] und Rn. 41 [S. 29] を参照。

検察庁は、当該事件の事実及び法律状態がそもそも訴追に十分な理由となるのか、常に検討しなければならない。検察官による起訴は、被疑者・被告人の有罪判決が無罪判決よりも蓋然性が高い場合にのみ許される。被告人の有罪の立証が期待できない場合、検察庁は手続を打ち切らなければならない（190条2号）。

起訴法定主義を保持するための制度として、「補充訴追」制度〔Subsidiaranklage〕がある。同制度は、私人参加人（65条2号）が、検察庁によって取り消された公訴を「補充訴追人」〔Subsidiarankläger〕として維持するものである（65条4号、72条1項）(29)。

2　起訴法定主義の制限と例外(30)

(1) 軽微犯罪領域における起訴便宜主義（刑訴法191条）

オーストリア刑事訴訟法は、起訴便宜主義を取り入れている。検察庁は、軽微犯罪の場合にその些細であることを理由に刑事手続を控える権限を限定的ではあるが与えられている（191条）。この起訴便宜主義は、特に少年犯罪の場合に効果を発揮する（少年裁判所法6条1項）。

従来は、刑法旧42条の「所為の当罰性の欠如」の場合が、手続打切りが認められる典型例であった。しかし、2007年12月4日成立・2008年1月1日施行の法改正により、刑法旧42条が削除(31)され、実体法上の非刑罰化から手続法上の非刑罰化という刑事法システムに移行することとなった。

(2) 複数行為の一部除外（刑訴法192条）

検察庁は、訴訟経済の観点から、一定の条件の下、複数の可罰的行為の場合に個々の可罰的行為の訴追を控えることができる（192条）。

(3) 参考――ダイヴァージョン（刑訴法198条以下）(32)

1999年改正により、ダイヴァージョン制度が導入され、検察庁が軽度から中

(29)　補充訴追人について、*Bertel/ Venier*, a.a.O.（Anm. 5), Rn. 159 [S. 52 f.]; *Fabrizy*, a.a.O.（Anm. 5), StPO § 72 Rn. 1 ff.; *Seiler*, a.a.O.（Anm. 5), Rn. 287 ff. [S. 90 f.] を参照。

(30)　本項目について、*Bertel/ Venier*, a.a.O.（Anm. 5), Rn. 285 ff. [S. 97 ff.]; *Fabrizy*, a.a.O.（Anm. 5), StPO § 190 ff.; *Seiler*, a.a.O.（Anm. 5), Rn. 39 f. [S. 28 f.] を参照。

(31)　Bundesgesetz vom 04.12.2007, a.a.O.（Anm. 6), Art. II Nr. 2, BGBl. I Nr. 93/2007, S. 39.

度の犯罪領域で裁判所による判決に似た決定を自ら下せるようになった。

この制度が適用される前提条件は、事案が十分に明らかになっていること（198 条 1 項柱書）、190 条から 192 条による手続打切りが問題とならないこと（198 条 1 項柱書）、一定以上の重大犯罪（自由刑 5 年超の法定刑）でないこと（198 条 2 項 1 号）、罪責が重くないこと（198 条 2 項 2 号）、人を死亡させた事件でないこと（198 条 2 項 3 号）などである。

この制度の下では、検察官は、刑事訴追を控えることと引換えに、被疑者の一定の義務を履行をするよう提案することができる（200 条以下）。具体的には、一定金額の過料や賠償金等の支払い〔Zahlung eines Geldbetages〕（200 条）、公共の利益になる役務〔Gemeinnützige Leistungen〕（201 条以下）、試験期間〔Probezeit〕（203 条）、行為和解〔Tatausgleich〕（204 条）等の提案である。なお、一定の重大犯罪・経済犯罪の場合に、いわゆる王冠証人（検察庁への協力）の形で、検察官がダイヴァージョン制度を用いることができる旨の条項（209a 条、209b 条）が 2010 年に導入された（2011 年 1 月 1 日施行）(33)。

被疑者は、検察官からの提案を受け入れるか否かを自由に判断できる。被疑者がこの提案を受け入れると、裁判所が関与することなく、刑事手続が暫定的に停止される（201 条 1 項、203 条 1 項、204 条 3 項）。被疑者が提案に含まれる一定の義務を指定期間内に履行した場合、検察官が刑事手続を終局的に打ち切る（200 条 5 項、203 条 4 項。なお、201 条 5 項、204 条 1 項も参照。）。指定期間内に義務を履行せず、又は、別の罪を犯すなどした場合、検察官は暫定的に停止していた刑事手続を進めることができる。

ダイヴァージョンにより手続が終局的に打ち切られた場合には、検察官は、352 条による再審手続のみが可能となる。

オーストリア連邦司法省による 2015 年の統計では、裁判手続を経て有罪判決を受けた人員が 32,118 人であるのに対して、ダイヴァージョンによる処理件

---

(32) *Bertel/ Venier*, a.a.O.（Anm. 5), Rn. 294 ff.［S. 100 ff.］; *Fabrizy*, a.a.O.（Anm. 5), StPO § 198 ff.［S. 510 ff.］; *Hans Valentin Schroll*, Die aktuelle Diversionsregelung（StPO-NEU Teil 21), a.a.O.（Anm. 5), ÖJZ 2009, S. 20 ff.; *Seiler*, a.a.O.（Anm. 5), Rn. 243［S. 80］und Rn. 685 ff.［S. 191 ff.］等を参照。さらに、吉田・前掲注（5）一九九九年改正 377 頁以下も参照。

(33) Bundesgesetz, mit dem das Strafgesetzbuch, die Strafprozessordnung 1975, das Staatsanwaltschaftsgesetz und das Gerichtsorganisationsgesetz zur Stärkung der strafrechtlichen Kompetenz geändert werden（strafrechtliches Kompetenzpaket – sKp）（BGBl. I Nr. 108/2010), Art. 2, Nr. 20, S. 7 f.

数は40,439件であり[34]、実務上、非常に大きな意義を持つ制度となっている。

V　むすびにかえて

本論文でこれまで確認してきたオーストリアの刑事訴追制度をまとめると、次の図表のようになる。

[図表] オーストリアの刑事訴追制度

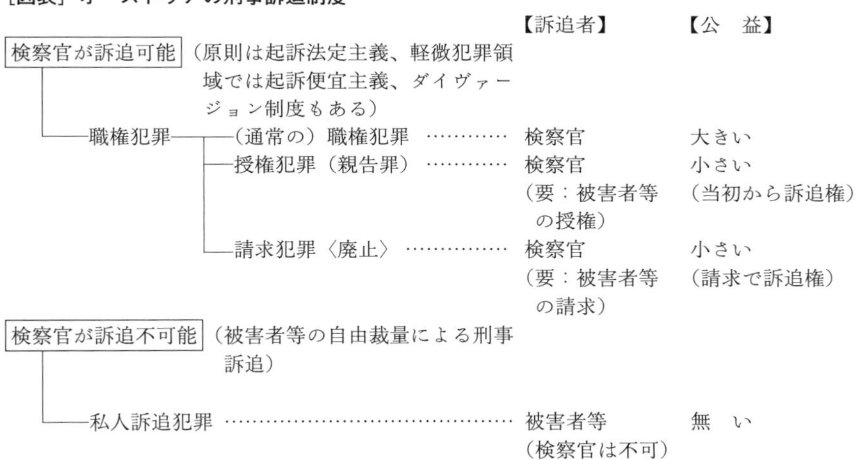

オーストリアの刑事訴追制度の最も大きな特徴は、①検察官が訴追可能な「職権犯罪」と検察官が訴追不可能で私人に訴追が委ねられる「私人訴追犯罪」が明確に分離されていること、そして、②その両者の差異が「刑事訴追に対する公益」の有無であるとされていることである。さらに、③裁判官の関与しない検察庁によるダイヴァージョン制度が存在していることである。

本論文では、紙幅の制約から、「Ｉ　はじめに」で掲げた個別の現代的課題についてのそれぞれの固有の問題は検討することができなかった。これらについ

(34)　Bundesministeriums für Justiz (Hrsg.), Sicherheitsbericht 2015 - Bericht über die Tätigkeit der Strafjustiz, S. 40 und S. 66〔最新版は、〈https://www.justiz.gv.at/web2013/home/justiz/daten_und_fakten/berichte/sicherheitsberichte~2c94848525f84a630132fdbd2cc85c91. de. html〉から入手可能である〕。

ては、別の機会に改めて論じることとしたい(35)。

※　本論文の内容に訂正・補遺がある場合は、黒澤睦「黒澤睦のホームページ」〈http://www.aurora.dti.ne.jp/~mutsumi/〉内で公開する。

［謝辞］　本論文は、JSPS 科研費・若手研究（B）JP26780043「条件付親告罪制度からみた刑事訴追に対する公益と犯罪被害者の権利の限界」による研究の成果の一部である。

［付記］　増田豊先生は、私が明治大学法学部に入学してから 20 年以上もの間、研究者としての理想像を、その全身で私に見せ続けて下さいました。本論文は予備的考察にとどまりますが、これまでに賜った大きな学恩への感謝の意を込めつつ、今後もさらに研究活動を続けていくことの証として、ここに献呈いたします。

---

(35)　著作権法違反については、拙稿・前掲注（2）の続篇を『法律論叢』上で公表する。ダイヴァージョン制度については、それを扱った拙稿を『法律時報』上で公表する予定である。授権犯罪ないし親告罪に関しては、本論文で紙幅の許す限り検討を行ったが、別稿にて個別に詳論する予定である。

理性法としてのカント私法と不法回避技法

赤岩順二

Ⅰ　はじめに

カント法論は、私法編と公法編とから構成される。私法の最後には「自然的状態における私のもの・汝のものから法的状態におけるそれへの移行一般」が配置される(1)。そこでは自然的状態から法的状態への移行が要請され、この命令に反して自然的状態に生存し留まろうと欲することを最高度の（im höchsten Grade）不法であるとして私法編を閉じる(2)。

公民状態への移行「一般」は最高度の不法を回避するための道筋である。そ

(1)　［AA VI: 305-307］［加藤＝三島（訳）：443-445］。カントのテキストの引用は、アカデミー版（Königlich Preußichen Akademie der Wissenschaften (hrsg.), Kants gesammelte Schriften）の巻数および頁数を記載する（たとえば［AA VI: 235］はアカデミー版第六巻の 235 頁）。純粋理性批判については［A（第一版）頁数/B（第二版）頁数］。また、日本語は宇都宮芳明（監訳）『純粋理性批判』（以文社、2004 年）を［宇都宮（他訳）純理：頁数］、宇都宮芳明（訳）『実践理性批判』（以文社、1990 年）を［宇都宮（訳）実理：頁数］、宇都宮芳明（訳）『判断力批判』上下（以文社、1994 年）を［宇都宮（訳）判批：頁数］、遠山義孝（訳）「永遠平和のために」『カント全集 14　歴史哲学論集』（岩波書店、2000 年）を［遠山（訳）：頁数］、『世界の名著 32　カント』（中央公論社、1972 年）加藤新平＝三島淑臣（訳）「人倫の形而上学〈法論〉」を［加藤＝三島（訳）：頁数］、森口美都男＝佐藤全弘（訳）「人倫の形而上学〈徳論〉」を［森口＝佐藤（訳）：頁数］として示す。翻訳は引用の文脈の都合により変更を加える場合がある。

(2)　［AA VI: 307-308］［加藤＝三島（訳）：444-445］。近時校訂出版されたテキスト *Bernd Ludwig*, Immanuel Kant, Metaphysische Anfangsgründe der Rechtslehre: Metaphysik der Sitten Erster Teil, 2. verbesserte Auflage, 1998（以下［Ludwig 1998］）は、私法編の最後の二つの節（41 および 42 節）を公法編の先頭に移動させる。「公法」の最初の二節との共通性が強いとみるからであろう。しかし、本稿は、私法編が「最高度の不法」への事例への評価で終了する構成となっていることを重視し、Ludwig のこの提案は採用しない。

して、公民状態が完全に実現された「人間のあいだにおける完全な法的体制」は「まさに物それ自体（Ding an sich selbst）」であるとするのがカントの診断である[(3)]。ということは、移行の仕方（Art）の記述のなかに、物自体に臨みつつ、そこで生成しうる不法と、その不法を回避するための技法（Art）を読むことも許されるであろう。

移行は、私法編の最後に移行「一般」として登場するだけではない。第一部第一章「外的な或るものを自分のものとしてもつ仕方（Art）について」の第八節[(4)]、第一部第二章「外的な或るものを獲得する仕方について」の第十六節[(5)]、にも組み込まれている。私法編最後に最高度の不法が登場し、その回避としての移行が論じられることに鑑みると、それぞれの箇所で発生しうる程度の不法生成とその不法を回避するための技法を読み取ることができるのではないか。

カントは法論を理性法として成立させた[(6)]。私法編においても、カントは、それぞれの文脈で「理性」を登場させる。実践「理性」の要請と許容法則（第二節）、「理性」の事実（第六節）、法的＝実践的「理性」の批判の必要（第七節）[(7)]、純粋な法的＝実践「理性」の原理からの展開（第十七節）[(8)]、配分的正義の原則をもって再登場する法的＝立法的「理性」（第三九節）[(9)] などである。理性は、それぞれの箇所で発生しうる程度の不法生成とその不法を回避しようとする者にとって、どのような位置にあるのか。

Ⅱ　実践理性の許容法則と力（Macht）（§1-§3）

1　二つの許容（人倫の形而上学への序論）

『人倫の形而上学』では、「人倫の形而上学への序論」で一か所、「法論」は三

(3)　［AA VI: 371］［加藤＝三島（訳）: 522］。
(4)　［AA VI: 255-256］［加藤＝三島（訳）: 382-383］。
(5)　［AA VI: 267］［加藤＝三島（訳）: 395-396］。
(6)　三島淑臣『理性法思想の成立』（成文堂、1998 年）（以下［三島 1998］）を参照。
(7)　［AA VI: 254］［加藤＝三島（訳）: 381］。
(8)　［AA VI: 268］［加藤＝三島（訳）: 397］。
(9)　［AA VI: 302］［加藤＝三島（訳）: 439］。

か所、「徳論」の一か所(10)で許容法則という語が登場する。カントにおける許容法則は、Brandt の論文（1982 年）を鏑矢として(11)、現在盛んに論じられている(12)。

「人倫の形而上学への序論」では、法論と徳論に共通する概念として、許容（Erlaubt; licitum）を定義し、あわせて許容法則に触れる。

（A）拘束性は、理性の定言命法のもとにおける或る自由な行為の必然性である。拘束性に反しない行為は許容される（licitum）。いかなる反対の命法によっても制限されないこうした自由は権能（Befugnis; facultas moralis）と呼ばれる(13)。

（B）命令も禁止もされない行為は単に許容される（bloß erlaubt）。これらの行為は人倫的にどちらでもよい（indifferens; adiaphoron; res merae

(10)『人倫の形而上学』「徳論」「倫理学の原理論」第一巻「自分自身に対する完全義務について」第一章「動物的存在者としての人間の自分自身に対する義務」第二項「情欲的自己冒瀆について」において、妻の妊娠中等の場合に自分の性的性質を使用することが、自分自身に対する義務にもそむくのか、それとも道徳的＝実践理性の「許容法則」があって実践理性の複数の規定根拠が互いに衝突をきたした場合には、それ自身としては許容されないことでも、さらにいっそう大なる違反を防ぐために許容するのか［AA VI: 426］［森口＝佐藤（訳）: 584］として、決疑論的問題への一方の回答の規定根拠として登場する。なお、「人倫の形而上学の序論」の定義によれば、義務や拘束性の衝突は考えられない。しかし、拘束性の二つの根拠（rationes obligandi）が並び存しそのどちらかが義務付けには十分ではない（rationes obligandi non obligantes）と説明される事態はありうる［AA VI: 224］［加藤＝三島（訳）: 347］。

(11) *Reinhard Brandt*, Das Erlaubnisgesetz, oder: Vernunft und Geschichte in Kants Rechtslehre, in: *Brandt* (Hrsg.), Rechtsphilosophie der Aufklärung, 1982, S. 233-285（以下［Brand 1982］）.

(12) *Katrin Frikschuh*, Kant and Modern Political Philosophy, 2000. *Brian Tierney*, The Problem of Permissive Law, Journal of History of Ideas, vol. 62, No. 2, April 2001, pp. 301-312. *Brian Tierney*, Permissive Natural Law and Property: Gratian to Kant, Journal of History of Ideas, vol. 62, No. 3, July 2001, pp. 381-399. *Kenneth R. Westphal*, A Kantian Justification of Possession, in: Mark Timmons (eds.) Kant's Metaphysics of Morals Interpretative Essay, 2002, pp. 89-109. *Joachim Hruschka*, The permissive law of practical reason in Kant's Metaphysics of Morals, Law and Philosophy No. 1 (2004), S. 45-72（以下［Hruschka 2004］）, *Scharon Byrd = Joachim Hruschka*, KANT's Doctrine of Right - A Commentary, 2010（以下［Byrd = Hruschka 2010］）. *Joachim Hruschka*, Kant und Rechtsstaat und andere Essays zu Kants Rechtslehre und Ethik, 2015（以下［Hruschka 2015］）。日本のカント研究においても、石田京子「カント法哲学における許容法則の位置づけ」日本カント協会『日本カント研究 8　カントと心の哲学』（理想社、2007 年）161-176 頁（以下［石田 2007］）。同「カントにおける外的対象の占有の正当化と自由について」三田哲学会『哲学』No. 131（2013 年 3 月）129-152 頁（以下［石田 2013］）。網谷壮介「カントと許容法則の挑戦―どうでもよいこと・例外・暫定性―」『法と哲学』第 1 号（2015 年）133-165 頁、などがある。

(13)［AA VI: 222］［加藤＝三島（訳）: 344-345］。

> facultatis）と称される。問題は、このような行為が存在するか否か、存在するばあい誰かが任意に或ることを為しあるいは為さない権能をもつために、命令法則（lex praeceptiva; lex mandati）や禁止法則（lex prohibitiva; lex vetiti）のほかに許容法則（lex permissiva）が必要かである。もし許容法則が必要とされるなら、単に許容される行為はどちらでもよい行為にかかわるものではなくなるだろう(14)。

二つの異なる許容概念があることになる。第一は「拘束性に反しない行為は許容される」（A）ときの許容である。このばあい「許容されること」と「禁止されること」とは相容れない。第二の許容概念は「単に許容されている」（B）ときの許容である(15)。第二の「単に許容されていること」について、命令法則、禁止法則のほかに、許容法則がそもそも成り立つかどうかをカントは仮定法で問う。許容が法則として定立されるならば、「どちらでもよいこと」ではない（B）。この序文の定義を前提とすると、許容法則が言及される私法における三つの許容は、（A）の許容ではない。いかなる反対の命法によっても制限されないものではありえないからである。また、（B）「単に許容されていること」であるもののうち「どちらでもよいこと」ではない。もし「どちらでもよい」ものであれば、それが許容法則として提示されることはないからである。そうすると、「単に許容されていること」のなかで、道徳的に「どちらでもよくはないもの」ということになる(16)。

許容されることはわれわれにとって何か。第一の「許容」は、「いかなる反対の命法によっても制限されない自由」としての道徳的権能をわれわれに付与する（A）。「法論への序論」「法論の区分」「B．法の一般的区分」の定義も加味すると(17)、その権能は法論においては他人を義務付ける能力でもある(18)。第二の許容である「単に許容されること」の場合に付与される権能はなにか。「単に許容されること」のなかで「道徳的にどうでもよいこと」は、事実的な能力が問題になるとしても、道徳的能力の付与があらためて問題となることはないであろう。では「単に許容されること」のなかで「道徳的にどうでもよくはない

(14)　[AA VI: 223]［加藤＝三島（訳）: 345-346］。
(15)　[Byrd = Hruschka 2010: 96]。
(16)　[Byrd = Hruschka 2010: 99-100, fn. 23] を参照。
(17)　[AA VI: 237]［加藤＝三島（訳）: 362］。
(18)　[Byrd = Hruschka 2010: 103, fn. 34]。

こと」はどうか。もし、そこで付与される能力が、いかなる反対の命法によっても制限されない自由（A）と全く同じものであるのなら、「反対の命法」の法則性と許容法則の法則性とは並びたたないはずである。また、いかなる反対の命法によっても制限される自由はそもそも許容されているとはいえない。それゆえに、そこで付与される能力は、或る反対の命法によって制限される自由、そして、ある反対の命法によっては制限されない自由である。これらが具体的にどのようなものであるのか、また或る反対の命法による制限や或る反対の命法によっては制限されないことをどのようにして知るのかは、「人倫の形而上学への序論」の定義の箇所のみだけでは回答を得ることが出来ない。したがって、それぞれの箇所の文脈において読み取る必要がある。

2　実践理性の許容法則（第一節、第二節）と能力としての力（Macht）

私法編第二節(19) で「実践理性の許容法則」が登場する。

> （C）私の選択意志のどのような対象も、私のもの・汝のものとしてもつことが可能である。……これを客観的に可能な私のもの・汝のものとみなし扱うことは実践理性のアプリオリな前提であり、この実践理性の法的要請を実践理性の許容法則と称する。この要請によって、われわれの選択意志の或る特定の対象を、われわれがそれを最初に占有したことを理由として、他人はその使用を差し控えるべきであるという、それ以前には存在しなかった拘束性を一切の他人に課す権能がわれわれに与えられる(20)。

ここでの私の選択意志の対象は、この部分に先立ち「それを使用することが物理的に私の力（Macht）のうちにあるもの」、「任意に（beliebig）使用する物理的能力を私がもつ」「私の力（Macht; potentia）のうちにあるもの」という限定が

(19)　[Ludwig 1998] は、私法第一節から第六節に大幅な変更を加え、第二節を第六節の中盤に移行し、第三節を削除する。同 XXXII-XXXIII。「移行」の記述を文脈の区切とみる本稿の観点からみても、その提案は適切であるようにみえる。しかし、第二節を第六節に移動することができるためには、第一節から第六節までを同一の程度での占有論の展開と捉えることが前提となるだろう。一見冗長にみえ、第二節を第六節に移動させてしまえばますます位置づけが不明になる第三節も、不法の程度という観点からすると重要な役割を果たしている可能性がある。

(20)　[AA VI: 246-247] [加藤＝三島（訳）: 371-372]。

付されている。これは、私の支配力（Gewalt）のもとにおく（in potestatem meam redactum）こととは区別される。支配力（Gewalt）のもとにおくばあいには、「単に能力だけでなく選択意志の或る作用（Akt）を前提とする」(21)。これに対して、力（Macht）のもとでもつためには選択意志の能力があり、その対象を私の選択意志の対象として考えることすなわち私がその対象を私の力（Macht）のうちにもつことを意識して（bewußt）いればよい(22)。

3　Subjektへの作用と不法（§3）

第三節は、実践理性の許容法則のもとで付与されたこの能力のもとで発生しうる不法の性質を念頭して記述しているように思われる。その後半では、「彼自身（das Subjekt）を触発（affizieren）せず、それゆえ彼自身に不法（Unrecht）も為しえない」と表現する(23)。用いられているSubjektとaffizierenという語に注目しよう。「人格（Person）とは、その行為に対して責任を帰することの可能な主体（Subjekt）である」(24)と定義されるように、SubjektはPersonとは異

(21)［AA VI: 246］［加藤＝三島（訳）: 371］。これに対応するように第六節では、対象を「自分の支配力（Gewalt）のもとにおくならば、（その限りにおいてのみ）、法的な私のものに参入されうる」としている［AA VI: 252］［加藤＝三島（訳）: 378］（この点も含めたLudwigの提案への検討として、*Yumi Saito*, War die Umstellung von §2 der Kantischen „Rechtslehre“ zwingend?, ARSP 82 (1996), pp. 238-265を参照）。

(22)［AA VI: 246］［加藤＝三島（訳）: 371］。

(23) 第三節後半部分は、「weil, wenn diesen Gegenstand etwas außer ihm, was mit ihm gar nicht rechtlichen verbunden ist, affiziert, (es) ihn selbst (das Subjekt) nicht affizieren und ihm Unrecht tun könnte.」となっている。ここで、(es)は、アカデミー版およびフォアレンダー版（Karl Vorländer (hrsg.), Die Philosophische Bibliothek, Bd. 41, 4. Aufl.（1922）の補足である。この部分を［加藤＝三島（訳）: 372］は「それというのも、当人と何ら法的に結合していない彼の外にある当該対象に（何ものかが）作用を加えたところで、それは当人自身〔主体〕に作用を加えることにも、したがってまた、彼に不法をなすことにもなりえないからである」、樽井正義（訳・解説）『人倫の形而上学　第一部　法論の形而上学的基礎』（岩波書店、2002年）（以下［樽井（訳）］）69頁は「なぜならば、その人の外にあり、法によってはその人とまったく結合していないようなあるものが対象に作用を及ぼしても、それがその人自身（主体）に作用を及ぼすことも、その人に不法を行うこともありえないからである」と訳す。was以下が指すものを、［加藤＝三島（訳）］はden Gegenstandととり、［樽井（訳）］は、etwasととっているように思われる。ここでいずれかに賛成することはしない。本稿で第三節をあえて取り上げたポイントは、第三節の前半は第一節先頭の「法的な私のもの」の定義をほぼ繰り返しているとも理解しうるが、後半には第一節で「侵害」とされていたものが「不法」と表現され、そしてその際にSubjektとaffizierenという語彙を選択していることにある（下記注27も参照）。

(24)［AA VI: 223］［加藤＝三島（訳）: 346］。

なる概念を示すためにも用いられる。そして、動詞として用いられているaffizierenは、『純粋理性批判』で「対象によって触発される（von Gegenständen affiziert zu werden）主観の受容性（Receptivität des Subjekts）と使われているものである(25)。

「法論への序論（B節）」によれば、法の概念は「各人の行う行為が事実上相互に（直接または間接に）影響をおよぼしうるかぎりでの」、「或る人格（Person）の他の人格に対する外的かつ実践的な関係だけ」を問題とする(26)。第三節の語彙をこれに当てはめれば、affizierenは「事実上及ぼす」ことに含まれるが、その作用は人格（Person）間の外的実践的関係とはならず、主体（Subjekt）への作用として表現されるものにとどまる(27)。これら二つの語（Personとaffizieren）をあわせ用いて不法（とはならない）と表現していることは、第二節で「任意に使用する物理的能力を私がもつ」ことすなわち力（Macht）に限定した導入と平仄を合せた不法の程度の記述となっている、と解する。

このような程度の不法を抽出するにはどのような意義があるのか。第一に、「法論への序論に対する付論」「広義の法」に登場する「生命対生命の正当防衛」の成立要件としての不法の判断に影響を与える可能性が考えられよう(28)。第二に、「占有（possesio）」と区別されるいくつかの隣接する形態の位置づけにかかわる。第六節には「占有」とは区別される「主体の現存がその場所に依存しているところの、継続的な私的占有としての居住（Niederlassung）あるいは移

(25)　[A26/B42]［宇都宮（他訳）純理：上83]。

(26)　[AA VI: 230]［加藤＝三島（訳）：354]。

(27)　仮にこの解釈を明確に第三節後半に表現するなら、「法的に結びついていないものが触発する（affizieren）としても、主体（Subjekt）を触発するが、人格（Person）との関係では不法を構成しない」というように表現される必要がある。しかしそうしてしまうと二つの世界は主体と人格で切り裂かれてしまう可能性があるだろう。それゆえ、語彙として用いられているSubjektやaffizierenが、第二節で力（Macht）という能力に限定して論じようとしていることと平仄があっていることまでを指摘するにとどめる。なお、カントの力（Macht）概念は公法における能動市民と対比される受動市民という概念とも接合していると指摘されている（[石田 2013：144（注12)]）。ただし能動市民と受動市民という概念の導入［AA VI: 314-315]［加藤＝三島（訳）：452-453]で挙げられている例そのものを現在もそうあるべきと解釈するものではない。

(28)　*Michael Pawlik*, Die Notwehr nach Kant und Hegel, ZStW 114 (2002), S. 259 ff. は、「自由に欠けるために主観的には完全に帰責されない攻撃に対して正当防衛が許されるか」についての刑法解釈学の現在の通説的見解をカントから理路一貫して導けることを、「法論への序論（B節）」の法の概念の定義およびカントの講義録を用いて論じている（森永真綱＝赤岩順二（訳）「カントとヘーゲルの正当防衛論（2）」甲南法学53巻3号（2013年）48-49頁）。本稿は、それらに加えて、私法第一節〜三節にも論拠を求めるものといえる。

住（Ansiedelung; incolatus）」という形態がある[29]。また、「世界公民法」における「通行（commercium）」や「すべての人たちとの共同態を求めるという」「目的のために地上のあらゆる場所を訪れる」地球公民上の権利（訪問権）に続いて移住権（ius incolatus）に触れ、それには特別の契約が必要としていることである。「主体の現存」が依存する「私的占有」は、訪問権とも移住権とも異なる形態と解することができる[30]。第三に、第五節の同様のフレーズとの異同からみえる意志的要素の態様との関連性である。そこでは、第三節とほぼ同じ前半部に続けて、後半では「この対象に対して私の意に反して（wider meinen Willen）作用を及ぼす（affizieren）者があったとしても、彼は必ずしも私に作用を及ぼすことにはならず、したがってまた私を侵害することにもならない」としている[31]。支配力（Gewalt）のもとにおくばあいに単に能力だけでなく選択意志の或る作用を前提とすることと、第五節の該当箇所では意志が取り出されていることと平仄があう。以上を前提とすると、不法の程度によって、それを不法でなくするための（不法を受ける側の）意志的要素の形態も異なってくると読み取ることが可能であろう。

---

(29)　この事例を含む第六節第四段落から第八段落［AA VI: 250-251］［加藤＝三島（訳）: 377-378］は、*Gerhard Buchda,* Das Privatrecht Immanuel Kants (1929) の指摘をして以来（同 36〜37 頁）、編集上の混入であるとする見解が受け入れられている［Ludwig 1998: XXVIII (fn. 33)］［加藤＝三島（訳）: 377（注 2）］。Buchda の指摘の精査は別稿で行ないたいが、本稿はこの部分の初版テキストになお整わないところが残るとしても残しておく意味はあると考えている。

(30)　［AA VI: 353］［加藤＝三島（訳）: 498-499］。三島淑臣『理性法思想の成立』（成文堂、1998 年）は、準備草稿［AA XXII: 286］を参照しつつ、所有権問題（三島は占有を広義の所有としてこの問題射程に含ましめている）「の最終的解決は結局のところ『世界公民状態』としての全人類的世界共和国の確立を前提とすること」であり、「『生存の維持に必要な限度』すらも奪われた難民の満ちあふれる現代世界においてこそ増々その切実さを加えつつある思想」であると指摘していた（同 156-159 頁）。また、金慧『カントの政治哲学―自律・言論・移行―』（勁草書房、2017 年）は、「世界市民法によってあらゆる訪問権を許容しながらも、あくまで『訪問』の権利に制限することによって植民地活動を禁止しようと試みる」（121 頁）、と解し、加えて「自然や偶然によってある土地におかれた者」や「難民や亡命者のように」「選択の余地なく移住せざるを得ない人びとが共生しながらともに過去の不正義に向き合うという展望」をカントのテキストに読みとろうとしている（同 120 頁）。なお『判断力批判』における「力（Macht）」と「威力（Gewalt）」の使い分けについて、牧野英二『崇高の哲学』（法政大学出版会、2007 年）202-203 頁（注 86）を参照。そこでは「力（Macht）」は「自己保存」を脅かすことのない力を意味するが、後者は、それを脅かしうるものであるという指摘がある。自己保存概念および崇高概念と照合した検討については別稿での課題としたい。

(31)　［AA VI: 249］［加藤＝三島（訳）: 374］。

Ⅲ 実践理性の拡張と支配力（Gewalt）（§4-§9）

1 力（Macht）から支配力（Gewalt）へ

許容法則によって付与される能力は、第二節では、力（Macht）に限定されていた。第四節からしばらくその点への言及はないまま過ぎるが、第六節の後半で向かうときに力（Macht）と対比される概念である支配力（Gewalt）概念が取り込まれる。「選択意志のあらゆる外的対象は、たとえ私がそれを占有していなくても(32)、私が自分の支配力のもとにおいているなら、（またそのかぎりにおいてのみ）、法的な私のものに算入されうる」(33)。この二つの箇所のみを抽出して取り上げるならば、後者の状況で生じうる侵害は、付与された能力に合わせて程度をあげていると解することができる。対象に力を加えることによって自らを拡張し、それに対する支配権を主張する労働所有論的な議論の影響を、ここに読み取ることもできよう(34)。

しかし、権利を根拠づける機能を経験的行為に認めることは原理上不可能であると洞察し、超越論的哲学的な基礎づけを試みるカントは(35)、第六節の支配力の導入のまえに、第四節(36)と第五節前半(37)の準備を踏まえ、第五節後半で理性を登場させていた。

---

(32) ［加藤＝三島（訳）：378］は（物理的）占有と説明的に付加している。なお［樽井（訳）：76］は、physisch をこの前後の文脈で「身体による」と訳している［樽井（訳）：398（訳注 3)］。

(33) ［AA VI: 252］［加藤＝三島（訳）：378］。

(34) ［石田 2013: 144（注 12)］。

(35) *Wolfgang Kersting*, Wohlgeordnete Freiheit-Immanuel Kants Rechts- und Staatsphilosophie, 2007（舟場保之＝寺田俊郎（監訳）W. ケアスティング『自由の秩序―カントの法哲学および国家の哲学―』（ミネルヴァ書房、2013 年）195 頁。

(36) ［AA VI: 247-248］［加藤＝三島（訳）：372-374］。「外的な私のもの・汝のもの」の対象に、(a) 物件、(b) 給付（に向けられた他人の選択意志）、(c) 私との関係における或る他人の状態、の三つ（だけ）があることを明らかにする。そして、(a) 物件については空間として物理的に占有していなくても、(b) 給付については給付の時期は時間的に将来であっても、(c) 他人の状態は私の単なる意志によって占有していると主張しうるものであればよいことを確認する。

(37) ［AA VI: 248-249］［加藤＝三島（訳）：374-375］。第五節前半は、名目的説明と実質的説明とを対比する。名目的説明によれば、外的な私のものは「その任意の使用を妨げることが私の自由の妨害になる（すべての人の自由と普遍的法則に従って両立しうる私の自由の毀損）」である。実質的説明によれば「私がそれを占有していない（対象の所持者ではない）にもかかわらず、それを私が使用するのを妨げることが私を侵害することになる」ものである。

2 理性による二律背反命題（アンチノミー）の解決

第五節後半では叡知的占有（possesio noumenon）と、たんに現象における占有（possesio phaenomenon）という概念が、『純粋理性批判』の「超越論的分析論」と同じものを使っていることを想起する。しかし、私の占有している対象が「物それ自体」であって現象ではないことにも気づく。理性のここでの課題は「自由の法則に従って選択意志の実践的規定をなす」ことだからである。そして「法とはまさに、自由の法則のもとにおける選択意志にかかわるところの、純粋な実践的理性概念」であるとして、法論との接合がはかられる。また法命題に占有を包摂可能にするために叡知的占有は純粋に法的な占有と言い換えられる[(38)]。

これらはすべて、外的にアプリオリな総合的法命題が可能であるかという問い（第六節先頭）を成立させるための準備とみることができる[(39)]。理性はこの問いへの回答の遂行において、「この種の占有の可能性に関する諸命題の二律背反（アンチノミー）」によって、外的な私のもの・汝のものという概念に関して法的＝実践的理性を批判する必要」に迫られ、それを解決する（第七節）。テーゼ：たとえ私がそれを占有していなくても、外的な或るものを私のものとしてもつことは可能である。アンチテーゼ：私がそれを占有していない場合には、外的な或るものを私のものとしてもつことは不可能である。解決：二つの命題はともに真である。第一命題は、私が右の（占有という）言葉を経験的占有の意味で解するならば真であり、第二命題は、純粋な叡知的占有の意味で解するならば真である[(40)(41)]。

---

(38) ［AA VI: 249］［加藤＝三島（訳）：374-375］。

(39) この論述の過程で「実践的原則が問題となっている場合には、手続きは逆になる」［AA VI: 252］［加藤＝三島（訳）：378］とカントが述べていることは、「演繹」という観点からはつまづきの石となりうるだろう（［三島 1998：135］参照）。この点について、浜田義文『カント哲学の諸相』（法政大学出版会、1994 年）42 頁以下、また純粋理性批判の「カテゴリー演繹の法廷モデル」（石川文康『カント第三の思考』（名古屋大学出版会、1996 年）182 頁以下）の提案もふまえての検討は別稿で行ないたい。

(40) ［AA VI: 254-255］［加藤＝三島（訳）：381-382］。

(41) 一切の空間・時間的条件を捨象した「もつこと（Haben）」の概念の導入も行なわれていた［AA VI: 253］［加藤＝三島（訳）：379］。これによって、占有のそれぞれの対象（物件、約束、人格）も二律背反（アンチノミー）の命題への包摂可能となっていると解することができる。

3 実践理性の拡張と理性の事実

このとき、実践理性は、自由の法則によって付与された「経験的諸条件を消去する」という機能を用いて「自己を拡張」する。そのことによって、アプリオリな総合的命題を定立することができることとなった(42)。これは、実践理性の許容法則により付与される道徳的能力の程度を上げたタイミングで、実践理性も再び拡張することを確認するという構図として理解することが可能である。ただし、そのような構図がカントの念頭にあったとしても、あくまで自由の概念は「一個の理性の事実」としての理性の実践的法則（定言命法）から推論されるしかない(43)。実践理性の許容法則により付与される道徳的能力の程度を上げた考察のタイミングで、「理性の事実」として迫るのである(44)。『実践理性批判』における「理性の事実」の導入を確認しておく必要があるだろう。

「このような根本法則の意識は、理性の事実とよぶことができるが、それはこの根本法則が、理性に前もって与えられている所与（Data）から、たとえば自由の意識から（この意識はわれわれに前もって与えられていないので）……案出できないという理由によるのではなく、この根本法則がまったくもってそれだけでわれわれにアプリオリな総合的命題として迫ってくるという理由による。……この法則を、誤解を招かずに与えられたものと見なすためには、この事実がいかなる経験的事実でもなく、純粋理性の唯一独特な事実であって、純粋理性はこの事実を通じて自らを根源的に立法的な

(42) ［AA VI: 255］［加藤＝三島（訳）: 382］。

(43) ［AA VI: 252］［加藤＝三島（訳）: 379］。

(44) 『純粋理性批判』弁証論の第三アンチノミー［A: 444-/B: 472-］［宇都宮（他訳）純理：下541-］では、「必然的な自然因果の系列」を経験的に「自由による原因性」を叡知的に考察することでアンチノミーを形成する二命題をともに真として解決する。その「証明」では「世界＝宇宙（Welt）の起源を概念把握するために」世界創造の神には超越論的自由が必要であることを想起し、その「注解」では世界の起源が認められるなら「世界の流れのなかでの」人間の自由を想定することも許される［A450/B478］［宇都宮（他訳）純理：545］とする。このように、純粋理性批判のこの自由論は宇宙論的射程をもつ（城戸淳『理性の深淵　カント超越論的弁証論の研究』（知泉書館、2013年）212頁）。いっぽう、『純粋理性批判』でも「基準章」では実践の領域に閉じて議論が展開される［A801-/B829-］［宇都宮（他訳）純理：852-］。さらに『人倫の形而上学の基礎づけ』第三章では超越論的自由のうえに「自律」として道徳性を基礎づけようと試みる。最後に『実践理性批判』における「理性の事実」［AA V: 31］［宇都宮（訳）実理：79］へと収斂させていく（上掲城戸著282頁）。

ものとして告げる（sic volo, sic iubeo）ということに十分注意しなければならない」(45)。

理性の事実（Factum der Vernunft）は、理性の所与（Data）とは異なる。「人倫の形而上学への序論」で、帰責（imputatio）とは、あるひとをある行為の創始者（自由な原因）とみなす判断であり、そのさい行為は Tat（factum）と呼ばれ、法則のもとにあると定義するとき(46) 用いる語と同じである。factum は動詞 facere（行う・作る）の完了分詞型である。理性の事実（Factum）へと行い作るものは「純粋理性」の「根源的で立法的な活動」である(47)。理性の積極的な活動としての自律的な立法行為により、道徳的法則の意識が事実（factum）として理性においてうまれる(48)。

4 「理性の事実」告知下での宣言と Bekenntnis（§8）

「外的な或るものが私のものであることを欲することを、（言葉により、あるいは行いによって）私が宣言するならば、私は、あらゆる他人が私の選択意志の対象を断念するよう拘束されているのだと宣言することになる」。「この拘束性は、このような私の法的行為がなければ、何びとも負わなかったであろうものである」。そのような宣言が法的行為として、あらゆる他人に拘束性を課すことになる。この拘束性は、外的法関係に関わる普遍的法則にもとづいて生じる(49)。

「汝の選択意志の自由な行使が普遍的法則に従って何びとの自由とも両立するような仕方で外的に行使せよという法の普遍的な法則」(50) が理性の要請である。そして「狭義の法」は「普遍的法則に従って何びとの自由とも調和するような、汎通的な相互強制の可能性としても表象される」（法論への序論 E）ものである(51)。すると、「このような宣言的要求のなかには、同時にあらゆる他

(45) ［AA V: 31］［宇都宮（訳）実理：79］。
(46) ［AA VI: 223］［加藤＝三島（訳）：346］。
(47) 北岡武司『カントと形而上学――物自体と自由をめぐって』（世界思想社、2001 年）143-181 頁（「純粋理性の事実」）。城戸淳「理性と普遍性――カントにおける道徳の根拠をめぐって」岩波講座『哲学 06 モラル／行為の哲学』（岩波書店、2008 年）57-75 頁。
(48) 城戸・前掲（注 47）68-69 頁。
(49) ［AA VI: 255-256］［加藤＝三島（訳）：382-383］。
(50) ［AA VI: 231］［加藤＝三島（訳）：355］。
(51) ［AA VI: 232］［加藤＝三島（訳）：356］。

人に対して、他人のものを自分の方でも同様に断念するよう拘束されていること」もまたとうぜん表象される。カントは、ここで当然表象される内容をあえて宣言するとその内容のBekenntnisを含んでいると付記している(52)。それはなぜか。

カントにおいてBekenntnisという語は、「後悔して自らに責め苦を与えることで」「審判者からくる罰を予防しようと考えるとか、あるいは哀訴嘆願して経文を唱え」「敬虔だと思わせるような告白(Bekenntnis)をして、審判者の心を動かそうと考える」(53) など『たんなる理性の限界内の宗教』で多く登場する。『人倫の形而上学』では、「不忠実とは、良心的であることの欠如にほかならない。いいかえれば、一個の他の人格と考えられる自己の内的審判者の前での告白(Bekenntnis)の純粋性が欠けていることである」(「徳論」第九節「嘘について」)がある(54)。これらから、告白の内容にはなんらかの「つみ」の要素があり、またその告白をなんらか外的手順に則って行うことを示すように用いられると思われる。そして宗教論においては、それ自体としては積極的肯定的に評価されることはない(55)(56)。

「私法」第八節・第九節の文脈でもおなじ性格をもつと解することができる。第一に、「(言葉により、あるいは行いによって) 私が宣言する」ものであって、内面にとどまらず、言葉および行いによって、他者に外的に判明するように宣言される。第二に、「同一の対象について誰かある他人のいっそう以前の占有によって対抗される」可能性を認めている。一方的な宣言のなかには誰も先占し

(52) [AA VI: 255] [加藤＝三島(訳):382]。そこでは「承認」と訳されている。
(53) [AA VI: 77] [北岡(訳):104]。
(54) [AA VI: 430] [土岐＝観山(訳):589]。
(55) 法論では、動詞として、宣誓による保証(Cautio iuratoria)に関するものがある。「神々が存在すると信じかつそれを告白する(bekennen)よう法的に人間を拘束しうる根拠」という文章の中に登場する。「訴訟に際して法廷でなされる人間の単なる儀式的な陳述」も、「裁判に関しては宣誓以外に手段がないことが認められるなら、裁判所における法的手続のためのやむをえない手段」[AA VI: 303-304] [加藤＝三島(訳):440-442] とされる。
(56) 『たんなる理性の限界内の宗教』のなかで、次のようなものがある。「福音の師はご自分が天から遣わされた者だとお告げになり、それとともに他方で、苦役信仰(礼拝日やBekenntnisや儀式への信仰)はそれ自体では無価値であって、それに反して道徳的信仰だけが人間を『あなた方の天の父が聖であるように』聖化してくれるし、よい生き方を通してその真実性を宣言されたのである」[AA VI: 128] [北岡(訳):171]。否定的評価といっても、「それだけでは」無価値とされていることに留意する必要がある。Bekenntnisも含まれる苦役信仰と道徳的信仰との対比と、法論第八節から第九節のBekenntnisと普遍的＝立法的意志との対比には、類比性があると考える。

ていないとあやまって認識してする占有も含まれることになる(57)。普遍的＝集合的意志を背景とする移行と比べると限定的な肯定である。このような背景をもとに、カントはこの文脈であえてBekenntnisという語を採用した（またはあえて残した）と解する。

本稿は、完全な公民的状態は物自体であるとするカントの診断に留意した。したがって、ここでの宣言がBekenntnisを含む、という注記に、重要な知恵を、不法回避の作法として、読み取る。

5　移行への強要（Nötigung）と越権をこばむ権利

しかしながら、一方的な意志（Wille）は、万人に対する強制的法則（Zwangsgesetz）とはなりえない。というのは、なりえるとすると普遍的法則にしたがう自由を毀損するからである。それゆえ、あらゆる他人を拘束するような意志、したがって集合的＝普遍的な（共同的な）、かつ権力的な意志が求められることになる(58)。

「宣言」ののちに、「移行」の必要性を述べる。結論として確認されるのは、「或る外的対象を自分のものとしてもつことが法的に可能であるべきだとすれば」「当の客体に関する争いが生ずるあらゆる他人に対して、自分とともに一つの公民的体制に入りこむように強要すること（zu nötigen）が許されなければならない」ことである(59)。

第九節は、「自然状態においては、たしかに現実的だが(60)、しかし単に暫定的にすぎない外的な私のもの・汝のものが存立しうる」と題される。自然状態において成立する占有は、公的立法のもとにおける万人の意志の結合を通して法的占有とされるという法的「推定」を自らのうちに含む。この期待のゆえに、「相対的」ではあるが法的占有と認められる。実践理性の要請のもとで、選択意

(57)『永遠平和論』での「誤想占有」[AA VIII: 348]［遠山（訳）: 259］と共通する。

(58)［AA VI: 256］［加藤＝三島（訳）: 383］。ここでの集合的＝普遍的な意志は、権力的な（Machthabender）意志とされており、Machtが含まれている。

(59)［AA VI: 256］［加藤＝三島（訳）: 383］。『人倫の形而上学』における強制（Zwang）と強要（Nötigung）の使用状況については、菅沢龍文「意志の自律と外的強制―カントの人権思想における自由概念―」『現代カント研究6　自由と行為』（晃洋書房、1997年）134-158頁の分析を参照。

(60)　したがって可能的にとどまらない。可能的と現実的については、［AA VI: 306］［加藤＝三島（訳）: 443］参照。

志の対象を自分のものとしてもつ能力が付与され、どの所持もすべて、先行する意志のある作用により、適用性を認められる状態にある。この状態は、同一の対象について誰かある他人のいっそう以前の占有によって対抗されないかぎり、公民的状態にともに入り込もうとしない何びとに対しても、当該対象の使用という越権（Anmaßung）をこばむ権利を私たちに与える(61)。

Ⅳ 法則の恩恵としての許容法則（§16）

「私法」第二章は「外的な或るものを獲得する仕方について」である（第十節～第三十五節）。その第十六節「土地の根源的獲得という概念の究明」において「移行の仕方」が述べられる(62)。第二章冒頭からの文脈も適宜参照しつつ、第一章第八節の「移行の仕方」との異同を解明する。

第一に、第十六節の対象が土地である点について。第一章第四節「外的な私のもの・汝のものという概念の究明」においても、有体的物件の例として「りんご」とともに「土地」が示されていた。しかし、第二章では、物件の獲得における土地の第一次性が明らかにされる（第十二節は「物件の最初の獲得は土地の獲得以外のものではありえない」と題される）とともに、土地は「実体」であり、その上にある可動物件は「実体」に「内属」するという概念枠組でそれらの主従性を明らかにして両者を獲得対象として含める(63)。第一章ではこのような主従関係が前提とされることはない。

第二に、土地の「根源的獲得」が究明の対象となっている。根源的獲得の諸契機は、(1) 対象の把捉（Apprehension）、(2) 対象の占有と他人を排斥する私の選択意志の作用と表示（Bezeichnung; declaratio）、(3) 外的・普遍的に立法す

(61) ［AA VI: 257］［加藤＝三島（訳）: 384-385］。

(62) ［AA VI: 267］［加藤＝三島（訳）: 395-396］。

(63) ［AA VI: 261-262］［加藤＝三島（訳）: 389-390］。第六節の土地の記述が［AA VI: 250, 18-251, 36（Abs. 4-8）］について（注 29）参照。第六節の文献学上の問題の回答如何にかかわらず、第二章第十六節において注目されることは、(1) 根源的に獲得（erwerben）され、「占有取得」に加えて「領得」も付加されていること、(2) 第十六節では dominium 概念とも結びつけ所有（Eigentum）という語も用いられていることである。第一章にはそれらがない。(2) について筏津安恕『私法理論のパラダイム転換と契約理論の再編―ヴォルフ・カント・サヴィニー』（昭和堂、2011 年）（以下［筏津 2011］）139 頁を参照。また木庭顕「Savigny における占有概念の構造転換とその射程」海老原明夫『法の近代とポストモダン』（東京大学出版会、1993）189 頁（注 46）も参照。

る（理念としての）意志の作用としての領得（Zueignung; appropriatio）である[64]。

第三に、正義の三つの法則が導入される。(1)「内的正しさの法則（lex iusti)」。これは、すべての人間が、自然によって（すべての人間に）賦与された意志をもって、根源的に全地球上の総体的占有をなしていること（第十三節で導入された概念）から導かれる。(2) 法的正しさの法則（lex iuridica)。ある土地の或るひとによる個別的占有は、そのひとの選択意志と他のひとの選択意志が不可避に対立するので必要とされる。(3) 配分的正義の法則（lex iustitiae distributivae)。これは、土地に関して各人に私のもの・汝のものを配分する法則は根源的かつアプリオリに結合した意志だけから生じ、したがって公民的状態において生じることを意味する[65]。この正義の三つの法則は、「法論への序論」「法論の区分」「A 法義務の一般的区分」でウルピアヌスに従うものとして提示される三つの法義務の分類に登場し[66]、私法編最後の移行「一般」の冒頭でも三つの法則として登場する[67]。

第四に、拘束しようとする内容は、他者が承認すること（anerkennen）である。第一章第八節も同じく一方的であるがその宣言は（本稿の解釈によれば）後により先の占有が判明するあやまち（『永遠平和論』の用語を用いれば誤想占有）の可能性の告白をも併せ含むものであった。第十六節では、占有取得と領得という働きの妥当性を承認するよう「何びと」をも拘束することが加わる。これは、「配分的正義の法則」の状態にある公民的状態へと向かう根源的で結合した意志[68]を前提とすると解する。

第五に、移行にいたるまえに、法則の恩恵（Gunst）としての許容法則が登場する。

(D)「けれどもこうした獲得は、それ自身、法的に可能な占有の限界規定

(64) ［AA VI: 258-259］［加藤＝三島（訳）: 386］。
(65) ［AA VI: 267］［加藤＝三島（訳）: 395-396］。
(66) ［AA VI: 236-237］［加藤＝三島（訳）: 361-362］。カントがウルピアヌスに帰しているこの三つの定式については、菅沢龍文「定言命法によるカントの私法論―叡知的占有とウルピアヌスの公式」、法政大学文学部紀要第48号（2013年）1-22頁、田中美紀子「カントの法義務としてのhoneste vive」日本カント研究 No. 14（2013年）151-167頁を参照。
(67) ［AA VI: 306］［加藤＝三島（訳）: 443］。第四十一節では、公的正義が三つ挙げられそれに対応した法則が三つ挙げられる。
(68) ［AA VI: 267］［加藤＝三島（訳）: 396］。

> に関して、法則の恩恵（Gunst）（lex permissva）を必要とし、しかもそれを与えられてもいる。それというのも、こうした獲得は、法的状態に先行し、単にこの法的状態へと導くにすぎぬものとして、まだ決定的ではないからである」(69)。

許容法則（lex permissiva）が法則の恩恵（Gunst）とされているのはなぜか。そして、理性概念はここでどのように働いているのか。

第十三節「土地一般の根源的獲得の根拠が土地一般の根源的共有態である」では、地表が球面である（無限の平面でない）ことを指摘しつつ「すべての人間による、一切の法的行為に先行する（自然そのものによって設定される）根源的な総体的占有である」とし、この占有概念は、経験的でもなく時間的諸条件にも依存するものでもない「一個の実践的な理性概念である」としていた(70)。したがって、法則の恩恵（Gunst）が登場する「占有の限界規定」とは、「自然そのものによって設定された根源的総体的占有」という理性概念の限界規定に他ならないことになる。この理性概念はたしかに「実践的な理性概念」であるが、自然そのものによって設定されたものであった。

カントは、ここでは、許容法則のことを、自然そのものによって設定された「法則の恩恵（Gunst）」と形容することを自らに許した。この自然によって設定された法則の Gunst の用法に近いカントの用例として挙げるべきは、『判断力批判』における次の部分でないかと思われる。

> 「われわれは、自然が有用なものだけではなく、さらに美や魅力をこれほど多く分配したことを、自然がわれわれに取って置いた愛顧（Gunst）と見ることができ、この理由から自然を愛することができるが、これはちょうど自然をその測りがたさのゆえに尊敬（Achtung）をもって見ることができ、こうした観察においてわれわれ自身が高貴にされたと感じることができるのと同じである。これはまさしく自然があたかもまったく実際にこのような意図でその素晴らしい舞台を設け、飾ったかのごとくである」(71)。

(69)　[AA VI: 267]［加藤＝三島（訳）: 396］。

(70)　[AA VI: 262]［加藤＝三島（訳）: 391］。

(71)　[AA V: 380]［宇都宮（訳）判批：（下）60］。公刊されたカントの主要著作のなかで、Gunst の登場は（最少でも）、『純粋理性批判』（第一版、第二版を併せて）7 カ所、『人倫の形而上学』で 1 カ所、『実践理性批判』2 カ所、『判断力批判』4 カ所、『たんなる理性の限界内における宗教』5

第八節の移行においては、「理性の事実」の告知下で、外的対象の先占を宣言し、その宣言が含む自らの側も同じ制約に服することの告白（Bekenntnis）を含むものと解した。理性は、そのとき、法的＝実践理性としての性質をもち、「法の普遍的原理」すなわち「いかなる行為も、その行為そのものについて見て、あるいはその行為の格律に即してみて、各人の選択意志の自由が何びとの自由とも普遍的法則に従って両立しうるような、そうした行為であるならば、その行為は正しい」という原理をあわせ参照する。これは、「たしかに私に対して拘束性を課する法則であるにはちがいないが、私がもっぱらこの拘束性のゆえにのみ私の自由をこの諸条件内へと自らを制限すべきことを要求するというものではない」(72)。実践理性は、これを法的要請として受けとるのである（実践理性の許容法則）。

第十六節の移行の仕方は、「すべての人間が、自然によって（すべての人間に）賦与された意志をもって、根源的に全地球上の総体的占有となすこと（内的正しさの法則）を起点とする(73)。ここでは、自然がわれわれに取って置いた恩恵を知ることにより、「内的正しさ」として知ることができるのである（法則の恩恵としての許容法則）。

二つの許容法則は、カントの論述の順番を尊重し、第一の実践理性の許容法則（第二節）を前提として、法則の恩恵としての許容法則（第八節）も機能すると解すべきである(74)。

法則の恩恵としての許容法則は、獲得における占有取得に加えて領得という概念が付加されたときに登場した。与えられた許容法則の限界を超え不法になっていることにわれわれが気づくためには、付加された領得についてはとくに、許容法則が自然によってわれわれにあたえられた恩恵（Gunst）であることを想起しなければならない。

占有取得（Besitznehmung）そのものにおいて法則の恩恵を必要とする状況は

カ所、『人倫の形而上学』5 カ所がある。誰の又は何の Gunst かによりその意味は異なる。自然の Gunst という文脈である点で、『判断力批判』の該当部分が「法則の恩恵」における語彙選択の意味を最もよく示すものと考える。カントはこの Gunst への（注）で、「自然が……開化（Cultur）へと促そうと意欲している」という。

(72) ［AA VI: 230-231］［加藤＝三島（訳）: 354-355］。

(73) ［AA VI: 267］［加藤＝三島（訳）: 396］。

(74) ［筏津 2011: 164］は、「他律の意思を基礎とした義務の体系を自律の意思を基礎とした権利の体系へと転換する歩みを決定的なものとした」ものとして位置づけ、私法編第一章の狙いを「権利概念の本質とその哲学的基礎の解明」にみている［筏津 2011: 144］。

ないのか。一つ考えられるのは、カントの表現を結びつければ、他人と同じように生命の危機に瀕している者の「身体を支える板片」のようなもの（広義の法）へと「無限でない」地表（第十三節）が(75) 変容している状況であろう。

V　おわりに

私法編最後の「最大の不法」には注が付され、次のようなケースが記載されている。

> 或る包囲された城砦の守備隊と結んだ開城協定をまじめに守ろうとせず、守備隊の退去にさいしてこれを虐待したり、あるいはその他のやり方でこの協定を破るような敵方は、彼らの相手方が機会を得て同一の狼藉を加えても、相手方の不法をあげつらうことはできない。しかし彼ら双方は、法の概念そのものから一切の妥当性を奪い去り、一切のことを野蛮な暴力へといわば合法則的に引渡し、人間の権利一般を崩壊させるのであるから、最高度の不法を犯すものである。

この事例が最高度の不法のケースとされているのはなぜか。私法編最後にいたるまでの、理性に関わる二つのカントの指摘を重視したい。いずれも、第三章「公的裁判の判決による主観的に制約された獲得」に属する。第一は、その冒頭である。カントはそこで、三つの正義のうちの最後の配分的正義の法則に関して、これに適った宣告の必要なことが、アプリオリに認識されるかぎりで、同じく自然法に属するとしている。ここで自然法とは、アプリオリに万人各自の理性によって認識される法であるとしている(76)。第二は、占有が一方で問題となる「返還請求（rei vindicatio）」で、「再び法的＝立法的理性が配分的正義の原則をもって立ち現われている」ことである(77)。

許容法則のもとで付与された能力の程度があがるとき、実践理性も拡張することによって解決への道筋が照らしだされてきた。実践理性はここでは拡張し

(75)　[AA VI: 235]［加藤＝三島（訳）：360］。
(76)　[AA VI: 296-297]［加藤＝三島（訳）：432］。
(77)　[AA VI: 302]［加藤＝三島（訳）：439］。

ないが、配分的正義とともに「再登場」する。再登場に際しては、物権、対人権、物権的様相をもつ対人権という獲得の方法も前提とされることになろう。このような積み上げのうえで、移行された公民的状態において必然となる配分的正義を理性法として万人が認識しうる状態になっているにもかかわらず、不法を回避するあらゆる技法を駆使し移行への展望をもちえなければできないような協定（約束）をあえて破るという虚言をお互いに行い(78)法的でない状態にとどまろうと意欲したのである。これらもってカントは最高度の不法のケースとして注に挙げたものと考える。

ただし、ここで崩壊するのは、「人間の権利一般」である。人間性の権利はそこには含まれない。その際、私法編第22節「物権的様相をもつ対人権について」において登場する、物件としてある外的対象を占有し、人格としてこの外的対象を使用する権利が、われわれ自身の人格のうちなる人間性の権利による自然的「許容法則」(79)による、とするときの許容法則も違った相貌をもって立ち現われてくるであろう。

本稿の検討結果を確認するために事例を展開してみよう。仮に、「最高度の不法」の事例で囲まれたのが、カントが終生居住したケーニヒスベルグの街であり、そこから逃げ出した者たちが海洋に乗り出したがその船が沈没したとしよう。いくつかのシナリオを想定してみよう。

(1) 沈没するや否や、自らを支えるに足る板片を海上に発見するかもしれない。理性法としてのカント私法編を前提としても、板片の先占は「実践理性の許容法則」により許容されるであろう。ただし誰かが先占する板片に対し暴力により自らの生存をはかる行為は「広義の法」としての緊急権にとどまることになる（第一節～第三節、法論への序論への補足）。

(2) 船で対岸に行く途中の島にたどりつき占有取得（Besitznehmung）する。それは占有（possesio）とは異なる、主体の現存を条件とする或る場所の継続的な私的占有の形態をとるかもしれない（第六節）。これは根源

(78) カントの虚言については、菅沢龍文「カントの『虚言権』論文の問題」、法政大学文学部紀要第60号（2010年）53-67頁を参照。

(79) ［AA VI: 276］［加藤＝三島（訳）: 407］。その箇所で、それもまた一つの恩恵（Gunst）であるとカントは記している。

的な占有ではなく、他人の同意から導かれる占有である。このような私的占有は不法をもたらしうるかもしれないが、その程度はMachtに応じたものであり、同意の程度もそれに相応する。世界公民法のもとでの訪問権とも、また植民地化の先兵といった関係とも異なる関係となろう（私法第六節、公法世界公民法）(80)。占有取得の宣言は誤った先占でありうることの告白（Bekenntnis）の意味も併せ持つ（私法第八節）。

(3)　無主の島に漂着し根源的獲得が可能であったり、また売買といった対人権により獲得が可能になった場合には、占有取得に加えて領得もされうる。地表は有限であることから、その土地が「痩せてくる」といったことも考えられ、領得についてはとくに自然の恩恵としての許容法則のもとでの許容であることを想起しなければならない（私法第十八編「自然がとっておいた恩恵としての許容法則」）。

(4)　物権的対人権で扱われるように、子供が生まれ育つことは、自然的許容法則として許容されなければならない（物権的対人権における自然的許容法則）。自らの人格のうちなる人間性に対する義務から、子供に対しては保護と扶養の義務が生じ、子供たちは人格として扶養してもらうという根源的＝生得的な権利をもつ（私法第二十八節）。貧困（Not）のために捨てられた子供たちの扶養は公法篇のテーマとなる［AA VI: 326］［加藤＝三島（訳）: 467］。

このようなシナリオを、理性法としての私法編を組み立てる際に念頭においていたか時をさかのぼってカント教授の講義に出席して質問をしてみたい。もちろんそれは適わない。しかし、理性法としての私法編のなかに、不法が程度をもって生成する可能性をみつつ、それを回避する技法を読み取ることはできるように思われる。そして、『純粋理性批判』『実践理性批判』『判断力批判』の成果を踏まえてテキストを練り上げようとする息吹が立ち上がる感じを受ける。暫定的であることに厭くことなく、粘り強く求め続けよと。

増田豊教授は、1977年に公刊された論文ですでに、アルミン・カウフマン教授の見解をひきつつ、「抽象的な『許容命題』(Erlaubnissatz) も、個人に働きか

(80)　前掲注（30）参照。

けることによって法益保護の目的を実現しようとする限りにおいて、法益保全事態（結果価値）ではなく、人間によって支配可能な法益保全を志向する行為だけを具体的に『許容（Erlaubnis）』しなければならない」と指摘されていた(81)。本稿は、その指摘を出発点に、カント私法論のテキストと格闘した現状報告である。教授は、近時「意志自由」について「認識論的自由意志論」から立論する(82)。その立論からみても、理性の限界についての知を探求しつつ、理性の限界を超えるような（刑）法理論の越権に警鐘をならすという意味での「もっぱら理性の限界内」としての学を追求されてきたと思われる。まことに拙いものであるが、許されれば、本稿を、増田豊教授に捧げたい。

(81)　増田豊『規範論による責任刑法の再構築』（勁草書房、2009年）78頁。
(82)　増田豊『法倫理学探究』（勁草書房、2017年）197頁以下。

増田豊先生　略歴

1948年4月1日	東京都台東区に生まれる
1966年3月	私立安田学園高等学校卒業
1966年4月	早稲田大学第一法学部入学
1970年3月	早稲田大学第一法学部卒業
1970年4月	明治大学大学院法学研究科公法学専攻修士課程入学
1972年3月	明治大学大学院法学研究科公法学専攻修士課程修了
1972年4月	明治大学大学院法学研究科公法学専攻博士課程入学
1975年3月	明治大学大学院法学研究科公法学専攻博士課程単位取得（退学）
1975年4月	明治大学法学部専任助手
1978年4月	明治大学法学部専任講師
1982年4月～1984年3月	在外研究（マンハイム大学／ボン大学）
1986年4月	明治大学法学部助教授
1991年4月	明治大学法学部教授
1996年4月～1998年3月	明治大学大学院法学研究科公法学専攻主任
1998年4月～2000年3月	明治大学法学部法律学科長
2002年4月～2004年3月	明治大学大学院法学研究科大学院委員および大学院教務主任
2004年4月～2006年3月	明治大学大学院法学研究科委員長

主要著作目録・学術賞

Ⅰ　著書

2004年　『刑事手続における事実認定の推論構造と真実発見』（勁草書房）
2008年　『語用論的意味理論と法解釈方法論』（勁草書房）
2009年　『規範論による責任刑法の再構築―認識論的自由意志論と批判的責任論のプロジェクト―』（勁草書房）
2017年　『法倫理学探究―道徳的実在論／個別主義／汎心論／自由意志論のトポス―』（勁草書房）

Ⅱ　論文

1972年　「規範の具体化と錯誤―特に不作為犯を顧慮して―」明治大学大学院紀要10集法学編
1973年　「グリュンヴァルト及びアルミン・カウフマン以後の不作為犯論の展開（Ⅰ）―特にシューネマンの同置論に関連して―」明治大学大学院紀要11集法学編
1974年　「現代ドイツ刑法学における人格的不法論の展開（Ⅰ）―特に犯罪構成における結果の体系的地位と機能について―」明治大学大学院紀要12集法学編
1977年　「刑法規範の論理構造と犯罪論の体系」法律論叢49巻5号
1977年　「人格的不法論と責任説の規範論的基礎」法律論叢49巻6号
1977年　「犯罪構成における結果無価値の体系的地位と機能―シェーネの反論をめぐって―」法律論叢50巻4号
1980年　「法発見論と類推禁止の原則―『可能な語義』の公式をめぐって―」法律論叢53巻1・2合併号
1984年　「法典化された正当化事由の超法規的縮小禁止」法律論叢57巻4号
1986年　「ネオ・客観的解釈論についてのディアグノーゼ」法律論叢58巻3号
1986年　「主観的・歴史的解釈論の語用論的ヴァージョン」法律論叢58巻6号
1986年　「曖昧な法概念のアナトミア」『法の理論7』（成文堂）
1987年　「使用規則の錯誤と指示対象の錯誤―錯誤問題への意味理論的アプローチ―」法律論叢60巻2・3合併号

1987年 「主観的・歴史的解釈論のためのプレドワイエ」1986年度法哲学年報（有斐閣）
1988年 「刑罰法規の主観的・目的論的解釈―クライの所説をめぐって―」法律論叢62巻4・5合併号
1989年 「故意・錯誤問題への認知科学的ストラテジー」法律論叢61巻6号
1990年 「指示概念と錯誤―ドイツ刑法学における錯誤論の最前線を踏まえて―」法律論叢62巻4・5・6合併号
1991年 「帰謬法としての情況証拠による証明と実践的三段論法」法律論叢63巻4・5合併号
1991年 「真実発見のアブダクション的・帰謬法的構造と故意の目的論的立証」法律論叢63巻6号
1992年 「刑事手続における裁判官の確信と証明度―相互主観説への助走―」法律論叢64巻5・6合併号
1993年 「刑事手続における法律上の推定と表見証明―特に危険推定と責任推定の問題性をめぐって―」法律論叢65巻4・5合併号
1994年 「被告人の黙秘と自由心証主義―特に被告人の主張責任・証拠提出責任をめぐって」法律論叢66巻4・5合併号
1995年 「法理論における最強のレトリックとしての勿論解釈―メタ理論的アプローチ―」法律論叢67巻2・3合併号
1995年 「刑法における最強のレトリックとしての勿論解釈―対象理論的アプローチ―」法律論叢67巻4・5・6合併号
1995年 「死刑のパラドックス―積極的一般予防論とディスクルス倫理のパースペクティヴ―」『法の理論15』（成文堂）
1996年 「刑事手続における一般的因果性の証明とディアロギッシュな原理としての自由心証主義―必要条件公式と合法則的条件公式の相補性のテーゼに関連して―」法律論叢68巻3・4・5合併号
1996年 「刑事手続における一般的因果性の証明とディアロギッシュな原理としての自由心証主義―必要条件公式と合法則的条件公式の相補性のテーゼに関連して―（II）」法律論叢68巻6号
1997年 「刑事手続における因果関係の証明―連邦通常裁判所の木材防腐剤事件判決をめぐって―」法律論叢69巻3・4・5合併号
1998年 「もう一つの因果性としてのいわゆる心理的因果性―刑法の根底にあるものとしての心身問題に関連して―」『西原春夫先生古稀祝賀論文集 第一巻』（成文堂）
1998年 「志向的故意帰属と因果経過の齟齬（I）―サールの志向性論に関連して

一」法律論叢 70 巻 4 号

1998 年 「志向的故意帰属と因果経過の齟齬（Ⅱ）―サールの志向性論に関連して―」法律論叢 70 巻 5・6 合併号

1999 年 「共犯の規範構造と不法の人格性の理論―共犯の処罰根拠と処罰条件をめぐって」法律論叢 71 巻 6 号

2000 年 「消極的応報としての刑罰の積極的一般予防機能と人間の尊厳―カントおよびヘーゲルと訣別してもよいのか―」『人間の尊厳と現代法理論―ホセ・ヨンパルト教授古稀祝賀』（成文堂）

2000 年 「刑事手続における表見証明のデフォルト構造と事実の社会的・物語的構成―社会構成主義のパースペクティヴと真理理論をめぐって―」法律論叢 73 巻 2・3 合併号

2002 年 「意志自由問題への神経哲学的ストラテジー―自由意志の自然化と社会構成―」法律論叢 74 巻 6 号

2002 年 「規範論による行為無価値の目的論的・比例的縮小―比例の原則と不能犯・抽象的危険犯・過失犯の構造―」『三原憲三先生古稀祝賀論文集』（成文堂）

2003 年 「択一的故意と重畳的故意をめぐる刑法解釈学的諸論点」『刑事法学の現実と展開―齋藤誠二先生古稀記念』（信山社）

2003 年 「犯罪論における法益侵害結果の重要性―最もラディカルな結果無価値論としての結果免責主義の言語ゲーム―」法律論叢 76 巻 1 号

2004 年 「刑事手続における因果関係認定の推論構造と真実発見論」『刑事法学の現代的課題―阿部純二先生古稀祝賀論文集』（第一法規）

2005 年 「自由意志はイリュージョンか―刑事責任の自然的基盤としての心脳問題をめぐって―」法律論叢 77 巻 4・5 合併号

2005 年 「自由意志はイリュージョンか（続）―刑事責任の自然的基盤としての心脳問題をめぐって―」法律論叢 77 巻 6 号

2006 年 「自由意志と心身問題―ハバーマスの自由意志論を契機にして―」法律論叢 78 巻 4・5 合併号

2006 年 「自由意志と心身問題（続）―ハバーマスの自由意志論を契機にして―」法律論叢 78 巻 6 号

2007 年 「刑事責任―自由意志論と刑罰論の視点からのアプローチ」『社会のなかの刑事司法と犯罪者』（日本評論社）

2007 年 「脳科学の成果をめぐる自由意志論争と刑事責任―神経科学者と哲学者とのディベート―」法律論叢 79 巻 2・3 合併号

2007 年 「脳科学の成果をめぐる自由意志論争と刑事責任（続）―神経科学者と哲

学者とのディベート―」法律論叢79巻6号
2009年　「認識論的二元論と認識論的自由意志／批判的責任の言語ゲーム（一）―心の哲学と刑法のメタ理論的基礎―」法律論叢81巻4・5合併号
2009年　「認識論的二元論と認識論的自由意志／批判的責任の言語ゲーム（二）―心の哲学と刑法のメタ理論的基礎―」法律論叢81巻6号
2010年　「法倫理学と道徳的実在論―道徳哲学と刑法のメタ理論的基礎―」法律論叢82巻4・5合併号
2010年　「法倫理学と道徳的実在論（続）―道徳哲学と刑法のメタ理論的基礎」法律論叢82巻6号
2011年　「法倫理学における道徳的制度主義の構想と道徳的個別主義の問題性（一）―ラファエル・フェルバーの見解をめぐって―」法律論叢84巻1号
2012年　「法倫理学における道徳的制度主義の構想と道徳的個別主義の問題性（二）―ラファエル・フェルバーの見解をめぐって―」法律論叢84巻4・5合併号
2012年　「法倫理学における道徳的制度主義の構想と道徳的個別主義の問題性（三）―ラファエル・フェルバーの見解をめぐって―」法律論叢84巻6号
2013年　「洗練されたリバタリスムスとしての自由意志論の可能性―ゲエルト・カイルの見解をめぐって―」法律論叢85巻4・5合併号
2015年　「洗練された汎心論は心身問題解決の最後の切札となり得るか―パトリック・シュペートの『段階的汎心論』のモデルをめぐって―」法律論叢87巻4・5合併号
2017年　「自由意志は『かのようにの存在』か―ディスポジション実在論と行為者因果性論の復権―」法律論叢89巻4・5合併号

Ⅲ　翻訳

1977年　ヴォルフガンク・シェーネ「準・故意的不作為犯における結果の地位について」法律論叢50巻4号
1985年　ベルント・シューネマン「法規解釈―言語哲学、憲法および法律学方法論の断面の中で―」法津論叢57巻5号
1986年　ギュンター・シュトラーテンヴェルト「解釈理論の抗争について」法律論叢58巻6号
1997年　ベルント・シューネマン「法と意思の自由」学術国際交流参考資料集223号
2010年　アルミン・エングレンダー「道徳的正当性を法的妥当の条件として捉える

ことは可能か―認識論的批判―」法律論叢 83 巻 1 号

2012 年　ヨヘン・ブンク「生産的な学際交流と不毛な学際交流―刑法における故意の問題をめぐって―」法律論叢 85 巻 1 号

2013 年　アルミン・エングレンダー「正当防衛を法秩序の防衛として捉えることは可能か―ドイツ刑法解釈学における二元的正当防衛モデルに対する批判―」法律論叢 86 巻 1 号

Ⅳ　文献紹介と批評

1977 年　ギュンター・シュトラーテンヴェルト「刑法における結果無価値の重要性について」法律論叢 50 巻 1 号

1991 年　アルトゥール・カウフマン「刑事訴訟における公判は合理的なディスクルスとして捉えられるか」法律論叢 64 巻 1 号

1991 年　ウルフリート・ノイマン「刑事手続における機能的真実」法律論叢 64 巻 2 号

Ⅴ　刑法教科書（共著）

2004 年　『法科大学院刑法テキスト総論』（成文堂）

2004 年　『法科大学院刑法テキスト各論』（成文堂）

2008 年　『法科大学院テキスト刑法各論』（日本評論社）

Ⅵ　その他

1978 年　「不作為犯の構造」明治大学社会科学研究所年報 19 巻

1984 年　「罪刑法定主義の現在―特にボン基本法体制下における正統化の試みについて―」（研究報告）法律論叢 57 巻 3 号

1997 年　「犯罪の一般予防と社会的規律化」法史学研究会会報 2 号（故千葉徳夫教授追悼特集）

2000 年　「巻頭言：ハインツのジレンマをめぐって」法学会誌 50 号（明治大学）

2000 年　「司法殺人としての死刑の正統化は法倫理学的に可能か」NCCD18 号

2014 年　「刑事法学におけるトポス論の実践：はしがき」『津田重憲先生追悼論文集』（成文堂）

学術賞

2004 年　明治大学第 11 回連合駿台会学術賞（受賞作品：『刑事手続における事実認定の推論構造と真実発見』）

執筆者一覧（50 音順）

Engländer, Armin（エングレンダー，アルミン） ルートヴィヒ・マクシミリアン大学ミュンヘン教授

赤岩順二（あかいわ　じゅんじ） 明治大学大学院博士後期課程修了

飯島　暢（いいじま　みつる） 関西大学教授

石井徹哉（いしい　てつや） 千葉大学教授

伊東研祐（いとう　けんすけ） 慶應義塾大学教授

内田幸隆（うちだ　ゆきたか） 明治大学教授

江藤隆之（えとう　たかひろ） 桃山学院大学教授

柏﨑早陽子（かしわざき　さよこ） 明治大学専任助手・明治大学大学院博士後期課程

川口浩一（かわぐち　ひろかず） 関西大学教授

黒澤　睦（くろさわ　むつみ） 明治大学准教授

小島秀夫（こじま　ひでお） 大東文化大学准教授

小林史明（こばやし　ふみあき） 明治大学専任講師

高橋則夫（たかはし　のりお） 早稲田大学教授

竹内健互（たけうち　けんご） 駿河台大学准教授

只木　誠（ただき　まこと） 中央大学教授

田村　翔（たむら　しょう） 淑徳大学／淑徳大学短期大学部非常勤講師・明治大学大学院博士後期課程

照沼亮介（てるぬま　りょうすけ） 上智大学教授

西迫大祐（にしさこ　だいすけ） 明治大学助教

長谷川裕寿（はせがわ　ひろかず） 駿河台大学教授

松生光正（まつお　みつまさ） 九州大学教授

松原芳博（まつばら　よしひろ） 早稲田大学教授

松宮孝明（まつみや　たかあき） 立命館大学教授

森永真綱（もりなが　まさつな） 甲南大学准教授

山本紘之（やまもと　ひろゆき） 大東文化大学教授

市民的自由のための市民的熟議と刑事法

増田豊先生古稀祝賀論文集

2018年3月10日　第1版第1刷発行

編　者　伊東研祐（いとう けんすけ）
　　　　小島秀夫（こじま ひでお）
　　　　中空壽雅（なかぞら としまさ）
　　　　松原芳博（まつばら よしひろ）

発行者　井村寿人

発行所　株式会社　勁草書房（けいそう しょぼう）

112-0005　東京都文京区水道2-1-1　振替 00150-2-175253
（編集）電話 03-3815-5277／FAX 03-3814-6968
（営業）電話 03-3814-6861／FAX 03-3814-6854
精興社・牧製本

ISBN978-4-326-40353-0　Printed in Japan

http://www.keisoshobo.co.jp